坚定不移走改革开放之路
——我国改革开放40年回顾与前瞻

（代序）

改革开放是我们党领导的中国的第二次革命，是新的伟大社会变革。习近平总书记指出：“改革开放这场中国的第二次革命，不仅深刻改变了中国，也深刻影响了世界！”[①]2018年是我国改革开放40周年，回顾总结改革开放以来的历史进程、伟大成就和宝贵经验，深入研究新时代新起点改革开放再出发的前进基础和重点任务，对于我们更加深刻认识改革开放、更加自觉地沿着中国特色社会主义道路前进，具有重大的意义。

40年来，我有幸参与或负责党和国家大量的重要文件和领导讲话的起草，直接服务、经历、见证了一系列重大决策和重要事件的过程，抚今追昔，深感改革开放风雨兼程，丰硕成果来之不易，也颇感未来之路仍任重道远，必须继续砥砺奋进。

一、40年来改革开放的光辉历程和伟大成就

我国改革开放40年来，走过了不平凡的光辉历程。我认为，大体说来经历了三个重要阶段。

第一阶段，从1978年党的十一届三中全会开启历史新时期，到1992年党的十四大。这是我国改革开放的起步和探索阶段。主要是冲破高度集中的计划

---

① 习近平：《开放共创繁荣　创新引领未来——在博鳌亚洲论坛2018年年会开幕式上的主旨演讲》，《人民日报》2018年4月10日。

经济体制和行政管理体制，使整个经济和全社会活跃起来。党的十一届三中全会之后，我们党提出了对内搞活经济、对外开放的重大方针，激发释放经济和社会活力。经济体制改革发轫于农村实行家庭联产承包责任制，逐步向工业、农业和城市拓展；由向企业和地方放权让利，逐步向计划、投资、物资、商业和财政等体制改革延伸，进而向科技、教育等社会领域发力。对外开放，从对广东、福建实行特殊经济政策，到兴办深圳等经济特区，进而开放部分沿海城市和沿海地区。这个阶段，对改革开放进行了理论创新和实践创新的艰辛探索，包括明确提出建设中国特色社会主义的重大思想和我国处于社会主义初级阶段的重大理论，为以后时期扩大改革开放闯出了路子、积累了经验、准备了条件。

第二阶段，从 1992 年党的十四大明确提出建立社会主义市场经济体制的改革目标，到 2012 年党的十八大。这是我国改革开放全面推开和取得重大进展的阶段。主要是围绕建立社会主义市场经济体制和开放型经济，全面加快改革开放步伐，特别是以充分发挥市场作用为重点的经济领域改革，推进形成以公有制为主体、多种所有制经济共同发展的社会主义初级阶段的基本经济制度，实行以按劳分配为主体、多种分配方式并存的分配制度，大幅度推进金融、财税、计划、投资等体制改革，大力度推进各类企业市场化改革。深化涉外经济体制改革，特别是 2001 年我国加入世界贸易组织后，大规模“引进来”、大踏步“走出去”，积极加入和助推经济全球化。在经济领域深化改革开放的同时，政治、文化、社会等各领域改革也都持续展开。包括民主法制建设与和谐社会建设不断加强，中国特色社会主义事业全面推进。

第三阶段，从党的十八大以后，中国特色社会主义进入新时代到现在。这是新时代全面深化改革开放，攻坚克难取得重大突破的阶段。主要是围绕完善和发展中国特色社会主义制度，推进国家治理体系和治理能力现代化建设，全面加强和完善党的领导，大力开展从严治党。改革全面发力、纵深推进，着力增强改革的系统性、整体性、协同性，经济、政治、文化、社会、生态等许多重要领域和关键环节改革都取得突破性进展，主要领域改革框架基本确定，特别是生态文明建设和体制改革成效显著，党和国家机构实施全面、系统改革，

主编简介

魏礼群，江苏睢宁人，著名经济学家。曾经先后担任国家计委政策研究室主任，国家计委秘书长，中央财经领导小组办公室副主任，国务院研究室党组书记、主任，国家行政学院党委书记。中国共产党第十六届、十七届中央委员。

现任中央马克思主义理论研究和建设工程咨询委员会委员，国家哲学社会科学研究专家咨询委员会委员，全国哲学社会科学规划领导小组应用经济组组长，中国国际经济交流中心常务副理事长、首席专家、学术委员会主任，北京师范大学中国社会管理研究院 / 社会学院院长。国家行政学院、中国人民大学、北京师范大学及上海财经大学教授、博士生导师。长期从事国家宏观政策、公共管理、社会治理和智库建设等领域的研究工作。

参加或主持过党中央、国务院大量重要文件和党中央、国务院领导重要讲话的起草工作，负责过大量推进中国改革开放和现代化建设重大课题研究，取得一大批对国家决策有重要价值的科研、咨询成果。2009 年入选“影响新中国 60 年经济建设 100 名经济学家”，2016 年被《光明日报》评选为“年度十大智库人物”，2018 年入选“致敬改革开放四十周年・中国智库建设 40 人”。

中国改革与发展热点问题研究（2019）

魏礼群　主编

商务印书馆
创于1897　The Commercial Press
2018年·北京

图书在版编目（CIP）数据

中国改革与发展热点问题研究. 2019 / 魏礼群主编.
— 北京：商务印书馆，2018
ISBN 978-7-100-16911-0

Ⅰ. ①中… Ⅱ. ①魏… Ⅲ. ①中国经济—经济体制改革—研究②政治体制改革—研究—中国 Ⅳ. ①F121
②D62

中国版本图书馆CIP数据核字（2018）第274088号

中国改革与发展热点问题研究（2019）
魏礼群　主编

商　务　印　书　馆　出　版
（北京王府井大街36号　邮政编码 100710）
商　务　印　书　馆　发　行
三河市尚艺印装有限公司印刷
ISBN 978-7-100-16911-0

2018年12月第1版　　开本 710×1000　1/16
2018年12月第1次印刷　　印张 33 3/4　插页 4

定价：78.00元

国防和军队改革取得历史性突破。加快建设开放型经济新体制，推动形成全面开放新格局，以"一带一路"建设为重点，形成陆海内外联动、东西双方互济的开放格局，大幅度放宽市场准入，探索自由贸易区建设。这些年来改革开放是全局性的、根本性的，对党和国家事业发展具有重大而深远的影响。

40年来，在气势磅礴、波澜壮阔的改革开放推动下，中国经济社会发生了广泛和深刻的巨大变化，取得了举世公认的伟大成就。

改革开放最根本的成就，是我们党带领全国各族人民在改革开放的伟大征程中，开创和发展了中国特色社会主义。中国特色社会主义，是改革开放以来党的全部理论和实践的主题、主线。我们党经过接力奋斗，开创和形成了中国特色社会主义道路、理论、制度和文化。中国特色社会主义道路是实现社会主义现代化的康庄大道，是创造人民美好生活的必由之路。中国特色社会主义理论体系，包括邓小平理论、"三个代表"重要思想、科学发展观、习近平新时代中国特色社会主义思想，是马克思主义中国化不断发展的伟大成果，是指导党和人民实现中华民族伟大复兴的科学理论。中国特色社会主义制度，是当代中国发展进步的根本制度保障，是有效应对重大挑战、抵御重大风险、解决重大问题、克服重大困难的可靠制度保证。中国特色社会主义文化是弘扬中华优秀文化、创造先进文化、实现文化进步、提高文化软实力的根本之道，是激励全党全国各族人民奋勇前进的强大精神力量。改革开放的辉煌成果，使全国上下增强了道路自信、理论自信、制度自信和文化自信，这是全局性的、决定性的、长远性的成就。

改革开放最显著的成就，是生产力大解放大发展，人民生活大改善大提高。在改革开放强有力的推动下，我国工业化、信息化、城市化、现代化迅速推进。国民经济持续快速发展，2017年国内生产总值突破80万亿元，按不变价格计算，比1978年增长33.5倍，年均增长9.5%，跨越成为世界第二大经济体。经济实力、科技实力、国防实力、综合国力进入世界前列。城乡面貌大为改观。全国人民由40年前难以过上温饱生活转变为即将普遍享受全面小康生活，生活水平大幅度提升。2017年，全国居民人均可支配收入达到25974元，扣除价格因素，比 1978 年实际增长 22.8 倍，年均增长 8.5%。市场供应充裕，已告别商品短缺时代。住房条件显著改善，医疗、养老保险实现全覆盖，构筑起世界上最大的社会保障网，全社会成员逐步朝着共同富裕的目标迈进。

改革开放最惊奇的成就，是整个社会保持稳定和发展进步。从人类社会历史上看，在加快现代化的进程中，社会转型极为艰难，社会体制、社会结构的演变往往曲折复杂，充满矛盾和变数。而我国在长达 40 年急速和深刻的社会变革中，不仅始终保持了整个社会大局稳定、全国安定团结，而且各项社会事业全面发展，平安社会建设、和谐社会建设、信用社会建设、法治社会建设、健康社会建设不断推进，全面建成小康社会之时的小康社会美好景象日益清晰地展现在世人面前，人民群众的获得感、安全感、幸福感不断增强。特别是近些年严重犯罪案件明显降低，打破了犯罪率随着现代化推进必然升高的西方“魔咒”，这无疑是人类社会现代化建设史上的伟大奇迹。

改革开放最鲜明的成就，是中国国际地位实现前所未有的提升，影响力越来越大。2017 年，我国国内生产总值占世界经济总量的 15% 左右，比 1978 年提高了 13 个百分点；近年来，我国对世界经济增长的贡献率超过 30%。从“引进来”到“走出去”，从加入世界贸易组织到倡导共建“一带一路”，在逐步全面开放过程中展现大国形象和使命担当。已连续多年稳居世界第一大货物贸易国，服务进出口连续四年保持世界第二位；2017 年成为第二大吸收外商投资国。中国经济成为世界经济增长的重要引擎和稳定器。在应对 1997 年亚洲金融危机和 2008 年国际金融危机中作出了重大贡献，在推动经济全球化、促进世界治理体系和人类命运共同体的建设中发挥了重要作用。

改革开放开创的中国特色社会主义及其取得的伟大成就，具有极其重大的历史意义、长远意义和世界意义。它极大地改变了党的面貌、国家的面貌、人民的面貌、中华民族的面貌，社会主义的中国正以崭新姿态屹立于世界的东方，这些将被历史永远铭记。它也为新时代坚持和发展中国特色社会主义，全面建设社会主义现代化国家，实现中华民族伟大复兴，奠定了政治基础、制度基础、理论基础和物质基础，中国特色社会主义一定会展现出更加强大的生命力，如期实现全面建成社会主义现代化强国的宏伟目标。同时，它还在世界上高高举起了中国特色社会主义伟大旗帜，拓展了发展中国家走向现代化的途径，给世界上那些既希望加快发展又希望保持自身独立性的国家和民族，提供了全新的道路选择，为解决人类问题贡献了中国智慧和中国方案。所有这些都雄辩地证明，实行改革开放的重大决策完全正确，这是决定当代中国命运的关键抉择，是实现中国社会主义现代化和中华民族伟大复兴的必由之路。我们必须继续坚定不移走改革开放之路。

二、40 年来改革开放的宝贵经验和深刻启示

40 年来，我国改革开放的伟大实践积累了十分丰富的经验，经初步研究，我认为以下几个方面尤为宝贵，启示也尤为深刻。

（一）始终坚持加强和完善党的领导，充分发挥党的集中统一领导和核心作用

习近平总书记指出："中国特色社会主义最本质的特征是中国共产党领导，中国特色社会主义制度的最大优势是中国共产党领导，党是最高政治领导力量。"[①] 实行改革开放就是我们党作出的伟大决策。40 年来改革开放的整个进程和全部实践，都是在党的领导下进行的，中国特色社会主义的创立、发展及其取得的伟大成就，也都是党的正确领导的结果。党始终发挥总揽全局、把握方向、制定路线、排除干扰、协调各方的领导核心作用，从而保证了改革开放的正确方向和有步骤推进，保证了社会主义与市场经济结合起来并取得重大成功，保证了改革、开放、发展、稳定相互协调、相互促进，保证了全体人民共享改革发展成果和向共同富裕目标前进。同时，适应改革开放新形势的要求，我们党不断改进和完善领导方式和提高领导水平。特别是党的十八大之后，习近平

① 习近平：《决胜全面建成小康社会　夺取新时代中国特色社会主义伟大胜利——在中国共产党第十九次全国代表大会上的报告》，《人民日报》2017 年 10 月 28 日。

同志成为党的领导核心，对加强和完善党的领导旗帜鲜明、立场坚定，树立起党中央集中统一领导的权威，使改革开放和社会主义现代化建设取得历史性重大进展。理论和实践都充分证明，要取得改革开放和中国特色社会主义的更大成功，必须坚定不移地加强党的全面领导，并主动全面加强党的建设，自觉改善党的领导，不断提高党的领导水平和执政能力，以党的自我革命推动伟大的社会革命。这是最根本的经验与启示。

（二）始终坚持解放思想和正确方向，勇于推进理论创新和实践创新

毛泽东说过："思想上政治上的路线正确与否是决定一切的。"[①] 这是一个非常正确的科学结论。改革开放以来，正是我们党确立并全面贯彻了正确的思想路线和政治路线，才排除各种错误倾向干扰，确保中国特色社会主义沿着正确方向不断开拓前进。实行改革开放，就是在全党全国开展"实践是检验真理的唯一标准"大讨论基础上，恢复党的解放思想、实事求是的思想路线作出的重大决策。40 年改革开放的进程，就是思想解放的过程。只有从基本国情出发，坚持解放思想，才能更好地实事求是，不断探索和把握改革开放的内在规律，创新和发展科学理论。从邓小平创建中国特色社会主义理论，到形成"三个代表"重要思想、科学发展观和习近平新时代中国特色社会主义思想，都是坚持解放思想和实事求是内在统一的结果，都为推进改革开放、发展和完善中国特色社会主义提供了强大思想武器和行动指南。正是由于不断解放思想，才不断摆脱许多不合时宜的传统思想理念的束缚，扫除各方面体制机制的障碍。我们党在改革开放初期，经过排除极左和极右的思想干扰，确立了"一个中心、两个基本点"的基本路线，即坚持以经济建设为中心、坚持四项基本原则、坚持改革开放，并将这"三个坚持"统一于整个社会主义现代化进程并与时俱进地赋予时代发展的内涵，全面和一以贯之地执行，从而确保了党和国家事业不断

---

① 中共中央文献研究室编：《毛泽东年谱（1949—1976）》第六卷，中央文献出版社 2013 年版，第 348 页。

兴旺发达。这条基本路线是党在社会主义初级阶段的政治路线，是党和国家的生命线、人民的幸福线，在任何情况下都必须牢牢把握、全面贯彻执行。党的基本路线，核心是“三个坚持”，对这“三个坚持”都要深刻认识、坚定不移，不容偏离、分割和游移。历史和现实都有力地证明，只有始终不渝地坚决、全面贯彻党的思想路线和政治路线，才能使改革开放的社会变革体现时代性、符合规律性、富于创新性和彰显政治性。

（三）始终坚持以人民为中心，一切为了人民、一切依靠人民

改革开放的根本目的，就是要充分发挥中国特色社会主义制度的优越性，不断解放和发展生产力，促进社会全面发展和进步，使全体人民过上美好的生活。人民是历史的创造者，人民群众的愿望、意志和力量决定着历史发展的方向，决定着党和国家前途命运。改革开放以来，我们党始终坚持人民立场，尊重人民主体地位，坚持走群众路线，把实现好、维护好、发展好最广大人民的根本利益作为一切工作的出发点。同时，充分相信群众，尊重群众首创精神，广泛动员和组织人民群众投身改革开放和现代化建设，及时总结人民群众创造的实践经验，不断丰富和升华党的思想、方针、政策和工作部署。正是这样，中国特色社会主义事业才持续蓬勃发展。理论和实践都说明，只有一切为了人民群众、一切依靠人民群众，切实保障人民群众合法权益，充分发挥广大人民群众的积极性、主动性、创造性，才能取得改革开放和社会主义现代化建设的更大胜利。

（四）始终坚持整体谋划和顶层设计，统筹协调，全面推进

改革开放是一场前无古人的广泛而深刻的社会革命，是一项极为复杂的系统工程，既涉及生产力和生产关系，又涉及经济基础和上层建筑；既涉及国内又涉及国外；既涉及当前又涉及长远。改革开放以来，我们党坚持从国家大局出发，从全局来统筹谋划，在每个重要历史前进关口，都及时作出总体规划和顶层设计。例如，党的十二届三中全会、十四届三中全会、十六届三中全会都

及时总结理论创新和实践创新的经验，制定从整体上推进改革开放的纲领性文件。特别是党的十八大以来，进一步加强了整体规划和顶层设计。党的十八届三中全会制定了全面深化改革的纲领性文件，提出了全面深化改革的指导思想、总体目标、主要任务和重大举措，对新时代改革开放作了顶层设计和全面规划，统筹推进经济、政治、文化、社会和生态等领域的改革，从而使各方面改革密切联系、互相配合、协调推进，取得了一系列新突破和历史性进展。回顾40年改革开放历程，搞好整体规划和顶层设计，加强统筹协调，才能处理好宏观改革与微观改革的关系、全局与局部的关系以及各个领域的关系，确保改革开放有力有序有效地推进，也才能更好地推动改革和建设全面、协调、稳步向前发展。

（五）始终坚持稳中求进，胆子要大，步子要稳

在社会主义条件下搞改革开放，特别是把社会主义与市场经济结合起来，是人类社会发展史上前所未有的伟大创举，既是一个极其重大的理论课题，又是一个极其重大的实践问题。在改革开放中，必须以极大的勇气，大胆探索，勇于开拓；但由于无先例可循，无经验可鉴，又必须稳步前进。40年来，“摸着石头过河”，各项重大改革开放举措都先行先试，取得经验后再推行，这种敢于创新又脚踏实地前行的渐进式改革方略和做法，是符合中国国情和改革开放发展规律的，因而取得了重大成功，避免了大的偏差和走弯路。习近平总书记指出：“我们一定要坚持胆子要大、步子要稳，战略上要勇于进取，战术上则要稳扎稳打。”[①]这是对改革开放以来实践经验的深刻总结。有些重大改革开放举措，涉及面广，不可能毕其功于一役，可以提出总体思路和方案，但推行起来还应既积极又稳妥，积小胜为大胜。敢于突破，稳中求进，注重实效，是辩证唯物主义和历史唯物主义必然要求和生动体现，是完全正确的，应该长期坚持。

---

① 新华社：《习近平在中央经济工作会议上发表重要讲话》，http://www.xinhuanet.com//photo/ 2013-12/13/c_125857613_2.htm，2013年12月13日。

（六）始终坚持以开放促改革，使改革与开放相互促进

邓小平指出：对外开放也是改革。改革开放都是为发展服务。改革需要开放的推动力量，开放需要改革创新提供体制保障。党的十一届三中全会作出改革开放的决策之后，国门逐步打开，越来越多的人抬头向外看世界，既开阔了视野，又推动了思想解放。中央相继实行地方特殊政策、开办经济特区、开放沿海城市和沿海地区，多层次、多领域、多形式对外开放，既吸收了国外先进经验和技术，又审视了国内体制的弊端，为改革创新注入了强大的动力。回顾40年改革开放历程，每次重大开放举措和部署，都有力地推动了体制改革创新，而体制改革的深入推进，又扩大了对外开放的广度和深度。党的十八大以来，全面深化改革的一个重要战略方针，是通过加大开放力度来推动体制机制创新，包括通过建立自由贸易试验区，深入推进政府职能转变，加快建立开放型经济新体制。当今世界是开放的世界，一个强盛的国度必定是全方位开放的国度。过去40年，中国经济发展是在开放条件下取得的，未来中国经济实现高质量发展，必须在更加开放的条件下进行。因此，应当继续坚持对外开放的基本国策。通过不断提高对外开放能力和水平，推动创新和完善各方面体制制度，提升国家治理体系和治理能力，推进社会主义现代化国家建设。

（七）始终坚持牢牢把握大局，正确处理改革、发展、稳定的关系

改革、发展、稳定三者的关系，是涉及我国改革开放和现代化事业全局的重大关系。40年来，我们党一直高度重视和正确处理这三者关系。坚持改革是动力，发展是目的，稳定是前提，坚持把改革的力度、发展的速度和社会可承受的程度统一起来，并把不断改善人民生活作为处理改革、发展、稳定关系的重要结合点，在维护社会稳定中推进改革发展，通过改革发展促进社会稳定。正是这样，我国在长时期前所未有的社会大变革中，既系统、深刻地推进了各领域体制的创新，又实现了经济社会持续快速发展，还保持了社会大局的稳定。历史经验充分表明，无论改革还是发展，都必须有一个稳定的社会环境，没有

稳定，什么都干不成；只有社会稳定，才能把改革发展不断推向前进；而只有不断推进改革发展，才能为社会稳定和国家长治久安奠定坚实基础。在今后改革开放和社会主义现代化建设中，仍然必须坚持妥善处理改革、发展、稳定关系，使三者相互协调、相互促进。

三、深入研究和把握改革开放再出发的立足点和前进定力

习近平总书记强调：改革开放只有进行时没有完成时，“在整个社会主义现代化进程中都要高举改革开放的旗帜”[①]。党的十九大明确指出了新时代中国特色社会主义前进的方向、道路，绘就了全面建成小康社会和全面建设社会主义现代化国家的宏伟蓝图，也对全面深化改革开放作出了战略部署。2018 年 10 月，习近平总书记在广东考察时又强调：进入新时代，国际国内形势发生广泛而深刻的变化，改革发展面临着新形势、新任务、新挑战，我们要抓住机遇、迎接挑战，关键在于高举新时代改革开放旗帜，继续全面深化改革、全面扩大开放。[②] 对这些部署和论述，我们必须深刻领会、准确把握、认真贯彻。总体看来，在新的历史阶段，改革开放既要大力巩固和发展 40 年来已经取得的历史性成就，又要奋力探索和开拓未来的新境界新局面。

新时代新阶段改革开放再出发，必须运用辩证唯物主义和历史唯物主义的观点、方法，以改革开放的眼光看待改革开放，保持前进定力，特别需要深入研究和把握好以下两个重要方面。

---

① 《习近平总书记系列重要讲话读本：敢于啃硬骨头　敢于涉险滩——关于全面深化改革》，《人民日报》2014 年 7 月 4 日。

② 新华社：《习近平：高举新时代改革开放旗帜　把改革开放不断推向深入》，http://www.xinhuanet.com/politics/2018-10/25/c_1123614520.htm，2018 年 10 月 25 日。

（一）深入研究我国改革开放所处的历史阶段，全面把握阶段性、时代性特征

这是改革开放再出发的重要前提和基本立足点。当前和今后时期，我们面临的改革开放形势和任务与40年前有很大不同。总体看，40年来我国改革开放由逐步展开到全面深化推进，取得了不可逆转的历史性重大进展，主要标志是：基本上实现了由传统的计划经济模式转变为社会主义市场经济体制，新的经济体制主体框架已经确立；基本上实现了由封闭半封闭状态转变为全方位对外开放的局面，开放型经济已经大体形成；经济领域改革开放带动了政治、文化、社会、生态等各领域一系列改革创新，中国特色社会主义制度不断完善和发展。但是，改革开放仍任重道远，面临着更加复杂的新形势新任务。

一是原有体制中的积弊不少方面仍然存在，有些改革没有到位，有些还在探索。例如，在经济领域，社会主义基本经济制度和分配制度还有待进一步调整、改革、完善，政府与市场、政府与社会的关系还没有理顺，政府职能转变不到位，越位、错位现象仍然存在，市场体系还不健全，市场发育不充分，市场在资源配置中的作用有效发挥受到诸多制约，国有企业改革任务仍然艰巨；国家创新体制尚未建立起来，科技、经济创新能力不足。在政治领域，民主和法制还不完备，法治国家建设有待加强，行政体制层级多、权责不对称、行政成本高等问题依然突出。在文化、社会、生态建设等领域不少体制改革还有待深入，改革难度更大。

二是由于多方面原因，改革开放进程中出现了一些新问题，有些甚至是偏差和失误，走了弯路。既要全面总结经验，也要认真反思教训。例如，在一段时期内，不少地方和领域党的领导地位弱化，治党管党不严，意识形态领域中马克思主义的指导地位被边缘化、空心化，这些都造成了多方面严重后果。“最大的失误在教育”，以致不少人理想缺失、信仰缺失、诚信缺失，价值观、利益观、道德观扭曲。在经济、文化和社会发展方面，一些地方和领域一味追求完全的私有化、市场化、自由化，科学社会主义制度的根本原则被干扰；城乡、

区域和居民收入差距持续扩大，发展不平衡、不协调问题突出；中华民族优秀传统文化受到冲击，有些人“数典忘祖”，全社会文明程度没有得到应有的提升；不少地方生态环境遭到严重污染、破坏，致使人民群众生命财产遭受很大损失，等等。党的十八大以来，党中央对已经出现的种种问题和偏差进行了制止或校正，但有些方面仍有待妥善解决。

三是随着工业化、信息化、城镇化、现代化进程加快，经济基础和上层建筑中不少环节出现新的不相适应的情况，提出了一系列需要改革的新课题新任务。例如，城乡二元结构体制仍很突出，明显制约着城市化进程和城乡一体化发展；老龄化社会快速发展，面临着多方面尖锐的问题；现行的多方面体制很不适应日新月异的科技革命特别是信息化社会、网络时代的到来，机制性问题已经并将进一步显露；我国社会主要矛盾的转化，为各个领域体制、制度创新都提出了紧迫要求，需要全面解决新的生产关系不适应生产力发展要求和上层建筑不适应经济基础要求的环节与方面。

此外，由于40年社会结构深刻变动、利益格局深刻调整、思想观念深刻变化，社会上对全面深化改革开放的认知不同，凝聚共识的难度加大。目前，国际环境更加错综复杂，有的国家不愿意看到也不能容忍中国的强劲崛起和全面振兴，正千方百计施压、遏制。这些都会影响甚至干扰我国改革开放的进程。

从上述分析可以看出，我国改革开放仍处于艰辛探索阶段、攻坚克难阶段、深入推进阶段，任务十分艰巨复杂。既要继续革除40年前原有体制中的一些弊端，又要认真解决改革开放40年体制转换进程中出现的新矛盾新问题，还要适应现代化建设发展中对体制改革提出的新任务新要求。新时代新阶段改革开放再出发再奋进与前40年改革开放的历史背景、面临任务和路径选择，具有许多不同的特点，需要全面深入研究改革开放进程中的阶段性、时代性新特征，深刻把握其新内涵、新使命、新任务、新要求。

（二）深入研究改革开放再出发的基本要求，牢牢把握前进定力

新时代新阶段改革开放再出发，最重要的是要把握和保持改革开放的前进

定力、战略定力、政治定力，坚持改革开放的方向性、自主性、安全性。

一要坚持进一步推动解放思想，进一步解放和发展社会生产力，进一步解放和增强经济社会活力。进一步解放思想是前提，是进一步解放和发展社会生产力、解放和增强经济社会活力的总开关。要以推动思想再解放助力改革开放再出发，不进一步推动解放思想，就难以有改革开放的新突破。当然，进一步解放思想不是脱离国情的异想天开，也不是闭门造车的胡思乱想，而是更好地实事求是，立足基本国情，着眼于人民群众的利益，把握历史前进的逻辑和时代发展潮流，更好更有针对性地推动改革开放，更有效和更大程度上不断解放和发展生产力，更有效和更大程度上解放和增强经济社会活力。特别是充分发挥人民群众和各行各业基层的积极性、主动性、创造性，进一步提高社会经济活动的效益、效率和效能，更有利于推进社会主义现代化事业。

二要坚持全面深化改革总方向总目标，完善和发展中国特色社会主义制度，推进国家治理体系和治理能力现代化。这是坚持和发展中国特色社会主义的必然要求，也是全面建成社会主义现代化强国的根本保证和显著标志。全面深化改革的总方向总目标，就是推动中国特色社会主义制度更加健全、更加完备、更加成熟、更加定型。无论是深化经济体制改革还是推动其他领域改革，都要始终围绕完善和发展中国特色社会主义制度来进行，这也是推进国家治理体系和治理能力现代化建设的根本要求。国家治理体系和治理能力是一个国家总体制度和制度执行能力的集中体现。各个领域的改革创新，既要有利于解决现实问题，更要着眼于加强国家治理体系和治理能力现代化建设。只有不断推进国家治理体系和治理能力现代化建设，才能把中国特色社会主义制度的优势充分发挥出来。在深化改革开放中，应全面认识和正确把握前进的总方向总目标的深刻内涵及其要求，使各方面相互促进、相得益彰。

三要坚持改革开放的政治立场、根本原则，保持强大的前进定力和政治定力。我国改革开放是社会主义制度的自我完善和发展，这个改革开放的性质定位就决定了改革开放始终要体现社会主义的本质和根本原则。中国特色社会主义，既坚持了马克思主义关于科学社会主义的基本原理、根本原则、政治方向，又根据时代条件和社会主义发展规律赋予了鲜明的中国特色、时代特色。当前，国内外关于中国改革开放的议论很多。很多观点和见解值得重视研究，但也有些主张和意见偏于极端。一方面，有些人坚持鼓吹“全盘西化”，散布完全私有化、市场化、自由化，有的人曲解、误导党和国家的改革开放政策，模糊是非界限，混淆视听。这是错误的、有害的。针对国内外一些把改革开放引入歧途的议论，习近平总书记指出：“问题的实质是改什么、不改什么，有些不能改的，再过多长时间也是不改。”[①] 他还强调：“我们要虚心学习借鉴人类社会创造的一切文明成果，但我们不能数典忘祖，不能照抄照搬别国的发展模式，也绝不会接受任何外国颐指气使的说教。”[②] 另一方面，社会上也有些人思想僵化，完全否定改革开放，主张走回头路，企图开历史倒车。这也是错误的、有害的。因此，新时代新阶段改革开放再出发，必须增强前进定力、政治定力，“既不走封闭僵化的老路，也不走改旗易帜的邪路”[③]，要坚持中国特色社会主义的政治立场、根本原则。同时，实行改革开放，是我们党顺应时代潮流和人民愿望、走自己的路和自主作出的重大抉择，任何时候都应坚持自主性、安全性，改革开放的方向、范围、广度、深度和步骤、方法，都要坚守国家主权、安全和利益，绝不能受制于外国的各种压力，做到“任凭风浪起，稳坐钓鱼船”。

最近，某一国家领导人公然指责中国 40 年来改革开放特别是加入世界贸易组织后，没有按照该国的意图和模式走，这正说明了中国改革开放走的是自己的路，这条中国特色社会主义道路是正确的。正如习近平总书记指出：“不要指望我们会拿自己的核心利益做交易，不要指望我们会吞下损害我国主权、安全、

---

① 习近平：《改革开放是有方向、有立场、有原则的》，载全国人大常委会办公厅、中共中央文献研究室编：《人民代表大会制度重要文献选编》（四），中国民主法制出版社、中央文献出版社 2015 年版，第 1576—1577 页。

② 《习近平总书记系列重要讲话读本：敢于啃硬骨头 敢于涉险滩 —— 关于全面深化改革》，《人民日报》2014 年 7 月 4 日。

③ 习近平：《改革开放是有方向、有立场、有原则的》，载全国人大常委会办公厅、中共中央文献研究室编：《人民代表大会制度重要文献选编》（四），中国民主法制出版社、中央文献出版社 2015 年版，第 1576—1577 页。

发展利益的苦果。”[1] 在整个改革开放的历史进程中，我们都应牢牢把握主动权，坚决排除来自任何方面的任何错误思潮的干扰，避免在根本性问题上出现颠覆性的错误。

四、改革开放再出发的重点任务和路径选择

党的十九大对新时代改革开放的历史任务已作出全面部署。这里，仅对当前和今后时期的重点任务和主要路径，谈一些认识。

（一）紧紧围绕全面建成小康社会的目标要求，抓紧推进一些领域的改革开放

改革开放再出发，要从最紧迫的事项改起，从老百姓最期盼的领域改起。到 2020 年全面建成小康社会，这是我们党对全国人民的庄严承诺。实现既定的目标，时间紧迫，任务繁重。要按照党的十九大部署，紧扣全面建成小康社会各项要求，突出重点、补短板、强弱项，特别是要坚决打好防范化解重大风险、精准脱贫、污染防治的攻坚战，加大改革开放力度，坚决破除各种体制机制障碍，进一步增强动力和活力，更有效化解和消除金融、财政、房地产等领域的突出风险问题，推动建设现代化经济体系和高质量发展，完成既定的脱贫攻坚、污染环境治理任务，统筹推进经济、政治、文化、社会、生态文明各个领域建设，确保如期实现全面建成小康社会的目标任务，取得人民认可、经得起历史检验的社会效果。

（二）加快完善社会主义市场经济体制，发挥经济体制改革牵引作用

改革开放再出发，要坚持以经济体制改革为重点不动摇。经济体制改革对

---

① 新华社：《习近平在中共中央政治局第三次集体学习时强调　更好统筹国内国际两个大局　夯实走和平发展道路的基础》，《人民日报》2013 年 1 月 30 日。

其他方面改革具有重要影响和传导作用。要坚持完善和发展社会主义市场经济体制的大方向，特别要坚持和完善我国社会主义基本经济制度、分配制度，完善微观经济制度和国家宏观调控制度。党的十六大就明确提出：公有制为主体、多种所有制经济共同发展，是我国社会主义基本经济制度。必须毫不动摇地巩固和发展公有制经济，必须毫不动摇地鼓励、支持和引导非公有制经济发展。党的十六大提出的这“两个毫不动摇”，是当时全面审视公有制经济和非公有制经济的状况及其发展要求作出的重大决策，是完全正确的。党的十七大、十八大、十九大都重申了“两个毫不动摇”。这“两个毫不动摇”也郑重载入了宪法。对“两个毫不动摇”，必须深刻理解、全面贯彻、牢牢把握、不可偏移。任何怀疑、否定和曲解这“两个毫不动摇”的言论，都应当制止和纠正。要使以公有制经济和非公有制经济的发展有机地统一于社会主义现代化建设的进程中，不能把这两者对立起来、割裂开来。发展社会主义市场经济，所有制结构需要改革，但公有制的主体地位不能动摇，这是坚持科学社会主义的根本原则和根本要求。当然，公有制实现形式和运行机制应该也完全可以多元化，包括发展股份制和混合所有制经济，也包括用其他多种形式把所有权和经营权分开，使之与市场经济有机结合。因此，必须深入推进国有企业改革和其他公有制企业改革，切实做到政资政企分开，真正建立健全现代企业制度，使企业活动切实符合市场经济运行规律的内在要求。非公有制经济是我国社会主义市场经济的重要组成部分，在国家经济社会发展中发挥着重要作用。改革开放以来的实践证明，非公有制经济的历史贡献不可磨灭，在未来建设社会主义现代化国家进程中的地位不容置疑。因此，必须进一步实行鼓励、支持和引导非公有制经济发展的方针、政策和措施，包括减轻企业税费负担、清理违反市场规则的政策文件、保护企业家人身和财产安全等，使他们在同公有制经济公平竞争中发展壮大，并不断提高自身素质和自我发展能力。但是，不能通过否定所有制基础理论，来模糊、虚化所有制制度，统统用产权制度取代所有制制度。生产资料所有制关系是生产关系的总和，是社会生产关系的核心和基础，决定着人们在社会生产中的相互关系和收入分配的形式。产权制度是法律规定的财产归属，与所有制既有联系也有区别。关键是要完善现代产权制度。要坚决依法保护各类所有制经济产权，进一步形成各种所有制经济依法平等使用生产要素、公平参与市场竞争、长期共同发展的政策和制度环境。同时，所有制形式决定分配制度，要坚持按劳分配为主体、多种分配方式并存的分配制度，更好实行按劳分配原则，完善按要素分配的体制机制，规范分配秩序，通过多种形式改革和宏观调控，逐步缩小个人收入和财富差距，使全体人民稳步向共同富裕目标前进。深化经济体制改革的核心问题仍是处理好政府和市场的关系，要继续按照党的十八届三中全会作出的决定要求，使市场在资源配置中起决定性作用，更好发挥政府作用。特别要切实遵循市场经济运行规律，完善产权制度和要素市场化配置，健全市场体系，规范市场制度，健全市场决定资源配置的微观经济制度，改革政府管理方式，减少政府对各类企业活动的直接干预。国家宏观调控要注重发挥规划的战略导向作用，健全财政、货币、产业、区域等经济政策和工具运用的协调机制，提高宏观调控的预见性、科学性和实效性。

（三）加大科技体制改革力度，切实加快建设创新型国家

创新是引领高质量发展的第一动力，实行创新驱动发展是建设社会主义现代化强国的头等重大战略，直接关系综合国力的持续增强和国际竞争力的显著提升。目前，创新体制不健全，严重制约我国创新体系和创新能力建设，这是我国改革发展的突出薄弱环节。要以构建国家创新发展体制为根本出发点和着眼点，发挥中国特色社会主义制度的优势，加快推进科技领域体制创新、制度创新、管理创新、机制创新，特别是加快完善科技与经济社会发展深度融合的体制机制。要统筹中央和地方的改革创新部署，综合运用财税、金融、投资、科技、产业、贸易等政策，充分调动政府部门、科研机构、企业等各方面积极性、主动性，形成改革创新的强大合力。要切实完善和落实知识产权制度，强化知识产权创造、交易、保护、运用制度，为科研人员和各类企业开展技术创新营造良好的制度环境和法治环境。充分尊重科研人员和企业的研发自主权，抓紧完善科研成果评价体系和方法，健全科技成果处置权和收益权制度，畅通

科研成果转移转化的渠道和机制，激发市场主体和科研人员的创新动力和活力。要加强国家创新体系建设，营造激励创新的社会氛围，让一切有利于创新驱动发展的积极因素和全部能量都充分调动起来、更有效地充分发挥出来。

（四）建立促进城乡融合发展体制，加快乡村振兴步伐

这是全面建成小康社会进而全面建设社会主义现代化国家的必然要求，是协调工农关系、城乡关系，逐步缩小工农、城乡差距以至最终消除工农、城乡差距的关键抉择。为此，要大力实施乡村振兴战略，全面贯彻党中央、国务院颁布的《国家乡村振兴战略规划（2018—2022年）》，促进农业农村全面繁荣发展。最为重要的，是加快建立健全城乡融合发展的体制机制、政策体系和法治环境。加快消除城乡分割的二元体制和结构，进一步解放和发展农村生产力，更好地协调工农关系、城乡关系。坚持巩固和发展农村基本经营制度，深化农村土地制度改革，完善承包地“三权”分置制度，规范和支持发展适度规模经营，发展和壮大新型集体经济。进一步加大农村基础设施和公共设施建设力度，加快健全农业社会化服务体系和农村公共服务体系，大力改善农业农村的生产和生活条件，加快建设美丽乡村步伐。

（五）持续推进行政体制改革，不断完善中国特色社会主义行政体制

行政体制是国家体制的重要组成部分，行政体制改革是政治体制改革的重要内容。持续推进行政体制改革，是推动上层建筑适应经济基础的必然要求，也是进一步全面深化改革开放的关键环节。2018年实行的新一轮国家机构改革“统筹考虑各类机构设置”，是一次重大国家体制创新，这方面改革正在进行，应巩固和发展成果。要围绕建设人民满意的服务型政府，进一步转变政府职能，深化“放管服”改革，创新监管方式，增强政府公信力和执行力，着力推进政府治理规范化、法治化、现代化。随着改革开放和现代化事业的不断推进，特别是城市化、信息化、城乡一体化发展，必须不断优化行政层级和行政区划设置，加快乡镇行政体制改革。要认真贯彻国务院新近颁布的《行政区划管理条

例》，规范行政区划管理。我国各级各类领导机构和领导职数过多，吃“皇粮”的人员也过多，致使行政成本过高，这方面问题十分突出，应抓紧研究彻底解决的改革办法。关键是要进一步精简合并机构，减少行政层级。要坚持深化事业单位改革，推进政事分开、事企分开、管办分离。这方面改革步履蹒跚，严重滞后，应当加快事业单位改革步伐。

（六）积极深化社会体制改革，推进社会治理现代化

这是新时代推进国家治理体系和治理能力现代化建设的一项重要任务，也是加强和创新社会建设的重要方面。为此，需要着重解决以下几个方面的问题。一是以提高保障和改善民生水平为重，不断增强人民群众的获得感、安全感、幸福感。要顺应我国社会主要矛盾已经转化为人民日益增长的美好生活需要和不平衡不充分的发展之间矛盾的变化，既要不断提高人民的物质文化生活水平，还要在民主、法治、公平、正义、安全、环境等方面满足人民群众日益增长的需求，采取更加有力的措施健全保障和改善民生的制度体系、政策体系、服务体系，破除一切不合时宜的思想观念和体制机制。要完善公共服务体系，加强社会保障体系，健全公共安全体系，构筑社会治安防控体系，建设心理服务体系，不断促进社会公平正义，不断促进人的全面发展、全体人民共同富裕。二是以打造共建共治共享治理格局为重点，不断深化社会体制改革。要加快建立健全党委领导、政府负责、社会协同、公众参与、法治保障的社会治理体制，构建在党的全面领导下政府和社会多元主体积极参与社会治理的制度、动力和途径。三是以加强“自治法治德治”为重点，不断构筑社会治理支柱体系。完善基层社会自治制度，强化德治建设，全面推行法治，“三治”并举，并使它们相互融合、相互促进。四是以促进教育、文化、卫生等领域改革发展为重点，加快事业单位改革步伐，不断提高社会治理创新保障水平。五是以加强城乡社区体系为重点，着力推进基层社会治理现代化。推动社会治理重心向基层下移，发挥社会组织作用，实现政府治理和社会调节、居民自治良性互动。六是大力提高社会治理社会化、法治化、智能化、专业化水平，加快社会治理能力建设。

创新社会治理方式，努力实现社会治理由单一行政手段向多种手段综合运用转变。特别是在信息化时代下的中国已经形成了规模巨大、构成复杂、形态多元的网络社会，其复杂性、风险性前所未有，必须高度重视“智治”，更好运用信息技术，打造“互联网+”社会治理模式，把精细化、标准化、智能化、专业化贯穿于社会治理各个方面和全过程，不断提高社会治理的效率和效能。

（七）大力度推动生态文明体制改革，加快美丽中国建设

我们要建设的现代化是人与自然和谐共生的现代化，必须把生态文明建设放在更加突出的地位。要按照根本改善生态环境、建设美丽中国的目标要求，推进绿色发展，加快建立绿色生产和消费的法律制度、政策导向、技术体系和生活方式。着力解决突出的环境问题，健全环保信用评价、信息强制性披露、严惩重罚制度，构建政府为主导、企业为主体、社会组织和公众共同参与的环境治理体制体系。加大生态系统保护力度，统筹山水林田湖草系统治理，优化生态安全屏障体系，建立市场化、多元化生态补偿机制。改革生态环境监管体制，完善生态环境管理制度，构建国土空间开发保护制度。要在全社会普及生态文明观的教育，推动形成人与自然和谐发展的现代化建设新格局、新氛围。

（八）进一步提高对外开放水平，加快形成全面开放新格局

在当前国际形势发生复杂深刻变化的情况下，对外开放更要迈出扎实有力的步伐。要坚定不移奉行互利共赢的开放战略，不断创造更全面、更深入、更多元的对外开放格局，在更大范围、更宽领域、更深层次上提高开放型经济水平。更好地“引进来”，更扎实地“走出去”，主动参与和推动经济全球化进程。持续放宽市场准入，实行高水平的贸易投资自由化、便利化政策。营造国际一流营商环境，全面实行准入前国民待遇和负面清单管理制度。打造对外开放新高地，深入推进自由贸易试验区建设，发挥自由贸易区改革开放试验田作用，加快探索建设中国特色自由贸易港进程。创新对外投资方式，形成面向全球的贸易、投融资、生产服务网络。加快双边和多边合作深入发展，促进双边

和多边自由贸易区建设，努力开拓更加广阔的国际发展空间。继续扎实推进“一带一路”建设，遵循共商共建共享原则，加强同沿线国家战略互信，积极促进国际合作交流。坚持和平发展道路，推动经济全球化朝着更加开放、包容、普惠、平衡、共赢的方向发展，推动构建人类命运共同体，积极参与全球治理体系改革和建设，不断贡献中国智慧和力量。

“雄关漫道真如铁，而今迈步从头越。”回顾过去，中国改革开放新的长征路走过40年伟大而艰辛的历程，取得了彪炳史册的辉煌成就。展望未来，新时代改革开放需要再出发再奋进。现在，正处于一个新的重要历史关头，面临不少棘手的新矛盾新问题。我国40年来改革开放一直是在不断解决矛盾和克服困难中前进的，同过去相比，我们党和国家应对困难和挑战的条件更成熟了，经验更丰富了。我们要在以习近平同志为核心的党中央坚强领导下，不改初心，坚定决心，增强信心，同心协力，坚定不移走改革开放的正确之路，为夺取新时代中国特色社会主义更大胜利作出新的贡献。

魏礼群

目 录

第一编　纪念改革开放40周年

中国法治40年

肖　扬*

【导语】党的十九大报告指出，全面依法治国是新时代坚持和发展中国特色社会主义的基本方略之一。本文认为，改革开放40年以来，我国在法治建设上的成就，归结起来，就是走出了一条中国特色社会主义法治道路。展望新时代，我国必将在全面依法治国和依宪治国的道路上阔步前进。

今年4月10日，习近平总书记在博鳌亚洲论坛2018年年会开幕式上发表主旨演讲时指出："改革开放这场中国的第二次革命，不仅深刻改变了中国，也深刻影响了世界。"这些改变，体现在国家治理理念上，就是摒弃了延续几千年的人治传统，走出了一条中国特色社会主义法治道路。作为新中国早期培养的一名法律人，我有幸在党的领导下，先后从事公安、检察、司法行政和审判工作，见证、亲历了这一国家治理模式的伟大变革。在改革开放40周年之际，回看法治风雨来时路，深觉改革成果取得之不易，亦感未来发展之任重道远，遂应邀成文，以作纪念。

一、拨乱反正：法制路线的确立和发展

新中国成立初期，我们在废除旧法统的同时，根据新民主主义革命时期根据地法制建设的成功经验，积极开展法制建设，制定了以"五四宪法"为代表的一些法律，民法、刑法等国家治理的基本法律也提上了制定日程。但新生的

---

* 肖扬，最高人民法院原院长、首席大法官。

法制建设很快受到错误思潮的干扰，尤其在“文化大革命”的十年内乱中遭到严重破坏。在那个极端的年代里，公检法等法制机构被砸烂，“五四宪法”被搁置，国家治理陷入混乱，传统但已落后的人治思维泛滥，致使党和国家的事业，人民的权益遭受严重损害，教训十分惨痛。

伟大的转折发生在1978年12月。1978年12月18—22日召开的党的十一届三中全会，对民主法制问题进行了深入讨论，指出“为了保障人民民主，必须加强社会主义法制，使民主制度化、法律化，使这种制度和法律具有稳定性、连续性和极大的权威，做到有法可依，有法必依，执法必严，违法必究”。这一决定，意味着党的第二代中央领导集体，在总结过去经验教训的基础上，坚定地提出了“加强社会主义民主，健全社会主义法制”的历史性任务，是国家治理路线的拨乱反正。在此之前，1978年5月开始的真理标准大讨论为党的十一届三中全会营造了良好的思想氛围，而1978年11月至12月的中央工作会议则为党的十一届三中全会作好了充分准备。从此，一场波澜壮阔的法制建设大潮迅速席卷中华大地。

首先，法制成为国家治理的指导思想，使改革开放获得坚强保障。“有法可依，有法必依，执法必严，违法必究”成为社会主义法制建设的指导方针；一手抓建设、一手抓法制的思想贯穿于改革开放的各个方面，注意用法制保障建设和改革秩序，使改革的成果尽可能用法律形式确认和巩固。例如，1986年检察机关就提出了检察工作要为经济发展和改革开放保驾护航的新思路。这样，法制在改革开放的实践中不断发展完善，并成为改革开放的重要保障。

其次，开展大规模的立法活动，使国家治理初步实现了有法可依。（1）迅速制定法律，为法制机关的组织和运转提供法律依据。全国人大常委会法制委员会1979年3月开展工作，短短3个月里，就向全国人大提出了《刑法》《刑事诉讼法》《地方各级人民代表大会和地方各级人民政府组织法》《全国人民代表大会和地方各级人民代表大会选举法》《人民法院组织法》《人民检察院组织法》等六部法律草案，并全部在当年7月的五届全国人大二次会议上通过。（2）制定新宪法，确立民主政治的结构。鉴于1978年宪法的许多内容已经不符合党的十一届三中全会的基本路线和方针，为了保障改革开放顺利进行，使各项改革事业有宪法依据，1980 年中共中央提出关于修改宪法和成立宪法修改委员会的建议，并获得五届全国人大三次会议通过。为了充分体现民主原则，使宪法充分反映人民意志，1982 年 4 月，五届全国人大常委会第二十三次会议决定将宪法草案交全民讨论。这次全民讨论的规模之大，参加人数之多，影响之广，大大超过了 1954 年，反映了全国人民参与管理国家事务的政治热情。1982 年 12 月 4 日，五届全国人大五次会议表决通过了新宪法，以国家根本大法的形式宣示了保护人民权利、规范国家权力，坚定不移走法制道路的决心，使民主的制度化、法律化迈出了关键的一步。（3）制定《民法通则》，确立民事活动的基本规则。国家治理分为两个层面：一个是公法领域的，如刑事法治和行政法治，强调国家权力的强力介入（因而需要严格限制）；一个是私法领域的，如当事人的意思自治，强调尽可能少的国家干预，通过赋予自由空间来释放社会和经济的活力。1986 年 4 月，六届全国人大四次会议通过的《民法通则》确立了自愿原则，为民商事活动提供了基本的自治规范，顺应并极大地推动了改革开放的深化。（4）制定各项行政法律，促进依法行政。1989 年七届全国人大二次会议通过了《行政诉讼法》，首次为“民告官”提供了完整、清晰的救济规则，对规范行政权力的行使，保障公民等行政相对人的合法权益意义重大，是我国民主政治建设的一个重大进步。

再次，恢复和健全国家法制机关，使依法治理的实践获得强有力的推动。特别值得强调的有两点：第一点是司法部的恢复。粉碎“四人帮”后，根据 1978 年宪法，我们国家恢复了审判机关和检察机关，但司法行政机关并没有及时恢复。1979 年 9 月，五届全国人大常委会第十一次会议决定恢复被撤销达 20 年的司法部，司法行政工作得以重生。正是在司法部的强有力推动下，我们国家的法治实践得到快速发展。第一，推动开展大规模的普法和依法治理活动。1985 年 11 月，中共中央、国务院转发了中宣部、司法部《关于向全体公民基本普及法律常识的五年规划》。同年 12 月，全国人大常委会作出了《关于在公民中基本普及法律常识的决定》。由此展开了一场持续至今的全民普法活动。

在司法部等部门的推动下，各层级的依法治理活动也渐次开展起来。逐渐形成了包括基层依法治理、地方依法治理和行业依法治理在内的多层次、网络化的依法治理体系。第二，恢复和改革法律服务业。1979 年 12 月，恢复不到三个月的司法部就发出《关于律师工作的通知》，明确宣布恢复律师制度，我国的律师行业重新发展起来。我接任司法部长后，为适应改革开放的新形势，把律师制度改革作为司法行政改革的重中之重，提出“不再使用生产资料所有制模式和行政管理模式界定律师机构的性质”，将律师界定为为社会提供法律服务的执业人员。同时，在全国人大有关部门支持下，司法部还起草了我国第一部《律师法》，并于 1996 年获第八届全国人大常委会第十九次会议通过，将改革的成果以法律形式固定下来。从此，律师业走上了符合国际惯例又有中国特色的自愿组合、自负盈亏、自我约束、自我发展的道路。第三，创建法律援助制度。1994 年，为了让法制发展的成果惠及全体人民，特别是让贫者、弱者、残者能打得起官司，获得必要的法律救济，司法部提出建立和实施法律援助制度，并获得成功，我国的法律援助制度从此发展起来。① 第四，改革监狱体制，创建现代化文明监狱。一是将劳改场所更名为监狱，同时劳改警察改为狱警；二是将监狱纳入国家财政保障，改变过去劳改工作和服刑人员生活均靠服刑人员的劳动收入保障的局面；三是增强教育改造功能，改变片面强调劳动改造的做法，为服刑犯人举办特殊学校，文凭获得社会承认，以帮助其回归社会；四是起草我国第一部监狱法，并由全国人大常委会通过。这些措施，促进了监狱工作的法制化、科学化、人道化，有效地保障了服刑人员的合法权益，改善了服刑人员的待遇，提升了我国的国际形象。

要强调的第二点是健全国家法制反贪机构的探索。古人有“治吏不治民”的说法，讲的是理国之要，要在治官。而治官的关键又在于建立科学有效的防腐惩贪机制。为此，检察机关率先开始了这方面的探索，力图建立一个集举报、

---

① 当时曾设想将司法救助纳入到法律援助制度中去，后因与最高法院认识不一致而未能实现。1998 年以后最高法院另行创建了司法救助制度。

侦查、预防和情报资料于一体的综合性国家反贪机构，并于1989年8月18日成立我国第一个反贪局——广东省人民检察院反贪污贿赂工作局。此后，反贪局的设置在全国推开。虽然最初提出的建立一个国家的、统一的、高效的、权威的惩贪防腐机构的设想没能完全实现[①]，但也使国家的治官体制向前迈进了一步。

二、质的飞跃：依法治国方略的提出和演进

党的十一届三中全会所确立的法制路线，本质上就是要走依法治国之路。因为“加强社会主义民主，健全社会主义法制”，“必须使民主制度化、法律化，使这种制度和法律不因领导人的改变而改变，不因领导人的看法和注意力的改变而改变”等思想的实质，就是要树立宪法和法律的权威，以保障人民民主的实现，而这正是法治的核心要求。只是在当时，这还只是一种朦胧状态下的法治，我们对“法制”和“法治”的区别还没有清晰的认识，更没有从治国基本方略的高度来认识这一问题。

真正完成从“法制”到“法治”的飞跃，是在1997年9月。1997年9月12日，党的十五大郑重提出：“依法治国，是党领导人民治理国家的基本方略”，“发展民主，健全法制，建设社会主义法治国家”。当然，正是之前近20年的法制建设，做好了充分的思想和实践准备，才使依法治国基本方略的提出水到渠成。

这一质变跟一次特殊的“普法”实践有着密不可分的关联。1994年6月21日，在司法部、中宣部、中国法学会共同举办的“国家中高级干部法学讲师团”成立一周年座谈会上，许多专家建议选择并安排适当时候，为政治局领导举办法制讲座。司法部党组随即在1994年7月21日向中央提交《关于建议为

---

① 当时的设想是建立一个国家的反贪机构，由人大选举产生，对人大负责并报告工作，但无须投票表决。

中央政治局领导同志举办社会主义法制建设讲座的请示》。在请示中，司法部党组建议“要突出强调法制建设是治国安邦、保障现代化战略目标实现的一项根本性建设，必须进一步提高中高级干部依法决策、依法行政、依法办事的自觉性”。请示很快得到了批准，于是就有了1994年12月9日的中央法制讲座第一讲。[①] 这次讲座得到了中央领导同志的充分肯定，并要求以后中央法制讲座要规范化、制度化。1996年1月12日，司法部党组向中央建议在第三讲中讲依法治国的问题。中央选定了“关于依法治国、建设社会主义法制国家的理论和实践问题”这一题目。1996年2月8日，中共中央第三次法制讲座在中南海怀仁堂举行。正是在这次讲座的总结讲话中，中央领导同志指出“加强社会主义法制建设，依法治国，是邓小平同志建设有中国特色社会主义理论的重要组成部分，是我们党和政府管理国家和社会事务的重要方针”，正式提出了依法治国方略。

“依法治国”的提出，也离不开法学界的积极推动和科学论证。许多有识之士很早注意到了“法治”与“法制”的不同。1979年1月26日，王礼明在《人民日报》发表了《人治与法治》一文，明确主张法治，掀开了人治与法治大讨论的序幕。此后，学者又进一步撰文区分了“法治”与“法制”，认为“法制”只是法律制度的意思，而“法治”则意味着要使法律具有极大的权威，国家的组织、统治权的行使、社会或个人相互关系的调整，都要以法律为准绳，并建议使用“法治”的表述，主张实行社会主义法治。[②] 这些思考在当时也产生了积极的影响，1979年中共中央64号文件《关于坚决保证刑法、刑事诉讼法切实实施的指示》中使用了“实行社会主义法治”的表述。这是中共中央的文件中第一次出现“法治”的提法。第三次中共中央法制讲座前后，法学界对“社会主义法制国家”和“社会主义法治国家”的表述又展开了深入的讨论，纷纷建

---

① 当时在请示中拟了三个选题，分别为：世界各主要国家法制建设发展概况；社会主义市场经济与法制建设；关贸总协定及国际商贸法律制度。考虑到当时“复关”的法律问题较为急迫，故第一讲最后讲的是“关贸总协定及国际商贸法律制度”。

② 参见王礼明、刘海年、罗耀培：《法制与法治》，《学习与探索》1979年第5期。

议中央使用“法治”的表述。经认真研究并广泛征求意见后，中央决定将“依法治国，建设社会主义法治国家”写入党的十五大报告，并进一步强调，依法治国是党领导人民治理国家的基本方略。

从“法制”到“法治”，虽然只是一字之差，却是一次观念的重大变革，标志着我国对法治的追求从朦胧走上成熟和自觉，是党的领导方式、执政方式、治国方略的重大发展，是对千年来“人治”传统的摒弃，是对中国社会主义民主政治与法制建设的完善，开启了中国现代法治的探索之路。1999 年 3 月，依法治国基本方略被写入宪法修正案，从党的执政方略进一步升华为由国家根本大法确认的国家治理方略。2002 年 11 月，党的十六大报告把依法治国作为社会主义民主政治建设的重要内容和目标，强调“发展社会主义民主政治，最根本的是要把坚持党的领导、人民当家做主和依法治国有机统一起来”。2007 年 10 月，党的十七大进一步强调“依法治国是社会主义民主政治的基本要求”，要“全面落实依法治国基本方略，加快建设社会主义法治国家”。

司法是法治的重要支撑和保障。感谢组织的信任和历史的眷顾，1998 年至 2008 年，我任职最高法院党组书记、院长，从而有机会参与（特别是在审判工作中）落实党的十五大提出的依法治国方略。回顾这段历程，有两点感触很深：

第一，公正高效权威的社会主义司法是法治的重要保障。公平正义是法治的灵魂，司法是社会公平正义的最后防线。司法能否高效地实现和维护公平正义，事关法治建设的成败。法治要求宪法法律必须具有极大的权威，公正司法是确保党领导人民制定的法律转化为社会治理成果的决定性因素。司法是否具有权威性，事关宪法、法律的权威，事关党的执政权威，事关确保人民当家做主的法治权威。从 1998 年开始，最高法院出台了一系列措施，以解决人民对公正高效司法的需求和不相适应的司法能力之间的矛盾，破除司法体制中沿袭已久但背离法治要求和司法规律的行政化、地方化等弊病。一是树立现代司法理念。倡导以“公正与效率”作为法院工作主题，贯彻落实中央提出的“公正司法、一心为民”的指导方针，坚持“该严则严，当宽则宽，宽严相济，罚当其罪”的刑事政策和“能调则调，当判则判，调判结合，案结事了”的民事审判原则。二是推进司法体制改革。以落实宪法规定的公开审判原则为突破口，开展包括“立审分立、审执分立、审监分立”和死刑核准制度改革等在内的一系列体制机制改革。三是加强法官队伍建设。以整顿队伍、清除“三盲院长”等害群之马为突破口，打造一支政治坚定、专业扎实、道德高尚、形象良好的职业法官队伍。而这些措施，最终又统一于法官职业化建设的命题。“国以人兴，政以才治”，法治不是有法了就万事大吉了，还需要有一批具有崇高法律信仰、精深法律技能的法律专业人才，以及一套保障、监督他们依法行使职权的制度机制。司法在国家治理体系中处于至关重要的地位，直接关系社会公平正义能否得到实现和维护，法官职业化问题也就更显重要。因为从司法的本质上看，司法权是判断权，从我国的国情上看，司法权应是中央事权；要破除司法的行政化、地方化等问题，势必要允许法官依照宪法和法律行使职权，进而要建立相应的包含职业准入、职业保障、职业监督、职业技能、职业道德、职业形象等在内的配套制度。

第二，坚持宽严相济的刑事政策是依法治国的必然要求。惩治犯罪是国家治理的最后一道防线，事关公民安全、社会安全和国家安全。但历史实践反复证明，惩治犯罪不能完全依赖重刑主义，片面强调从严从快可以暂时应急，但非长治久安之道。党的十一届三中全会以来，我们实际执行的是从严从重从快打击刑事犯罪的“严打”方针，为维护社会秩序、保障改革开放的顺利进行发挥了积极作用。但由于法治思维没有完全树立起来，实际执行过程中出现了偏差，证据意识、程序意识薄弱，导致滕兴善案、聂树斌案等一系列冤错案件的发生，损害了国家的法治形象。因此，1998 年以后，最高法院在推动死刑核准制度改革的同时，也积极尝试推动刑事法治理念的更新。因为只有实现刑事法治观念的整体转变，才能为死刑政策的转变奠定坚实的思想基础。2001 年，全国第三次“严打”开始，重点是“打黑除恶”，为防止出现前两次“严打”片面强调从重从快的弊端，最高法院按照宽严相济的思路，在充分调研的基础上适时向中央提议严格界定“黑社会性质组织”的含义。2002 年 4 月 28 日，全国人大常委会通过了立法解释，对“黑社会性质组织”从四个方面进行准确界定，避免了打击的扩大化。此后，最高法院在向中央的报告中写入“宽严相济”的理念。2004 年 12 月，中央领导同志在全国政法工作会议上首次提出要“正确运用宽严相济的刑事政策”，2005 年 12 月又再次明确指出“宽严相济是我们在维持社会治安的长期实践中形成的基本刑事政策”。2006 年 8 月，中央发文明确提出“该严则严，当宽则宽，宽严相济，罚当其罪”。同年 10 月，党的十六届六中全会通过了《中共中央关于构建社会主义和谐社会若干重大问题的决定》，明确提出要实施宽严相济的刑事司法政策。与此同时，中央提出了“少杀、慎杀”和“严格控制和慎重适用死刑”的政策，从此我们走上了立法、司法并举控制死刑的道路。

三、新的时代：全面依法治国与依宪治国的推进

党的十八大以来，以习近平同志为核心的党中央，锐意进取，把法治建设放到发展中国特色社会主义的总体战略布局中去谋划，放到推进国家治理体系和治理能力现代化的目标中去推进，提出建设法治中国的命题，开创了全面依法治国的新局面，使法治建设进入了新的时代。2014 年 10 月，党的十八届四中全会审议通过了《中共中央关于全面推进依法治国若干重大问题的决定》，明确提出了全面推进依法治国的指导思想、总目标、基本原则和各项具体措施。这是党中央全会历史上第一个关于加强法治建设的专门决定，必将载入史册。习近平总书记强调，“全面推进依法治国是关系我们党执政兴国、关系人民幸福安康、关系党和国家长治久安的重大战略问题，是完善和发展中国特色社会主义制度、推进国家治理体系和治理能力现代化的重要方面”[①]。党的十九大提出了习近平新时代中国特色社会主义思想，并指出全面依法治国是新时代中国特色社会主义应当坚持的基本方略之一。

---

① 习近平：《关于〈中共中央关于全面推进依法治国若干重大问题的决定〉的说明》，http://cpc.people.com.cn/n/2014/1028/c64094-25926150.html，2018 年 9 月 1 日。

进入新时代，依法治国建设的广度和深度都有更高的要求。习近平总书记提出建设法治中国要“全面推进科学立法、严格执法、公正司法、全民守法，坚持依法治国、依法执政、依法行政共同推进，坚持法治国家、法治政府、法治社会一体建设”，使法治建设涵盖了立法、执法、司法、守法的各个方面，使法治思维深入到党的治理、国家治理和社会治理的各个领域。立法层面上，有法可依升华为科学立法，强调通过民主立法、科学立法、依法立法，凝聚人民意志、回应人民需求，不断产生人民欢迎的“良法”，以良法促进善治。执法层面上，执法必严扩展为法治政府，强调建设职能科学、权责法定、执法严明、公开公正、廉洁高效、守法诚信的法治政府。司法层面上，深化了对司法在国家治理中职能作用的认识，突出了司法公正对于社会公正的重要引领作用，注重推进司法改革，加快建设公正高效权威的社会主义司法制度，努力让人民群众在每一个司法案件中感受到公平正义。守法层面上，不仅继续强调普法、守法，更突出了建设社会主义法治文化的重要性，培养并增强全社会厉行法治的自觉性和积极性。

进入新时代，依宪治国的理念和实践都取得了新突破。十八大以来，党对依宪而治的强调，使依法治国的内容更加丰富，地位更加突出。2012 年 12 月 4 日，习近平总书记在首都各界纪念现行宪法公布施行三十周年大会上的讲话中旗帜鲜明地提出，“依法治国，首先是依宪治国；依法执政，关键是依宪执政”，把依宪治国提升到前所未有的高度。习近平总书记还强调，“全面贯彻实施宪法，是建设社会主义法治国家的首要任务和基础性工作”，“宪法的生命在于实施，宪法的权威也在于实施”，把宪法的实施提上了法治建设的日程表。党的十八届三中全会强调指出，“要进一步健全宪法实施监督机制和程序”，“建立健全全社会忠于、遵守、维护、运用宪法法律的制度”。党的十八届四中全会进一步提出“将每年十二月四日定为国家宪法日”，“建立宪法宣誓制度，凡经人大及其常委会选举或者决定任命的国家工作人员正式就职时公开向宪法宣誓”。2014 年 11 月 1 日，全国人大常委会通过《关于设立国家宪法日的决定》，正式将每年的 12 月 4 日确立为国家宪法日。2015 年 7 月 1 日全国人大常委会通过《关于实行宪法宣誓制度的决定》，在2018年3月的全国两会上，当选的新一届国家领导人举行了庄严的宪法宣誓仪式，使宪法的精神和权威得到了有力的彰显。可以说，宪法日的设立和宪法宣誓制度的实行，使宪法实施迈出了实质性的一步。2017年10月，党的十九大明确提出要推进合宪性审查工作；2018年2月，党的十九届三中全会通过了《深化党和国家机构改革方案》，提出将全国人大法律委员会更名为全国人大宪法和法律委员会；2018年3月，党的十三届全国人大第一次会议根据宪法修正案规定，决定设立宪法和法律委员会，此后全国人大常委会通过决定，明确宪法和法律委员会在继续承担统一审议法律草案工作的基础上，增加推动宪法实施、开展宪法解释、推进合宪性审查、加强宪法监督、配合宪法宣传等职责。这些举措，推动宪法实施进入了新境界，使依宪治国成为新时代的最强音。

回首40年，改革开放在法治建设上的成就，归结为一句话就是：走出了一条中国特色社会主义法治道路。这是一条前无古人的道路。古代中国的治理模式，不管是儒家信奉的“为国以礼”[①]，还是法家所倡导的“以法治国”[②]，归根结底还是人治，而不是我们今天意义上的法治。因为我们的法治，是牢牢坚持以人民为中心的价值导向的，是为了保障人民的共享、共建、共治的。近代以来，一些有识之士开始了学习西方法治的探索，虽然取得了部分有益的经验，但由于其历史局限性，最终未能解决国家富强和人民自由的问题。

展望新时代，我们必将在全面依法治国和依宪治国的道路上阔步前进。党的十九大提出，到2035年，法治国家、法治政府、法治社会基本建成，国家治理体系和治理能力现代化基本实现；到本世纪中叶，实现国家治理体系和治理能力现代化。如何完成新时代法治建设任务，还需要我们不懈探索。对此，总书记已经为我们指明了道路。2016年5月，习近平总书记在哲学社会科学工作座谈会上指出：发展中国特色的哲学社会科学要坚持“不忘本来，吸收外来，

① 《论语·先进》。

② 《管子·明法》。

面向未来”。研究法治、建设法治也要遵循这一要求，既要传承本来，又要借鉴外来，更要谋划未来，做到有眼光、有胸怀、有担当，古为今用，洋为中用，走自己的路。

一是以发展的眼光看历史。中国是一个文明古国，对如何治国理政，有丰富的经验，也有切肤之痛的教训。其中的积极因素，正是我们继续前进的基石。一概否定历史的做法不能带来发展与进步，只会造成“文化大革命”那样的失序与破坏。宋代王安石曾言：“立善法于天下，则天下治；立善法于一国，则一国治。”汉代王符也曾言：“法令行则国治，法令弛则国乱。”这正是中国古人对于良法与善治的思考，与古希腊思想家亚里士多德的名言“法治应包含两重意义：已成立的法律必须获得普遍的服从，而大家所服从的法律本身又是制定得良好的法律”有着异曲同工之妙。我们的发展总是在前人的基础上、历史的积淀中一脉相承而来的，否则就是空中楼阁、无本之木、无源之水。事实上，中国古代虽然未能形成法治传统，但其中的积极因素，对改革开放以来的法治建设发挥了重要作用。我们探索提出的宽严相济的刑事政策，正是从古人“宽以济猛，猛以济宽，政是以和”[①]的施政理念中汲取了营养。中央提出少杀、慎杀的死刑政策，也正是对古代的慎刑传统的继承和发扬。古人早就说过：“刑者，侀也。侀者，成也。一成而不可变，故君子尽心焉。”[②]意思就是说，刑罚一旦交付执行，就无法恢复了，故务必要慎重，防止出现冤错案。

二是以博大的胸怀看世界。中国是法律大国，但还远远不是法治强国。而有些国家的法治，经过几百年的发展，拥有许多成熟的经验。例如，两百多年前，法国人卢梭就有一句名言论述了树立法律权威的重要意义：“只要法律不再有力量，一切合法的东西也都不会再有力量。”而我们当下就正面临着宪法和法律力量不足，司法权威不彰的问题。还有相当一部分人未能在心中真正认可宪法的权威，甚至还有相当一部分领导干部没有摒弃权大于法的思维定式。特别

① 《左传·昭公二十年》。

② 《礼记·王制》。

是在司法权威方面，人们还没有充分认识到，维护司法权威就是维护宪法法律的权威，维护党领导下保障人民当家做主的法治体系的权威。搞法治建设，关起门来不行，照搬照抄也不行；因此，对外国法律文明，我们要根据自身情况创造性地吸收借鉴那些符合法治一般规律的内容。事实上，40 年来我们的法治建设成就，有相当一部分是在吸收借鉴外国先进经验的基础上取得的。我们制定民法通则、合同法、物权法乃至民法总则时，就大量吸收了大陆法系甚至是英美法系的先进理念和制度；我们在 1997 年刑法中确立的罪刑法定原则，也正是现代法治中共通性的内容。

三是以担当的精神看未来。习近平总书记指出：“全面推进依法治国，必须走对路。”① 什么是对的路？就是中国特色社会主义法治道路。因此，我们讲传承本来，不是要走人治主义的老路，而是要发扬传统治理模式中的积极因素，赋予法治中国鲜明的民族特色；我们讲借鉴外来，不是要走改旗易帜的邪路，而是要汇聚各种法治文明的优秀成果，形成法治中国磅礴的气势。古为今用，洋为中用，最终是为了走好自己的路。资本主义法治总是和“三权分立”、“多党制”联系在一起的，而我们的社会主义法治总是和共产党的领导、人民代表大会的根本政治制度紧密联系在一起的，这是二者的本质区别。因此，走自己的路，就是要坚持党的领导和基本政治制度，立足基本国情，遵循法治规律，解决中国问题。既然我们要走的是一条前无古人的路，又不能照搬照抄别人的路，因此必然会面临许多艰难险阻。过去曾发生的一些波折，今后可能还会发生；过去存在的许多困难和阻碍，今天还仍然存在。这就要求我们要有责任担当，去谋划未来，实现国家治理体系和治理能力的现代化。我们坚信，在以习近平同志为核心的党中央的坚强领导下，在习近平新时代中国特色社会主义思想的指引下，一定能够实现国家治理体系和治理能力现代化。

---

① 习近平：《加快建设社会主义法治国家》，《求是》2015 年第 1 期。

以思想再解放促改革再深入

贾　康*

【导语】在改革进入深水区、攻坚克难的艰巨任务横亘于前的新历史起点上，中国迫切需要新一轮的思想解放，冲决落后于时代、阻碍着创新发展的诸多陈旧思维，攻坚克难、承前启后、继往开来，开启我国改革开放新征程。

2018年，我们将迎来以党的十一届三中全会召开为标志的改革开放40周年纪念日。抚今追昔的万千感慨，需要对接到砥砺奋进的继往开来。面对完成“强起来”新时代中实现现代化“中国梦”历史飞跃的机遇与挑战，我们亟须新的一轮思想解放。

2018年1月23日习近平总书记主持召开的中央全面深化改革领导小组第二次会议，主题就是强调“思想再解放，改革再深入，工作再抓实，推动全面深化改革在新的起点上实现新的突破”。会议所强调的“思想再解放”，意味深长。

改革的同义语是实事求是、解放思想前提下的制度创新，中国波澜壮阔的改革恰如邓小平所说，是共产党领导下“生产关系的自我革命”。在行进到“攻坚克难”、“啃硬骨头”和“涉险滩”的关键阶段之后，迫切需要以新的一轮思想解放为大前提，冲决落后于时代、阻碍着创新发展的陈旧思维，以开启和推动新时代作为现代化“关键一招”，带来释放“最大红利”的改革实践。

---

* 贾康，著名经济学家，原财政部财政科学研究所所长，教授，博士生导师，华夏新供给经济学研究院首任院长、首席经济学家。主要研究领域为新供给经济学、财政学等。

在改革进入深水区、攻坚克难艰巨任务横亘于前的新的历史起点上，再次强调思想解放，就必须进一步地强调和贯彻落实党的实事求是思想路线，牢牢把握我国处于并将长期处于社会主义初级阶段这个“基本国情”与“最大实际”。只有在解放思想中真正摆脱屡屡兴风作浪的“左”倾教条主义的影响与干扰，才能在思想认识和实际行动中确有把握防止“跑步进入共产主义”这种为害甚烈的错误再次损伤和破坏我们的现代化事业。如果超越阶段直接搬用“消灭私有制”的共产主义远景目标来指导现实，听起来冠冕堂皇，却定将损毁实事求是、拨乱反正而形成的多种经济成分并存、公有制与非公有制经济都构成中国特色社会主义重要组成部分的基本格局，必然无法确有公信力地保护产权和鼓励民营经济蓬勃发展，导致我们丧失在实现“中国梦”道路上应有的前进定力，毁坏在社会主义初级阶段以数十年改革开放带来的生产力解放的大好局面。面对脱离实际、猛唱高调的“左倾冒进”言语，非常有必要重温邓小平南方讲话中的金句：“要警惕右，但主要是防止左。”我们党在历史上被极左害苦了，国家和人民在历史上被极左害苦了，以“左倾幼稚病”来试图超越阶段，必将在客观规律面前碰得头破血流。发生沉痛历史教训的般般场景，我辈仍历历在目，在思想解放旗帜下坚定不移地贯彻实事求是，解放思想。党的基本路线“一个中心、两个基本点”，是党和国家的生命线，人民的幸福线。

再次强调解放思想，就要坚持和发展充满生机活力的马克思主义，这正是合格的马克思主义者的应有作为。绝不能停留于生吞活剥地背诵马克思主义经典作家的某句原话。比如《共产党宣言》中确有“消灭私有制”的表述，但紧跟着还说明：“共产主义并不剥夺任何人占有社会产品的权利，它只剥夺利用这种占有去奴役他人劳动的权利。”在《资本论》第一卷中，马克思还明确地表述了应在资本主义时代成就的基础上，在协作和生产资料共同占有的基础上“重新建立个人所有制”的思想。虽然学术研究中对此还没有形成一个十分一致的解读意见，但我们已可以结合《资本论》中马克思已指出的股份制对生产资料私有制的“扬弃”，再结合当代实际生活中股份制的发展使其成为“公有制的主要实现形式”，以及“混合所有制”的股份制形式成为“社会主义基本经济制度的重要实现形式”，来认识其“积极扬弃”的现实功能。马克思主义本质上是在与时俱进的科学探索中动态发展的思想体系，党中央所重视和强调的“马克思主义的中国化”，也就是要在中国的实践中坚持和发展马克思主义，而且今后还要不断发展。

再次强调思想解放，就需要正视已经形成的利益固化藩篱而求其破解。中国改革中只有人受益而无人受损的“帕累托改进”空间已经用完，业已十分坚固的部门利益、局部利益和短期利益的局限性，相当广泛地表现在一系列具体的改革与发展事项上，正日益凸显其惰性和阻碍作用，但是，“触及利益比触及灵魂还要难”，因为“天下熙熙皆为利来，天下攘攘皆为利往”。改革开放以来的动力机制，初始就是“明确物质利益原则”而抓住发展硬道理，调动一切积极因素，“使人民群众认识自己的利益，并团结起来为之而奋斗”。但正如邓小平晚年所说，当发展起来之后，问题并不比不发展的时候少，比如，如何针对收入差距扩大情况下部门、地方、小团体利益和短期利益的固化，升级改造相关体制机制、优化再分配，已成为十分得罪人、十分棘手但非解决不可的难题。新一轮思想解放，势必要求在继续贯彻物质利益原则的同时，反思并直言不讳指出利益格局从原来的“平均主义”向新阶段的“过度分化”的演化，及其相关的新的不公正性弊端，借鉴收入再分配调节的基础性制度建设与政策运用的国际经验，并密切结合中国实际，设计实施攻坚克难的提高直接税比重、推行基本社保的全社会统筹、“大部制”与“扁平化”和落实省以下分税制，以及从官员开始实行财产申报制度配合反腐倡廉等改革方案。对方方面面刻意回避的“得罪人”的难题，需要捅破其窗户纸，就是新的思想解放的重要任务之一，而鼓起捅破这层窗户纸的勇气，却正是要求改革者牺牲自身利益而出以公心的同时，中国社会必须进一步强调给改革者“有所作为”空间的极端重要性。

再次强调思想解放，更需要正视已出现的极端化思维和观点交锋中的暴戾氛围来加以矫治。信息时代的“自媒体”功能加上网上“碎片化”特征的爆炸式传播效应，正面说是使当下观点的多元化表达十分便利，反面说是使非黑即白的极端化思维最易吸引眼球和形成“羊群效应”，形成思想和舆论宣传中的挑战性问题。于是在改革“步履维艰，综合疲劳”的深水区，新一轮的思想解放中，一方面仍应在某些“贴标签”式问题上继续把握邓小平称作“一大发明”的务实明智的“少争论，不争论”来引领舆论倾向；另一方面又需在无法回避争论、亦有必要深化认识的思想领域，培育和倡导理性讨论的国民素质，充分尊重“百花齐放，百家争鸣”的学术发展规律。思想讨论中“我不同意你的观点，但誓死捍卫你发言的权利”，应成为中国现代化过程中国家治理锁定“包容性发展”、国民“走向共和”的思维根基，也应构成思想解放在新阶段上文化宣传管理部门（官方）与受众（社会公众）的底线共识。习惯于官本位、行政化框架的舆论管理而实行硬性压制，有百害而无一利。新的思想解放，应从“坚持真理、修正错误”、“批评与自我批评”等党的优良传统和宪法、党章、改革开放基本路线中用好用足观点交流、理性讨论的坚实政治基础和巨大思想空间，鼓励创新发展，容忍试错失误，抑制恶俗弱智，开阔国民心态，从混沌中走出澄明激越、凝聚正气、催人奋进的中国“软实力”提升之路。

再次强调思想解放，一定要正视中国官场和社会仍然流行的一些落后于时代发展的思维定式而力求摒弃。明哲保身、因循守旧、偏狭嫉妒、故步自封、热衷于拉关系搞小圈子、只知看领导眼色一味投领导所好而漠视群众冷暖和社会诉求、讲排场重形式忽视内涵……凡此种种，都是改革创新的大敌，尤其是诸如此类的陋习积弊，一旦与公共权力结合，更是误事误人，亟应排除。新的思想解放，正需针对性地引出官民思维特性的良化发展和社会风气的现代化改造，并发掘中华民族传统文化中的精华以弘扬光大，吸收人类文明的一切积极成果来支持改革、振兴中华！

再次强调解放思想，十分需要把中央决策层已明确表述的“供给侧结构性改革”战略方针与主线，正确地把握为改革开放在新的发展阶段和“攻坚克难”中的承前启后、继往开来，澄清思想迷雾，力求决战决胜。改革是解决有效制度供给问题的“生产关系自我革命”，进入深水区后冲破利益固化藩篱的实质性推进，首先便是调整制度结构、优化利益格局的问题，所以，“供给侧结构性改革”的表述是完全符合基本学理并具有鲜明指向性的。实际生活里面，在改革如履薄冰的艰难推进中，既有以供给侧改革为名实行非理性、违背市场经济规律的“加强供给管理”的扭曲、变味，也有把“供给侧改革”与“深化体制改革”对立起来而横加指责的紊乱认识。我们亟应以合乎供给侧结构性改革本意的理性供给管理与此改革概念相配合，澄清相关的思想迷雾和防止以供给侧改革为名滑入“搞新计划经济”误区，把改革取得决定性成果作为决战决胜的核心任务。

既然中国的现代化是一场长跑，我们就必须有充分的毅力、定力、战略耐心和百折不挠的韧性坚持，去逐步实现她；既然中央已清晰地判断中国为实现现代化的改革已处于取得“决定性成果”的关键阶段，并作出自觉的十八大以来的顶层规划和党的十九大供给侧改革的主线的认定，那么攻坚克难、以全面改革冲过“历史三峡”而对接“中国梦”，就应该成为纪念改革 40 年的主线与主题；既然改革是要“把不合理的去除，把合理的树立起来使之合法化”的除旧布新过程，那么继续鼓励地方、基层、微观主体的创新试验、“摸着石头过河”中的试错式首创与“自下而上”及时的经验总结，就仍然具有莫大的意义。

以“思想再解放”促进“改革再深化”，是目标导向与问题导向的结合，“顶层规划”与“摸着石头过河”的结合，思想解放前提下守正（掌握共性规律）和出奇（以特色创新出奇制胜）的结合。改革尚未成功，同志仍须努力，将中国改革开放的现代化伟业进行到底——但在纪念改革 40 年而前望改革如何完成决定性冲关夺隘之际，我们完全有理由引用当年毛泽东同志在中国革命关键时期所给出的一段著名的预言，来展望中国现代化伟大民族复兴的前景：改革开放所指向的“中国梦”，已是站在海岸遥望海中看得见桅杆尖头的一只航船，是立于高山之巅远看东方已见光芒四射喷薄欲出的一轮朝日，是躁动于母腹中的快要成熟的一个婴儿。

让我们以万众一心的奋斗来迎接她！

我国国有企业改革40年的进程与展望

张卓元*

【导语】国有企业改革是我国改革的核心与关键之一。改革开放40年来，国有企业改革经历了三个阶段：1979—1992年主要探索国企改革的方向；1993—2012年以建立现代企业制度为方向，积极推进股份制改革；2013年到现在则是以国资改革带动、深化国企改革。本文详细阐述了这三大改革阶段，并就深化国企改革提出了建议。

中国国有企业改革（本文所论述的国有企业专指国有工商企业），是中国经济体制改革最重要的领域，也是最困难和争议最多的改革。中国的国有企业，从作为上级主管部门的附属物和“算盘珠”，改革成为政企分开、政资分开的独立的市场主体和法人实体，是一个脱胎换骨的过程，其艰难困苦的程度可想而知。经过改革开放近40年的努力，可以认为，国有企业改革最困难的阶段已经过去，国有企业微观经济基础再造的任务已初步实现，绝大多数国有企业已基本上成为同社会主义市场经济相适应的市场主体，自主经营、自负盈亏。国有经济继续有力地在国民经济中发挥着明显的主导作用。

一、1979—1992年：探索国有企业改革的正确方向

1978年10月，经国务院批准，四川省选择了重庆钢铁公司等6户地方国

---

* 张卓元，著名经济学家，中国社会科学院学部委员、经济研究所研究员。主要研究领域为政治经济学、价格学、市场学。

营工业企业，在全国率先进行“扩大企业自主权”试点，试点的主要内容是：逐户核定企业的利润指标，规定当年的增产增收指标，允许企业在年终完成计划后提留少量利润作为企业的基金，并允许企业给职工发放少量奖金。1979年1月，四川省把试点工业企业由6户增加到100户，同时在40户国营商业企业中也进行了扩大企业自主权的试点。1979年5月25日，国家经委、财政部等六部委联合发出通知，确定在首都钢铁公司等8户企业进行扩大经营管理自主权的改革试点。后来，国务院又于1984年5月颁布《关于进一步扩大国营工业企业自主权的暂行规定》，规定了扩大企业十个方面的自主权，即生产经营计划权、产品销售权、产品定价权、物资选购权、资金使用权、资产处置权、机构设置权、人事劳动权、工资奖金使用权、联合经营权等。

1981年年初，山东省等地以及以首钢为代表的企业在扩大企业自主权的基础上实行了利润包干的经济责任制。之后，全国各地陆续实行了一些不同的包干办法。首都钢铁公司制定向国家上缴利润每年递增7.2%的“上缴利润递增包干”经济责任制方案，得到国务院领导批准。于是，以山东省和首钢为代表的经济责任制改革在全国广大国有企业中蓬勃开展起来。

在这期间，还实行了两步“利改税”方案。1983年2月28日，国务院批转财政部《关于国营企业“利改税”试点办法（草案）的报告》，决定从1983年1月1日开始，对国营企业实行“利改税”办法。具体做法是：国有企业保留原来（按销售收入计征）的工商税，把相当于基数利润的部分改为所得税，凡有盈利的国营大中型企业，按55%的税率计征所得税，所得税后的利润，一部分上缴国家，一定三年不变。剩余部分按照国家核定的留利水平留给企业。小型国营企业则实行利润按8级超额累进税率缴纳所得税，由企业自负盈亏。

1984年9月19日，国务院批转了财政部《关于在国营企业推行“利改税”第二步改革的报告》，决定从1984年9月开始实施第二步“利改税”方案。主要内容一是改变企业利润上缴形式，国家对国营企业实现利润分别征收所得税和调节税，调节税后的剩余利润作为企业留利；二是允许企业在征收所得税前从利润中归还技措贷款；三是调节税采取一户一率的办法分别核定；四是放宽小型企业标准；五是亏损企业和微利企业继续实行盈亏包干；六是增加税源。

由于外部体制不配套，"调节税"鞭打快牛现象的出现以及当时历史条件的限制，利改税推行后国营企业利润连续22个月滑坡。利改税的作用尚未发挥就被承包制所取代，利改税改革事实上没有成功。

1987年3月召开的六届人大五次会议明确肯定了承包制。会议通过的《政府工作报告》指出，"今年改革的重点要放在完善企业经营机制上，根据所有权与经营权适当分离的原则，认真实行多种形式的承包经营责任制"。从1987年开始，全国掀起了第一次承包热潮。到1987年底，全国预算内企业的承包面达78%，大中型企业达80%。1990年，第一轮承包到期的预算内工业企业有3.3万多户，占承包总数的90%。接着又开始第二轮承包。[①]

从扩大经营自主权到承包制的放权让利改革，使国营企业开始有一定的活力。但是，承包制也有重大缺陷，承包制"一对一"谈判强化了政企不分，只有激励没有约束，所有权经营权分离了，但所有者缺位，所有权不能约束经营权。经营者滥用经营自主权谋取私利或小集体利益，普遍出现"内部人控制"、短期行为，以致不少企业承包一轮，国有资产流失一轮，"富了和尚穷了庙"，后果严重。实践告诉我们，国有企业改革不能以承包制为方向，必须另找出路，实行制度创新。

早在1987年，国家体改委委托中央和地方八家单位作中期（1987—1995年）改革规划纲要时，北京大学课题组、中央党校课题组等都明确提出应以股份制和现代企业制度作为国有企业改革的目标模式，而承包制由于存在着种种难以克服的缺陷和矛盾，不可能成为国有企业改革的目标模式。国家体改委综合规划司在汇总各家改革纲要时表示，各家方案较一致的看法是：中期改革的目标，应该是通过新旧体制的转换，确立社会主义商品经济新体制的主导地位。这种新经济体制的基本框架是"政府调控市场，市场引导企业"，它包括相互

---

① 张卓元、郑海航主编：《中国国有企业改革30年回顾与展望》，人民出版社2008年版，第31—34页。

联系的三个方面内容，即经济运行的市场化，企业形态的公司化，宏观调控的间接化。“企业形态的公司化，就是要把竞争性行业的大中型国营企业改造成股份有限公司或有限责任公司，建立起真正的企业法人制度。”[①] 可见，中国许多经济学家对当时普遍实行承包制的做法是不赞成的，至少认为不能作为中国国营企业改革的目标模式。

二、1993—2012年：确定国有企业改革的方向是建立现代企业制度并推行公司制改革

1992年，党的十四大报告确立社会主义市场经济体制改革目标，明确市场在国家宏观调控下对资源配置起基础性作用。1993年11月，党的十四届三中全会作出了《关于建立社会主义市场经济体制若干问题的决定》，在党的文件中第一次提出国有企业改革的方向是建立现代企业制度，并指出现代企业制度的特征是：产权清晰、权责明确、政企分开、管理科学。据我记忆，这四个特征是文件起草组反复研究和讨论，并专门请当时有关主管部门的负责人和专家一起经过多次会议商议后敲定的。现在看来，这四个特征的概括还是比较准确的。从此，中国国有企业改革进入制度创新阶段。

1999年，党的十五届四中全会专门针对国有企业改革和发展问题作出决定，这是改革开放以来对国有企业改革和发展唯一的由中央全会专门作出的决定。1999年《中共中央关于国有企业改革和发展若干重大问题的决定》（以下统称《决定》），对党的十五大报告关于国有企业改革和发展问题作了更为系统、深入和具体的阐述。《决定》专门论述了从战略上调整国有经济布局、推进国有企业战略性改组、建立和完善现代企业制度等问题。其中，对国有大中型企业实行规范的公司制改革作了新的完整的论述。《决定》说：“公司制是现代企业制度的一种有效组织形式。公司法人治理结构是公司制的核心。要明确股

① 国家经济体制改革委员会综合规划司编：《中国改革大思路》，沈阳出版社1988年版，第2页。

东会、董事会、监事会和经理层的职责，形成各负其责、协调运转、有效制衡的公司法人治理结构。所有者对企业拥有最终控制权。董事会要维护出资人权益，对股东会负责。董事会对公司的发展目标和重大经营活动作出决策，聘任经营者，并对经营者的业绩进行考核和评价。发挥监事会对企业财务和董事、经营者行为的监督作用。国有独资和国有控股公司的党委负责人可以通过法定程序进入董事会、监事会，董事会和监事会都要有职工代表参加；董事会、监事会、经理层及工会中的党员负责人，可以依照党章及有关规定进入党委会；党委书记和董事长可由一人担任，董事长、总经理原则上分设。充分发挥董事会对重大问题统一决策、监事会有效监督的作用。党组织按照党章、工会和职代会按照有关法律法规履行职责。股权多元化有利于形成规范的公司法人治理结构，除极少数必须由国家垄断经营的企业外，要积极发展多元投资主体的公司。”需要指出，健全公司法人治理结构，在1997年十五大报告起草时已提出，但因认识不一致（怕很多人看不懂）删掉了，事隔不到两年，公司法人治理结构已作为公司制的核心写在党的十五届四中全会的决定中，说明改革进展之迅速和人们对改革认识程度提高之快。

中国国有企业由于多年来实行承包制不能适应市场经济的发展，还带来国有资产的流失，使许多国有企业包括大中型企业出现亏损，陷入困境。1997年党和政府提出帮助国有大中型企业脱困的任务，其目标是，从1998年起，用三年左右的时间，使大多数国有大中型亏损企业摆脱困境，力争到20世纪末大多数国有大中型骨干企业初步建立现代企业制度。到2000年底，这一目标已基本实现。1997年底，国有和国有控股大中型工业企业为16874户，其中亏损的为6599户，占39.1%。到2000年，亏损户减为1800户，减少近四分之三。在帮助亏损企业脱困的同时，进行了现代企业制度试点，逐步推行公司制股份制改革，努力使国有和国有控股大中型企业成为适应社会主义市场经济发展的市场主体和法人实体。三年国有大中型工业企业脱困，用去银行呆坏账准备金1500亿元以上，技改贴息200亿元左右，实施债权转股权共580户，债转股总额4050亿元，并于2000年4月1日开始停息，当年即可减少企业利息支出195

亿元（《经济日报》2001年6月19日）。

还要看到，国有大中型工业企业只占全部国有企业的一小部分。据财政部材料，1998年底，全国国有企业（不含国有金融企业）共23.8万户。其中小企业困难很大，连年亏损。据有关部门2000年初统计，我国国有小型工业企业超过5万户，职工人数约1400万人，至1999年已连续6年亏损，亏损额300亿元左右。在流通领域，国有物资企业连续7年亏损，商业企业连续5年亏损，粮食企业更是挂账几千亿元，外贸企业亏损面也很大。面对这种严峻情况，1997年党的十五大报告提出："采取改组、联合、兼并、租赁、承包经营和股份合作制、出售等形式，加快放开搞活国有小型企业的步伐。"全国各地按照抓大放小的方针，采取了多种多样的形式，最主要是出售的形式，放开搞活小企业。这里包括山东省诸城模式（股份合作制）、广东顺德模式（出售）、湖南长沙模式（产权与职工身份双重置换）、四川宜宾模式（净资产转让）等。[①]

国有中小企业改革最艰难的是约三千万职工下岗分流。1999年，国有企业用工人数为6400万人，经过十多年改革，截至2010年，国有企业职工人数已下降到3599万人。从1997年党中央国务院提出"鼓励兼并、规范破产、下岗分流、减员增效、实施再就业工程"的方针到2002年的5年间，党中央国务院采取一系列政策措施，做企业富余人员的分流安置工作。到2002年，累计分流达2750万人。当时中国尚未建立社会保障体系，这些下岗分流人员如何安置，成为关系近三千万人（及其家庭）的生活和社会稳定的大问题。各地按照"企业消化为主，国家帮助为辅，保障基本生活"的方针，积极探索各行业内和企业建立下岗职工再就业中心。其运作模式是：企业下岗职工离开企业但不直接进入社会，而是进入行业再就业中心，接受中心的管理。再就业中心对下岗职工进行培训，发放下岗生活费，办理各种社会保险，并根据劳动力供求信息推荐就业。需要说明的是，在三千万下岗分流职工中，有一部分并没有进入再就业中心，有一些被买断了工龄，拿到的钱也很少，有的连一万元都不到，就被

① 邵宁主编：《国有企业改革实录（1998—2008）》，经济科学出版社2014年版，第109—159页。

推到社会，生活很艰难。此后他们有时也找企业和政府，要求帮助。国务院国资委负责同志曾在一次会议上说，国资委成立后，有相当长一段时间，大部分精力都用于处理国企改革的历史遗留问题，最主要是下岗分流职工的生活安置问题。

国有企业经过三年脱困，放开搞活小型企业和一部分中型企业，三千万职工下岗分流，特别是对国有大中型企业积极推行公司制股份制改革，使国有企业特别是大中型企业浴火重生，逐渐适应社会主义市场经济而发展壮大起来。

1994 年，国务院就确定了 100 家国有企业进行现代企业制度试点，各地区、各部门随后也相继选择了一批企业进行试点，据统计，到 1998 年全国各地共有 2714 家企业进行了试点工作。经过四年各方面努力，试点工作基本上达到了预期目标。按计划，1997 年百家试点工作结束，不再组织新的试点，转入正常的规范过程，成熟一家，改制一家。在国务院确定的百家试点中，原来有 74 家独立的工厂制企业，另有 26 家为行政性总公司和行业主管局。试点后，有 93 家改制为公司制企业，其中 70 家由工厂制改为国有独资的集团公司，在明确国有资产投资主体、理顺集团内部母子公司体制后，生产主体或子公司的投资主体实现了多元化。与此同时，各地选择进入试点范围的 2714 家中，共有 2066 家企业实现了改制，其中有限责任公司 712 家，股份有限公司 700 家，国有独资公司 654 家。[①]

经过二十年的公司制股份制改革，到 2012 年底，90% 的国有企业已完成了公司制股份制改革，中央企业净资产的 70% 已在上市公司，中央企业及其子企业引入非公有资本形成的混合所有制企业户数已占到总户数的 52%。

在改革推动下，国有企业活力和竞争力不断增强，效益提高，国有经济快速发展。美国《财富》杂志发布的 2011 年世界 500 强中，中国内地上榜的达 70 家，其中 64 家为国有或国有控股企业。下表是 1998—2012 年国有企业发展的若干经济指标。

---

① 邵宁主编：《国有企业改革实录（1998—2008）》，经济科学出版社 2014 年版，第 375 页。

表 1　1998—2012 年国有工商企业发展若干经济指标

项目	1998	2003	2012
国有企业户数（万户）	23.8	14.6	14.5
资产（万亿元）	14.87	19.78	85.37
营业收入（万亿元）		10.73	42.38
利润总额（亿元）	213.7	3202	16100
上缴税金（亿元）		8362	33500
中央企业数（户）		196	116
央企利润总额（亿元）		3006	11315
央企税金总额（亿元）		3563	14058

资料来源：邵宁主编：《国有企业改革实录（1998—2008）》，经济科学出版社 2014 年版；《党的十八届三中全会（决定）学习辅导百问》，党建出版社、学习出版社 2013 年版；迟福林主编：《市场决定》，中国经济出版社 2014 年版。表中央企 2012 年利润总额和税金总额均为 2011 年数字。

三、2013 年以来：国资改革带动深化国企改革

2013 年，党的十八届三中全会决定提出："完善国有资产管理体制，以管资本为主加强国有资产监管，改革国有资本授权经营体制，组建若干国有资本运营公司，支持有条件的国有企业改组为国有资本投资公司。国有资本投资运营要服务于国家战略目标，更多投向关系国家安全、国民经济命脉的重要行业和关键领域，重点提供公共服务、发展重要前瞻性战略性产业、保护生态环境、支持科技进步、保障国家安全。"2015 年 9 月 24 日，《中共中央国务院关于深化国有企业改革的指导意见》对"以管资本为主"作了进一步解释。指出，"国有资产监管机构要准确把握依法履行出资人职责的定位，科学界定国有资产出资人监管的边界，建立监督权力清单和责任清单，实现以管企业为主向以管资本为主的转变。该管的要科学管理，决不缺位，重点管好国有资本布局、规范资本运作、提高资本回报、维护资本安全；不该管的要依法放权，决不越位，将依法应由企业自主经营决策的事项归位于企业，将延伸到子企业的管理事项原则上归位于一级企业，将配合承担的公共管理职能归位于相关政府

部门和单位”。

各级国资委要实现从“以管企业为主”向“以管资本为主”转变，把原本属于企业的经营权归位于企业，是其职能的重大转变，涉及机构设置、人员配置、简政放权、利益调整等，是一种脱胎换骨的改变。同时，这也是重大的理论创新，既是实现国有企业政企分开、政资分开、所有权与经营权分离的治本之策，也有利于强化国有企业的市场主体地位、激发国有企业活力竞争力，有利于推进国有资本优化配置、向重点领域集中，还有利于维护国有资本的安全、防止国有资产流失。

根据中央决定精神，从2014年起，国务院国资委先后选择了神华集团有限责任公司、国投等八家央企开展国有资本投资公司试点，并选择了中国诚通控股集团有限公司、中国国新控股有限公司两家央企开展国有资本运营公司试点，而截至2017年底，各地国资委共改组组建国有资本投资、运营公司89家。国务院国资委主任肖亚庆在2018年3月说：“两类公司试点取得了积极成果。在总结经验的基础上，今年进一步扩大两类公司试点范围，更重要的是要在推进综合性改革上下功夫，着力提高国有资本运作效率和水平。创新国有资本运营模式，推动各类国有资本基金规范运作、发展壮大。”（《经济参考报》2018年3月7日）

国资委以管理国有资产为主，逐步建立国有资本投资公司和运营公司这两类公司，这就有利于增强国有资本的流动性，让国资委专注于优化国有资本配置，提高国有资本运作效率。特别是，这两类公司也是市场主体，它们可以成为国有企业和国资监管机构的隔离层，今后国资委不是国有企业事事都要向其请示的顶头上司，国资委不再“既是老板又是婆婆”了。这就有利于国有企业真正做到政企分开、政资分开。最重要的是企业董事会对重大事项有决策权了。《公司法》对股份有限公司和有限责任公司董事会赋予十一项职权，包括决定公司的经营计划和投资方案；制订公司的年度财务预算方案、决算方案，利润分配方案和弥补亏损方案，增加或减少注册资本以及发行公司债券的方案；公司合并、分立、解散或者变更公司形式的方案；决定公司内部管理机构的设置；

决定聘任或者解聘公司经理及其报酬事项，并根据经理的提名决定聘任或者解聘公司副经理、财务负责人及其报酬等事项。因此，今后国企改革的一个重点，是健全董事会，落实董事会《公司法》赋予的决策权，以此完善公司治理结构，完善现代企业制度即现代公司制。2017 年，中国国企改革的一项重大举措是：6 月 26 日，中央全面深化改革领导小组第三十六次会议通过《中央企业公司制改制工作实施方案》。会议强调，公司制是现代企业制度的有效组织形式，是建立中国特色现代国有企业制度的必要条件，今年年底前基本完成国有企业公司制改制工作。2017 年 7 月，国务院出台《中央企业公司制改革实施方案》，要求 2017 年年底前，按照 1988 年《全民所有制工业企业法》登记、国资委监管的中央企业（不含中央金融、文化企业）要全部改制为按照《公司法》登记的有限责任公司或股份有限公司，加快形成有效制衡的公司法人治理结构和灵活高效的市场化经营机制。此次改革涉及需要转制的 69 户央企集团公司总部（当时央企总共 101 户），改制的 69 户央企资产近 8 万亿元，以及 3200 余户央企子企业资产 5.66 万亿元（《经济参考报》2017 年 7 月 27 日）。这也是落实国资委以管资本为主的重要条件，因为这些央企集团公司只有真正转为公司制后，国资委今后才有可能不再去直接管这些企业，转为以管资本为主。

四、从战略上调整国有经济的布局和结构

1997 年，党的十五大报告提出，“要从战略上调整国有经济布局。对关系国民经济命脉的重要行业和关键领域，国有经济必须占支配地位。在其他领域，可以通过资产重组和结构调整，以加强重点，提高国有资产的整体质量。只要坚持公有制为主体，国家控制国民经济命脉，国有经济的控制力和竞争力得到增强，在这个前提下，国有经济比重减少一些，不会影响我国的社会主义性质”。“把国有企业改革同改组、改造、加强管理结合起来。要着眼于搞好整个国有经济，抓好大的，放活小的，对国有企业实施战略性改组。以资本为纽带，通过市场形成具有较强竞争力的跨地区、跨行业、跨所有制和跨国经营的大企

业集团。采取改组、联合、兼并、租赁、承包经营和股份合作制、出售等形式，加快放开搞活国有小型企业的步伐。”

1999 年，党的十五届四中全会《关于国有企业改革和发展若干重大问题的决定》进一步指出：“从战略上调整国有经济布局，要同产业结构的优化升级和所有制结构的调整完善结合起来，坚持有进有退，有所为有所不为。目前，国有经济分布过宽，整体素质不高，资源配置不尽合理，必须着力加以解决。国有经济需要控制的行业和领域主要包括：涉及国家安全的行业，自然垄断的行业，提供重要公共产品和服务的行业，以及支柱产业和高新技术产业中的重要骨干企业。其他行业和领域，可以通过资产重组和结构调整，集中力量，加强重点，提高国有经济的整体素质。”在论述推进国有企业战略性改组部分，特别提出要放开搞活国有中小企业。这是对十五大报告抓大放小方针的进一步发展。

改革开放前，在城市是国有企业一统天下，光是工商企业就数以十万计。改革开放后，由于在经济活动中引入市场机制，开始出现市场竞争。在这种情况下，许多国有企业特别是中小型企业，由于其固有的体制机制弊端，如机构臃肿、冗员多、缺乏创新、出工不出力、产品多少年一贯制等，对此很不适应，这些企业由于没有市场竞争力，逐渐出现亏损甚至资不抵债。这种情况随着 20 世纪 90 年中期以来整个市场格局逐渐出现买方市场而越发严重。不少地方政府逐渐把当地国有小型企业看成负担、包袱。所以大体从 1995 年以后，逐渐有地方政府想办法让这些国有小型企业转制，比如山东诸城将这些企业转为股份合作制，当时有人把诸城县委书记陈光同志说成“陈卖光”。广东顺德也是较早把国有小企业出售的。其实这种情况是好的。没过几年，陈光调到山东菏泽当书记，他当时面临许多国有小型企业想卖也卖不了，只能送出去的局面。所以当时人们又说陈光同志是“陈送光”了。

正是在这样的背景下，中央先是提出抓大放小的方针，接着又提出抓大放中小的方针，调整国有经济的布局，主要是要抓好国有大中型企业特别是大型骨干企业。1997 年提出帮助国有企业三年脱困，脱困对象就是国有大中型企业，而且主要是工业企业。与此同时，提出着眼于搞好整个国有经济，而不企求把每一个国有企业都搞好，因为这是不可能做到的。1999 年党的十五届四中全会《决定》还明确，国有经济主要控制关系国民经济命脉的四大行业和领域，控制了这些行业和领域，国有经济就具有较强的控制力，就能有效地在国民经济中发挥主导作用，左右国民经济的发展。

抓住大型企业，从整体上搞好国有经济，在此后又有两大方面的发展。一个是着力抓好中央企业，一个是党的十九大报告提出的推动国有资本做强、做优、做大。

2003 年，为加强对国有资产的监管，国务院和地方（省和市两级）成立国有资产监督管理委员会（简称国资委），划归国务院国资委监管的有 196 家中央企业。中央企业是国有企业的顶梁柱。当时在全国国有工商企业的国有资产总量中，中央企业占了一半多一点（56.7%），特别是，中央企业的资产质量普遍比较好，垄断行业中的大型骨干企业全部是中央企业。2003 年，根据对中央企业的分析，190 户中央企业，第一类涉及国防军工、自然垄断、提供重要公共产品、战略资源等直接关系国家安全和国民经济命脉的重要行业和关键领域的企业 38 户，占中央企业总数的 20%，资产总额约占中央企业的 72%。第二类涉及冶金、机械、电子、化工、建筑等国民经济支柱产业中的骨干企业和科技型企业 84 户，占中央企业总数的 44%，资产总额占中央企业总资产的 16%（其中重要的大企业 16 户，占用的资产总额占中央企业的 10%）。第三类为其他行业领域的企业 68 户，占用的资产总额约占中央企业的 12%。[①]2003 年成立国资委时，196 户中央企业的资产总额为 6.9 万亿元，而到 2017 年底，中央企业资产总额已发展到 54.5 万亿元。2016 年，中国有 83 家国有企业进入《财富》世界 500 强，其中绝大部分是中央企业。到 2016 年，中央企业研发经费约占全国研发经费支出总额的四分之一。2013—2016 年国家科技奖励中，中央企业获得 335 个奖项，占获奖项目总数的三分之一（《人民日报》2017 年 7 月 28 日）。所以，要从整体上搞好国有经济，最关键的是要搞好中央企业，加快中央企业

① 邵宁主编：《国有企业改革实录（1998—2008）》，经济科学出版社 2014 年版，第 474 页。

的改革和发展。

党的十九大报告提出要推动国有资本做强、做优、做大，这比从整体上搞好国有经济更加确切。因为国有经济中有部分公益性福利性企业或单位，他们的任务主要是做好服务，而不一定要求他们都去做强、做优、做大。国有资本做强、做优、做大，重要标志是要培育出越来越多的具有全球竞争力的世界一流企业。还有，2013 年，党的十八届三中全会《中共中央关于全面深化改革若干重大问题的决定》提出的国有资本投资重点，也比党的十五届四中全会《决定》提的四大行业和领域更加确切和全面。三中全会的《决定》说，国有资本投资运营要服务于国家战略目标，更多投向关系国家安全、国民经济命脉的重要行业和关键领域，重点提供公共服务、发展重要前瞻性战略性产业、保护生态环境、支持科技进步、保障国家安全。四中全会的《决定》要求国家控制自然垄断的行业，三中全会的《决定》则提出国有资本继续控股经营的自然垄断行业，实行以政企分开、政资分开、特许经营、政府监管为主要内容的改革，根据不同行业特点实行网运分开，放开竞争性业务，推进公共资源配置市场化。所以，国有资本需要控制的，是垄断行业中的自然垄断业务，竞争性业务则要放开。还有，三中全会的《决定》还把保护生态环境列为国有资本投资的一个重点，这是新提出来的。

1997 年以来，由于贯彻落实上述调整国有经济布局和结构的方针，已取得明显成效。首先，国有工商企业的户数逐渐减少。1998 年，全国国有企业户数为 23.8 万户，而到 2012 年，已减为 14.5 万户，中央企业也从 2003 年的 196 户减为 2018 年的不到百户。其次，国有资产大幅增加。1998 年，全国国有企业资产总额为 13.5 万亿元，而到 2016 年底，全国国资监管系统企业资产总额达到 144.1 万亿元。再次，国有资本进一步向重要行业和关键领域、向前瞻性战略性产业、向优势企业集中。到 2017 年，国有资产在军工、电信、民航、能源等领域占比达 90% 以上。还有，公司制股份制改革不断推进，截止 2016 年底，中央企业各级子企业公司制改制面达到 92%，省级国资委监管企业改制面超过 90%（《人民日报》2017 年 7 月 28 日）。而中央企业 2017 年下半年已将

69 户尚未进行公司制改革的转为公司制。

需要指出，直到 2017 年，从战略上调整国有经济布局和结构的任务尚未完成。党的十九大报告指出，“加快国有经济布局优化、结构调整、战略性重组”。存在的问题主要是，国有企业户数还是太多，很多还是处于一般竞争性行业，特别明显表现在涉足房地产行业的企业和资产太多，国有资本尚未很好在党的十八届三中全会决定要求的那样向五个方面集中。垄断行业改革滞后，许多非自然垄断环节不愿放开，妨碍资源的优化配置。由于国资改革进展缓慢，也影响国企改革的深化，包括影响国有经济布局和结构的优化。国有企业要真正成为政企分开、政资分开的市场主体，也有待国资改革的进一步深化。因此，今后要深化国有经济和国有企业改革，有赖于国资改革的进一步推进。

五、改革国有资产管理体制

中国有庞大的国有资产。改革开放后，随着国有经济的快速发展，国有资产包括总资产和净资产都在快速增长。为了更有效地运用好这笔劳动人民创造的巨大资产，需要改革国有资产管理体制，建立和健全适合社会主义市场经济的国有资产管理体制。1998 年，国务院成立了国家国有资产管理局。上海、深圳、武汉、青岛等地分别建立了国有资产监督管理机构，探索国有资产管理模式。在改革试点方面，1994 年，国务院决定对中国石化总公司等三个全国性行业总公司作为国家控股公司试点。1998 年以来，国务院先后批准了石化、军工、电力等领域 44 家企业集团进行授权经营试点。1998 年国务院对大型国有企业实行了稽查特派员制度，两年后过渡到向国有重点大型企业派出监事会。[①] 20 世纪八九十年代，改革的不断深化暴露出国有资产管理存在两大方面问题，一是“九龙治水”、多头管理，有了成绩都抢着要算在自己名下，出了

① 全国人大财政经济委员会法案室：《国有资产管理体制改革与立法》，《中国发展观察》2007 年第 12 期。

问题则互相推诿，谁都不负责任。二是“内部人控制”严重，常常造成国有资产流失。2002 年，党的十六大报告在总结过去各地各方面经验基础上，明确了国有资产管理体制改革的原则。这就是，建立由中央政府和地方政府分别代表国家履行出资人职责，享有所有者权益，权利、义务和责任相统一，管资产和管人、管事相结合的体制。此后国有资产管理体制改革加快并取得进展。

首先是组建机构。继 2003 年国务院国资委成立后，到 2004 年 6 月，全国 31 个省（区、市）和新疆生产建设兵团国资委全部成立，地（市）级国有资产监督管理机构组建工作也基本完成。与此同时，制定了《企业国有资产监督管理暂行条例》和与此相配套的规章。经历 14 年起草的《企业国有资产法》已于 2007 年 12 月列入全国人大常委会议程。2008 年 10 月 28 日全国人大常委会通过《企业国有资产法》，予以正式公布，2009 年 5 月 1 日起实施。

发展业绩喜人。到 2016 年底，全国国资监管系统企业资产总额达到 144.1 万亿元，比 1998 年的 14.87 万亿元增加了近 9 倍，上缴税费总额约占全国税收收入的三分之一，增加值贡献占到全国 GDP 的七分之一。其中中央企业资产总额达到 50.5 万亿元，比 2003 年增加 6 倍多（《人民日报》2017 年 7 月 28 日）。1998 年，进入《财富》世界 500 强的国有企业只有 3 家，而到 2016 年，则猛增到 83 家。这说明中国国有企业的竞争力有大幅提升。

2003 年党的十六届三中全会还提出建立国有资本经营预算制度的任务，2007 年党的十七大报告进一步提出要建立国有资本经营预算制度。这是深化国有资产管理体制改革的重大举措。1994 年以来，国有企业的利润是留归企业支配的，那时国有企业处境比较困难，利润不多。经过以后多年的发展，特别是进入 21 世纪后，国有企业利润大幅度增加，2007 年达 1.62 万亿元，其中中央企业利润近万亿元。在这种情况下，利润全部留归企业已不合适，建立国有资本经营预算制度提上了议事日程。这样做，有利于加快推进国有企业的资产重组和兼并破产支付必要的改革成本，还可用一部分收上来的利润支付对老职工的欠账等。

2003 年开始建立的管资产和管人、管事相结合的国有资产监督管理体制，运行了十年时间后，人们发现，各级国资委都出现了对所监管的国有企业“既当老板又当婆婆”，许多应当由企业董事会决定的事情，都要向国资委请示报告，企业的法人财产权得不到尊重，不少董事会形同虚设，政企和政资没有很好分开，影响企业的活力和创造力。这说明，国资改革需要进一步深化。

2013 年，党的十八届三中全会提出：“完善国有资产管理体制，以管资本为主加强国有资产监管，改革国有资本授权经营体制，组建若干国有资本运营公司，支持有条件的国有企业改组为国有资本投资公司。”还提出：“划转部分国有资本充实社会保障基金。完善国有资本经营预算制度，提高国有资本收益上缴公共财政比例，2020 年提高到百分之三十，更多用于保障和改善民生。”

这意味着，第一，国资委的职责有重大变化，要从以管企业为主向以管资本为主转变。国资委与国有企业中间将出现国有资本投资运营公司，从二层架构变为三层架构，让国有资本投资运营公司真正成为国有企业的老板，只履行老板的职责，不当婆婆。因此，国资委转变职能的当务之急，是尽快组建国有资本投资和运营公司，把国有企业出资人的职责尽快交给国有资本投资运营公司，让国有企业真正拥有法人财产权和自主经营权。2014 年国资委确定的八家央企开展国有资本投资公司试点和两家央企国有资本运营公司试点后，已取得一定成效。一是基本完成了向投资、运营公司的转型。根据国有资本投资运营公司功能定位，各企业内部实施了总部职能调整、业务板块整合、子企业授权放权等多项改革，实现了管理体制的重塑和再造。二是充分发挥了投资、运营公司的平台作用。投资公司立足优势产业，推进产业重组整合，在产业引领和供给侧结构性改革中充分发挥表率作用。运营公司探索国有资本市场化运作，支持了央企结构调整、创新发展和提质增效。三是积极探索了企业内部机制改革的途径方式。不少试点企业开展综合性改革试点，率先推进落实董事会职权、职业经理人制度、薪酬分配差异改革、混合所有制改革等，推动企业加快形成市场化经营新机制，有力激发了企业活力（《经济参考报》2018 年 3 月 13 日）。2018 年 3 月 5 日，李克强总理在《政府工作报告》中要求：“深化国有资本投资、运营公司等改革试点，赋予更多自主权。”相信在党和政府推动下，两类公司试点将取得新进展。

第二，着力健全公司法人治理结构，重点是加强董事会建设。要切实落实和维护董事会依法行使重大决策、选人用人、薪酬分配等权利，保障经理层经营自主权，法无授权，任何政府部门和机构不得干预。加强董事会内部的制衡约束，国有独资、全资公司的董事会和监事会均应有职工代表，董事会外部董事应占多数，落实一人一票表决制度，董事对董事会决议承担责任。

第三，逐步提高国有资本收益上缴公共财政的比例。十八届三中全会《决定》要求到2020年国有资本收益上缴公共财政比例提高到30%，这是一个相当高的要求。这项改革措施2014年就有动作，3月25日财政部公布的2014年中央企业国有资本经营预算明确从2014年起，中央企业国有资本收益收取比例在现有基础上提高5个百分点（《经济参考报》2014年3月26日）。此后这一比例也在逐步提高。

六、积极推进混合所有制改革，发展混合所有制经济

党的十八届三中全会决定的一个重要亮点，是提出积极发展混合所有制经济。会议通过的决定说："积极发展混合所有制经济。国有资本、集体资本、非公有资本等交叉持股、相互融合的混合所有制经济，是基本经济制度的重要实现形式，有利于国有资本放大功能、保值增值、提高竞争力，有利于各种所有制资本取长补短、相互促进、共同发展。允许更多国有经济和其他所有制经济发展成为混合所有制经济。国有资本投资项目允许非国有资本参股。允许混合所有制经济实行企业员工持股，形成资本所有者和劳动者利益共同体。"

党的十八届三中全会的《决定》强调积极发展混合所有制经济，推动国有企业混合所有制改革，我们认为其背景主要有以下三点：

第一，充分动员国有资本和其他社会资本，更好地共同推动社会主义市场经济发展。中国经过30多年的改革开放，伴随着经济的高速增长，国有资本、集体资本、个体私营非公有资本都呈现几十倍的增长，2010年以来，每年利用

外资均在1000亿美元以上。根据财政部2014年7月28日公布的数据，截至2013年底，全国国有企业资产总额104.1万亿元，所有者权益37万亿元。2012年年底私营企业注册资本达31万亿元。居民储蓄存款也大量增加，到2014年年初，居民的银行储蓄存款余额达47万亿元，其中定期存款占一半以上。在这种情况下，积极发展混合所有制经济，有利于更好地动员各类资本参与社会主义现代化建设。同时这也意味着，我国经济在宏观层面上，已经是混合经济了，即国有经济、集体经济、个体私营经济和外资经济共同发展。我们今天讲发展混合所有制经济，主要指微观层面的发展混合所有制企业，而且主要是推进国有企业的混合所有制改革，真正实现投资主体多元化。

第二，国有资本和非国有社会资本交叉持股相互融合，可以更好地发挥各自优势，取长补短，实现高质量发展。大家知道，国有资本实力雄厚，而民营资本社会资本更具活力，这两方面有机结合，能够取得1+1＞2的效应。而在党的十八届三中全会的《决定》作出前一段时间，不少地方国企，却热衷于找央企合作，企求靠央企雄厚实力带动自己的发展。实际上，这并不是地方国企改革的方向。地方国企改革的方向仍然是实现投资主体多元化的公司制、股份制、混合所有制。混合所有制是公司制和股份制的升级版。因为公司制可以是国有独资公司，股份制也可以由多个国有投资主体组建的股份制企业，而混合所有制企业则一般应当是既有国有资本，又有非国有资本或非公有资本，从而真正做到投资主体多元化。

第三，为垄断行业改革打开一条通道。比较长的一段时间，垄断行业都以存在网络型自然垄断业务为由，拒绝引入非国有战略投资者，打着自然垄断的名义，行行政垄断之实。而随着科技进步，所有垄断行业都会出现越来越多的非自然垄断的竞争性业务。但是中国垄断行业改革一直进展缓慢，困难重重，曾有的专家甚至认为垄断行业改革是一个“伪命题”，也有专家认为中国经济面临的不是垄断问题，而是集中度不够的问题。以致垄断行业改革阻力较大，普遍效率不高，影响资源的优化配置，同时收费高、服务质量差。举一个例子，中国汽油价格比美国高出不少，而品质并不高，成为大城市空气重要的污染源。

这里面除了中国的税收较高外，重要的是原油进口长时期被三桶油垄断，炼油厂也被他们垄断，缺乏竞争，造成成品油质次价高，消费者利益受损。因而各方面都要求加快垄断行业改革。党的十八届三中全会的《决定》要求自然垄断行业放开竞争性业务，就是为了进一步推进垄断行业改革。而发展混合所有制经济，正是为垄断行业放开竞争性业务打开一条通道。也就是说，垄断行业可以把竞争性业务向社会引入非国有资本，组建混合所有制企业，这样做，不但可以放大国有资本的功能，更重要的是在市场竞争推动下能提高效率，实现创新发展。我国经过30多年的改革开放，处于竞争性领域的国有企业，一般均已实行公司制股份制改革，投资主体已经多元化了，已经是混合所有制经济了。剩下国有独资的，主要是处于垄断领域的大型、特大型国有企业，他们的改革必须从打破垄断入手。2013年9月6日，国务院常务会议就提出尽快在金融、石油、电力、铁路、电信、资源开发、公用事业等领域向民间资本推出一批符合产业导向、有利于转型升级的项目，形成示范带动效应，并在推进结构改革中发展混合所有制经济。此后改革有一些进展。

2014年7月15日，国务院国资委宣布在中央企业启动混合所有制经济试点，并确定中国医药集团总公司、中国建筑材料集团公司开展混合所有制经济试点。主要探索发展混合所有制经济的有效途径，目的有六个方面：一是探索建立混合所有制企业有效制衡、平等保护的治理结构；二是探索职业经理人制度和市场化劳动用工制度；三是探索市场化激励和约束机制；四是探索混合所有制企业员工持股制度；五是探索对混合所有制企业的有效监管机制以及防止国有资产流失的方法和途径；六是探索在混合所有制企业开展党建工作的有效机制（《人民日报》2014年7月16日）。与此同时，全国许多省市也纷纷推出发展混合所有制经济的方案。如重庆市提出，用3—5年时间，使三分之二左右国有企业发展成为混合所有制企业，适宜上市的企业力争全部上市。广东省则计划2017年混合所有制企业户数比重将超过60%等。从党的十八届三中全会到2016年底，中央企业及下属企业共推进混合所有制改革1995项，中央企业集团及下属企业混合所有制企业（含参股）占比达到了68.9%，上市公司的资产、营业收入和利润总额在中央企业“总盘子”中的占比分别达到61.3%、62.8%和76.2%（《人民日报》2017年7月28日）。

2017年后，混合所有制改革有新进展。主要表现在，由国家发改委牵头的混合所有制改革试点企业第一、二批共19家，第三批31家，三批共50家。发改委新闻发言人介绍，试点企业通过混改，有三个明显成效：投资实力明显增强，杠杆率明显降低，经济状况明显改善。特别是中国联通、东航物流等落地实施，改革力度大，市场反应积极，营造了良好的社会氛围。前两批试点的都是央企，进入第三批试点的有地方国企，而且有垄断行业大企业。三批混合所有制改革试点示范项目，不仅涵盖了中央企业和部分地方国企，而且实现了电力、石油、天然气、铁路、民航、电信、军工等七大重要领域全覆盖，并延伸到国有经济较为集中的一些重要行业。

作为第一批改革试点的企业，东航物流通过混改在2017年取得了营收同比增长三成、利润总额增长超七成的好成绩，同年净资产回报率也达到53.25%，远高于世界一流航空物流企业15%净资产回报率的平均水平。在混改中，东航物流成功引入了诸如普洛斯、德邦快递等外资和民营资本，外资和中高级管理人员、核心业务骨干等员工持股比例达到25%。第二批混改试点企业中国联通，是首例垄断领域央企，共引入包括腾讯、百度、阿里巴巴、京东等民资在内的14家战略投资者，联通集团持股比例由62.7%降至36.7%，集团公司管理职能人员编制减少51.3%，31个省级分公司压减机构205个，集团二级机构正副职退出14人，省级分公司中层干部受聘平均退出率15%，实现了组织扁平高效、资源内耗大幅减少。同时，中国联通向7800余名核心员工授予占总股比2.7%的限制性股票，调动了最核心要素的积极性（《人民日报》2018年4月13日）。

截至2017年底，我国已有超过三分之二的中央企业引进了各类社会资本，半数以上的国有资本集中在公众化的上市公司，3家中央企业成为集团层面的混合所有制企业，中央企业二级子企业以下混合所有制企业户数占比超过50%。

可以设想，通过新一轮混合所有制改革后，中国国有企业将出现如下格局：保留极少数国有独资企业，包括国有资本投资公司和运营公司，重要公益性企业等；垄断行业国企一般将发展为混合所有制企业，其中自然垄断环节业务国有资本控股，有一段时间还要绝对控股，竞争性业务国有资本控股或参股；竞争性行业一般实行混合所有制经营，国有资本可以控股或参股，参股的也可以采取国有资本投资公司持有优先股的办法，有些也可以退出。

参考文献

［1］国家经济体制改革委员会综合规划司编：《中国改革大思路》，沈阳出版社1988年版。

［2］《中共中央关于建立社会主义市场经济体制若干问题的决定》，1993年11月14日。

［3］江泽民：《高举邓小平理论伟大旗帜，把建设有中国特色社会主义事业全面推向二十一世纪——在中国共产党第十五次全国代表大会上的报告》，1997年9月12日。

［4］《中共中央关于国有企业改革和发展若干重大问题的决定》，1999年9月22日。

［5］张卓元、郑海航主编：《中国国有企业改革30年回顾与展望》，人民出版社2008年版。

［6］张卓元：《张卓元经济文选》，中国时代经济出版社2010年版。

［7］《中共中央关于全面深化改革若干重大问题的决定》，2013年11月12日。

［8］邵宁主编：《国有企业改革实录（1998—2008）》，经济科学出版社2014年版。

［9］迟福林主编：《市场决定》，中国经济出版社2014年版。

［10］习近平：《决胜全面建成小康社会 夺取新时代中国特色社会主义伟大胜利——在中国共产党第十九次全国代表大会上的报告》，2017年10月18日。

［11］李克强：《政府工作报告》（2018年3月5日），人民出版社2018年版。

开启新时代中国特色社会主义法治新征程

李　林*

【导语】党的十九大报告作出了中国特色社会主义进入新时代的重大战略判断，开启了中国社会主义法治新征程。本文认为，要以习近平新时代中国特色社会主义思想为指南，把依法治国的基本方略与坚持和发展中国特色社会主义有机结合起来，确立建设法治中国“两步走”的发展战略。

党的十九大报告站在历史与未来、中国与世界的新高度，着眼于实现“两个一百年”的奋斗目标，作出了中国特色社会主义进入新时代、我国社会主要矛盾已经转化等重大战略判断，确立了习近平新时代中国特色社会主义思想的历史地位，明确提出了新时代坚持和发展中国特色社会主义的基本方略，深刻回答了新时代坚持和发展中国特色社会主义的一系列重大理论和实践问题，作出了社会主义现代化建设“两个阶段”的重大战略安排，绘就了高举中国特色社会主义伟大旗帜、决胜全面建成小康社会、夺取新时代中国特色社会主义伟大胜利的新蓝图，开启了迈向社会主义现代化强国的新征程。

中国特色社会主义现代化建设进入新时代的重大战略判断，不仅确立了我国社会主义现代化建设和改革发展新的历史方位，而且进一步确立了全面推进依法治国、建设法治中国新的历史方位，不仅为法治中国建设提供了新时代中国特色社会主义思想的理论指引，而且对深化依法治国实践提出了一系列新任务新要求，指明了全面依法治国的战略发展方向和实践发展方略，开启了中国

---

* 李林，中国社会科学院学部委员、法学研究所原所长、研究员。主要研究领域为法理学、宪法学、立法学、法治与人权理论、民主与宪政理论。

特色社会主义法治新征程。总体来看，党的十九大报告从历史与逻辑两个大的维度，对建设法治中国作出了战略安排和基本规定：一是历史维度——党的十八大以来的五年，我们党领导人民推进全面依法治国，中国特色社会主义民主法治建设迈出重大步伐，在八个方面取得显著成就；全面依法治国是“四个全面”战略布局的重要组成部分，未来要坚定不移推进全面依法治国，加快建设社会主义法治国家；二是逻辑维度——建设社会主义现代化强国，必须坚持全面依法治国，加快建设中国特色社会主义法治体系、建设社会主义法治国家，必须把党的领导贯彻落实到依法治国全过程和各方面，坚定不移走中国特色社会主义法治道路，发展中国特色社会主义法治理论，从八个方面深化依法治国实践。我们必须深刻领会十九大报告的逻辑体系和精神要义，立足新时代、坚持新思想、把握新矛盾、瞄准新目标，努力开启中国特色社会主义法治新征程。

一、开启中国特色社会主义法治新征程，必须与中国共产党带领人民实现中华民族伟大复兴的崇高历史使命紧密结合起来、深度融合起来

马克思认为：“社会不是以法律为基础的。那是法学家们的幻想。相反地，法律应该以社会为基础。法律应该是社会共同的、由一定物质生产方式所产生的利益和需要的表现，而不是单个的个人恣意横行。”[①]恩格斯在阐述唯物史观的基本原理时亦说过：“政治、法、哲学、宗教、文学、艺术等等的发展是以经济发展为基础的。但是，它们又都互相作用并对经济基础发生作用。”[②]按照马克思主义的基本观点，经济社会物质生活是法律上层建筑赖以生存和发展的基础和条件，法律的完善发展又作用于（服务于）经济社会的发展进步。中国特色社会主义法治不是孤立的社会存在，不是不食人间烟火的世外桃源，而是深

① 《马克思恩格斯全集》第6卷，人民出版社1961年版，第291—292页。

② 《马克思恩格斯选集》第4卷，人民出版社1995年版，第732页。

深植根于我国经济社会文化土壤的法律上层建筑，是党和国家事业不可或缺的重要组成部分，是社会主义现代化建设休戚与共的有机组成部分。全面推进依法治国，建设中国特色社会主义法治，必须融入我们党进行伟大斗争、建设伟大工程、推进伟大事业、实现伟大梦想的历史洪流，成为实现中华民族站起来、富起来和强起来的法治守护神，成为统筹推进“五位一体”总体布局、协调推进“四个全面”战略布局的法治助推器，成为决胜全面建成小康社会、开启全面建设社会主义现代化国家新征程的法治定盘星。全面推进依法治国，“是关系我们党执政兴国、关系人民幸福安康、关系党和国家长治久安的重大战略问题，是完善和发展中国特色社会主义制度、推进国家治理体系和治理能力现代化的重要方面”[①]。中国特色社会主义法治的使命与新时代党的历史使命休戚与共，与新征程国家的兴衰强弱命运相连，与新时代人民的幸福安康唇齿相依。“法治兴则国家兴，法治衰则国家乱。什么时候重视法治、法治昌明，什么时候就国泰民安；什么时候忽视法治、法治松弛，什么时候就国乱民怨。”[②]开启中国特色社会主义现代化新征程，全面建成小康社会、实现中华民族伟大复兴的中国梦，全面深化改革、完善和发展中国特色社会主义制度，提高党的执政能力和执政水平，必须全面推进依法治国。正如习近平总书记深刻指出的那样，推进全面依法治国，既是立足解决我国改革发展稳定中的矛盾和问题的现实考量，也是着眼于长远的战略谋划，必须为实现“两个一百年”奋斗目标、实现中华民族伟大复兴的中国梦提供有力法治保障。[③]把法治建设与新时代党的崇高历史使命紧密结合起来、深度融合起来，就要坚定不移推进全面依法治国，用法治思维和法治方式（包括宪法方式）确认党的十九大形成习近平新时代中国特色

---

① 习近平：《关于〈中共中央关于全面推进依法治国若干重大问题的决定〉的说明》（2014 年 10 月 20 日），载中共中央文献研究室编：《十八大以来重要文献选编（中）》，中央文献出版社 2016 年版，第 142 页。

② 习近平：《在中共十八届四中全会第二次全体会议上的讲话》（2014 年 10 月 23 日），载中共中央文献研究室编：《习近平关于全面依法治国论述摘编》，中央文献出版社 2015 年版，第 8 页。

③ 习近平：《在中共十八届四中全会第二次全体会议上的讲话》（2014 年 10 月 23 日），载中共中央文献研究室编：《习近平关于全面依法治国论述摘编》，中央文献出版社 2015 年版，第 11 页。

社会主义思想和一系列新理论、新制度、新方略、新目标等重大成果，通过立法把十九大提出的许多新决策、新任务、新要求转变为国家意志，纳入国家法律体系，表现为国家法律形式，获得全国各族人民、一切国家机关和武装力量、各政党和各社会团体、各企业事业组织共同遵守、一体遵循的规范性、普遍性和强制力。

二、开启中国特色社会主义法治新征程，必须坚持以习近平新时代中国特色社会主义思想为指导思想和行动指南

开启中国特色社会主义法治新征程，必须坚持以习近平新时代中国特色社会主义思想为指导思想和行动指南，从理论和实践结合上系统回答新时代坚持和发展什么样的中国特色社会主义法治、怎样全面推进依法治国、建成法治中国等重大理论、制度和实践问题。我们党紧密结合新的时代条件和实践要求，以全新的视野深化对共产党执政规律、社会主义建设规律、人类社会发展规律的认识，进行艰辛理论探索，取得重大理论创新成果，形成了新时代中国特色社会主义思想。党的十九大报告对习近平新时代中国特色社会主义思想，提出了“八个明确”。其中，“明确全面推进依法治国总目标是建设中国特色社会主义法治体系、建设社会主义法治国家”①，进一步坚持和重申了我们党全面推进依法治国的总目标。这表明，开启中国特色社会主义法治新征程，并不是要改弦更张、另起炉灶，而是要求我们必须一如既往地坚持中国特色社会主义法治道路，贯彻中国特色社会主义法治理论，在习近平新时代中国特色社会主义法治思想指导下，深入贯彻落实党的十八大以来以习近平同志为核心的党中央在全面依法治国方面作出的一系列战略决策、顶层设计和改革部署，把全面依法治国这项长期战略任务和系统工程持之以恒地深入推行下去，不达成建成中国

① 习近平：《决胜全面建成小康社会夺取新时代中国特色社会主义伟大胜利——在中国共产党第十九次全国代表大会上的报告》，人民出版社2017年版，第19页。

特色社会主义法治体系、建成社会主义法治中国的目标决不停留罢休。

习近平新时代中国特色社会主义思想提出的其他“七个明确”，也都从不同角度、不同方面对推进全面依法治国具有指导和引领作用，开启新时代中国特色社会主义法治新征程，应当全面系统深刻地理解和坚持。例如，“明确坚持和发展中国特色社会主义，总任务是实现社会主义现代化和中华民族伟大复兴，在全面建成小康社会的基础上，分两步走在本世纪中叶建成富强民主文明和谐美丽的社会主义现代化强国”[①]。这就要求法治建设必须紧紧围绕十九大提出的这个“总任务”和“两步走”的战略目标来设计和展开，进一步明确法治建设领域的总任务，确立法治中国建设“两步走”的法治战略。又如，“明确全面深化改革总目标是完善和发展中国特色社会主义制度、推进国家治理体系和治理能力现代化”[②]。这就需要根据十九大的新思想新要求，把全面依法治国与全面深化改革更加有机统一的结合起来，与时俱进地处理好改革与法治的关系，重大改革不仅要于法有据，而且更要于宪有据；处理好国家治理现代化与法治化的关系，以法治化确认、引领和保障现代化的实现；处理好完善和发展中国特色社会主义制度与通过全面依法治国推进政治体制改革的关系，在宪法框架下和法治轨道上实现有组织有领导积极稳妥循序渐进地深化政治体制改革，实现中国特色社会主义制度的自我完善、自我发展、自我更新。再如，“明确中国特色社会主义最本质的特征是中国共产党领导，中国特色社会主义制度的最大优势是中国共产党领导，党是最高政治领导力量，提出新时代党的建设总要求，突出政治建设在党的建设中的重要地位”[③]。这就要求根据十九大的新概括新表述进一步提高对社会主义法治建设坚持党的领导的认识，从“三个最”——“最本质的特征”、“最大优势”和“最高政治领导力量”来深化和拓展党领导全面

---

① 习近平：《决胜全面建成小康社会夺取新时代中国特色社会主义伟大胜利——在中国共产党第十九次全国代表大会上的报告》，人民出版社 2017 年版，第 19 页。

② 习近平：《决胜全面建成小康社会夺取新时代中国特色社会主义伟大胜利——在中国共产党第十九次全国代表大会上的报告》，人民出版社 2017 年版，第 19 页。

③ 习近平：《决胜全面建成小康社会夺取新时代中国特色社会主义伟大胜利——在中国共产党第十九次全国代表大会上的报告》，人民出版社 2017 年版，第 20 页。

依法治国的新理论内涵和新时代意义，把全面依法治国与党的政治建设紧密结合起来，把依法治国与依规治党有机统一起来，在“四个全面”战略布局中充分发挥全面依法治国对新时代中国特色社会主义现代化建设的引领、促进和保障作用。我们要处理好“一个明确”与“七个明确”的关系，绝不能把“八个明确”割裂开来或者分别孤立起来理解。“八个明确”是一个逻辑清晰、目标明确、主线突出、相互依存、不可分割的有机整体。坚持习近平新时代中国特色社会主义法治思想对全面依法治国的指导地位，必须完整统一地理解“八个明确”的深刻内涵，全面准确地贯彻落实“八个明确”的核心要义。

开启中国特色社会主义法治新征程，自觉坚持习近平新时代中国特色社会主义思想对法治的指导，必须深刻领会新时代中国特色社会主义思想的精神实质和丰富内涵，在各项工作中全面准确贯彻落实“十四个坚持”的坚持和发展中国特色社会主义的基本方略。我们要正确理解和深刻把握习近平新时代中国特色社会主义思想中“八个明确”与“十四个坚持”的关系。“八个明确”主要是从理论层面来讲，是习近平新时代中国特色社会主义思想的基本内涵、四梁八柱、核心要义；“十四个坚持”主要是回答怎样坚持和发展中国特色社会主义，它告诉我们坚持和发展中国特色社会主义的目标、路径、方略、步骤等。“八个明确”和“十四个坚持”两者之间是相辅相成的关系，一个是从理论上回答“是什么”的问题，即我们要坚持和发展的是什么样的社会主义；一个是从实践层面回答“怎么办”的问题，即在新的历史方位中怎样坚持和发展中国特色社会主义，是讲方略、办法、路径的问题。[①]

习近平新时代中国特色社会主义思想，不仅是建设社会主义现代化强国的指导思想，而且也是新时代全面深入推进依法治国、加快建设中国特色社会主义法治体系、建设社会主义法治国家、开启中国特色社会主义法治新征程的根本指导思想。

---

① 《“八个明确”和“十四个坚持”是什么关系？新思想有哪些重大意义？权威专家解读》，http://news.cctv.com/2017/10/28/artiqbxt0a4wmdgri9xajckd171028.shtml，2017年11月2日。

三、开启中国特色社会主义法治新征程，必须把党领导人民治国理政的依法治国基本方略与新时代坚持和发展中国特色社会主义的基本方略有机结合起来、完整统一起来

“依法治国是我们党提出来的，把依法治国上升为党领导人民治理国家的基本方略也是我们党提出来的，而且党一直带领人民在实践中推进依法治国。”[①]党的十八大以来，我们党更加重视发挥依法治国在治国理政中的重要作用，更加重视通过全面依法治国为党和国家事业发展提供根本性、全局性、长期性的制度保障，专门作出全面推进依法治国若干重大问题的决定，提出并形成“四个全面”战略布局，把党领导人民治理国家的依法治国基本方略提到了“四个全面”战略布局的新高度。我们必须坚持把依法治国作为党领导人民治理国家的基本方略、把法治作为治国理政的基本方式，不断把法治中国建设推向前进。[②]在纪念现行宪法颁布施行30周年大会上的讲话中，习近平总书记明确要求：“落实依法治国基本方略……必须全面推进科学立法、严格执法、公正司法、全民守法进程。”[③]

党的十九大报告明确提出，新时代坚持和发展中国特色社会主义，必须坚持党对一切工作的领导，坚持以人民为中心，坚持全面深化改革，坚持新发展理念，坚持党的领导、人民当家作主、依法治国有机统一，坚持全面依法治国，坚持社会主义核心价值体系，坚持在发展中保障和改善民生，坚持人与自然和谐共生，坚持总体国家安全观，坚持党对人民军队的绝对领导，坚持“一国两制”和推进祖国统一，坚持推动构建人类命运共同体，坚持全面从严治党。这“十四条，构成新时代坚持和发展中国特色社会主义的基本方略。全党同

① 习近平：《加快建设社会主义法治国家》，《求是》2015年第1期。

② 习近平：《在庆祝全国人民代表大会成立60周年大会上的讲话》（2014年9月5日），载中共中央文献研究室编：《十八大以来重要文献选编（中）》，中央文献出版社2016年版，第55页。

③ 习近平：《习近平谈治国理政》，外文出版社2014年版，第139—140页。

志必须全面贯彻党的基本理论、基本路线、基本方略，更好引领党和人民事业发展”[①]。

那么，“十四个基本方略”与依法治国基本方略是什么关系？我们认为，依法治国是我们党领导人民当家做主、管理国家、治理社会、治国理政的基本方略，是坚持和发展中国特色社会主义若干方面中适用于一个方面的基本方略，是中国特色社会主义现代化建设采用若干基本方略中的一种基本方略。依法治国基本方略是党领导人民治国理政的基本方略，同时也是新时代坚持和发展中国特色社会主义十四个基本方略的一个重要组成部分。依法治国基本方略与“十四个基本方略”，两者的内涵外延不尽相同。前者是小概念，后者是大概念，前者是后者的有机组成部分、存在于后者之中、从属于后者、服从于后者，后者包括前者、统辖前者、规定前者；前者是一条基本方略，后者是十四个基本方略。任何时候都不能用依法治国基本方略取代或者否定新时代坚持和发展中国特色社会主义的基本方略，任何时候依法治国基本方略统一于“十四个基本方略”之中。

“十四个基本方略”明确宣告，全面依法治国是中国特色社会主义的本质要求和重要保障，建设中国特色社会主义现代化国家，必须“坚持全面依法治国”。依法治国，是坚持和发展中国特色社会主义的本质要求和重要保障，是实现国家治理体系和治理能力现代化的必然要求，事关我们党执政兴国，事关人民幸福安康，事关党和国家长治久安。[②]党的十八大以来民主法治建设迈出重大步伐、全面依法治国取得显著成就的实践充分证明，以习近平同志为核心的党中央作出全面推进依法治国若干重大问题的决定，把全面依法治国纳入“四个全面”战略布局，坚定不移地推进全面依法治国，解决了法治领域许多长期想解决而没有解决的难题，办成了法治建设许多过去想办而没有办成的大事，

① 习近平：《决胜全面建成小康社会夺取新时代中国特色社会主义伟大胜利——在中国共产党第十九次全国代表大会上的报告》，人民出版社2017年版，第26页。

② 《中共中央关于全面推进依法治国若干重大问题的决定》（2014年10月23日），载中共中央文献研究室编：《十八大以来重要文献选编（中）》，中央文献出版社2016年版，第155页。

推动党和国家治国理政事业发生历史性变革。2017 年 7 月 10 日习近平总书记在对司法体制改革重要指示中强调指出：“党的十八大以来，政法战线坚持正确改革方向，敢于啃硬骨头、涉险滩、闯难关，做成了想了很多年、讲了很多年但没有做成的改革，司法公信力不断提升，对维护社会公平正义发挥了重要作用。”[①]党的十九大明确提出：中国特色社会主义进入新时代，不仅意味着近代以来久经磨难的中华民族迎来了从站起来、富起来到强起来的伟大飞跃，意味着科学社会主义在 21 世纪的中国焕发出强大生机活力，意味着中国特色社会主义道路、理论、制度、文化不断发展，而且意味着中国特色社会主义法治建设和全面依法治国进入新时代，“必须把党的领导贯彻落实到依法治国全过程和各方面，坚定不移走中国特色社会主义法治道路，完善以宪法为核心的中国特色社会主义法律体系，建设中国特色社会主义法治体系，建设社会主义法治国家，发展中国特色社会主义法治理论，坚持依法治国、依法执政、依法行政共同推进，坚持法治国家、法治政府、法治社会一体建设，坚持依法治国和以德治国相结合，依法治国和依规治党有机统一，深化司法体制改革，提高全民族法治素养和道德素质”[②]。

总之，“十四个基本方略”紧紧围绕新时代怎样坚持和发展中国特色社会主义这一重大时代课题，就治党治国治军、改革发展稳定、内政外交国防等各方面作出深刻的理论分析和具体的政策指导，是新时代夺取中国特色社会主义伟大胜利的任务表和路线图，是一个有机统一整体。坚持全面依法治国基本方略，必须与新时代坚持和发展中国特色社会主义的基本方略有机结合起来、完整统一起来，必须在“十四个基本方略”的理论指引下和整体格局中，重新认识和把握依法治国基本方略的现实定位和科学内涵。

---

① 习近平：《坚定不移推进司法体制改革　坚定不移走中国特色社会主义法治道路》，《人民日报》2017 年 7 月 11 日。

② 习近平：《决胜全面建成小康社会夺取新时代中国特色社会主义伟大胜利——在中国共产党第十九次全国代表大会上的报告》，人民出版社 2017 年版，第 22—23 页。

四、开启中国特色社会主义法治新征程，必须确立建设法治中国“两步走”的发展战略

新思想领航新时代，新时代开启新征程，新征程呼唤新实践。党的十九大报告指出：改革开放之后，我们党对我国社会主义现代化建设作出战略安排，提出“三步走”战略目标。解决人民温饱问题、人民生活总体上达到小康水平这两个目标已提前实现。在这个基础上，我们党提出，到建党一百年时建成经济更加发展、民主更加健全、科教更加进步、文化更加繁荣、社会更加和谐、人民生活更加殷实的小康社会，然后再奋斗三十年，到新中国成立一百年时，基本实现现代化，把我国建成社会主义现代化国家。[①]道路决定方向、决定命运，目标决定实践、决定前途。在全面建成小康社会的基础上，把建设社会主义现代化强国分为“两步走”，即从2020年全面建成小康社会，到2035年基本实现现代化，再到2050年左右全面建成社会主义现代化强国，是新时代坚持和发展中国特色社会主义的总体战略安排和时间表路线图，同时也是新时代全面推进依法治国、努力建设法治中国、到2050年左右实现法治强国的根本战略引领和时间表路线图。

建设法治中国，实现法治强国，是实现“两个一百年”奋斗目标和“两个阶段”发展战略的必由之路和题中应有之义。2013年习近平总书记首次提出了“建设法治中国”的宏伟目标。党的十八届三中全会明确提出了“推进法治中国建设”的战略任务。党的十八届四中全会把“向着建设法治中国不断前进”和“为建设法治中国而奋斗”作为法治建设的长期战略目标和治国理政的重大号召。建设法治中国，既是全面推进依法治国、建设社会主义法治国家的目标内含，也是全面建成小康社会、实现中华民族伟大复兴中国梦的有机组成部分和

---

① 习近平：《决胜全面建成小康社会夺取新时代中国特色社会主义伟大胜利——在中国共产党第十九次全国代表大会上的报告》，人民出版社2017年版，第27页。

重要法治保障，是完善市场经济、发展民主政治、建设先进文化、构建和谐社会、实现生态文明、加强执政党建设的内在要求，是维护国家统一与民族团结、维护社会秩序与公平正义、维护人的权利自由与尊严幸福、推进全面深化改革与创新发展、巩固党的执政地位与执政基础的根本法治基础。

推进国家治理体系和治理能力现代化，实现“两个一百年”奋斗目标和现代化建设“两步走”战略，到2050年把我国建设成为民主富强文明和谐美丽的社会主义现代化强国，必须加强和推进法治中国建设，全面实施法治强国战略。法治兴则国家兴，法治强则国家强。“法治强国战略”的基本含义是：一方面，坚定不移走法治强国之路，通过全面推进依法治国、加快建设中国特色社会主义法治体系和法治国家，不仅使中华民族富起来，而且要使中华民族和中华人民共和国强（强盛、强大、富强）起来；另一方面，把包括法治硬实力、软实力和巧实力在内的法治实力建设，作为建设社会主义现代化强国的一项十分重要的内容、作为国家治理现代化的一个不可或缺的重要指标，纳入现代化建设的评价指标体系，成为现代化强国建成与否的重要衡量标准。通过全面依法治国和中国特色社会主义法治的目标指引、规范促进、过程实施和根本保障，落实法治强国战略，实现法治强国梦想。

根据党的十九大报告要求和“两个一百年”国家发展总战略、中华民族伟大复兴中国梦的总目标，在新中国社会主义法治建设取得显著成就和成功经验、依法治国事业迈出新步伐的时代背景下，全面推进依法治国，努力建设法治中国，不断推进国家治理现代化和法治化，应当确立建设法治中国“两步走”的发展战略，开启新时代中国特色社会主义法治建设新征程。

从党的十九大到二十大，是“两个一百年”奋斗目标的历史交汇期。我们既要全面建成小康社会、实现第一个百年奋斗目标，又要乘势而上开启全面建设社会主义现代化国家新征程，向第二个百年奋斗目标进军。在这个历史交汇期，我们推进法治中国建设，到2020年全面建成小康社会时，应当首先实现“法治小康”。建设“法治小康”的基本目标是：科学立法、严格执法、公正司法、全民守法的基本要求得到贯彻落实，依法治国、依法执政、依法行政共同推进的国家治理体系得以初步建立，法治国家、法治政府、法治社会一体建设的主要指标基本达到，依法治国基本方略得到全面落实，中国特色法律体系更加完善，法治政府基本建成，司法公信力不断提高，人权得到切实尊重和保障，国家各项工作实现法治化。在实现“法治小康”的基础上，再用三十年的时间，全面推进依法治国，加快实施建设法治中国“两步走”的发展战略。

建设法治中国第一步，从2020年全面建成小康社会到2035年，在基本实现社会主义现代化的同时，基本建成法治中国。党的十九大报告指出，第一个阶段，从2020年到2035年，在全面建成小康社会的基础上，再奋斗十五年，基本实现社会主义现代化。到那时，我国经济实力、科技实力将大幅跃升，跻身创新型国家前列；人民平等参与、平等发展权利得到充分保障，法治国家、法治政府、法治社会基本建成，各方面制度更加完善，国家治理体系和治理能力现代化基本实现；社会文明程度达到新的高度，国家文化软实力显著增强，中华文化影响更加广泛深入；人民生活更为宽裕，中等收入群体比例明显提高，城乡区域发展差距和居民生活水平差距显著缩小，基本公共服务均等化基本实现，全体人民共同富裕迈出坚实步伐；现代社会治理格局基本形成，社会充满活力又和谐有序；生态环境根本好转，美丽中国目标基本实现。①

第一步基本建成法治中国的战略目标是：到2035年，我们党和国家顶层设计提出的全面建设法治中国的各项战略任务和重大改革举措顺利完成，新时代中国特色社会主义的法治道路建设、法治理论建设、法治体系建设、法治文化建设和全面依法治国事业达成预定目标，一整套更加完善的制度体系基本形成，党和国家治理体系和治理能力现代化基本实现。把经济建设、政治建设、文化建设、社会建设、生态文明建设纳入法治轨道，用法治思维和法治方式推进全面深化改革、全面依法治国、全面从严治党、全面从严治军取得新成就，在基本实现社会主义现代化的同时，基本建成法治国家、法治政府、法治社会，基

① 习近平：《决胜全面建成小康社会夺取新时代中国特色社会主义伟大胜利——在中国共产党第十九次全国代表大会上的报告》，人民出版社2017年版，第28—29页。

本建成法治中国。

第一步基本建成法治中国的总体要求是：在价值层面追求的是以人民为中心的自由平等、民主法治、公平正义、幸福博爱、和谐有序，充分实现人权与人的尊严；在制度层面追求的是人民主权、宪法法律至上、依宪治国、依法执政、依法行政、公正司法、依法治权，完善以宪法为核心的中国特色社会主义法律体系，建成中国特色社会主义法治体系，努力实现国家治理现代化和法治化；在实践层面追求的是有法必依、执法必严、违法必究和依法办事，把权力关到法律制度的笼子里，让人民群众对公平正义有更多的获得感，努力实现良法善治。与此同时，法治中国建设又通过厉行法治等制度安排、规范手段、教育强制功能，为基本实现社会主义现代化提供良好的法治环境和有效的法治保障。

建设法治中国第二步，从 2035 年到本世纪中叶中华人民共和国成立一百周年时，在把我国建成富强民主文明和谐美丽的社会主义现代化强国的同时，全面建成法治中国。党的十九大报告指出，从 2035 年到本世纪中叶，在基本实现现代化的基础上，再奋斗十五年，把我国建成富强民主文明和谐美丽的社会主义现代化强国。到那时，我国物质文明、政治文明、精神文明、社会文明、生态文明将全面提升，实现国家治理体系和治理能力现代化，成为综合国力和国际影响力领先的国家，全体人民共同富裕基本实现，我国人民将享有更加幸福安康的生活，中华民族将以更加昂扬的姿态屹立于世界民族之林。[①]党的十九大报告在描述到本世纪中叶建成社会主义现代化强国时，虽然没有直接提到“全面建成法治中国”等法治建设方面的目标，甚至与 2035 年“法治国家、法治政府、法治社会基本建成”的提法不衔接、不匹配，但是我们认为“法治属于政治建设、属于政治文明”，建设法治国家与建设政治文明是既有一定区别又高度重合的两个概念：政治文明是一个上位概念，政治文明建设包括法治国家建设；法治国家是一个下位概念，从属于政治文明范畴，是现代政治文明的重

① 习近平：《决胜全面建成小康社会夺取新时代中国特色社会主义伟大胜利 —— 在中国共产党第十九次全国代表大会上的报告》，人民出版社 2017 年版，第 29 页。

要内容。政治文明的核心是制度文明，法治国家则既是各种政治制度的载体，又是政治制度的集中表现。因此，建设社会主义法治国家，主要意味着建设制度文明，意味着法治国家建设是社会主义政治文明建设不可或缺的重要组成部分。[①]党的十九大报告提出的“三个文明全面提升”当然包括法治文明和法治中国全面提升；由于法治现代化是国家治理体系和治理能力现代化的重要内容和基本标志[②]，因此党的十九大报告提出的到本世纪中叶“实现国家治理体系和治理能力现代化”，必然包括建成法治国家、法治政府和法治社会等内容在内的中国法治现代化，全面建成法治中国。

第二步全面建成法治中国的战略目标是：国家科学立法、严格执法、公正司法、全民守法、有效护法的各项制度得到全面贯彻，党领导立法、保证执法、支持司法、带头守法、监督护法的各项要求得到全面落实，依法治国、依法执政、依法行政、依法办事共同推进的现代化国家治理体系全面建成，法治国家、法治政府、法治社会、法治经济一体建设的各项指标全面达到，国家治理能力显著提高，治党治国治军的制度体系更加完善更加成熟、更加定型、更有效能，依法治国基本方略得到全面深入落实，法治体系、法治权威、法治秩序全面发展，法治文化、法治精神、法治思想深入人心，在把我国建成社会主义现代化强国的同时，全面建成富强民主文明和谐美丽幸福的法治中国。

---

① 林尚立、李林：《坚持依法治国，建设社会主义政治文明》，2003 年 9 月 29 日十六届中央政治局第八次集体学习讲稿。

② 李林：《依法治国与推进国家治理现代化》，《法学研究》2014 年第 5 期。

我国经济现代化的40年发展之路

迟福林*

【导语】改革开放40年来，我国经济现代化进程实现了重要的历史跨越，表现为三个方面：从工业化初期到工业化中后期的历史性跨越；从封闭半封闭到全方位开放的伟大转折；从短缺经济到消费新时代的历史性提升。本文认为，我国经济发展取得历史性成就的主要原因在于，以调整政府与市场关系为主线推动了我国社会主义市场经济体制的确立和不断完善。在此基础上，提出了全面深化改革的相关建议。

习近平总书记在党的十八届中共中央政治局第二次集体学习时强调："改革开放是决定当代中国命运的关键一招，也是决定实现'两个一百年'奋斗目标、实现中华民族伟大复兴的关键一招。"2018年是改革开放40周年。40年来，我国建立并不断完善社会主义市场经济体制。一方面，改革开放极大地激发市场与经济活力。1978—2016年，我国GDP年均增长9.7%，远超同一时期其他主要经济大国的增长率。①1978—2017年，我国GDP占世界经济总量的比重由1.8%上升至15%，居全球第二。另一方面，我国在改革开放进程中把握国情，顺应时代发展潮流，探索形成中国特色社会主义的成功之路，建立充满活力的社会主义市场经济体制。

---

* 迟福林，著名经济学家，中国（海南）改革发展研究院院长、研究员、博士生导师，第十一、十二届全国政协委员，享受国务院特殊津贴专家，国家"十三五"规划专家委员会委员，中国经济体制改革研究会副会长，中国行政体制改革研究会副会长。

① 隋福民、巴斯·范鲁文、韩锋：《世界经济史的壮丽篇章——中国改革开放40年经济发展成果与世界主要经济体比较》，《紫光阁》2018年第5期。

系统总结改革开放40年的历史成就与重要经验，不是为了彰显成就，而是为了更好地推进改革开放。当前，我国的全面深化改革站在了新的历史起点，既面临“新两步走”的历史使命，又面临内外环境变化带来的新挑战、新任务。如进入工业化后期，如何推动以制造业转型升级为重点的实体经济发展；进入消费新时代，如何以服务业市场开放为重点深化供给侧结构性改革；进入开放新阶段，如何以服务贸易创新发展为重点赢得推动经济全球化的主动权。回答好、解决好这些重大课题，有利于我国中长期发展，有利于应对经济全球化新变局。

一、我国开始进入工业化后期，推进以制造业转型升级为重点的实体经济发展

改革开放40年，我国成功实现了从工业化初期到工业化后期的历史性跨越。[①] 主要原因在于从计划作为资源配置的主要手段逐步转变为市场在资源配置中起决定性作用和更好发挥政府作用。我国开始进入工业化后期，改革开放既站在历史新起点，又面临着历史新挑战。推进以制造业转型升级为重点的产业变革，成为进一步完善社会主义市场经济体制的重大任务。

（一）我国总体进入工业化后期

1. 人均GDP符合工业化后期指标

1978—2017年，按2010年不变价计算，我国人均GDP由308美元增长至7329美元。[②] 考虑到用汇率法计算有弱化我国经济实力的可能[③]，按照学术界常用的平价法计算，我国2017年人均GDP为12 000美元左右（2010年不变价），

① 虽然我国有的地区离工业化后期还有差距，但是从全国总体水平来说已经是如此。

② 数据来源：世界银行数据库。

③ 陈佳贵、黄群慧、钟宏武：《中国地区工业化进程的综合评价和特征分析》，《经济研究》2006年第6期。

仍符合工业化后期人均 GDP 6615—12398 美元（2010 年不变价）的标准（见表 1）。

2. 产业结构符合工业化后期指标

1978—2017 年，我国第一产业占比由 27.7% 下降至 7.9%①，符合工业化后期第一产业占比低于 10% 的标准；我国第三产业占比由 24.7% 上升至 51.6%②，提高 26.9 个百分点，高于第二产业 11.1 个百分点，符合工业化后期第三产业占比超过第二产业占比的标准。

3. 城镇化进程符合工业化后期标准

1978—2017 年，我国城镇化率由 17.9% 上升至 58.5%③，提高了 40.6 个百分点，符合工业化后期城镇化率为 50%—70% 的标准。

4. 就业结构符合工业化后期标准

1978—2017 年，我国第一产业就业比重由 70.5% 下降至 27.7%④，下降了 42.8 个百分点，符合工业化后期第一产业就业比重低于 30% 的标准；第三产业就业比重由 12.2% 上升至 44.9%⑤，提高了 32.7 个百分点，已成为第一大就业渠道。

表 1　工业化不同阶段的标志值及我国进程

基本指标	工业化初期（1978）	工业化中期（2007）	工业化后期（2017）
人均 GDP（2010 年不变价美元）	308（低于 3308 美元）	3489（符合 3308—6615 美元的标准）	7329（符合 6615—12398 美元）

① 1978—2016 年数据来源于《中国统计年鉴 2017》；2017 年数据来源于《中华人民共和国 2017 年国民经济和社会发展统计公报》。

② 1978—2016 年数据来源于《中国统计年鉴 2017》；2017 年数据来源于《中华人民共和国 2017 年国民经济和社会发展统计公报》。

③ 1978—2016 年数据来源于《中国统计年鉴 2017》；2017 年数据来源于《中华人民共和国 2017 年国民经济和社会发展统计公报》。

④ 1978—2016 年数据来源于《中国统计年鉴 2017》；2017 年数据来源于《中华人民共和国 2017 年国民经济和社会发展统计公报》。

⑤ 1978—2016 年数据来源于《中国统计年鉴 2017》；2017 年数据来源于《中华人民共和国 2017 年国民经济和社会发展统计公报》。

续表

基本指标	工业化初期（1978）	工业化中期（2007）	工业化后期（2017）
产业结构	27.7∶47.7∶24.7（符合第一产业占比＞20% 且第一产业占比低于工业占比的标准）	10.3∶46.9∶42.9（符合第一产业占比＜20%，且第二产业占比超过第三产业占比的标准）	7.92∶40.46∶51.63（符合第一产业占比＜10%，且第三产业占比超过第二产业占比的标准）
城镇化率	17.9%（符合低于 30% 的标准）	45.9%（符合 30%—50% 的标准）	58.5%（符合 50%—70% 的标准）
第一产业就业占比	70.5%（符合超过 50% 的标准）	40.8%（符合 30%—50% 的标准）	27.7%（符合低于 30% 的标准）

指标来源：黄群慧：《中国的工业化进程：阶段、特征与前景》，《经济与管理》2013 年第 7 期。

数据来源：人均 GDP（2010 年不变价美元）数据来源于世界银行数据库；其他数据来源于《中国统计年鉴 2017》。

（二）改革开放 40 年，政府与市场关系的重大突破

改革开放 40 年，是从计划作为资源配置的主要手段逐步到市场在资源配置中起决定性作用、更好发挥政府作用的过程；是社会主义市场经济体制逐步确立并不断完善的过程；是我们对政府与市场关系的认识不断深化的过程。

1992 年，党的十四大报告明确提出了“建立和完善社会主义市场经济体制”的经济体制改革目标，并进一步提出“要使市场在社会主义国家宏观调控下对资源配置起基础性作用”。2013 年，党的十八届三中全会提出“使市场在资源配置中起决定性作用和更好发挥政府作用”。由基础性作用到决定性作用，标志着我国在处理政府和市场关系上跨出了历史性的一步，这是对市场作用认识的又一次深化和飞跃，是对市场在资源配置中作用的进一步提升。

1. 价格改革：从计划决定价格到市场供求关系决定价格

改革开放以来，我国以价格改革为核心，逐步确立了供求决定价格的市场体系。重要的改革实践包括小商品和农副产品价格放开，发展农副市场，发展各类生产资料市场等。截至 1997 年，我国社会商品、工业生产资料、农副产品收购中，按市场价格交易的比重分别达到 93.2%、81.6%、80.5%，比 1978 年分别提高了 91.4、81.6 和 73.1 个百分点。[①] 党的十九大以来，我国以“破”、

① 张卓元、房汉廷、程锦锥：《市场决定的历史突破——中国市场发育与现代市场体系建设 40 年》，广东经济出版社 2017 年版，第 22 页。

“立”、“降”为重点的要素市场化配置改革进一步深化。

2. 民营企业：从“必要补充”到“重要组成部分”

总的来看，民营经济的发展经历了从允许到松绑、从承认到鼓励发展、从政策支持到完善体制的过程。1980年，全国劳动就业工作会议提出“鼓励和扶持个体经济适当发展”。党的十二大报告明确私营经济是“公有制经济必要的、有益的补充”；党的十八届三中全会指出“必须毫不动摇鼓励、支持、引导非公有制经济发展，激发非公有制经济活力和创造力”。党的十九大报告进一步提出“全面实施市场准入负面清单制度，清理废除妨碍统一市场和公平竞争的各种规定和做法，支持民营企业发展，激发各类市场主体活力”。目前，民营经济已经成为我国国民经济的重要组成部分，民营企业在国民经济发展格局中的地位和作用可以概括为“56789”。即税收贡献超过50%，国民生产总值、固定资产投资、对外直接投资均超过60%，高新技术企业占比超过70%，城镇就业超过80%，对新增就业贡献率达到90%。[①]

3. 国有企业改革从放权让利向做强做优做大国有资本转变

我国国企改革从放权让利、扩大企业自主权开始。20世纪80年代中期，我国开始推行二步利改税，实行国企承包经营制，推进股份制改革试点等。在此基础上，党的十四届三中全会提出建立“产权清晰、权责明确、政企分开、管理科学”现代企业制度；党的十六大报告提出“发展混合所有制经济”；党的十八届三中全会提出“以管资本为主加强国有资产监管”；党的十九大报告进一步提出“推动国有资本做强做优做大”。

4. 探索解决民营企业产权保护的问题

2007年，《中华人民共和国物权法》出台并实施，实现了对国家、集体和私人的物权实行平等保护。党的十八大以来，加强产权保护，尤其是民营企业产权保护，被提到更高层次。2016年11月，《中共中央国务院关于完善产权保

① 《党的十九大举行第三场记者招待会介绍党的统一战线和对外交往有关情况》，人民网，2017年10月21日。

护制度依法保护产权的意见》发布并实施，特别强调要“抓紧甄别纠正一批社会反映强烈的产权纠纷申诉案件”。截至 2018 年 1 月 30 日，最高人民检察院督办的涉产权案件已办结 12 件，纠正 7 件；各省级检察机关共挂牌督办涉产权案件 71 件，已办结 64 件，纠正 14 件。

5. 宏观体制：从指令性计划管理到宏观调控

伴随着市场体系的建设、市场主体的形成，宏观体制改革经历了从指令性计划管理到宏观调控的重大改革历程。第一，从改革初期财政“分灶吃饭”、调动地方积极性，到由于“两个比重”[①] 下降、推进分税制改革，再到建立现代财政制度。第二，把金融从财政中剥离出来，加快发展金融市场体系。第三，创新和完善宏观调控，确立区间调控的思路和方式。党的十九大报告进一步强调：“创新和完善宏观调控，发挥国家发展规划的战略导向作用，健全财政、货币、产业、区域等经济政策协调机制”。

（三）进入工业化后期，实体经济的发展趋势与挑战

党的十九大报告提出：“加快建设制造强国，加快发展先进制造业，推动互联网、大数据、人工智能和实体经济深度融合。”目前，我国已成为全球制造业第一大国。但从全球制造业产业链分布来看，无论是在传统重化工业领域，还是在战略性新兴产业领域，制造业“大而不强”的矛盾都较为突出。加快推进以制造业转型升级为重点的实体经济发展，已成为工业化后期我国面临着的重大时代性课题。

1. 工业化后期我国产业变革大趋势

（1）由工业主导走向服务业主导的大趋势。由工业主导向服务业主导转变是进入工业化后期的客观规律。进入工业化后期，居民消费结构变化与工业转型升级需求日益加大，必然会带来服务业的快速增长。[②] 近年来，我国经

① 财政收入占 GDP 比重以及中央财政收入占全国财政收入比重降低。

② 王燕、吴蒙：《我国是否已进入经济服务化时代——判断标准及目前所处阶段》，《经济问题》2016 年第 2 期。

济服务化的特征明显。2017 年，我国服务业增加值为 42.7 万亿元，增长 8%，高于第二产业 1.9 个百分点；占 GDP 的比重为 51.6%，高出第二产业 11.1 个百分点。从对经济的贡献率来看，2017 年，服务业对经济增长的贡献率达到 58.8%，高出第二产业 22.5 个百分点。预计到 2020 年，我国服务业规模将超过 50 万亿元，占 GDP 的比重可能达到 55%—60%，基本形成以服务业为主导的产业结构。

（2）第四次工业革命引领新经济发展大趋势。在物联网、大数据与云计算等技术应用的推动下，生产服务化、智能化、柔性化趋势明显。新技术、新经济、新业态、新模式将成为新的产业革命的重要元素，数字经济引领产业变革将成为大趋势，数字开始成为重要的生产资料。2017 年，我国数字经济规模达到 27.2 万亿元，同比增长 20.3%，占 GDP 的比重达到 32.9%，成为驱动经济转型升级与产业变革的重要引擎。预计到 2020 年，我国数字经济规模将超过 32 万亿元，占 GDP 比重达 35%；到 2030 年，数字经济占 GDP 比重将超过 50%[①]，全面步入数字经济时代。

（3）从要素投入转向创新驱动的大趋势。随着我国总体进入工业化后期，支撑我国实体经济 40 年发展的成本优势正逐步减弱，要素价格持续上升，投资效率不断下降。[②]2016 年，我国实体经济中原材料、用地、用工以及物流成本分别比 2015 年上涨了 7.2%、9.7%、6.8%、4.9%，均明显高于企业营业收入 2% 的增速。[③] 在此背景下，我国经济增长由要素投入向创新驱动转变的趋势明显。2017 年，我国科技进步对经济增长贡献率或达 57.5%，比 2016 年上升 1.3 个百分点。[④] 预计到 2020 年，我国科技进步对经济增长的贡献率将达到 60% 以上，初步形成创新驱动经济增长新格局。

---

① 中国信息通信研究院：《中国数字经济发展白皮书 2017》，2017 年 7 月。

② 赵昌文、许召元、朱鸿鸣：《工业化后期的中国经济增长新动力》，《中国工业经济》2015 年第 6 期。

③ 中国财政科学研究院“降成本”课题组：《降成本：2017 年的调查与分析》，《财政研究》2017 年第 10 期。

④ 杨舒：《2017 年我国科技进步贡献率达 57.5%》，《光明日报》2018 年 1 月 10 日。

2. 工业化后期我国制造业转型升级面临的突出矛盾与重大任务

表 2　制造业转型升级的现实需求

指标	中国	发达国家
服务业占 GDP 的比重	51.6%（2017 年）	70%
生产性服务业占服务业的比重	50% 左右（2016 年）	70% 左右
企业税负成本（税费占利润的比重）	67.3%（2017 年）	45% 左右（美国 43.8%、日本 47.4%、德国 48.9%）
核心技术对外依赖度	50%—60%	30%
制造业增加值率	20%	35%

数据来源：服务业与生产性服务业占比来源于燕玉：《中国制造业为何“大而不强”，如何突围》，《人民论坛》2017 年第 10 期；李禾：《中国制造业加快迈向价值链中高端》，《科技日报》2018 年 1 月 10 日；企业税负成本来源于 OECD 统计数据库；核心技术对外依赖度来源于国家知识产权局网站；制造业增加值率来源于《人民论坛》。

（1）制造业转型升级关系实体经济振兴成效。一国经济的国际竞争力和长期稳定增长的关键与根基是高质量的实体经济。制造业是实体经济的主体和骨干，制造业的转型升级决定实体经济的发展水平、发展程度和竞争优势。把握 2020 年的时间窗口，将制造业转型升级作为实现振兴实体经济的主战场，加快推动我国由生产型制造向服务型制造转型，由“中国制造”向“中国智造”转变。

（2）制造业大而不强的矛盾突出。我国制造业增加值约占世界制造业 20% 的份额，我国已成为全球制造业第一大国。但从整体产出效率来看，我国制造业增加值率约为 20%，远低于工业发达国家 35% 的水平①；制造业人均增加值仅为 3000 美元，仅为发达国家平均水平的 1/3。②此外，产业链存在断层特别是缺失核心环节，核心技术受制于人的挑战十分严峻。③目前，我国在核心技术、

① 燕玉：《中国制造业为何“大而不强”，如何突围》，《人民论坛》2017 年第 10 期。

② 李禾：《中国制造业加快迈向价值链中高端》，《科技日报》2018 年 1 月 10 日。

③ 王林辉、应洁好：《制造业国际贸易的竞争性和互补性：来自国内技术含量视角的分析》，《南京社会科学》2018 年第 2 期。

关键技术上对外依存度高达 50%，高端产品开发 70% 的技术要靠外援，重要零部件有 80% 需要进口。①

（3）生产性服务业发展滞后。从横向对比来看，制造业强国的产业结构普遍存在着“两个 70%”现象，即服务业占 GDP 的比重高达 70%，生产性服务业占服务业比重也达到 70%。② 从现实情况看，我国生产性服务业发展水平还停留在工业化中期阶段的水平。③ 初步估算，2016 年，我国生产性服务业占 GDP 的比重仅为 25.75%④；生产性服务业占服务业的比重为 49%，与发达国家相差 20 个百分点左右（见表 2）。未来，应加快生产性服务业发展，争取到 2035 年，我国服务业比重达到 65% 左右，生产性服务业占服务业的比重达到 65%—70%。

（4）制造业转型升级的政策制度环境不优。第一，税收环境不优。2017 年，我国企业税负成本占利润的比重为 67.3%，远高于发达国家 45% 左右的水平（美国为 43.8%，日本为 47.4%，德国为 48.9%）。第二，创新环境不优。例如，教育体制、科技体制改革仍需深化，以释放人才活力。第三，产权保护环境不优。例如，知识产权领域侵权成本低、维权成本高，制度与措施需要进一步细化加强等。第四，竞争环境不优。例如，民营制造业企业与国有企业在获取资金等生产要素方面存在不公平的竞争。在国际国内市场高度融合的背景下，如果不正视这些问题，资本外流是难以完全避免的。更重要的是，如果不下大决心降低企业成本，优化政策制度环境，以制造业转型升级为重点的实体经济发展就难以有重要突破，实现创新发展、高质量发展就缺乏重要条件。

3. 推动以制造业转型升级为重点的实体经济发展

（1）以教育科研体制改革为重点释放创新活力。创新是制造业转型升级的第一推动力，人才是创新的第一资源。释放创新活力，重在推进教育、科技、

---

① 刘璐璐：《我国核心关键技术对外依存度高达 50%》，《经济参考报》2015 年 12 月 22 日。

② 杨朝继：《生产性服务业与区域经济的协调发展：以中部地区为例》，《改革》2018 年第 6 期。

③ 刘斌等：《制造业服务化与价值链升级》，《经济研究》2016 年第 3 期。

④ 翁古小凤、熊健益：《我国生产性服务业发展统计分析》，《经济研究导刊》2016 年第 30 期。

人才管理等体制机制变革。未来几年，适应我国经济转型升级的特定要求，以激励人为目标改革教育体制、科研体制、人才管理体制，成为实现创新发展的重大任务。比如，推动教育体制改革，实现教育由考试型向应用型、能力型、创新型转变；改革科研评价和奖励制度，赋予科研人员更大人财物支配权、技术路线决策权。

（2）以更大的决心和魄力降低制造业企业成本。一是降低实体经济税负成本。建议在短期控制企业税收成本增长速度的同时，加快税收结构调整，逐步实现由间接税为主向直接税为主转变。二是切实降低企业融资成本。深化金融体制改革，增强金融服务实体经济，尤其是服务产业变革的能力。三是降低制度性交易成本要有实招。如尽快实施企业自主登记制度，尽快取消企业一般投资项目备案制等。

（3）推进产权保护制度化、法治化进程。一是以产权保护激发企业家精神。如，尽快建立并完善有利于企业家创新创业的激励约束机制，依法保护企业家财产权和创新收益。二是完善政府守信践诺机制。要严格纠正以公权侵犯私权，制裁各类利用公权力侵犯私有产权的违法犯罪行为。

（4）加快发展混合所有制经济。党的十九大报告提出："深化国有企业改革，发展混合所有制经济，培育具有全球竞争力的世界一流企业。"混合所有制改革是新阶段国有企业实现高质量发展的重要途径，也是深化国有企业改革的重头戏。建议按照公益类和商业类的划分，改进对国有企业的管理，特别是放开放活大量处于竞争领域的国有企业和垄断行业的竞争性业务，持续向社会资本推出一批重大项目，敢于让利，引导和鼓励扩大社会资本参与，在发展混合所有制结构中给民间投资提供市场空间。

（5）推动国有资本做强做优做大。一是改革国有资本的管理体制和运营机制，探索新型的国有经济管理体制。二是发挥好国有资本投资运营公司的引导性作用，从传统的重资产、高杠杆的行业中逐步转型，将国有资本集中于支柱产业、战略性新兴制造业和信息技术产业，促进国有资本合理流动。三是加快推动国有企业数字化改造，激活国有企业长期"沉睡"的数据资源，使国有企业数据资源变为重要资本与现实生产力。

二、我国开始进入消费新时代，深化以服务业市场开放为重点的结构性改革

党的十九大报告提出，新时代我国社会主要矛盾是人民日益增长的美好生活需要和不平衡不充分的发展之间的矛盾。经过40年改革开放，我国发展取得了巨大进步。生存型、物质型需求得到很大程度的满足，全社会对品质消费、服务型消费的需求明显增长，我国成功实现从短缺经济社会到消费新时代的历史性提升。我国开始进入消费新时代，13亿多人的消费市场是赢得国内发展与国际竞争主动的最大底气。以服务业市场开放为重点，以释放巨大内需潜力、实现经济可持续增长为基本目标，是全面深化改革的重大任务。

（一）我国开始进入消费新时代

1. 改革开放40年，人民生活总体达到小康水平

1978—2017年，全国城镇居民人均可支配收入由343元增加到36396元，增加近105倍；我国农民人均纯收入由134元增加到13 432元，增加近85倍。2017年，城乡居民恩格尔系数为29.3%，首次低于30%，按国际标准已达到富足水平。

2. 消费成为拉动经济增长的第一动力

2017年，最终消费支出对GDP的贡献率为58.8%，比2013年高出11.8个百分点。从2014年起，消费对经济增长的贡献率已连续4年超过投资，消费已成为拉动经济增长的第一动力。

3. 城乡居民消费结构发生重大变化

我国消费开始进入新时代，老百姓在健康、医疗、文化、旅游、教育、信息等方面的服务型消费需求全面快速增长，已经成为人民对美好生活需要的主要内容。目前我国城镇居民服务型消费支出占比达到45.5%，农村居民服务型

消费支出占比达到30%左右。预计到2020年，我国城镇居民的服务型消费支出将达到50%左右；在农村，如果城乡一体化进程加快，城乡基本公共服务均等化总体实现，2020年后我国农村居民的服务型消费支出有可能接近40%。综合判断，到2020年我国全面建成小康社会时，服务型消费将占我国居民消费的50%。

（二）关键是在协调利益关系上实现重大突破

我国改革开放的巨大成就是在逐步协调区域、群体利益关系中实现的。改革开放一开始是让一部分人、一部分地区先富起来，用不平衡的办法来发展经济。不平衡发展是为了打破群体、区域"大锅饭"，调整利益关系，激发各方面经济发展积极性而采取的阶段性发展政策。党的十八大以来，我国开始进入以人民为中心的全面利益调整新阶段。

1. 城乡利益关系协调：从城乡二元经济社会结构转为统筹城乡协调发展

（1）形成从"包产到户"到"乡村振兴"的局面。"包产到户"打破了农村生产力的禁锢。以安徽小岗村为例，1979年的粮食产量等于过去16年的粮食总产量。20世纪90年代中期，党的十五届三中全会提出"赋予农民长期而有保障的土地使用权"。2012年，党的十八大报告提出的"三权分置"成为继家庭联产承包责任制后农村改革又一重大制度创新。2017年，党的十九大报告提出了实施乡村振兴战略，并提出"坚持农业农村优先发展"。

（2）从允许农民进城务工到城乡融合。1986年，中央"一号文件"允许农民自理口粮进城务工经商。1992年后农民工成为潮流。当年大约4000多万农民工流入沿海和城市务工。随着农业人口转移，很多省份和城市以居住证制度或"积分入户"等方式探索推进农业转移人口市民化。2014年，以《国家新型城镇化规划（2014—2020年）》的发布为重要标志，我国开始实施新型城镇化战略。党的十九大报告提出，"实施乡村振兴战略"，"建立健全城乡融合发展体制机制和政策体系"。总的来看，我国城乡关系进入新阶段，乡村振兴开始成为我国新型城镇化与城乡融合的一个着力点。

（3）从推行新型合作医疗到逐步建立覆盖城乡居民的公共服务体系。2003年，我国建立新型农村合作医疗。2008年，全面实现城乡义务教育免费，其中农村在2006年实现义务教育免费。2007年，在全国范围内建立农村最低生活保障制度。2009年试点建立新型农村社会养老保险，2014年统一城乡居民养老保险制度。这些措施对于协调城乡利益关系起到了重要的作用。

2. 区域利益关系协调：从非均衡发展走向协调发展

（1）东部沿海地区率先发展。1978年邓小平同志在中央工作会议上提出允许一部分地区生活先好起来。国家“六五”计划提出，沿海地区带动内地经济。国家“七五”计划将全国划分东部、中部、西部三大经济地带，提出加速东部沿海地带发展。党的十六届五中全会提出，鼓励东部地区率先发展。

（2）促进地区经济合理布局和协调发展。2000—2006年，中央先后提出并实施西部大开发战略、振兴东北等老工业基地战略、中部地区崛起战略。党的十六届六中全会进一步提出支持革命老区、民族地区、边疆地区、贫困地区加快发展，加大对欠发达地区和困难地区的扶持。

（3）深入实施区域协调发展战略，打造区域协调发展新格局。党的十八大以来，我国突出国家重大区域发展战略的引领带动作用。先后以“一带一路”建设、京津冀协同发展、长江经济带发展为引领，形成沿海沿江沿线经济带为主的纵向横向经济轴带，塑造要素有序自由流动、主体功能约束有效、基本公共服务均等、资源环境可承载的区域协调发展新格局。

3. 群体利益关系协调：从一部分人、地区先富起来到逐步实现共同富裕

（1）打破平均主义“大锅饭”。党的十一届三中全会提出，按照劳动的数量和质量计算报酬，克服平均主义。由此，开始恢复计件工资和奖金制度，调动劳动者积极性。实行企业经营责任制改革，砸“三铁”，打破“大锅饭”。包括终结行政级别工资、试行劳动合同制打破“铁饭碗”等。从1985年开始，国有大中型企业实行职工工资总额同经济效益按比例浮动的办法。

（2）实行按劳分配为主体和按生产要素分配相结合的分配方式。党的十四大报告提出在坚持按劳分配为主体的前提下实行多种分配方式。党的十四届三中全会明确提出把竞争机制引入劳动者个人报酬。党的十五大报告提出要把按劳分配和按生产要素分配结合起来。

（3）推进基本服务均等化，基本建立起世界上覆盖人口最多的社会保障体系。2006 年 3 月，国家“十一五”规划纲要首次提出“逐步推进城乡基本公共服务均等化”的政策目标。2017 年，党的十九大报告将“基本公共服务均等化基本实现”作为“两个一百年”第一阶段的重要目标，并明确到 2021 年总体实现城乡基本公共服务均等化。

（三）深化以服务业市场开放为重点的供给侧结构性改革

党的十九大报告提出，“打破行政性垄断，防止市场垄断，加快要素价格市场化改革”。目前，工业领域尤其是制造业领域的市场化程度为 90% 左右，而服务业领域的市场化程度仅为 50% 左右。由此，导致服务供给总量不足、质量不高、效率不优的矛盾问题比较突出。一般来说，哪个领域开放力度大、监管效果好，哪个领域活力就相对更强。加快推进服务业市场开放，以服务业市场全面开放为重点进一步深化供给侧结构性改革，既是满足广大社会成员服务型消费需求的重大举措，也是使内需潜力转化为产业变革优势的重大举措。[①]

1. 近 14 亿人消费大市场是我国赢得国内发展与国际竞争主动的最大底气

（1）消费潜力释放将为我国中长期可持续增长提供动力。预计到 2020 年，我国居民消费需求规模将由 2017 年的 37 万亿元增长到 48 万—50 万亿元，为我国未来 10 年左右保持 6% 左右的增长奠定重要基础。

（2）消费结构升级将引领投资结构优化。进入消费新时代，投资需求将在消费结构升级尤其是服务型消费需求不断增长的趋势下大幅提升。以健康服务业为例，2016 年我国大健康产业规模达到 5.6 万亿元，到 2020 年国内大健康产业的产值规模有望超过 10 万亿元，占到 GDP 的 10% 以上。[②] 这使得大健康产

---

① 王东京：《供给侧结构性改革：关于近期操作目标的讨论》，《改革》2017 年第 5 期。

② 智研咨询：《2017 年我国大健康行业产业结构及市场规模分析》，2017 年 8 月 25 日。

业成为投资的“热土”。更重要的是，服务型消费需求开始推动传统产业改造升级，越来越多的传统制造业正在加快推进其服务化进程。

（3）我国消费将对全球经济增长作出重要贡献。2013—2016 年，按照不变美元价格计算，我国最终消费对世界消费增长的年均贡献率为 23.4%，居全球首位。2016—2021 年，我国消费增长量将高达 1.8 万亿美元，相当于英国 2021 年的消费市场规模。[①] 我国未来 5 年的消费增量相当于一个英国市场。这一市场的开放将对全球经济产生重大影响。

2. 释放巨大内需潜力需要尽快破解“有需求、缺供给”的结构性矛盾

（1）教育、养老、健康、文化等服务型消费供给短缺的矛盾比较突出。例如，我国进入人口老龄化社会，老年健康管理服务业、老年康复护理业、老年家政服务业等需求全面快速增长。目前，我国老年用品市场需求达 1.6 万亿元，但市场供给规模仅为 4000 亿元[②]，存在 1.2 万亿元的供需缺口。

（2）服务型消费供给不足导致消费外流（见表 5）。以教育为例，送子女出国读书成为我国中高收入家庭的新趋势。我国自费出国留学人数由 2011 年的 31.48 万人增长到 2017 年的 54.13 万人，年均增长 9.7%。[③] 如果按人均支出 10 万元估算，需要支出 540 多亿元人民币，而且留学人员逐步呈现低龄化趋势。

表 5　服务型消费有需求缺供给的矛盾突出

指标	中国	发达国家
最终消费支出占 GDP 比重	53.6%	80% 左右 （美国 83%、英国 85%）
服务型消费支出占比	45.5% （城镇居民）	67.9% （美国）
健康产业占 GDP 的比重	4%—5%	10% 以上 （美国为 17.8%）

数据来源：最终消费支出占 GDP 的比重来源于世界银行统计数据库；服务型消费支出占比来源于中改院测算；健康产业占 GDP 的比重分别来源于《人民政协报》。

① 《台媒称大陆消费市场未来井喷：五年增量相当于一个英国》，《参考消息》2017 年 6 月 30 日。

② 智研咨询：《2016—2022 年中国老年用品行业市场调研及投资前景预测报告》，2016 年 10 月。

③ 根据教育部历年公开数据整理。

（3）以供给侧结构性改革破解“有需求、缺供给”的突出矛盾。在全球化背景下，我国居民“买全球”现象本属正常。但消费外流超过一定规模，尤其是一些国内能够满足的消费在境外消费，就需要引起高度重视。解决这些结构性问题，关键在于实现供求动态平衡的供给体系。这就需要深化供给侧结构性改革，破解“有需求、缺供给”的矛盾，满足人民对美好生活的需要，不断提升产品与服务的供给水平，持续释放巨大内需增长潜力。

3. 以打破垄断为重点推进服务业市场开放

（1）打破服务业领域的行政垄断与市场垄断。一是在以电力、电信、石油、民航、邮政等为重点的垄断行业，进一步破除各种形式的行政垄断。除基础设施部分外，相当多的竞争性生产环节都可以放开市场引入社会资本。二是推动服务业领域国有资本战略性调整，对可以完全市场化的自然垄断行业和企业，能退出的全部退出；暂时不能退出，或退出条件不具备的领域，可以通过出让国有控股权，发展混合所有制。力争1—2年内全面放开竞争性领域、非基本公共服务领域价格管制，到2020年使服务业领域市场化程度明显提高。

（2）推动服务业向社会资本的全面开放。2013年以来，中央政府在生活性服务业、生产性服务业、公共服务业等部分服务行业相继出台了指导意见，明确表示服务业市场向社会资本开放，向全社会释放出一个积极的信号。但从现实情况看，教育、医疗、健康、文化等服务业领域，特别是养老服务、职业培训等非基本公共服务领域，仍存在市场准入门槛过高等问题。这就需要在服务业领域全面放开社会资本市场准入，取消某些不合理的经营范围限制，使社会资本逐步成为服务业市场的主体力量。

（3）以政府购买公共服务为重点加快公共服务业市场开放。2016年，我国政府服务类采购规模占采购总规模的比重仅为18.9%，与发达国家30%以上的水平有明显差距。适应近14亿人公共需求变化的大趋势，要把形成多元供给主体、多元竞争主体作为发展和完善政府购买公共服务的基本目标，争取使政府采购中服务类占比提高到30%左右。

（4）建立与主动扩大进口相适应的政策体系。总的来看，单纯降低关税对满足人民日益增长的美好生活需要的效果有限。以药品进口为例，根据财政部2017年最新关税税率调整，我国进口药品最惠国税率为2%—4%，而进入销售还需要在此基础上征17%的增值税，较高的药品税赋使得进口药品价格上升30%左右。[①] 根据国际惯例，目前大部分发达国家对药品进口增值税进行减免，欧洲的平均水平为8.8%，美国和澳大利亚、英国、瑞士等国家将药品增值税降低为0。[②] 建议在进一步降低关税的同时，逐步取消药品、常见病所使用的医疗器械进口增值税及重要日用消费品进口环节增值税；进一步缩短国外已经上市药品、医疗技术进入我国的审核期限，切实提升老百姓幸福感、满足感。

4. 以扩大中等收入群体为重点加快利益结构调整

目前，我国中等收入群体规模达到4亿左右。[③] 但从比重来看，我国中等收入群体占比为30%左右，与发达国家70%左右相差较大。2020—2035年是我国由中高收入阶段迈进高收入阶段的关键时期，要形成合理的利益结构，中等收入群体比例需要从现在的30%左右提高到50%以上。从2035年到21世纪中叶，中等收入群体比例应当达到70%左右，从而实现全体人民共同富裕的目标。这就需要推进产权等一系列制度变革。例如，在严格土地用途管制的前提下，落实农民土地财产权，实现农村土地使用权长期化、物权化、资本化，将为一部分农村居民带着资本进城奠定重要基础，为返乡创业人员提供资金支持，也将推动相当比例的农民进入中等收入群体。

三、我国开始进入全面开放新阶段，形成以服务贸易创新发展为重点的对外开放新格局

改革开放40年来，我国成功把握经济全球化浪潮所带来的历史机遇，始

---

① 《下月起抗癌药等28项药品零关税，从税率调整看患者受益多少》，凤凰网，2018年4月25日。

② 任泽平、贺晨、甘源：《中国对外开放的进展评估与变革展望——中美贸易战系列研究》，新浪网，2018年5月29日。

③ 《中国中等收入群体逾4亿人，居世界第一》，人民网，2018年3月7日。

终坚持对外开放的基本国策，成功实现从封闭半封闭到全方位开放的重大转折，不仅推动了自身的较快发展，而且为全球经济可持续发展作出了重大贡献。伴随开放进程的不断深入，我国逐步探索建立开放型经济体制，并由此走出一条以扩大开放倒逼改革、以深化改革促进扩大开放的路子。在经济全球化新的特定背景下，积极推动以自由贸易为主线的“二次开放”，形成以服务贸易为重点的对外开放新格局，是新阶段扩大开放的重大任务。

（一）40 年对外开放不仅深刻改变中国，也深刻影响世界

1. 40 年对外开放深刻改变中国

（1）我国成为世界第一大货物贸易国。1978—2017 年，我国货物贸易总额由 206.4 亿美元增长到 4.1 万亿美元①，年均增长 14.5%，占全球货物贸易的比重由 0.8% 提高到 11.8%。据世界贸易组织统计数据，2013 年，我国超越美国成为货物贸易第一大国，进出口总额比美国高出 2500 亿美元。

（2）我国成为吸引外资最多的发展中国家。1983—2017 年，我国外商直接投资由 9.2 亿美元增长到 1310.4 亿美元②，既是吸引外资最多的发展中国家，也是继美国之后全球第二大外资流入国。

（3）我国成为全球对外投资大国。2017 年，我国对外投资达 1250 亿美元③，成为全球第三大对外投资国和发展中国家中最大的对外投资国。

2. 40 年对外开放深刻影响世界经济发展

（1）我国成为世界经济增长的主要稳定器和动力源。2008 年国际金融危机以来，在全球经济艰难复苏的情况下，我国经济持续保持中高速增长，2013—2016 年，我国经济实现了年均 7.2% 的增长速度，远高于同期美国、欧元区和

---

① 1978—2016 年数据来源于《中国统计年鉴 2017》；2017 年数据来源于《中华人民共和国 2017 年国民经济和社会发展统计公报》。

② 1978—2016 年数据来源于《中国统计年鉴 2017》；2017 年数据来源于《中华人民共和国 2017 年国民经济和社会发展统计公报》。

③ 国家统计局：《中华人民共和国 2017 年国民经济和社会发展统计公报》2018 年 2 月 28 日。

日本三大发达经济体 2.1%、1.2% 和 1.1% 的年均增速，有力推动了世界经济增长。[①] 据世界银行测算，2013—2017 年，我国对世界经济增长的平均贡献率超过 30%，超过美国、欧元区和日本贡献率的总和。[②]

（2）形成了覆盖全球的贸易网络，推动全球贸易进程。40 年来，我国贸易伙伴已经由 1978 年的几十个发展到目前的 231 个，并已成为超过 130 个国家和地区的最大贸易伙伴。21 世纪以来，我国与新兴市场和发展中国家的贸易持续较快增长。例如，2000—2017 年，东盟在中国出口市场中的占比从 7.0% 提高到 12.5%，非洲地区从 2.0% 提高到 4.1%。[③]

（3）推动构建人类命运共同体。自 2013 年习近平主席提出构建人类命运共同体的倡议以来，这一倡议得到越来越多国家和人民的欢迎和认同，并被写入联合国重要文件。推动构建人类命运共同体，是促进世界和平发展的中国智慧和中国方案，也是中国为促进实现人类共同美好未来的大国担当。

（二）改革开放 40 年，建立开放型经济体制的重大突破

我国的对外开放以兴办经济特区为突破口，完成了由经济特区到沿海开放城市，再向内地扩展的多层次的探索和实践。加入世界贸易组织后，为使国内经济制度与国际贸易规则接轨，中央政府部门清理各种法律法规和部门规章 2300 多件，地方政府共清理地方性法规和政策 19 万多件。[④] 党的十八大以来，我国提出并积极推进“一带一路”建设，坚持“引进来”与“走出去”并重；从设立自由贸易试验区到探索建设自由贸易港，加快构建开放型经济新体制；通过世界经济论坛、G20 峰会、上海合作组织等途径积极参与全球经济治理。我国正加快由经济全球化的参与者、追随者向推动者、促进者转变。

① 陈凌：《“中国的发展是世界的机遇”》，《人民日报》2017 年 6 月 29 日。

② 侯露露、管克江：《五年来中国经济贡献率超美国欧元区和日本总和》，《人民日报》2018 年 4 月 16 日。

③ 《中国对外贸易形势报告（2018 年春季）》，商务部网站，2018 年 5 月。

④ 中华人民共和国国务院新闻办公室：《中国与世界贸易组织》，新华网，2018 年 6 月。

1. 从“超国民待遇”到准入前国民待遇加负面清单

改革开放初期，我国主要依靠优惠政策吸引外资。随着外资规模的不断扩大，20 世纪 90 年代前后，我国开始以不断调整《外商投资产业指导目录》为重点逐步拓宽外资的投资领域。2013 年，上海自贸试验区设立，并公布了我国第一份外资准入负面清单，我国开启了“准入前国民待遇加负面清单”管理制度的实践；2017 年 6 月，我国首次形成了全国统一的外商投资准入负面清单。2017 年 10 月，党的十九大报告提出“探索建设自由贸易港”。2018 年 4 月 13 日，习近平总书记在庆祝海南建省办经济特区 30 周年大会上郑重宣布，“党中央决定支持海南全岛建设自由贸易试验区，支持海南逐步探索、稳步推进中国特色自由贸易港建设”，开启了对标世界最高开放形态的探索。

2. 产业开放重点逐步由制造业向服务业过渡

加入世界贸易组织以来，为落实入世承诺，我国积极推进制造业与服务业市场开放。截至目前，在制造业 179 个中类和 609 个小类中，对外资完全开放的已有 167 个中类和 585 个小类，分别占 93.3% 和 96.1%；服务业对外开放正在加快推进。在世界贸易组织定义的 160 个服务贸易行业，中国入世时承诺开放 100 个，目前已经开放 120 个。[①]2018 年 4 月 10 日，习近平主席在博鳌亚洲论坛 2018 年年会开幕式上的主旨演讲中明确提出，进一步扩大金融为重点的服务业市场开放。此后，我国宣布了包括逐步取消银行、保险、证券等领域外资股比限制等一系列金融业开放的重要举措。

3. 从“鼓励出口”到“主动扩大进口”

改革开放初期，我国利用丰富的劳动力优势积极发展“三来一补”，出台一系列政策鼓励企业出口，以缓解外汇紧张的矛盾。例如，对用于加工复出口的进口料件实行保税政策。同时，我国加快推进内外贸一体化为重点的外贸管理体制改革，扩大企业进出口自主权。2004 年，将外贸经营权管理由审批制改为备案登记制，取消外贸经营权的限制。2018 年 4 月 10 日，习近平主席在博

---

① 《中国制造业开放层次不断提高》，《人民日报》（海外版）2018 年 5 月 17 日。

鳌亚洲论坛2018年年会开幕式上的主旨演讲中明确提出，“中国不以追求贸易顺差为目标，真诚希望扩大进口，促进经常项目收支平衡”，这标志着我国对外贸易理念的根本性变化。此后，我国推出了如大幅降低汽车进口关税，以暂定税率方式将包括抗癌药在内的所有普通药品、具有抗癌作用的生物碱类药品及有实际进口的中成药进口零关税等一系列扩大进口的举措。

4.“一带一路”：推进经济全球化的新动力

目前，全球100多个国家和国际组织积极支持和参与“一带一路”建设，联合国大会、联合国安理会等重要决议也纳入“一带一路”建设内容。“一带一路”倡议已成为反对贸易保护主义，构建开放、包容、普惠、平衡、共赢的经济全球化的新动力。第一，以“一带一路”优化我国区域开放布局。2013—2017年，我国中西部地区对外贸易总额的比重由14%上升至16%。[①] 第二，以“一带一路”为重点，坚持引进来与走出去并重。2017年，我国对“一带一路”沿线国家承包工程业务完成营业额占我国对外承包工程业务完成营业额的比重为47.7%。“一带一路”沿线国家和地区对华直接投资新设立企业3857家，增长32.8%，高于同期全国平均水平5个百分点。[②] 同年8月发布的《关于进一步引导和规范境外投资方向的指导意见》，进一步明确了我国境外投资的产业方向及限制与禁止的领域。第三，“一带一路”推进全球自由贸易进程。“一带一路”拉动全球贸易快速增长。2017年，我国与“一带一路”沿线国家和地区贸易额达到7.4万亿元（约合1.1万亿美元），比2016年增长17.8%，远高于同期全球贸易4.3%的平均增速。[③]

（三）推动形成全面开放新格局的突出矛盾与重大任务

党的十九大报告提出“推动形成全面开放新格局”目标。当前，服务贸易不仅成为全球自由贸易进程的焦点，而且成为我国开放转型的重点。加快推进

① 根据商务部相关数据计算。

② 国家统计局：《中华人民共和国2017年国民经济和社会发展统计公报》2018年2月28日。

③ 国家统计局：《中华人民共和国2017年国民经济和社会发展统计公报》2018年2月28日。

服务贸易发展，不仅是新阶段推动形成全面开放新格局的重大任务，而且是我国经济在中长期持续释放巨大内需潜力的重要推动力，更是提升我国在全球经济治理地位及全球贸易制度性话语权的重要条件。

1. 我国对外开放进入新阶段

（1）开放的初始条件发生重大变化。一方面，我国以往开放所依托的比较优势逐步减弱，经济转型升级蕴藏着的巨大内需潜力成为新阶段扩大开放的突出优势和最大“本钱”。一方面，我国总体上不再是一个资本短缺的国家，开始由资本净流入国转变成为资本净输出国，对外部资本的需求不再局限于数量，而是更加追求吸引高质量的外资。在这些变化中，最明显的是我国城乡居民消费需求结构发生了重大变化，在物质型消费需求得到基本满足后，服务型消费需求不断增长。服务贸易发展滞后的突出矛盾，正是在这个特定背景下开始凸显。

（2）外部环境发生明显变化。当前，我国与世界经济高度融合，既面临着贸易保护主义的挑战，又面临着世界经济格局深刻变化的挑战。例如，自特朗普上台以来，作为国际贸易规则的主要缔造者之一，美国在全球化立场上不断后退，多次使用“301”等国内法条款处理国际贸易问题，使得全球贸易规则受到严重践踏。总的来看，中美贸易冲突长期影响大于短期影响，间接影响大于直接影响，多边影响大于双边影响，将明显改变我国对外开放的外部环境。

（3）由“一次开放”走向“二次开放”。新阶段的“二次开放”，起点、目标、重点、路径、形式等都发生了重大变化；适应“二次开放”的制度框架也需要作出相应的调整和优化（见表3）。

表3 从“一次开放”到“二次开放”

	“一次开放”	“二次开放”
起点	低收入水平 工业化初期（国内） 制造业全球化（国际）	中等偏上收入水平 工业化中后期（国内） 服务业全球化（国际）
外部环境	全球化的制度安排比较稳定	全球化的制度安排不稳定，面临变数

续表

	“一次开放”	“二次开放”
内部禀赋	劳动力无限供给，资本短缺	劳动力供给下降，资本剩余
开放重点	货物贸易 制造业市场开放	服务贸易 服务业市场开放
开放途径	融入既有的国际市场	通过“一带一路”主动开辟新市场
资本流向	“引进来”为主，净流入	“引进来”和“走出去”并重，净流出
开放路径	加入 WTO	全面实施自由贸易战略
开放体制	构建外向型经济体制：围绕出口导向战略形成一系列鼓励和扶持出口型工业发展的体制机制	构建开放型经济新体制：以自由贸易为导向构建对外开放的体制机制
国际角色	国际规则的接受者、参与者、跟随者	国际规则的推动者、促进者

2. 加快形成以服务贸易为重点的全面开放新格局

表 4　2016 年我国服务贸易与世界相关国家的对比

国家	服务贸易总额（亿美元）	服务贸易占贸易总额的比重
中国	6575	15.1% （2017 年为 14.5%）
印度	2956	31.4%
美国	12555	25.5%
日本	3585	22.7%
德国	5848	20.0%
英国	5258	34.6%
世界平均	—	23.7%

数据来源：《中国统计年鉴 2017》、联合国贸易和发展会议数据库（UNCTAD STAT）。

（1）服务贸易较快发展成为经济全球化的基本趋势。2012—2016 年，全球货物贸易增速低于全球服务贸易增速。全球服务贸易占比由 2012 年的 20% 上升至 2016 年的近 24%。更关键的是服务贸易对货物贸易的直接带动作用至少要达到30% 以上[①]，服务贸易已经成为全球经济发展的重中之重。随着服务贸易

① 商务部：《中国制造应定位于中间产品和工序贸易》，商务部网站，2014 年 1 月 28 日。

在全球自由贸易进程中的作用和地位不断提升，服务贸易已成为多边、双边贸易投资协定的焦点。已有48个国家加入国际服务贸易谈判（TISA），覆盖全球70%的服务贸易；无论是区域全面经济合作伙伴关系（RCEP）、中日韩自贸区等多边自贸区谈判，还是中欧等双边投资协定谈判，相当一部分都涉及服务贸易，矛盾与分歧也大都集中于服务贸易。

（2）我国经济转型升级蕴藏着巨大的服务贸易需求。估计到2020年，我国服务贸易总额将达到1万亿美元，占全球服务贸易的比重将由2016年的7%提升到10%左右。到2030年，我国将成为全球最大的服务进口国，占全球服务进口总额的13.4%，约为目前的3倍，领先于美国（7.7%）和德国（5.8%）。

（3）服务贸易发展滞后成为我国对外贸易的突出短板。我国经济转型升级对服务贸易的依赖性明显加大，我国建立完善市场经济体制很大程度上在于服务市场开放。2017年，我国服务贸易占外贸总额的比重仅为14.5%（见表4），比2016年下降了0.6个百分点，比2016年全球平均水平低了近10个百分点。服务贸易发展相对滞后，已经成为制约我国经济高质量发展的因素之一。

3. 以服务贸易为重点形成全面开放的重大举措

（1）推进“一带一路”中国际产能合作进程与服务贸易的融合发展。“一带一路”要以基础设施为依托，以产能合作和服务贸易为重点，以构建自由贸易区网络为目标。从实践看，以金融业为重点的服务业企业“走出去”滞后于实体企业“走出去”步伐，也滞后于产能合作的实际需求。2017年，我国与“一带一路”沿线国家和地区服务贸易额占其贸易总额的比重仅为8.2%。[①]当前，开展国际产能合作，尤其应该注重同时推动工程承包、研发设计、相关咨询、第三方认证、金融、保险、物流、采购企业“走出去”，以服务贸易合作提升产能合作水平。

（2）积极探索实行服务业产业项下的自由贸易政策。从不同区域的特定优势出发，重点与“一带一路”沿线国家和地区开展以教育、健康、医疗、旅游、

① 根据商务部数据测算。

文化、金融、免税购物、会展为重点的服务业项下的自由贸易试点，走出一条开放转型的新路子。如果服务贸易产业项下的自由贸易政策能尽快在一些地区落地，其对服务贸易创新的影响和带动效应将相当可观。

（3）以服务贸易为重点加快构建双边、多边自贸区网络。以双边、多边自由贸易应对来自美国的单边贸易摩擦，关键在于构建以服务贸易为重点的自贸区网络。例如，未来几年，如果能在主动大幅降低关税的同时，加快推进与欧盟、日本、东盟等经济体的服务贸易自由化、便利化进程，既可以在短期内有效应对美国贸易摩擦，又将深刻影响全球贸易格局。

（4）以服务贸易为重点加快国内自贸试验区转型。党的十九大报告明确提出，“赋予自由贸易试验区更大改革自主权”。适应经济全球化新形势，在自贸试验区内更大范围突破服务业开放的限制，对标国际服务贸易规则，先行先试，使自贸试验区更好承担起我国新时期更大程度开放改革压力测试的重要作用。

（5）加快推进粤港澳服务贸易一体化。粤港澳大湾区是一个大战略，目标是实现粤港澳大湾区一体化，突破口在于加快推进粤港澳服务贸易一体化进程。这就需要尽快实现粤港澳服务贸易自由化体制机制的实质性突破。如率先在广东将港澳资本纳入内资范畴，实现粤港澳资本在市场准入与经营范围的“一视同仁、平等对待”；率先在广东实行对港澳居民的自由落户政策；进一步扩大广东对港澳服务业市场开放；推进粤港澳服务业行业标准与管理规则的对接。

（6）尽快形成海南自由贸易港服务贸易新高地。加快海南自由贸易港建设，需要海南以服务国家重大战略为目标，以自由贸易港为主题，以服务贸易为重点，以开放为先，以制度创新为核心，以顶层设计、顶层协调为保障，加快形成以服务贸易为重点的对外开放新高地。

四、结语

改革开放40年来，我国以处理好政府与市场关系为重点建立并完善社会主义市场经济体制的改革实践，是人类发展史上独特而又重大的创举。“当前，改革又到了一个新的历史关头，推进改革的复杂程度、敏感程度、艰巨程度不亚于 40 年前。”站在改革开放新的历史起点上，将改革进行到底，要有一种改革的状态、改革的精神、改革的气魄。这既需要进一步解放思想，以思想大解放实现改革大突破，又需要进一步完善制度环境，激发干部群众“想改革、谋改革、善改革”的活力。只有这样，我们才能够实现新的改革突破，才能够赢得中国未来 10 年、20 年、30 年，以及更长时间的发展。

努力构建新时代中国特色社会主义政治经济学

张占斌*

【导语】构建新时代中国特色社会主义政治经济学，对于推动中国特色社会主义的伟大实践具有重要意义。本文认为，加深对新时代中国特色社会主义政治经济学的理论研究，需要重点把握三个维度：一是坚持马克思主义政治经济学，二是全面总结党的十八大以来经济改革与发展成就，三是融入习近平新时代中国特色社会主义的经济思想。

党的十八大、十九大以来，习近平总书记立足中国特色社会主义波澜壮阔的伟大实践，提出了坚守人民立场、以人民为中心的治国理政新思想新观点新论断，形成了习近平新时代中国特色社会主义思想。这一思想根植于中国大地，创新并丰富了中国特色社会主义政治经济学，为中国经济发展提供了新的理论指导和方向遵循。当前，要正确把握中国特色社会主义进入新时代的历史方位和主要矛盾的变化，牢牢把握新时代中国特色社会主义政治经济学的人民立场和以人民为中心的发展思想，努力构建和完善新时代中国特色社会主义政治经济学，不断增强中国特色社会主义的理论自觉和理论自信，并进一步增强道路自信、制度自信和文化自信。

* 张占斌，第十三届全国政协委员、中共中央党校（国家行政学院）马克思主义学院院长，教授、博士生导师。主要研究领域为宏观经济、政府经济管理等。

一、构建新时代中国特色社会主义政治经济学具有重大的理论价值和实践意义

经济基础决定上层建筑，经济发展对于整个社会发展具有纲举目张的支撑、牵引和带动作用。因此，构建新时代中国特色社会主义政治经济学，对于推动新时代中国特色社会主义的伟大实践和理论创新具有重要意义。

一是具有重要的实践指导意义。党的十八大以来，我国经济社会发生了历史性变革，取得了历史性成就，根本在于以习近平同志为核心的党中央的坚强领导，在于以中国特色社会主义政治经济学为主要内容的习近平新时代中国特色社会主义经济思想的科学指引。中国特色社会主义政治经济学总结了各个阶段经济建设的宝贵经验，揭示了新时代经济发展的本质要求和内在规律，为推动经济高质量发展指明了方向。中国特色社会主义进入新时代，面对经济社会发展的新情况新问题，面对“三大攻坚战”的艰巨任务，更要以中国特色社会主义政治经济学的科学理论为指导，不断开拓中国经济理论的新境界。

二是具有重要的学术创新示范意义。我们坚持新时代中国特色社会主义政治经济学引领，并不排斥吸收国外经济理论的合理成分，但不能照抄照搬、食洋不化。过去有段时期，我们在学科体系、学术体系和话语体系方面跟在“西方”后面亦步亦趋，用西方理论套用中国实际的现象比较突出。新时代中国特色社会主义政治经济学的构建深刻表明，中国能够在理论上创造出具有中国特色、中国风格、中国气派的经济学学科体系、学术体系和话语体系，这对于深刻感悟和把握马克思主义真理力量，推动经济优势转化为话语优势和理论优势，增强理论自觉和理论自信，具有极强的感召力和鲜明的示范性。

三是具有重要的世界性借鉴意义。新时代中国特色社会主义政治经济学既揭示了中国特色社会主义经济的特殊规律，也契合了人类社会经济发展的普遍规律，既具有民族性，又具有世界性，它不仅是中国人民的智慧结晶，更是全人类的共同财富。中国特色社会主义政治经济学关于资源配置、社会化大生产、

市场经济运行、经济转型、全球化条件下的开放经济等思想、理论，为后发国家的理论创新和经济发展提供了重要启示，为转型国家的经济结构调整提供了重要借鉴，也为世界各国的合作共赢提供了重要指导。

二、新时代中国特色社会主义政治经济学具有鲜明的理论品格

有科学力量的学说、有生命力的思想，必然具有独特的理论品格。从历史维度看，新时代中国特色社会主义政治经济学颇具新意和时代感，能够回应和解决新时代的重大理论和现实问题，既是马克思主义政治经济学中国化的全新硕果，也是中国特色社会主义政治经济学的重要组成部分。

一是发展主题的时代性。习近平总书记在全国哲学社会科学工作座谈会上的讲话中指出“坚持问题导向是马克思主义的鲜明特点。问题是创新的起点，也是创新的动力源。只有聆听时代的声音，回应时代的呼唤，认真研究解决重大而紧迫的问题，才能真正把握住历史脉络、找到发展规律，推动理论创新”。新时代中国特色社会主义政治经济学作为系统化的经济学说，要以中国社会主义经济建设和现实经济关系为基础，围绕实现中国“强起来”的时代发展主题，坚持问题为导向，深入研究现代化强国建设路径，推动经济从高增速增长转向高质量发展，为经济大国到经济强国的转型提供坚实的理论指导。

二是发展目的的人民性。西方经济学强调和追求利润最大化，过于看重资本的作用和力量，比较忽视个体特别是普通劳动者的切身利益，虽然可以在一定程度上促进经济增长，但却是不健康和不可持续的。习近平总书记在纪念马克思诞辰200周年大会上的讲话中指出：“学习马克思，就要学习和实践马克思主义关于坚守人民立场的思想。”他强调：“坚持以人民为中心的发展思想，这是马克思主义政治经济学的根本立场。”新时代中国特色社会主义政治经济学适应社会主要矛盾的变化，要以实现最大多数人的利益为目标，以保障和改善民生为重点，切实保障全体人民在经济发展、政治民主、文化交流、生态共享等

方面的基础权益，使人民群众在新时代生活中拥有更高层次需求被满足的获得感。强调社会效益和经济效益、社会价值和市场价值的统一，正是其最鲜明的价值立场。这种坚守人民立场，坚持以人民为中心的思想体现了马克思主义政治经济学的思想根基，深刻反映出新时代背景下中国特色社会主义政治经济学的人本属性。

三是发展手段的科学性。加强党对经济工作的领导，正确处理好政府和市场的关系，提高党领导发展工作的能力和水平，贯穿新时代中国特色社会主义政治经济学形成与发展的进程。把市场在资源配置中的“基础性作用”修改为“决定性作用”，是党在理论和实践上的重大突破，标志着党对市场规律认识的逐步深化和驾驭能力的不断提升。同时，强调更好发挥政府作用，与奉行市场原教旨主义的资本主义市场经济模式具有本质区别。总之，无论是发挥市场的决定性作用，还是更好发挥政府作用，体现的都是对发展手段的科学运用，强调的是两个比较优势的有效发挥。

四是发展理念的创新性。新时代中国特色社会主义政治经济学提出经济新常态、新发展理念、供给侧结构性改革等重要思想，拓宽了马克思主义政治经济学的研究对象。提出中国经济发展进入新常态，是立足中国大地实际问题而提出的战略性研判，随之而来的贯彻新发展理念，需要推动生产力与生产关系良性互动，坚决破除一切不合时宜的思想观念和体制机制弊端，突破利益固化的藩篱，推动经济体制不断适应现代化生产力。同时，新发展理念强调的是有质量的增长、有效益的发展和更公平的分配，这也是对西方主流经济学的重大突破。

五是发展维度的全球性。新时代中国特色社会主义政治经济学继承和发展了马克思主义蕴含的丰富的经济全球化思想。进入新时代，中国坚定不移全面扩大对外开放，先后提出“一带一路”倡议、创建亚投行、推动G20转型、构建人类命运共同体等富含中国智慧的解决方案。把中国的发展与世界的发展紧紧地结合起来，把中国深度开放和积极参加全球化进程紧紧地结合起来。这些努力，进一步拓展了发展中国家的现代化建设之路，也加快中国推动国际合作和全球治理的历史进程。

三、构建新时代中国特色社会主义政治经济学要把握科学的研究维度和原则方法

政治经济学本质上是一门历史的科学，中国特色社会主义进入新时代，是党的十九大对我国发展新的历史方位做出的科学判断，不断开拓新时代中国特色社会主义政治经济学新境界，不断创新发展马克思主义政治经济学，需要加深对新时代中国特色社会主义政治经济学的理论研究和实践总结，可以初步归纳为四个基本的研究维度。

第一，马克思主义政治经济学是其理论起点。马克思主义政治经济学以历史唯物主义和辩证唯物主义为世界观和方法论，以生产关系为研究对象，解释了资本主义经济的运动规律和历史趋势，阐明了社会主义代替资本主义的历史必然性。中国特色社会主义政治经济学以马克思主义政治经济学为理论起点，是为国家经济建设与发展贡献理论依据与道路导向的政治经济学，揭示了中国特色社会主义经济建设及发展基本规律。新时代中国特色社会主义政治经济学作为中国特色社会主义政治经济学一脉相承的重要组成部分，其理论起点就是马克思主义政治经济学。

第二，中国特色社会主义政治经济学是其理论前提。中国特色社会主义政治经济学是马克思主义政治经济学基本原理与中国具体实际相结合的产物，是马克思主义政治经济学发展的新阶段，也是社会主义初级阶段的政治经济学。党的十九大报告提出："中国特色社会主义进入新时代，意味着近代以来久经磨难的中华民族迎来了从站起来、富起来到强起来的伟大飞跃，迎来了实现中华民族伟大复兴的光明前景。"这从实践特征角度总结了我国社会主义初级阶段的发展历程。从时间维度看，中国特色社会主义政治经济学经历了从"站起来"到"富起来"，再到"强起来"的波澜壮阔的伟大历程，而与这种阶段性相对应的，是以"站起来"的政治经济学、"富起来"的政治经济学为理论前提发展

起来的“强起来”的政治经济学，就是新时代中国特色社会主义政治经济学。

第三，党的十八大以来经济改革与发展实践是其理论基础。实践是理论的基础，理论是实践的总结。新时代中国特色社会主义政治经济学是马克思主义政治经济学在中国伟大实践下的新成果，也是中国特色社会主义政治经济学在历史发展潮流下的新成果，是在党的十八大以来我国社会主义经济建设伟大实践过程中，在充分总结、概括经济改革与发展实践的基础上，不断凝结修正、发展完善而成的。新时代中国特色社会主义政治经济学是当代中国马克思主义政治经济学的新阶段新境界和重要组成部分，也是中国特色社会主义政治经济学的新阶段和智慧结晶，是用实践“铸造”的理论。

第四，习近平新时代中国特色社会主义经济思想是其理论内核。以新发展理念为主要内容的习近平新时代中国特色社会主义经济思想是对党的十八大以来我国经济发展实践的理论概括，是习近平新时代中国特色社会主义思想在经济方面的集中体现，从政治保障、发展目的、发展理念、主要矛盾，到工作主线、发展战略和策略方法，形成了一套完整的理论体系，可以概括为“一个理念＋七个坚持”，是推动我国经济发展的理论结晶，是中国特色社会主义政治经济学的最新成果，是党和国家十分宝贵的精神财富，也为新时代中国特色社会主义政治经济学的发展提供了重要理论归结和基本内核。

这四个基本维度不仅充分体现了新时代中国特色社会主义政治经济学研究的根本立场、基本方法和主要内容，也明确了下一步深入研究的基本原则和重点方向。

在新时代中国特色社会主义政治经济学的发展过程中，一些重大原则体现了其内涵实质和根本属性，蕴含着探索中国特色社会主义经济运行规律和发展道路的理论逻辑，必须贯穿始终。比如，科学把握中国社会主要矛盾的转化；以解放和发展生产力为根本任务；坚持公有制的主体地位和社会主义市场经济的改革方向；坚持按劳分配、按要素分配结合和实现共同富裕；坚持辩证唯物主义和历史唯物主义的方法论；等等。新时代中国特色社会主义政治经济学要在紧跟时代和实践发展脚步、反映时代和实践发展要求的基础上，秉持基本宗旨，对中国特色社会主义新时代的历史必然、广泛内涵、决定因素、理论意义、实践意义乃至深远影响加以深刻阐释。

中国特色社会主义进入新时代，意味着中国特色社会主义道路、理论、制度、文化将不断发展，现代化强国建设将充满希望；意味着马克思主义在21世纪的中国焕发出强大生机活力，在世界上高高举起了中国特色社会主义伟大旗帜，随着时代发展和中国现代化建设进程的深入推进，中国将一步步走向世界舞台的中央。在此背景下，构建新时代中国特色社会主义政治经济学恰逢其时，但也任重道远，应充分展现其理论品格，为马克思主义政治经济学的创新发展和中国“强起来”的伟大实践贡献智慧。

我国社区治理40年的回顾与展望

龚维斌*

【导语】改革开放40年来，中国城乡社会治理体制发生了深刻变化，经历了单位制（人民公社制）到街居制（乡〔镇〕村制）再到社区制的变化历程。回顾40年的社区治理历史，既有成绩和经验，也有问题和差距。面向未来，社区治理需要在强化社区党建工作、创新社区治理体制、加强社区人才队伍建设、培养社区居民社区意识、提高社区服务能力、推进社区治理法治化、坚持因地制宜分类施策等方面下功夫。

一、中国社区治理的历程

社区是一个外来词。20世纪30年代，费孝通先生创造性地将英文"community"翻译成"社区"，其本意是共同体。经过长期的演变，社区含义逐渐固定下来，主要包括两个方面的意思，一是"社"，二是"区"，是"社"和"区"的结合。社是指社会，即有一定联系的人群的集合。社区是社会的重要构成部分，是较为基础的社会。社会是由个人、家庭、社区和社会组织等不同层次的要素构成。"区"是指地理空间，即一定区域范围。因此，所谓社区是指特定区域内一群有联系的、经常接触和互动、有相同归属感和认同感的人群集合。按照这一定义，中国的村庄，北京城里的四合院、胡同，计划经济时期的单位大院比较接近"社区"的本意。

"社区"这一概念在中国的兴起和流行是20世纪80年代以后的事情。改革

* 龚维斌，中央党校（国家行政学院）社会和生态文明教研部主任，教授、博士生导师。研究方向为社会治理、应急管理等。

开放以后，随着单位制和人民公社的解体、政府职能的转变，现代企业制度的建立和城市化的发展，城乡社会治理体制不断变化。社区治理首先兴起于城市，然后向农村扩展。城市由计划经济时期的单位制为主、街居制为辅逐步转向街居制为主、单位制为辅的基层治理格局，21世纪以来农村社区治理逐步受到重视。城市社区治理大致经历了社区服务、社区建设和社区治理三个阶段，从理论到政策和实践不断深化和完善。

20世纪80年代初，民政部提出“社会福利社会办”的思想，这是对计划经济时期“社会福利单位办”的替代，街道和居委会的作用越来越突出。20世纪80年代起，街道办事处承担着城市管理、社区服务、发展经济、优抚救济、社会治安、文教卫生、计划生育、司法调解、群众生活等数十项任务。居民委员会依法开展精神文明建设、社区服务、办理本居住区的公共事务和公益事业、调解民间纠纷和协助维护社会治安以及公共卫生、计划生育、优抚救济、青少年教育等工作，为全面启动社区建设奠定了基础。1984年，民政部在福建省漳州会议上提出，要使社会福利事业从单一封闭的国家包办体制转变为国家、集体、个人一起办的体制；要面向社会，多渠道、多层次、多种形式地发展社会福利事业。1986年，民政部第一次正式提出在城市开展社区服务工作的要求。1989年12月，全国人大通过了《中华人民共和国城市居民委员会组织法》，明确规定“居民委员会应该开展便民利民的社区服务活动”。在国家政策的允许和鼓励下，全国各地城市普遍开展社区服务活动，武汉、上海、天津、重庆、常州、益阳等许多城市社区建立了社区服务协调领导机构，形成了一套责任明确、运行有序的管理机制；制定了社区服务的发展规划，出台了相关政策法规；成立了社区服务队伍；兴建了一大批有特色的社区服务设施，形成了老年人服务、残疾人服务、优抚对象服务、少年儿童服务、特殊困难者服务和便民服务等多元化服务系列，受到广大市民的普遍欢迎。截至1993年底，全国已有超过80%的城市街道开展了社区服务工作。[①]

---

① 赵辰昕：《城市社区建设与中国政治发展》，当代世界出版社2001年版，第60页。

社区服务的广泛开展和不断深化，带动了多项社区工作的开展，人们也逐步接受了这个概念和这一实践。很多不属于社区服务的事项也被纳入到这一概念范畴中，例如社区治安、社区文化等，导致社区服务“名不符实”。1991 年，学术理论界和政府部门借鉴国外“社区发展”的基本理论，结合中国实际，提出“社区建设”的新概念和新思路，拓展和替代原来的社区服务概念。在我国城市社区建设推进的过程中，上海市起了带头作用。浦东开放开发以后，上海经历了新一轮的大发展，随着城市大规模建设和高速发展，城市管理的任务日益繁重。原来“两级政府、三级管理”的城市管理体制存在一定程度的“条块分割”，处在城市基层管理第一线的街道办事处权力十分有限，对很多城市管理的问题往往是“看得见，摸得着，管不了”，而“条”上的职能机构则“管得了，看不见”，造成“管得到的管不了，管得了的管不到”的局面。1995 年，上海市提出积极探索社会主义市场经济条件下的城市管理新路子，选择 10 个街道进行综合改革试点。此后，出台了《上海街道办事处条例》以及 10 多项配套政策文件，着力理顺市与区、区与街道的管理职能，推动社区建设和管理体制的建立和完善。上海市社区建设的做法和经验对全国产生了较大影响，不少城市纷纷开始探索建立“两级政府、三级管理、四级落实”的新型体制。1998 年 7 月，根据新一轮国务院机构改革方案，国务院批准民政部在原基层政权建设司的基础上组建基层政权和社区建设司，并将原来由社会福利司分管的社区服务工作职能划归该司，表明社区建设已经成为政府的一项专门行政管理职能。民政部基层政权和社区建设司成立后，组织开展了社区建设实验区和全国城市社区建设示范活动。2000 年 11 月，中共中央办公厅转发《民政部关于在全国推进城市社区建设的意见》，明确界定了社区和社区建设的内涵，指出“社区是指聚居在一定地域范围内的人们所组成的社会生活共同体。目前城市社区的范围，一般是指经过社区体制改革后作了规模调整的居民委员会辖区”；“社区建设是指在党和政府的领导下，依靠社区力量，利用社区资源，强化社区功能，解决社区问题，促进社区政治、经济、文化、环境协调和健康发展，不断提高社区成员生活水平和生活质量的过程”。该意见还提出了城市社区建设的原则，并对重点工作进行了部署。

党的十六届五中全会提出建设社会主义新农村，农村社区建设随之提上日程。2007 年 3 月，全国农村社区建设工作座谈会在青岛市胶南区召开。会议分析了农村社区建设工作的形势，探讨了推进农村社区建设的工作思路，对全国范围内开展农村社区建设试点工作进行了部署。2007 年 9 月，民政部公布了[①]全国农村社区实验县（市、区）名单，北京市通州区、河北省石家庄市桥西区、赵县等 251 个县、区、市入选。2009 年 3 月，民政部印发了《关于开展“农村社区建设实验全覆盖”创建活动的通知》，规定了农村社区建设领导协调机制、社区建设规划、社区综合服务设施、社区各项服务、社区各项管理五项全覆盖创建标准，启动并命名了一批示范单位。

在民政部门牵头大力开展城市社区建设过程中，社区服务仍然是其中的重点任务，也是社区建设的重要目标。2006 年 4 月，国务院颁布了《国务院关于加强和改进社区服务工作的意见》。2007 年 5 月，国家发改委、民政部印发了《“十一五”社区服务体系发展规划》。2011 年 12 月，国务院办公厅印发了《社区服务体系建设规划（2011—2015 年）》。

20 世纪 90 年代开始，国外的治理理论开始进入中国学者的视野，并且受到普遍欢迎和广泛使用。改革开放以来，在中国政府提出社区服务和社区建设两大主导概念的同时，社区工作、社区管理等相关概念也应运而生，与社区服务、社区建设等概念交替使用。社区治理这一概念往往包含着社区服务和社区建设的内容，是在社区服务和社区建设基础上发展起来的内涵更加丰富、要求更加现代的概念，既有服务也有管理，既有政府也有多元化的社会主体，既有法治也有德治等多种手段。2013 年 10 月，党的十八届三中全会提出“推进国家治理体系和治理能力现代化”。“治理”一词不胫而走，受到人们的广泛重视，社区建设也自然发展成为社区治理，成为党的政府推进社会治理的一项重

① 魏礼群主编：《当代中国社会大事典（1978—2015）》第三卷，商务印书馆、华文出版社 2018 年版，第 273 页、277—278 页。

点工作。各地在继续开展城市社区服务和社区建设的同时，也转向城市社区治理，从思想观念、体制机制、方式方法、资源保障、组织体系等多方面、多层次进行探索和创新。为了规范和进一步推进社区治理，2017年7月，中共中央办公厅、国务院办公厅印发了《中共中央、国务院关于加强和完善城乡社区治理的意见》（以下简称《意见》）。《意见》指出，城乡社区是社会治理的基本单元。《意见》从健全完善城乡社区治理体系、不断提升城乡社区治理水平、着力补齐城乡社区治理短板、强化组织保障等方面进行了部署，并提出了目标和原则，明确了改革发展的方向和重点任务，澄清了一些模糊认识和做法。

二、中国社区治理的成效

经过近40年的探索和实践，中国城乡社区治理取得了积极的成效，能够较好地适应城乡社区发展变化的新形势，满足居民日益增长的多样化需要，促进了社区和谐稳定，为社会治理奠定了良好的社区基础。

一是方便了居民生活。各地社区治理实践中，坚持以人为本、服务为先理念。第一是加大为居民服务的工作力度，着眼于方便社区群众，改进服务方式，建立社区家政服务中心、政务服务中心、社区“四点半课堂”，开展“为老”、“为小”、“助残”等爱心服务；第二是加大资源投入，在社区建立便民商店、“爱心超市”，建设社区居民活动中心，为社区居民交流、娱乐提供公共平台。绝大多数住宅小区都按标准留有公共用房，作为社区居民读书、娱乐甚至办理红白喜事的场所。近年来，北京市加强“一刻钟社区服务圈”[①]建设，并取得显著进展和成效。到2017年底，北京市“一刻钟社区服务圈”已累计建成1452个，覆盖社区2706个，覆盖率达到87.5%。

二是美化了社区环境。所谓社区环境主要是指社区公共场所的设施条件、

---

① “一刻钟社区服务圈”是指，社区居民从家庭居住地出发，在步行15分钟范围内，享受到方便、快捷、舒适的社区服务。主要包括由政府提供的基本公共服务、社会力量和居民个人提供的志愿互助服务、市场提供的便民利民服务等。

物品摆放秩序、清洁状况等。在街道办事处、乡镇政府的支持下，在居（村）民委员会的努力下，通过物业公司、业主委员会和居民的共同参与，现在绝大多数社区的道路得到很好的规划、整修，公共场所建设安装了体育健身和儿童游乐设施，环境卫生有专门的保洁人员定期清理，小区绿化、亮化和美化工程也不断跟进。城中村社区、老城传统社区和城市边缘本地—外来人口混合居住社区以及农转非社区通常社区环境治理欠账较多，各地基层政府和社区组织近年来加大了这方面的工作，例如，对城中村环境进行挂账整治，加强对违章建设的整治；创新治理模式，对老旧小区环境治理，整修道路、路灯、停车位等公用设施，加强绿化和保洁，取得了明显的成效。[①]

三是丰富了社区文化。社区文化在一定意义上也是社区环境的一部分，是社区的软环境。社区文化是社区公共服务体系建设的重要内容，丰富社区文化一直是社区服务、社区建设直至社区治理的重点任务。相当一些社区建立了图书室、阅览室、文化活动室，组织开展形式多样的文体活动，例如，开展棋牌比赛、广场舞培训和练习。积极发展社区教育，创新社区教育学习载体和形式，因地制宜利用社区智力资源、硬件设施，开展书法培训，举办常用法律、养生知识、家政服务等方面讲座，开展互联网应用技术培训等，推进学习型社区建设，满足人们日益增长的精神文化和强身健体的需求，进而培育人们的社区认同感和归属感，强化社区主人翁意识，引导居民积极参与社区活动。

四是维护了社区秩序。各地积极建立和完善社区居民利益表达机制，一些地方探索建立党代会代表、人大代表、政协委员联系社区制度，完善党员干部直接联系群众制度，引导群众理性合法表达利益诉求。建立矛盾纠纷调解处理机制，学习浙江“枫桥经验”，深化矛盾防范化解和平安社区建设，做到“小事不出村、大事不出镇、矛盾不上交”，努力实现“矛盾不上交、平安不出事、服务不缺位”。党的十八大以来，一些地方开始建立心理疏导机制，依托社会

---

① 李迎生、杨静、徐向文：《城市老旧社区创新社区治理的探索——以北京市 P 街道为例》，《中国人民大学学报》2017 年第 1 期。

工作服务机构等专业社会组织开展工作。各地积极推进平安社区建设，依托社区综治中心，拓展网格化服务管理，加强社区治安防控网建设，深化社区警务战略，有效提升了社区治安综合治理水平，防范打击了黑恶势力，保障了城乡居民的安全。

五是奠定了治理基础。社区治理的实践探索为推动更大范围、更深层次的社会治理积累了经验、奠定了基础，也为社区治理和社会治理的理论发展提供了源泉。在近40年的社区治理探索实践中，首先，社区治理的组织体系不断完善。社区治理组织体系包括社区党的组织、社区自治组织、物业公司、业主委员会、各类社会组织以及驻区单位等。社区党组织在社区组织体系中居于主导地位，是加强和创新社区治理的组织保证和重要力量。社区自治组织和各类社会组织是社区治理的主要组织形态和依靠力量。在社区组织体系建设上，一直以来有两种取向，即“基层政权建设”取向和“基层社会发育”取向。两个过程持续双向互动，社区基层政权建设的目标是通过政权重心下沉，加强对基层社会的管理；而基层社会发育过程中，社区居民逐渐形成新的资源汲取、获得机制与利益表达机制。在这两个过程中形成了不同的行动主体，两大行动主体既博弈又合作。在治理模式上以往“街居制”下单一主体管理模式逐步向新型的社区既有他治又有自治，既有竞争又有合作的“共治”模式转变[①]；其次，不断改进工作方法。以人为本、依法管理、综合施策的原则逐步得到贯彻。重视源头治理、多元治理，充分发挥人民调解、司法调解、行政调解等的作用，通过思想道德、居民公约、自治章程、沟通教育等方式，寓管理于服务之中，实行人性化和柔性化管理。利用专业社会工作方法进行公共服务和社会矛盾纠纷调处。发挥警官、法官、检察官、律师、公证员、基层法律服务工作者作用，深入开展法治宣传教育和法律进社区活动，社区依法办事能力和法治社区建设水平得到增强。发挥现代科技在社区治理中的作用，积极探索信息化和网格化

① 严志兰、邓伟志：《中国城市社区治理面临的挑战与路径创新探析》，《上海行政学院学报》2014年第4期。

管理方法，通过建设智慧社区、数字社区、社区信息平台，及时发现社区的问题和矛盾，及时给予解决。党的十八大以后，社区治理的智能化、专业化、精细化和法治化水平进一步提高。

三、中国社区治理的经验

社区治理实践取得的成就，得益于各地干部群众在国家政策推动下，结合实际改革创新。在此过程中，形成了一些宝贵的经验。

一是统筹管理与服务。社区治理不仅需要管理，更需要做好服务，在服务中实现管理，在管理中加强服务。各地一方面加强社区治理力量建设，充分利用信息技术手段，加强治安的人防、物防、技防，创新社会矛盾化解方式，加强对重点场所和人群的服务管理，推行社区网格化管理；另一方面，把为社区居民提供和改善基本公共服务作为创新治理方式的前提条件和重要手段。各地加大对社会服务的投入，建立社区居民服务中心、便民服务中心，使社区有钱为群众办实事，有人为群众解难事。不少地方开始建设社区信息亭、社区信息服务终端等公益性信息服务设施，推进了社区公共服务综合信息平台建设，推进了一号申请、一窗受理、一网通办，强化“一门式”服务模式的社区应用。

二是统筹民生与民主。各地社区努力帮助社区居民解决一些民生问题，例如生活服务、养老托幼等，但是，大多数地方的财力有限，因此，要分清轻重缓急分步骤解决。涉及社区治理的一些公共事务处理，例如，环境治理、公益活动的开展等，都需要尊重社区群众的意愿，听取他们的意见，进行民主决策、科学决策。一些地方把民主和民生结合起来，以民主促民生，让居民参与民生和社区公共事务讨论，发动群众献计献策。群众参与民生和社区事务决策，既是集中民智、优化决策的过程，也是保证民生和社区事务得到群众理解和支持的途径。2015 年 7 月，中共中央办公厅、国务院办公厅印发了《关于加强城乡社区协商的意见》，要求发展基层民主，畅通民主渠道，开展形式多样的基层协商，推进城乡社区协商制度化、规范化和程序化。

三是统筹德治与法治。21世纪以来，各地在社区治理创新实践中，努力推动依法治理，用法律规范和约束公职人员的行为，保障人民群众的合法权益；加强对包括社区居民在内的普通群众的普法教育，教育群众遵纪守法，履行公民义务，做守法的公民，引导群众依法维护自己的权益，依法有序表达利益诉求、参与公共事务。同时，重视思想道德在社区治理中的重要作用，在社区居民中倡导文明新风，进行“文明户”和“好人好事”评选，树立道德榜样，引导社区居民形成正确的是非、善恶、美丑观念，培育自尊自信、理性和平、积极向上的社会心态。

四是统筹维权与维稳。随着社会的开放进步，越来越多的领导干部深刻认识到，维护好群众的合法权益是实现社会长治久安的根本所在。在社区治理创新中，各地从尊重和维护群众的知情权、参与权、表达权、监督权入手，积极探索开拓居民诉求表达渠道，畅通民意反映机制，发挥基层群众自治组织、各类社会组织在维护居民权益中的重要作用。居民合法权利的维护和实现，是促进社区和谐稳定的重要保障，也是激发社区活力，推进社区发展进步的重要保障。

五是统筹党政主导与社会参与。社区治理说到底是包括政府在内的多种社会主体对社区需求、社区关系的服务、调节、监控和管理。因此，社区治理既需要加强和改善政府的社会管理，同时也要扩大和改进政府之外的多种社会主体的社会参与。不少地方改革街道办事处体制、街居体制，扩大居民自治，培育和壮大社会组织，使其有能力承担政府转移的一些社区治理责任。党的十八大以来，在构建多方参与的社区治理体制的同时，各地普遍加强社区党的建设，进一步强化党在社区治理中的领导核心作用。

六是统筹体制改革与方法创新。一定的治理体制决定了治理方法可以发挥作用的范围和幅度，而恰当的治理方法则可以放大科学合理的治理体制的积极作用。各地努力理顺街居关系，设立社区工作站，减少街道对居民自治组织的行政干预，减轻社区居民委员会的行政负担，强化居民自治。鼓励和支持居（村）民委员会依据社区工作事项清单建立社区事项准入制度，为社区群众自治组织减负增效。实施“互联网＋社区”行动，利用现代科技手段采取社区治理基础信息，运用社区论坛、微博、微信、移动客户端等新媒体，引导社区居民密切日常交往、参与公共事务、开展协商活动、组织邻里互助，探索网格化社区治理模式。

四、中国社区治理的问题

尽管中国社区治理进行了积极的实践探索，取得了良好的效果，积累了不少宝贵的经验，但是，与城乡居民不断变化增长的需求相比，仍然存在不少问题。

一是社区范围模糊不清。社区是指聚居在一定地域范围内的人们所组成的社会生活共同体。城市社区的范围，一般是指经过社区体制改革后做了规模调整的居民委员会辖区。[①] 因此，城市社区一般与居民委员会高度同构，很多时候人们把居民委员会称为“社区居民委员会”。根据 1990 年 1 月 1 日颁布实施的《中华人民共和国城市居民委员会组织法》，居民委员会根据居民居住状况，按照便于居民自治的原则，一般在 100 户至 700 户的范围内设立，一般包括地理位置相近的几个住宅小区。随着社区概念的兴起和对居民委员会概念的替代，社区的范围不断调整和扩大。20 世纪 90 年代末，在探索城市社区建设思路的过程中，天津、南京、青岛、沈阳、武汉、西安、哈尔滨等城市，把社区规模定位在城市基层自然形成的地域。一般按照 1000—2000 户的规模，对居委会的管辖范围进行了调整。[②] 随着城市化的发展和外来人口的增多，城市社区居民委员会管理的住户数量和人口数量越来越多，幅度越来越大，尤其是大城市、特大城市和超大城市社区居民委员会所管辖的实际人口一般都在数万人，现有的社区工作力量难以完成繁重的社区治理任务。由于各地农村集中居住情况差异

① 《民政部关于在全国推进城市社区建设的意见》（中办发〔2000〕23 号）。

② 魏礼群主编：《当代中国社会大事典（1978—2015）》第三卷，商务印书馆、华文出版社 2018 年版，第 249 页。

大，农村社区尚未明确究竟是指自然村、行政村还是其他什么范围。到目前为止，中国并没有一部关于社区的专门法律。社区范围过大和边界模糊给社区治理带来诸多困难。

二是社区居民参与不足。参与社区治理的群体一般以老年人为主，青年人参与较少。各种调查显示，参与社区治理多数是领取福利的老年人，社区参与更多表现为一种隐性交换关系：老年人参与社区事务的一个前提条件就是优先考虑给予他们各种社区福利。青壮年居民对社区活动缺乏兴趣，无论是选举还是社区其他各类活动都不愿意参加。各种社区问题他们更多的是找物业，通过市场化渠道解决，而且这种解决方式往往比社区效率更高。但是，在一些新型物业小区，一些业主出于私利，竞相争选业委会，彼此之间形成较大的矛盾冲突，甚至引发小区里的业主精英群众的分裂和准派系斗争[①]。

三是承担太多行政任务。社区居委会名为自治组织，实际上仍然被上级行政机关当作它们的“腿”和下属机构。特别是随着基层治理体制改革，街道办事处内设机构调整、合并以及社区范围扩大以后，社区的工作量大增，承担了很多干不了、干不好、不该干的工作。社区工作中有“六多”：考核项目多、机构牌子多、指派任务多、各类会议多、台账资料多、统计报表多，有的社区考核项目多达近260项，有的社区加挂80多块牌子，有的社区需要做的台账有250多种，严重挤压社区组织的自治空间。社区居民委员会要办理社区范围内的公共事务和公益事业、调解民间纠纷、协助维护社会治安，还要发展公共事业和各种合作经济、协助基层政府完成公共服务事项，其中包括承担大量的党组织建设、纪检监察、新闻宣传等工作，承担楼宇经济、商业特色街、商业示范社区、社会单位节能减排、检查施工工地和门面房装修场所、城市防汛设施检查和维护等工作。面对目前复杂多样的社区治理形势，作为基层自治组织的居民委员会的能力素质和水平也有些力不从心。从居委会的人员构成来看，大

---

① 陈鹏：《党的十八大以来的社区治理改革创新》，《社会治理》2018年第3期；龚维斌主编：《中国社会体制改革报告No.6（2018）》，社会科学文献出版社2018年版，第66页。

多是下岗退休、回迁户农民等人员，不少家庭经济比较困难，专业性较弱。除上海等少数地方外，大多数地方社区居民委员会人员职业晋升渠道不畅，特别是对一些中青年社区居民委员会骨干，影响其工作积极性、主动性和创造性。

四是政社互动不畅。社区之所以承担大量的行政事务，重要原因是社区治理主体单一，社区虽然被定位为自治组织，但是，更多时候还是政府在唱“独角戏”，不鼓励、不支持甚至压制社会组织发展，社区自治组织和其他社会组织发育不足、活力不够，社区多元治理的格局难以形成。即使社区里有少量公益服务类、兴趣爱好类社会组织存在，其参与社区治理的渠道也十分有限。基层政府不善于用购买服务的方式引导和支持社会组织参与社区治理。很多时候城市社区治理仍然是政府管制型，行政力量过于强大，社区自治和社会组织力量弱小，政社之间难以良性互动。

五是社区缺乏服务和管理资源。现在不少城市基层社会治理体制和资源配置存在“头重脚轻”的现象。笔者在南方某大城市调研发现，从街道办事处到小区（有可能形成真正意义上的社区）一共有四个层级，即街道办事处、社区工作站、社区居委会和小区与驻区单位等不同层级。大量的人力资源、财政资源、物质资源都掌握在上面，上面千条线下面一根针，工作要社区完成，但是，却不给社区提供相应的资源保障。一些行政部门把资源控制在自己手里，而工作却要社区完成、责任要社区承担。不少区直部门以某项工作进社区为名，将职能延伸到社区，承担大量额外的行政工作而没有相应的工作经费保障。上级职能部门执法性工作也下派社区，而社区并没有这样的权力、设备和人员。

六是社区政策和评价标准针对性不足。不同类型社区由于所处地理环境、基础设施、人口结构、社会需求、资源禀赋等差异较大。一般来说，大城市的社区类型更加复杂多样。在北京，有老旧小区、单位大院、普通商品房小区、高档住宅小区、经济适用房社区、廉租房社区、棚户区改造社区、回迁及安置房小区、城中村社区；失地农民集中居住区、外来人口聚居小区、少数民族聚居区、“蚁族”聚居区、外国人社区。20 世纪 90 年代中期开始住房商品化改造以来，20 多年过去，居民居住条件得到显著改善，城市面貌也发生巨大变化，各类商品房社区成为北京市当前城市社区的主要形态。但是，商品房社区在治理中存在着诸多问题和挑战。一是很多商品房社区面临基础设施老化、公共设施破损不足，各项维修都需要资金支持。理论上讲商品房社区有公共维修基金，但该基金怎么使用是个问题；二是商品房社区共有产权部分权益纠纷问题。现在多数商品房社区没有成立业主委员会，小区业主共有产权的行使受到限制，属于业主共有产权的公共服务用房、车位、地下空间多由物业代管，广大业主无法监督，更不要说收益处置。再比如，老旧社区住户大多为弱势群体，而高档商品房小区居民则大多为政治经济文化方面的成功人士，这两类社区的治理要求和治理能力相差甚远。现在绝大多数城市对不同类型的社区治理绩效不是分类要求和考核，不是要求因地制宜、分类施策，而是用一把尺子去衡量不同类型的社区治理效果，难以达到激励先进、鞭策后进的目的。

七是社区建设中重“区”轻“社”。2011年，国务院办公厅印发了《关于社区服务体系建设规划（2011—2015年）的通知》（以下简称《通知》），提出一要发展多层次、多样化的社区服务，二要完善社区服务设施网络，三要加强社区服务人才队伍建设，四要推进社区服务体制机制创新。《通知》还提出要重点推进社区公共服务设施建设工程、社区服务人才队伍建设工程和社区服务信息化建设工程。这些年来，城市社区的硬件建设得到了加强，社区服务能力增强。但是，相比之下，社区居民之间的交往交流却很少，一个楼门里住户对面不相识、不往来，社区人际关系冷漠，人们习惯于“躲进小楼成一统”，“不管门外秋与冬”。人们的社会关系建设和社会资本积累滞后，社区文化和社区精神培育不够，居民对社区的认同感、归属感和参与度不高，社区凝聚力不强。

八是相关政策法规保障不力。虽然党的十八大以来我国社区治理受到前所未有的重视，迎来了一个立法高峰期，各类相关政策文件纷纷出台，但是，也面临一些基本性法律制度滞后、缺失的问题。例如，《城市居民委员会组织法》出台已将近30年，至今没有重新修订，已经严重滞后于实际发展，不能适应社区治理的需要。业主委员会作为一个新兴自治组织，尚缺乏专门的组织法予以规范和保障。由于业主委员会缺乏法人主体资格，一些成立业主委员会的小区，普遍面临运作难、换届难、备案难等一系列问题。而且业主委员会常常被少数人操纵，成为个人牟利的工具。一些街道和社区对业主委员会认识不够，监督指导流于形式，为避免引来麻烦，甚至采取回避放任态度。[①] 物业管理作为一个新兴行业，相关配套政策法规有待进一步完善。社会工作者和社区工作者作为社区治理的重要专业队伍，尚缺乏国家层面的专门法律予以保障。

五、中国社区治理创新的思考

中国社区治理中存在的诸多问题，既有陈旧的行政管制思维的原因，也有社区自治力量不足和参与渠道不畅的原因，但更主要的还是人们对开放、流动、住房商品化状态下城乡社区治理的规律和特点缺乏准确认识，没有找到有效的社区治理办法造成的。长期以来，我国是一个农村社会，农村是社会流动率极低的熟人社会。守望相助的农村熟人社会主要依靠传统习俗、道德和乡规民约进行治理。计划经济时期城市通过“单位制”垄断资源、运用行政管控方式达到社会治理的目的。在工业化、市场化和城市化过程中，异质性大为增强的现代城市社区治理模式必须转型和创新。村庄人口结构和村庄形态不断变化的农村社区也需要创新治理模式。今后各级党委政府要立足中国国情，特别是各地发展的阶段性特征和具体情况，借鉴国内外有益经验，坚持以人民为中心，解放思想、鼓励创新，探索中国特色的社区治理之路。

一要强化社区党建工作。党的领导是中国特色社会主义制度的本质特征，也是中国特色社会主义的最大优势。城市社区治理必须坚持党的领导，确保社区治理沿着正确的政治方向前进。要强化党组织建设，全面贯彻落实党建工作责任制，健全党建工作长效机制，确保党的建设各项工作落到实处。要创新党建工作方法，增强社区党组织的凝聚力和战斗力，发挥好党组织在社区的统领

① 陈鹏：《党的十八大以来的社区治理改革创新》，《社会治理》2018 年第 3 期；龚维斌主编：《中国社会体制改革报告 No.6（2018）》，社会科学文献出版社 2018 年版，第 67、69 页。

作用，为社区各类组织参与社区治理搭建组织平台，体现党组织的核心和引领作用。社区党组织的工作应该建立在社区党组织牵头、驻区单位党组织参与的双向承诺、双向监督的协调机制之上，明确规定各方党组织在社区党组织共建工作中的职责。驻区单位党组织在社区党组织的指导下教育引导本单位的党员积极参与社区活动，共同推动社区党建工作。制定社区党建工作联席会议制度，建立各方党组织之间的定时沟通机制，共同研究解决社区党建工作中出现的问题。

二要创新社区治理体制。首先，要准确定位街道办事处的职能，合理设置街道办事处内部机构，处理好街道办事处与相关部门的关系，处理街道办事处与社区各类组织的关系。应强化街道办事处的公共服务和社会管理职能，减少直至完全取消其经济职能，进一步发挥其统筹协调的功能，构建定位准确、权责明确、资源和服务下沉、行为规范、协调有力、运转高效的基层治理体系，为社区居民自治提供有力的行政保障和宽松的环境；其次，要加大社区居委会去行政化的力度，还社区居民委员会的本来功能，让其回归基层群众自治组织的本位。当然，自治并不是脱离党的领导和行政指导，而保持其相对的独立性和自主性，平衡好“对上”与“对下”的关系，兼顾好行政性和群众性；再次，要创新居民参与社区治理的载体和方式，拓宽社区居民参与社区治理的渠道。另外，还要积极培育和发展社区社会组织，壮大社区治理的依靠力量。

三要加强社区人才队伍建设。社区治理需要一批热心社区事务，有精力有能力为社区居民服务的干部和人才队伍。一要加强社区工作者队伍建设。社区工作主要指社区党委、社区居民委员会、社区工作服务站的工作人员，也即通常所说的社区干部。他们在社区治理中承担着重要的任务，发挥着重要的作用。但是，社区工作者队伍的工作状况和素质能力与其扮演的角色不太相称，存在着角色定位不明、工作意识不到位，年龄、性别和知识结构不合理、薪资待遇低、社会地位尴尬、人员流失严重、专业化程度欠缺、缺少激励保障和培训机制等方面的问题。因此，需要完善社区工作者的选拔使用机制，明确社区工作者的职责范围，提高人员待遇，建立健全激励保障和培训机制[①]。二要加强社区专业社工队伍建设。由于社区居民服务需求的多样化、个性化和高级化，传统的社区服务管理模式已经难以满足新的要求。运用社会工作者队伍的专业化、职业化、规范化、人性化手法提供高质量的社区服务和管理势在必行。从2006年开始，国家开始有意识地推动社会工作者队伍建设，推动专业社会工作者进社区，取得了一定成效，但是，总体状况并不理想。社会工作者队伍总量仍然较少、经验不足，社区没有相应的工作平台让专业社工发挥作用，人才流失严重。因此，需要进一步创新社区社会工作体制机制，优化发展环境；进一步拓宽社区工作专业服务平台，增强服务效能；进一步分类推进社区工作服务，提高精细化服务水平。[②]三要注重发挥退休老干部、老劳动模范、老党员、老教师、老法律工作者等社会贤达的作用。

四要提高社区服务供给能力。政府要加大社区公共服务体系建设的力度，健全社区服务机构，编制社区公共服务指导目录，加大资源投入和保障，做好劳动就业、社会保障、卫生计生、教育事业、社会服务、住房保障、文化体育、公共安全、公共法律服务、调解仲裁等公共服务事项，提升社区医疗卫生服务能力和水平。加强社区信息化建设，提高社区信息化水平。通过税收优惠、场地支持、配套资金、服务保障等方式，引导和支持各类市场主体、各类社会组织参与社区服务，为社区治理提供多样化的资源和服务。社区要探索建立社区公共空间综合利用机制，合理规划建设文化、体育、商业、物流等自助服务设施。要结合实施乡村振兴战略，研究如何提高农村社区服务能力。

五要推进社区治理法治化。一要在修改完善现有法律的基础上，加快社区治理方面的立法工作，阐明社区的内涵、范围，对社区治理的任务、体制机制、资源保障等作出规定，对不同社区治理主体的法律地位、相互关系明确界定，建立健全社区治理法律体系。要尽快明确社区成员代表大会、社区协商议事会、

---

① 王燕：《社区工作者队伍建设现状及对策研究》，《现代商贸工业》2017年第14期。

② 孙莹、吴骏：《社区工作的十年探索》，《中国民政》2016年第23期。

社区管理委员会等其他社区自治组织形式的法律地位，加强对社区公共服务、社区环境管理、社区卫生服务管理、社区文化建设、社区教育、社区纠纷解决、社区建设经费保障、社区工作者队伍建设等多个方面和多个环节工作的法律保障。二要提高社区治理相关法律的权威性和约束性。现在很多与社区治理有关的法律还主要表现为部门规章和地方性法规，法律位阶不高、权威性不够，很多法律法规只是倡导性、宣示性的软法，缺乏强制性和惩戒性，导致一些法律法规得不到真正有效实施。

六要培养社区居民的社区意识。社区意识是指社区居民对社区的感知、认同和参与的心理状态，是社区居民对所属社区的归属感和认同感，包括社区情感认同、社区参与程度、社区满意度、信任与奉献精神以及对社区发展态度等五个方面。社区意识是社区治理中的软件，具有重要的意义，有利于改善社区关系、促进社区和谐，有利于拓展社区组织、形成治理合力，有利于增强社区资本、促进体制转型。[①]要在加强社区公共服务、扩大居民参与、发展社区民主的过程中，融入社区意识的教育引导，培育居民的家园意识和共同体意识。通过开展形式多样、内容丰富、生动有趣、健康有益的活动，增强社区参与的吸引力和感召力，从而激发社区居民参与社区治理的动力，培养和提升他们对社区的情感，树立社区主人翁意识，为社区居民的自我服务、自我管理、民主协商解决社区事务，培养现代公民精神奠定基础，为社区治理提供保障。

七要坚持因地制宜分类施策。社区治理既要遵循共同的规律，坚持普遍的原则，加强政策规划和顶层设计，也要因地制宜，具体问题具体分析、具体解决。有的社区环境整治问题更为突出，有的社区行政负担更重一些，有的社区资源十分匮乏，有的社区基础设施破旧不堪，有的社区物业管理矛盾重重，有的社区便民服务很差，有的社区缺少公共活动场所，等等，因此，要找准问题对症下药。特别是针对当前我国城市社区构成日益多元复杂的实际，要实施分

① 王处辉、朱焱龙：《社区意识及其在社区治理中的意义——基于天津市H和Y社区的考察》，《社会学评论》2015年第1期。

类治理，形成差异化的治理对策：商品房小区治理的方向是从“陌生人社区”到“新熟人社区”转变；老旧小区治理的关键是利用原有邻里关系，再造社区自治组织机制，加大社区公用设施的投入和保障力度，提高社区公共服务保障水平；保障房小区治理的关键是防止弱势群众集聚，造成新的贫困和新的社会问题；城中村社区治理的关键是社区环境、安全问题治理；外来人口较多的社区是外来人口的平等保护、社区融入以及社区环境治理问题。[①]

---

① 陈鹏：《党的十八大以来的社区治理改革创新》，《社会治理》2018 年第 3 期；龚维斌主编：《中国社会体制改革报告 No.6（2018）》，社会科学文献出版社 2018 年版，第 69—70 页。

坚持中国特色社会主义改革开放方向

丁茂战*

【导语】坚持中国特色社会主义改革开放方向，要始终把坚持党的领导作为根本前提。要始终坚持发展才是硬道理的战略思想，把生产力作为评判是非得失的根本标准。要坚持以人民为中心，一切为了人民、一切依靠人民。要牢牢把握稳中求进的方法原则，正确处理好改革发展稳定的关系。

中国特色社会主义是改革开放以来党的全部理论和实践的主题，是党和人民历尽千辛万苦、付出巨大代价取得的根本成就。改革开放以来我们取得一切成绩和进步的根本原因，归结起来就是开辟、坚持和发展了中国特色社会主义。回顾和总结40年来波澜壮阔的改革开放历程，展望新时代的全面深化改革开放和中华民族复兴伟业，历史的经验和启示归结到一点，就是把马克思主义基本原理同中国具体实际相结合，走自己的路，坚持中国特色社会主义改革开放方向。

一、坚持中国特色社会主义改革开放方向，就是要始终坚持发展才是硬道理的战略思想，把生产力作为评判是非得失的根本标准

中国的改革开放是从拨乱反正开始的。党中央顺应人民的意志，坚决纠正

* 丁茂战，北京大学经济学博士，曾任国家行政学院研究室主任、信息技术部主任，现任中央党校（国家行政学院）报刊社总编。

以阶级斗争为纲的极左错误，党和国家的中心工作重回到经济工作的轨道。

坚持以生产力为标准的唯物史观。马克思主义最注重发展生产力，认为生产力是人类社会生活和全部历史的基础，是推动人类社会进步的根本决定力量。“人们所达到的生产力的总和决定着社会状况。”我们曾经错误地离开生产力的发展去追求生产关系的公有化程度，离开生产力标准去用抽象原则和空想模式剪裁实际生活，甚至发展到“宁要社会主义草，不要资本主义苗”的程度，致使国民经济几乎到了崩溃的边缘。实行改革开放，是我们党在对中国社会主义革命和建设历史深刻反思的基础上作出的重大决策。始终坚持历史唯物主义，坚持生产力标准，是我国改革开放取得巨大成功的首要经验和重要前提。

社会主义的优越性归根到底要体现在生产力发展水平上。中国共产党人不仅坚持唯物史观，坚持生产力标准，而且坚定认为，社会主义的优越性归根到底要体现在它的生产力比资本主义发展得更快一些。中国改革开放总设计师邓小平深刻指出，什么叫社会主义，什么叫马克思主义？我们过去对这个问题的认识不是完全清醒的。“社会主义阶段的最根本任务就是发展生产力。”面对改革开放初期的复杂形势，我们党对生产力标准的认识更加深刻。邓小平在 1992 年“南方讲话”中进一步指出，“姓‘资’还是姓‘社’的问题，判断的标准，应该主要看是否有利于发展社会主义社会的生产力，是否有利于增强社会主义国家的综合国力，是否有利于提高人民的生活水平”。邓小平同志不但坚持而且发展了马克思主义唯物史观。从此，“三个是否有利于”就成为我们评判一切工作是非得失的根本标准。

坚持生产力标准就是要坚持把发展作为第一要务。正是我们牢牢把握了生产力的评判标准，我们党才坚定不移地把“一个中心、两个基本点”作为长期坚持的基本路线。40 年来，毫不动摇地坚持发展是硬道理的战略思想，坚持把发展作为我们党执政兴国的第一要务，牢牢把握和维护战略机遇期，不断解放和发展社会生产力，改革开放和经济发展才取得了巨大成就。从 1978 年到 2017 年的 39 年里，中国 GDP 从 3679 亿增长到 827122 亿。人均 GDP 也由 382 元增长到 59600 元。全国财政收入由 1132 亿增长到 17.26 万亿。国家外汇储备由 1.67 亿美元增长到 3.14 万亿美元。我国经济实力、科技实力、国防实力、综合国力进入世界前列，我国国际地位实现前所未有的提升，党和国家的面貌发生了前所未有的变化，中华民族正以崭新姿态屹立于世界的东方，中国特色社会主义进入了新时代。

发展在新时代仍然是硬道理。中国特色社会主义已经进入新时代，我国社会主要矛盾已经转化为人民日益增长的美好生活需要和不平衡不充分的发展之间的矛盾。必须认识到，我国社会主要矛盾的变化，没有改变我们对我国社会主义所处历史阶段的判断，我国仍处于并将长期处于社会主义初级阶段的基本国情没有变，我国是世界最大发展中国家的国际地位没有变。我国人均 GDP 还不到世界平均水平，与美国等发达国家相比还有较大差距，新型工业化、信息化、城镇化、农业现代化的任务还没有完成，实现中华民族伟大复兴的中国梦仍然任重道远。我们要坚持发展仍是解决我国所有问题的关键这个重大战略判断，牢牢把握党在社会主义初级阶段的基本路线。要紧紧围绕发展这个第一要务来部署各方面改革，以解放和发展社会生产力为改革提供强大牵引，使市场在资源配置中起决定性作用和更好发挥政府作用，推动我国社会生产力不断向前发展，推动实现物质的不断丰富和人的全面发展的统一，为把我国建设成为富强民主文明和谐美丽的社会主义现代化强国而奋斗。

二、坚持中国特色社会主义改革开放方向，就是要坚持以人民为中心，一切为了人民、一切依靠人民

唯物史观还认为，人民群众是历史的主体，是推动社会发展进步的决定力量。马克思、恩格斯指出："无产阶级的运动是绝大多数人的、为绝大多数人谋利益的独立的运动。"改革开放 40 年来，我们坚持人民创造历史这一马克思主义科学原理，真诚代表中国最广大人民的根本利益，紧紧依靠人民，最广泛地调动人民群众的积极性、主动性、创造性，为改革开放和社会主义现代化建设凝聚起强大力量。

把人民对美好生活的向往作为我们的奋斗目标。马克思主义认为，在未来社会，“生产将以所有的人富裕为目的”。邓小平同志指出，社会主义的本质，是解放生产力，发展生产力，消灭剥削，消除两极分化，最终达到共同富裕。改革开放以来，我们党始终坚持立党为公、执政为民，坚持人民利益高于一切，坚持走共同富裕的道路，坚持把人民拥护不拥护、赞成不赞成、高兴不高兴、答应不答应作为制定各项方针政策的出发点和落脚点，人民群众从改革开放中获得了巨大实惠。从 1978 年到 2017 年，我国城镇居民人均可支配收入由 343 元增长到 36396 元，农村居民人均可支配收入由 134 元增长到 13432 元，分别增长了约 105、99 倍，中国城镇化率由 17.92% 上升到 58.52%。按照我国 2010 年贫困标准，中国农村贫困发生率由 97.5% 下降到 3.1%。40 年来，中国贡献了世界上 70% 以上的减贫人口。中国改革开放给中国人民带来了实实在在的利益，符合人民意愿，得到了人民的拥护，也向世界展示了中国特色社会主义的巨大优势。

把人民群众作为改革开放的主体力量。人民群众是力量源泉和胜利之本。我们尊重人民主体地位，发挥人民首创精神，始终把改革开放当作人民自己的事业。没有安徽凤阳小岗村农民以红手印铺就的“大包干”的改革试验，我国农村承包制改革至少不会来得那么快；没有深圳特区“杀出一条血路”的先行先试，中国对外开放进程至少没有这么快。我们坚持一切为了群众、一切依靠群众，从群众中来，到群众中去，坚持问政于民、问需于民、问计于民，既通过提出和贯彻正确的理论和路线方针政策带领人民前进，又从人民的实践创造和发展要求中获得前进动力。始终坚持尊重劳动、尊重知识、尊重人才、尊重创造。既注重发挥工人阶级和农民阶级、其他劳动群众推动我国生产力发展基本力量的作用，又支持新的社会阶层发挥中国特色社会主义事业建设者的作用，使全体人民都满腔热情地投身改革开放伟大事业。

习近平同志强调，我们要始终把人民立场作为根本立场，把为人民谋幸福作为根本使命，坚持全心全意为人民服务的根本宗旨，贯彻群众路线，尊重人民主体地位和首创精神，始终保持同人民群众的血肉联系，凝聚起众志成城的磅礴力量，团结带领人民共同创造历史伟业。这是尊重历史规律的必然选择，是共产党人不忘初心、牢记使命的自觉担当。

三、坚持中国特色社会主义改革开放方向，就是要牢牢把握稳中求进的方法原则，正确处理好改革发展稳定的关系

以习近平同志为核心的党中央，把稳中求进上升为治国理政的重要原则，这也是对我国改革开放经验最准确的诠释，也是推进新时代改革开放和国家治理现代化的方法论原则，必须长期坚持、坚定不移！

坚持先易后难、渐进推进。借鉴国际上的经验教训，中国应坚持走自己的改革开放道路，坚持双轨推进、先易后难、先点后面、先体制外后体制内、先试验再推广，循序渐进、稳中求进，取得巨大成功。根据世界银行统计数据，苏联解体后的1993年俄罗斯的GDP是6164亿美元，23年后的2016年是12830美元，增长108%。同期，我国GDP由4447亿美元增长到111990亿美元，增长了2418%，中国GDP由为俄罗斯的72%变为8.73倍。在整个改革开放进程中，我们基本沿循“帕累托改进”的路径，着力争取任何改革都让某些人变好些，而努力不让某些人变坏，努力在扩大增量上做文章，把改革开放的阻力减小到了最低程度。

正确处理好改革发展稳定的关系。从鸦片战争爆发到新中国成立的100多年里，中国一直处于内忧外患的动荡之中，不要说搞建设，连和平生活的环境都没有，我国的生产力发展基本上处于停滞状态。新中国成立以后，由于犯了“左”的错误，特别是发生了“文化大革命”这样的十年动乱，使我们没有取得本来应该取得的那样大的成就，国民经济一度到了崩溃的边缘。事实充分说明，在一个乱哄哄的政治和社会环境下，根本不可能有好的发展生态。改革开放以后，党中央深刻反思和汲取历史教训，始终注意处理好改革发展稳定关系，始终把维护社会稳定作为压倒性的前提，始终注意及时发现和处理苗头性事件，努力做到防患于未然，从根本上维护了改革发展稳定的局面，中国改革开放事

业得到持续推进。把稳定作为压倒一切的政治任务，不是说可以用稳定代替改革和发展，而是要善于处理改革发展稳定的关系。改革是动力、发展是目的、稳定是前提，要围绕改革和发展来维护稳定。

必须坚持稳中求进的方法原则。以习近平同志为核心的党中央，深刻总结我国改革开放和现代化建设的实践，把稳中求进上升到新时代治国理政、深化改革开放的重要方法原则，上升到关系我国社会主义现代化建设全局的重要指导方针，这是完全正确的。我国改革开放已经进入深水区，更要避免发生大的错误。首先，要坚定不移地坚持改革开放，坚持“进”，“进”是目的，也只有“进”才能实现稳。同时，要在稳定的环境和条件下推进改革开放，在稳中实现“进”。既要坚定不移地大胆探索、勇于创新，又要总揽全局、突出重点，先易后难、循序渐进，在实践中积累经验，不断提高改革决策的科学性、增强改革措施的协调性。要及时总结改革开放的实践经验，对的就坚持，不对的赶快改，新问题出来抓紧研究解决。同时，要正确把握和处理经济社会生活中出现的各种矛盾，始终从维护我国发展的重要战略机遇期、维护国家安全、维护最广大人民根本利益的高度出发，有效应对影响社会稳定的各种问题和挑战，确保为改革开放提供稳定的环境条件。

四、坚持中国特色社会主义改革开放方向，坚持与时俱进的理论品格，不断推进马克思主义中国化

伟大的实践离不开伟大理论的指导，伟大的理论又产生于伟大的实践。中国的改革开放是中国特色社会主义制度的自我完善和发展，需要坚定不移地高举马克思主义旗帜，又必须持续推进马克思主义中国化。我国改革开放取得巨大成功，关键是我们既坚持马克思主义基本原理、又根据时代特征不断发展马克思主义，形成和发展了中国特色社会主义理论体系，赋予当代中国马克思主义勃勃生机。

坚持“解放思想、实事求是”的思想路线。“解放思想、实事求是”是人

类社会发展进步的永恒遵循。邓小平同志在《解放思想，实事求是，团结一致向前看》的讲话中曾指出：“一个党，一个国家，一个民族，如果一切从本本出发，思想僵化，迷信盛行，那它就不能前进，它的生机就停止了，就要亡党亡国。”陈云同志也告诫全党：“不唯书、不唯上、只唯实！”人类的实践走到哪里，我们的思想就走到哪里，我们掌握自己命运的能力才提高到哪里。在改革开放进程中，我们党带领人民，“逢山开路、遇水架桥”，突破了一个又一个“禁区”，把中国特色社会主义这一前无古人的伟业不断推向新的境界。当前，改革开放正进入攻坚期，我们还会遇到未曾遇到过的诸多难题，“解放思想、实事求是”永远是我们破冰前行、走向胜利的重要法宝。

坚持与时俱进，勇于和善于理论创新。中国共产党成立近百年，我们之所以能够最终得到人民拥护、成为中华民族伟大复兴的根本领导力量，中国之所以能够实现独立解放，之所以能够在社会主义革命、建设和改革进程中取得这样大的成就，究其根本有一条重要原因，就在于这个党能够与时俱进，勇于和善于理论创新，及时回答时代重大课题。改革开放进程中，我们相继创造了邓小平理论、“三个代表”重要思想、科学发展观、习近平新时代中国特色社会主义思想，为改革开放提供了体现时代性、把握规律性、富于创造性的理论指导，不断开辟了马克思主义新境界。善于和勇于推进理论创新，使我国的改革开放事业始终徜徉在理性的海洋中，不断彰显出中国共产党的执政优势，已经成为我们党治国理政的鲜明特色。

坚持和发展习近平新时代中国特色社会主义思想。实践没有止境，理论创新也没有止境。党的十八大以来，国内外形势变化和我国各项事业发展都给我们提出了一个重大时代课题，这就是必须从理论和实践结合上系统回答新时代坚持和发展什么样的中国特色社会主义、怎样坚持和发展中国特色社会主义等基本问题，并且要根据新的实践对各个方面作出理论分析和政策指导，以利于更好坚持和发展中国特色社会主义。围绕这个重大时代课题，习近平总书记带领我们党坚持解放思想、实事求是、与时俱进、求真务实，坚持辩证唯物主义和历史唯物主义，紧密结合新的时代条件和实践要求，以全新的视野深化对共产党执政规律、社会主义建设规律、人类社会发展规律的认识，进行艰辛理论探索，取得重大理论创新成果，形成了习近平新时代中国特色社会主义思想。这一马克思主义中国化的最新成果，是实现中华民族伟大复兴的行动指南，为构建人类命运共同体、建设更加美好的世界贡献了中国智慧和中国方案，在马克思主义发展史、中华民族复兴史、世界社会主义运动史、人类文明进步史上都具有十分重要而深远的影响。我们坚持与时俱进的理论品格，在当前就表现为必须把习近平新时代中国特色社会主义思想作为根本指导思想，并在新时代的伟大实践中不断发展和完善。

五、坚持中国特色社会主义改革开放方向，就是要始终把坚持党的领导作为根本前提，坚决捍卫党中央的权威

"领导我们事业的核心力量是中国共产党。"没有共产党，就没有新中国，就没有改革开放的伟业，中华民族就不可能大踏步地赶上时代。坚持、加强和改善中国共产党的领导，是中国改革开放的根本保障，是中华民族的命运所系。

必须坚持中国共产党的核心领导地位。坚持工人阶级政党的领导是科学社会主义的一条根本原则，也是马克思主义国家学说中的首要问题。早在1850年，马克思、恩格斯在《共产主义者同盟中央委员会告同盟书》中就提出工人政党要成为领导工人其他组织的中心和核心的思想，以保证无产阶级的立场和利益问题能够进行独立讨论而不受资产阶级影响。列宁也指出，工人阶级政党取得革命胜利后，必须坚持对国家的领导权，这是由国家政权性质决定的不可动摇的原则。中国共产党是中国工人阶级的先锋队，同时是中国人民和中华民族的先锋队，代表中国先进生产力的发展要求，代表中国先进文化的前进方向，代表中国最广大人民的根本利益，中国共产党的性质也决定了自身的领导地位。回顾40年来国内外共产主义实践，苏共领导人接受了西方所谓"宪政"思想，推动修改宪法，取消了苏共领导地位，使国家和政权快速崩溃，苏联社会主义制度随之烟消云散。我们也有削弱党的领导从而给改革开放事业带来波折的情

况，每当加强党的领导的时候，我国的改革开放事业就能够顺利推进。国内外正反两方面的经验教训极为深刻，必须牢牢把握和坚定捍卫中国共产党的领导核心地位。

坚决维护以习近平同志为核心的党中央的权威。回顾世界社会主义发展的历史，维护权威历来是马克思主义政党建设的重大课题。在总结巴黎公社失败教训时，马克思、恩格斯深刻指出："巴黎公社遭到灭亡，就是由于缺乏集中和权威。"列宁也高度重视维护党的权威和革命领袖的权威，他特别指出，阶级是由政党来领导的；政党通常是由最有威信、最有影响、最有经验、被选出担任最重要职务的领袖们来主持的。以中国共产党为领导核心的当代中国国家治理体制，是马克思主义与中国历史和现实相结合的必然选择。从中国共产党的历史看，在实践中形成坚强的中央领导集体并维护这个集体的权威，对我们这样的大党、大国尤为重要。1989 年，邓小平同志在与中央领导集体谈话时指出："任何一个领导集体都要有一个核心，没有核心的领导是靠不住的。第一代领导集体的核心是毛主席。因为有毛主席作领导核心，'文化大革命'就没有把共产党打倒。第二代实际上我是核心。因为有这个核心，即使发生了两个领导人的变动，都没有影响我们党的领导，党的领导始终是稳定的。"当前，我国的改革开放进入新时代，实现中华民族伟大复兴并不是轻轻松松就可以实现的，必须进行许多具有新的历史特点的伟大斗争，这就需要更加自觉地维护党中央权威和集中统一领导，特别是要自觉维护习近平总书记在党中央和全党的核心地位。

必须始终坚持全面从严治党。勇于自我革命，从严管党治党，是我们党最鲜明的品格。习近平同志在学习《胡锦涛文选》报告会上的讲话中指出："办好中国的事情，关键在中国共产党。"这是总结我们党的历史和改革开放史得出的重要结论。党的领导，既是中国特色社会主义最本质的特征，也是中国特色社会主义制度的最大优势。历史早已证明，越是在重要关头推进事业发展，奋斗目标越宏伟，执政环境越复杂，就越需要更好地把我们党建设成为有创造力、凝聚力、战斗力的马克思主义政党。当前，我们正面临全面深化改革和扩大开放的艰巨任务，要更加重视党的建设这一伟大工程。要以党章为根本遵循，把党的政治建设摆在首位，思想建党和制度治党同向发力，统筹推进党的各项建设，抓住“关键少数”，坚持“三严三实”，坚持民主集中制，严肃党内政治生活，严明党的纪律，强化党内监督，发展积极健康的党内政治文化，全面净化党内政治生态，坚决纠正各种不正之风，以零容忍态度惩治腐败，不断增强党自我净化、自我完善、自我革新、自我提高的能力，始终保持党同人民群众的血肉联系，确保党在世界形势深刻变化的历史进程中始终走在时代前列，在应对国内外各种风险和考验的历史进程中始终成为全国人民的主心骨，在坚持和发展中国特色社会主义的历史进程中始终成为坚强领导核心。

我国政府机构改革40年的回顾与展望

许耀桐 *

【导语】本文系统回顾了改革开放40年来我国八次政府机构改革的历程，总结了历次改革的成效和经验，指出了尚未完全解决的若干问题。在此基础上，作者认为，应在建立和完善中国特色社会主义行政管理体制目标的指引下，打造新一轮政府机构改革的新格局，实现国家治理体系和治理能力现代化。

政府机构改革是行政体制改革的重要组成部分。自党的十一届三中全会以来，在40年的改革开放进程中，中国于1982年、1988年、1993年、1998年、2003年、2008年、2013年和2018年，已经进行了八次政府机构改革。尤其是在当下的全面深化改革中，我国的政府机构改革又向着纵深发展。值此纪念改革开放40年，回顾政府机构改革走过来的漫漫行程，认真总结其间积累的经验，分析存在的问题以及当下正在进行的改革形成的崭新格局，可以为未来的行政体制改革发展提供有益的启示。

一、政府机构改革的历程和特点

机构是什么？是指两个或两个以上的构件通过活动连接以实现规定运动的结构系统，如生产领域中的机器，通过它的运转产生相应的功能。引申到社会领域，是指负责一定事务的结构系统，如国家机构，通过它的运行履行所承

---

* 许耀桐，中央党校（国家行政学院）一级教授，博士研究生导师，中国行政体制改革研究会副会长。主要从事政治学理论和方法、中国政治体制和行政体制改革研究。

担的职能。正因为机器是典型的结构运行系统，国家机构也被称为国家机器（state apparatus）。我国的人大机构、政协机构、政府机构、军队机构以及执政党机构，都是国家机器中的重要部分。

政府机构为什么要改革呢？因为机器需要经常性地改进、升级换代才能提高效能，政府机构也是如此。18 世纪时，法国人拉・梅特里写了《人是机器》一书，指出："人体是一架会自己发动自己的机器：……体温推动它，食料支持它。没有食料，心灵便渐渐瘫痪下去，突然疯狂地挣扎一下，终于倒下，死去。"[①] 拿政府机构跟人体机器相比，改革就像人体所需要的体温、食料一样，如不改革即不提供体温、食料的话，政府机构也像人体的各系统缺乏活力一样会走向死亡。在改革开放之前，中国政府机构"身体"的各个系统已大多有病，需要很好地进行改革治疗。为此，自改革开放以来，中国先后进行了八次政府机构改革。

第一次，1982 年改革。从"文化大革命"结束到 1982 年，国务院机构已多达 100 个，其中国务院办公机构 5 个，国务院部委 52 个，国务院直属机构 43 个。机构多，干部职位也多，如当时的冶金工业部曾有正副部长 24 人。显然，行政机构过于"肥胖"了。所以，1982 年机构改革的特点是，必须刻不容缓地解决"减肥瘦身"的问题。在改革开放总设计师邓小平的领导下，机构改革的主要内容就是撤并机构、裁减人员，以解决干部副职过多以及干部队伍过于老化的问题，实行干部的革命化、年轻化、知识化、专业化。经过改革，国务院的机构由原先的 100 个减为 61 个。副总理减为 2 人（改革前为 13 人），各个部委的副职数量大幅减少。这次机构改革是新中国成立以来规模大、目的性明确的一次大改革，开始撤并经济管理部门，并将其中的一些条件成熟的单位改革成经济组织。但此次改革还只是为精简机构而精简，造成"肥胖"的原因还没有找到，"减肥瘦身"的目的还不可能真正达到。

第二次，1988 年改革。由于"减肥瘦身"的机构改革只是注重于外在形

---

① 拉・梅特里著，王太庆校：《人是机器》，顾寿观译，商务印书馆 1959 年版，第 20—21 页。

体的减重，而没有注意到内在机理的调节，1982 年机构改革之后很快就出现反弹。1988 年的改革将国务院机构由 72 个调整为 65 个，除国务院办公厅外，其中各部委机构由 45 个调整为 41 个，直属机构由 22 个调整为 18 个，办事机构则由 4 个调整为 5 个。与 1982 年的改革相比，这次机构改革的特点就在于，明确提出了“转变政府职能是机构改革的关键”，同时机构改革要实行“三定方案”（定职能、定机构、定编制）。这就真正摸清、摸准了造成“肥胖”的原因，即在于“转变政府职能”，而且要法定化，从而为科学地“减肥瘦身”奠定了基础。但是，政府为什么转变职能，怎样转变，转变职能的依据是什么，也并没有弄清楚。

第三次，1993 年改革。1993 年机构改革处于党的十四大确立了社会主义市场经济体制的背景之下，围绕着“适应社会主义市场经济发展的要求”的目标，按照政企职责分开和精简、统一、效能的原则，着力于转变职能，理顺关系，精兵简政，提高效率。这次机构改革的特点在于，把政府机构放置于适合它运行的新的社会主义市场经济体制环境里，就像人的成长要寻求和生活于一个适合他生存的环境一样。但是，明确了社会主义市场经济体制是机构运行的最好环境和载体，政府机构如何去适应这个环境和载体的问题却还没有解决。

第四次，1998 年改革。随着我国市场经济体制的建立，过去传统政府管理模式与新的市场经济、新的社会生活之间的矛盾开始浮现并日益尖锐，1998 年机构改革就是要解决机构适应市场经济体制环境的问题。此次机构改革的特点在于，提出“建立办事高效、运转协调、行为规范的政府行政管理体系，完善国家公务员制度，建设高素质的专业化行政管理队伍，逐步建立适应社会主义市场经济体制的有中国特色的政府行政管理体制”。这是深入到“人体内部”对“骨骼器官”的改革，即要着力于优化政府职能结构，打造政府的公共服务职能：一是调整政府与市场的关系，把市场能够做的事情都交给市场；二是调整政府与企业、社会的关系，实行政企分开、政资分开、政事分开、政社分开，大力发展社会中介组织，由它们提供社会服务。但是，机构改革不仅要适应国内市场经济体制的环境，随着中国融入世界，开放程度越来越高，政府机构怎样更好地适应全球化和国际社会又成了一个新问题。

第五次，2003 年改革。如同一个人不但要适应家庭生活，还要适应更大的社会生活，随着 2001 年中国加入了世界贸易组织（WTO），给政府管理提出了新挑战，政府机构及运行机制必须与国际接轨，适应经济全球化需要和应对国际环境的变化。此次改革的特点在于，按照当代通行的政府模式，政府职能转变应集中于经济调节、市场监管、社会管理和公共服务四个方面，并以实行职能有机统一的大部门体制（大部制）的政府机构设置，调整管理思路和把握宏观调控的有效性。但是，大部制的机构改革设想虽然提出来了，也还未及实施并取得效果。

第六、七次，2008 年和 2013 年的改革。2008 年改革的主要任务是初步探索和试行了大部门体制改革，2013 年改革则是稳步推进大部门体制改革。因此，这两次改革的特点都在于进行大部制改革。何为大部制？大部制的英文为 giant department，大部制是与小部制相对应的。根据部门的职能大小和机构的数量多寡不同，政府机构设置一般有着小部制与大部制两种类型。小部制的部门管辖范围小、机构数量大、专业分工细、职能交叉多，其特征是“窄职能、小领域、多机构”；大部制则是政务综合管理的组织体制，政府部门的管理范围广，职能综合性强，部门扯皮少，其特征是“大职能、宽领域、少机构”。过去中国政府机构是小部制型的，现在应该是大部制型的。这里不妨还是借用“人”来做一个比方，如果小部制机构设置是“小孩”的话，那么大部制机构设置就是“大人”了。从“小孩”时代成长为“大人”时代，是政府机构从幼稚走向成熟的表现。

第八次，2018 年改革。2018 年 2 月 26 日至 28 日，党的十九届三中全会审议通过了《中共中央关于深化党和国家机构改革的决定》和《深化党和国家机构改革方案》。十三届全国人大一次会议于 3 月 13 日公布了《国务院机构改革方案》，由此揭开了最新一轮政府机构改革的大幕。此次改革的特点是，以推进国家治理体系和治理能力现代化作为机构改革的根本导向，更好地促进大部制改革发展，使大部制改革更加成熟完善，是一场系统性、整体性、重构性的变革。

二、政府机构改革的成效和经验

纵观40年来的政府机构改革，一路走来已取得了显著的成效。这集中体现在下述三个方面：

一是建立起适应市场经济体制的机构配置。建立和完善中国特色社会主义市场经济体制，是中国40年改革开放的主线。政府机构改革也始终围绕着这一主线。早在1979年11月，邓小平就指出“社会主义也可以搞市场经济”[①]。1982年中央提出了“计划经济为主，市场调节为辅”，开始强调市场的作用，当年的机构改革立即意识到经济体制改革的进一步发展对政府机构设置提出的新要求，就较大幅度地撤并了经济管理部门。1987年“公有制基础上有计划的商品经济”提出后，1988年的机构改革强调了政府的经济管理部门要从直接管理为主转变为间接管理为主，强化宏观管理职能，淡化微观管理职能；1992年党的十四大确立社会主义市场经济体制后，1993年的机构改革便加强了对国民经济运行中重大问题的协调，将专业经济部门的改革分为不同类别；而1998年的改革逐步取消专业经济部门，2003年的改革设立国务院国有资产监督管理委员会和中国银行业监督管理委员会，撤销国家经贸委和外经贸部，其职能并入新组建的商务部，2008年的大部制改革组建“大工业”和“大交通”，2013年的改革实行铁路政企分开，将药监局和食品安全委员会合并为国家食品药品监督管理总局，2018年的改革将国家工商总局、质检总局、食药监总局等机构的职责整合进新组建的国家市场监督管理总局，组建的市场监管综合执法队伍，即工商、质检、食品、药品、物价、商标、专利等执法职责和队伍组成的市场监管综合执法队伍，由国家市场监督管理总局指导，这些都是不断推进和完善社会主义市场经济的表现。可以说，40年来政府机构改革的根本驱动力是来自市场

---

① 《邓小平文选》第2卷，人民出版社1994年版，第236页。

经济体制，同时，政府机构改革又反过来对市场经济体制改革起到了促进和保障作用。政府机构改革不只是适应了市场经济体制，也有积极的主动的作为。

二是从单纯精简机构到实现政府职能转变。政府机构改革是一项复杂的系统工程，其机构的裁合设立，人员的增加减少，均为外部性表现，而唯有政府职能转变才是内在的核心要义。在政府机构改革历程中，虽然多次发生了内部转移的“虚假精简”现象，以及暂时的精简导致改革后的迅速反弹，出现了“精简—膨胀—再精简—再膨胀”的循环怪圈，但是，毕竟很快地认识到机构改革的关键在于“转变政府职能”，政府机构改革必须按照经济体制和政治体制改革的客观要求，推动政府各部门尤其是经济管理部门，由微观管理转向宏观管理，由直接管理转向间接管理，由部门管理转向全行业调控，由行政手段管理为主转向以经济和法律手段管理为主，由管字当头转向监督和服务。1988年的改革，明确了职能转变的重点是经济管理部门，特别是其中的专业管理部门和综合管理部门内的专业机构。1993年的机构，聚焦于政企分开，减少、压缩乃至撤销工业专业经济部门，把属于企业经营自主权范围的职能还给企业，将配置资源的基础性职能转交市场，将经济活动中社会服务性和相当一部分的监督性职能转交市场中介组织。1998年的改革，政府职能转变又有了重大进展，撤销了几乎所有的工业方面的专业性经济部门，取消了政府与企业之间的“二政府”管理机构，打破了政企不分的组织堡垒。在随后的2003年、2008年、2013年改革中，转变政府职能集中于加强和改善宏观调控，并转向以改善民生为重点，加强与整合社会管理和公共服务部门，注重政府的社会管理和公共服务职能，抓住社会经济发展阶段的突出问题，完善宏观调控体系，出台严格市场监管措施等，国务院分批次、大力度地取消和下放行政审批项目。在2018年的改革中，更明确指出：“改革开放以来，适应党和国家工作中心转移、社会主义市场经济发展和各方面工作不断深入的需要，我们党积极推进党和国家机构改革，各方面机构职能不断优化、逐步规范，实现了从计划经济条件下的机构职能体系向社会主义市场经济条件下的机构职能体系的重大转变，推动了改革开放和社会主义现代化建设。”[①]

三是极大地提升了政府治理能力。政府机构改革构成行政体制改革的核心，其实质在于对政府的管理体制、管理方式与运作机制作出综合性的改革。政府的行政效率和质量取决于行政机构的合理与否，而行政机构是履行管理国家、市场和社会的有力杠杆，一个国家的经济和社会的发展，往往与行政机构是否科学设置并与政府治理的有效程度密切相关。“政府能力”，是衡量一个国家综合国力的重要指标，构成国家竞争力的核心要素。中国的现代化建设和发展，“迫切要求通过科学设置机构、合理配置职能、统筹使用编制、完善体制机制，使市场在资源配置中起决定性作用、更好发挥政府作用，更好推进党和国家各项事业发展，更好满足人民日益增长的美好生活需要，更好推动人的全面发展、社会全面进步、人民共同富裕”[②]。包括机构改革在内的行政体制改革，就是政府能力提升的重要途径。40年来中国八次政府机构大规模的改革，着力于转变政府职能，理顺权责关系，调整管理方式，实现治理转型，已经建立起了较为完善的中国特色社会主义行政管理体制，推进了政府治理能力的持续提高，从而有效地提升了中国的国际竞争力。

40年来的政府机构改革，也为我们积累了丰富的、成功的经验。这可以归纳为以下五条：

一是机构改革要服务于经济体制改革。经济体制改革发展到哪一步，政府机构改革就一定要与经济体制改革的目标和任务相适应。当代中国确立的社会主义市场经济体制，是政府机构改革发展的驱动力，必须坚决反对和克服任何脱离经济发展和经济体制改革的实际而进行政府机构改革。当然，政府机构改革也并非完全被动，政府机构改革对经济体制改革也有着巨大的推动作用。正因为机构改革转变了政府职能，提高了政府管理水平，才能更好地推动经济发展。

---

① 《中共中央关于深化党和国家机构改革的决定》，《人民日报》2018年3月5日。

② 《中共中央关于深化党和国家机构改革的决定》，《人民日报》2018年3月5日。

二是政府机构改革要自上而下地展开。我国政府机构改革不仅包括中央层面的机构精简整合，还包括地方各级政府机构的重组与合并。改革开放40年来的八次政府机构改革，均由中国共产党和中央人民政府每隔五年进行一次顶层设计、统筹安排，制定出机构改革的总体方案，然后按照方案由上到下逐步推进，先是国务院机构进行改革，再是省市级等地方政府部门进行改革。只有做出这样的自上而下的改革安排，才能保证机构改革顺利进行。

三是政府机构改革要围绕政府职能转变。从40年政府机构改革的进展和结果来看，把改革的目标聚焦于转变政府职能，这是非常正确、理性的战略抉择。政府职能转变，是一项艰巨性、复杂性、系统性、综合性的改革工程，它不同于机构精简、裁汰冗员这些只涉及简单的改革问题，而是进行全方位调整、再造政府与市场、企业、社会诸方面的关系。因此，机构改革才被喻为一场革命。

四是政府机构改革要遵循依法推进路径。我国八次政府机构改革都要通过相关的建议、决定、方案的制定和实施的过程，完全体现了依法决策、依法推进。每一次政府机构改革，一般的程序是由中国共产党中央委员会召开全会，出台一个五年期的机构改革建议并作出决定，再交由国务院提出具体的改革实施方案，经由全国人民代表大会审查批准，必须严格按照这样的方案执行。把政府机构改革法治化，显示的是国家意志和法律行为。

五是政府机构改革要实行渐进式策略。中国的改革开放是一个漫长的过程，要有足够的智慧和耐心以避免激进、冒进给整个国家带来不必要的政治风险。必须采取循序渐进、逐步深入的策略，保持国家和社会的稳定。40年来的机构改革，从解决政府机构的架床叠屋、实施精简，到逐步理顺关系、转变职能、提高行政效率，从建立适应社会主义市场经济体制的机构设置到探索实行职能有机统一的大部门体制，构建一个社会主义现代化国家的服务型政府，任务逐渐加大，改革层层推进，呈现出渐进发展态势。实践证明，渐进式的改革是最为智慧的策略，是最奏效的改革方式。

三、政府机构改革存在的问题和打造新格局

40年来的政府机构改革虽然取得了成绩和经验，但要看到，随着中国特色社会主义进入新时代，当前党和国家的机构设置和职能配置，同统筹推进“五位一体”总体布局、协调推进“四个全面”战略布局的要求还不完全适应，同实现国家治理体系和治理能力现代化的要求还不完全适应，还存在不少的问题。

一是在一些领域党政机构设置和职能配置还不够健全有力的问题。这主要表现为，一方面是加强党对政务工作的全面领导不够，另一方面是政府机构的执行力不够坚决有效。需要“建立健全党对重大工作的领导体制机制，加强和优化党对深化改革、依法治国、经济、农业农村、纪检监察、组织、宣传思想文化、国家安全、政法、统战、民族宗教、教育、科技、网信、外交、审计等工作的领导，才能保证党中央令行禁止和工作高效”[①]；同时，政府部门在党的统一领导下要各就其位、各司其职、各尽其责、有序协同，为此，需要进一步统筹设置党政机构，准确定位、合理分工、增强合力。

二是一些领域党政机构重叠、职责交叉、权责脱节等还比较突出的问题。这主要表现为，党的有关机构和政府的有关机构职能相近、联系紧密，你有我也有，你管我也管，所管的对象一样，职能重复，工作重合。还有的机构，有权却无责，不管事倒有权力；而有的机构，有责却无权，管事的却无权力。这就有必要把党的有关机构与职能相近、联系紧密的其他部门统筹设置，实行合并设立或合署办公，权责一致，有权就有责，更好地整合优化力量和资源，发挥综合效益。

三是一些政府机构设置和职责划分不够科学，职责缺位和效能不高问题凸显，政府职能转变还不到位。这主要表现为，有些该管的事缺了政府机构的管

---

① 陈希：《深化党和国家机构改革是加强党的长期执政能力建设的必然要求》，《人民日报》2018年3月15日。

理或没能管好、管得不到位，有些需要政府机构放权而没有下放或放到位，出现了职能错位、越位、缺位等现象。在一些政府部门中，职责缺位还比较明显，有些工作无人负责，或者未明确规定此工作由哪个部门、哪个岗位负责，或者职责规定的太笼统，导致无人负责，这些自然影响了政府提高效能。政府机构本来应该是精干而高效率地提供公共服务的机构，但是，由于一些领域改革滞后，让政府职能的转变滞后，政府还在承担过多的本来不应该承担的职能。

四是一些领域中央和地方机构的职能上下一般粗，权责划分不尽合理。从中央到地方的各级机构应该是“倒金字塔”形的结构，而不能上面设什么机构，下面也跟着设什么机构。但目前一些地方和部门，为了承接上级机构的指令并贯彻实施，对口设置机构，搞起了“上下一般粗”。在地方机构总数有限的情况下，应尽可能设立综合性高一些的机构。同时，还要解决上下权责不对等，即上面权大责任小、下面权小责任大的情况。

五是基层机构设置和权力配置有待完善，组织群众、服务群众能力需要进一步提高。至2016年年底，我国的基层组织如乡一级有41002个。基层工作上要接下达的任务要求，下要面对群众、直接服务群众，真可谓“上面千条线，下面一根针”，事情千头万绪、繁重艰巨。对此，应明确乡、镇（街道）事权界限，合理配置机构。机构和人员编制数要和本地区财政供养能力相匹配，解决好乡镇一级历史遗留问题，确保基层稳定，对机构设置实行动态管理。

六是事业单位定位不准、职能不清、效率不高等问题依然存在。我国现有110多万个事业单位，从业人员3000多万。过去事业单位承担行政职能，成为“二政府”，造成行政职责边界模糊、行政职能体外循环，降低了行政效能，提高了政府成本。事业单位改革最终目的是促进公益事业更好更快发展，解决人民群众最关心最直接最现实的利益问题。事业单位改革，一是要去行政化，二是要去营利性。按照党中央部署，在2020年年底要基本完成事业单位改革。

除以上问题外，还存在着一些领域权力运行制约和监督机制不够完善，滥用职权、以权谋私，机构编制科学化、规范化、法定化相对滞后，机构编制管理方式有待改进等问题。对于上述问题，必须按照坚持和发展中国特色社会主义的要求，进一步深化党和国家机构改革，尤其是政府机构改革要继续推进。而当前进行的 2018 年机构改革，正在通过采取有力的措施予以破解克服。

和以往历次机构改革相比，当下新一轮深化机构改革突破了以往的藩篱，打造了崭新的格局。

一是新部署。新一轮深化机构改革着眼于健全加强党的全面领导的制度，推进职责相近的党政机关合并设立或合署办公，优化部门职责。将职责相近的机构整合，归类归口统一管理，提高了党把方向、谋大局、定政策、促改革的能力和定力，加强了政府部门的执行力。

二是新导向。新一轮深化机构改革确立了国家治理作为机构改革的导向，把机构改革与国家治理紧密地联系起来，强调要在国家治理的视野下总体考量机构改革问题，从而确立了机构改革是国家治理的主轴，是治国理政的重要保障。达到党和国家机构优化协同高效，实现转职能、转方式、转作风，提高效率和效能。

三是新目标。新一轮深化机构改革的目标是“构建系统完备、科学规范、运行高效的党和国家机构职能体系”。在以往已经明确了机构改革的核心在于职能转变，要抓住职能转变这一关键的基础上，现在进一步提出完善和规范职能体系的新目标。机构改革务必弄清楚更为重要的职能体系问题。如果连职能体系都没搞清楚，就难以进行正确、有效的机构改革。

四是新体系。新一轮深化机构改革在着眼于职能体系后提出了四大新体系：总揽全局、协调各方的党的领导体系；职责明确、依法行政的政府治理体系；中国特色、世界一流的武装力量体系；联系广泛、服务群众的群团工作体系。改革就是在形成四大新体系的要求下进行的，也完全服务于构建四大新体系。

五是新任务。新一轮深化机构改革因应着建立新四大职能体系的要求，提出了新的改革任务，这就是进行党政军群四大机构的系统改革。在统筹党政军群四大机构系统改革的总任务中，包含着政府机构改革的三个重点任务：通过改革加强党的集中统一领导；实现政府机构职能优化协同高效；与党的组织统筹设置相关机构和配置相近职能。

六是新整合。新一轮深化机构改革为了解决机构重叠、职责交叉、权责脱节的问题，坚决按照大部制的原则，把相同职责的机构整合起来。以新组建的自然资源部为例，它将原国土资源部的职责、国家发展和改革委员会的组织编制主体功能区规划职责、住房和城乡建设部的城乡规划管理职责、水利部的水资源调查和确权登记管理职责、农业部的草原资源调查和确权登记管理职责、原国家林业局的森林湿地等资源调查和确权登记管理职责、原国家海洋局的职责、原国家测绘地理信息局的职责都整合在一起。这就根治了多头管理、群龙治水的弊端。新一轮深化机构改革推进了大部制改革的发展。

七是新模式。新一轮深化机构改革实行机构合并设立或合署办公的结果，出现了党政关系的新模式，它既不同于党政分开的模式，也不同于党政合一的模式，而是形成了党政分合的新模式，即党政机构既有分开的，也有合并的，有分有合、又分又合。党政分合新模式，有利于完善党政机构布局，充分体现了决策权、执行权、监督权“三权”之间的合理分工、协调和制约的关系。

八是新规范。新一轮深化机构改革提出“五个法定化”的规范化要求，即加快推进“机构、职能、权限、程序、责任法定化”。通过这样的新规范，就可以有效地实现：完善党和国家机构法规制度，增强“三定”规定严肃性和权威性，全面推行政府部门权责清单制度，实现权责清单同“三定”规定有机衔接，规范和约束履职行为；强化机构编制管理刚性约束，强化党对机构编制工作的集中统一领导，统筹使用各类编制资源，加大部门间、地区间编制统筹调配力度；严格执行机构限额、领导职数、编制种类和总量等规定，严格控制编外聘用人员；加大机构编制违纪违法行为查处力度，让权力在阳光下运行，严肃追责问责。

九是新路径。新一轮深化机构改革赋予了省级及以下机构更多的自主权，要求统筹优化地方机构设置和职能配置。在保证中央政令畅通的前提下，抓住地方合理设置和配置各层级机构及其职能的问题，增强地方治理能力，加强基层政权建设，构建简约高效的基层管理体制。坚决地把那些直接面向基层、量大面广、由地方实施更为便捷有效的经济社会管理事项，下放给地方，允许地方因地制宜设置机构和配置职能。今后，上级政府部门要优化对基层的领导方式，既允许“一对多”，即由一个基层机构承接多个上级机构的任务；也允许“多对一”，即由基层不同机构向同一个上级机构请示汇报。

参考文献

［1］魏礼群：《建设服务型政府——中国行政体制改革40年》，广东经济出版社2017年版。

［2］桂世镛、唐铁汉：《邓小平行政理论与我国政府机构改革》，国家行政学院出版社1998年版。

［3］周志忍、徐艳晴：《基于变革管理视角对三十年来机构改革的审视》，《中国社会科学》2014年第7期。

［4］何颖：《中国政府机构改革：30年回顾与反思》，《中国行政管理》2008年第12期。

［5］朱光磊、李利平：《回顾与建议：政府机构改革三十年》，《北京行政学院学报》2009年第1期。

［6］许耀桐：《行政体制改革：十年十成果》，《瞭望》2012年第45期。

［7］许耀桐：《中国行政体制改革的发展与启示》，载《中国国情与制度创新》，华夏出版社2004年版。

第二编　经济改革与发展

结构性去杠杆政策下金融体系的思考

刘青松 *

【导语】防范化解金融风险是当前经济工作的重点任务。本文认为，杠杆水平是经济运行的结果，要对合理的杠杆水平有一个科学合理的判断。去杠杆是一个长期过程，不能操之过急。去杠杆的过程，实际上是深化改革、转变发展方式的过程。要坚持市场化、法制化原则，绝不能行政化去杠杆。

一、金融去杠杆是2018年宏观环境的重要课题

金融去杠杆是2017年宏观环境的重要组成部分，也是2018年宏观环境的重要课题。去年下半年开始，金融监管部门陆续出台一系列规范性文件，将原有散落在不同文件和办法中的相关金融制度规定作出系统总结，表外理财和同业存单监管框架已初步形成。影响最大的当然是众所周知的“资管新规”。

2018年4月2日，中央财经委成立，首次会议提出“三大攻坚战”，重中之重是打好“防范化解金融风险”，首提“结构性去杠杆”。去杠杆的提法有三个阶段：一是2015年中央提出供给侧结构性改革，提出去杠杆，主要是因为杠杆率太高了成本就太高了，经济的韧性就比较差了，去杠杆的含义是把它降下来；二是2016年提出来要稳杠杆；三是最近提出来结构性去杠杆，即“要以结构性去杠杆为基本思路，分部门、分债务类型提出不同要求，地方政府和企业特别是国有企业要尽快把杠杆降下来，努力实现宏观杠杆率稳定和逐步下降”。

结构性去杠杆强调的是在总体杠杆率水平基本稳定的情况下，改善部门内

---

* 刘青松，中证金融研究院院长。主要研究领域为制度经济学、金融法学。

部杠杆率结构来降低风险。我们理解，至少有以下几个层次的内涵：一是体现打好“防范化解金融风险”攻坚战坚持去杠杆政策的战略定力。去杠杆的总体方向没有变，但在现在及今后一段时间内，总体杠杆水平要相对稳定，稳中有降；二是强调去杠杆的结构性特征。也就是说，在总体杠杆水平稳中有降的前提下，注重结构性调整，好的杠杆可以适当增加，而坏的杠杆则必须坚决出清，比如“僵尸企业”；三是关注实体经济增长、经济去杠杆和股市稳定三者中较大的相关性。经济去杠杆，短期看会对当期实体经济增长和股市稳定产生负面影响，不可能要求一方面经济在去杠杆，另一方面又要求当期的实体经济和股市不受影响；四是关注境内外形势的复杂性和风险叠加，处理好政策的战略定力和政策执行的灵活性之间的关系。

纵观其他国家的历史，成功的去杠杆过程都是在杠杆率逐渐企稳并缓慢下降的过程中实现的；并且总杠杆率缓慢企稳的过程中，一定会伴随着各部门杠杆率结构的再平衡过程。桥水基金达里奥（Dalio）2012年称之为“好的去杠杆”。美国在金融危机之后，其居民部门杠杆率有了显著下降，但政府部门杠杆率却在上升，新增的政府债务有利于美国经济企稳并且降低了整体杠杆率过快下降的风险。

二、去杠杆的过程和现状

（一）去杠杆是一个长期的过程

近年来，国际清算银行（BIS）、中国社会科学院、麦肯锡等机构在宏观经济杠杆率研究上具有广泛的影响力。根据中国社科院研究整理的数据：从1993年至2017年，实体经济杠杆率由107.8%上升至242.1%，24年间上涨了134.3个百分点。杠杆水平超过了国际上大多数发达经济体。主要有两件大事推升杠杆水平：一是2009年的4万亿推动杠杆跃升；二是2013—2015年期间的金融创新和货币宽松将杠杆持续推高。根据杠杆率变化的特点，大体上可以分为四个阶段，重点看第二、三阶段。

第二阶段是2003—2008年。这段时间名义GDP高速增长，增速最低的年份也达到了16%，最高达到23%，名义GDP增速超过了债务和货币增速，实体经济杠杆率下降。这5年去杠杆过程的最大特点是债务温和上升伴随经济飞速上涨，这是全球经济大繁荣与中国经济上升周期相重合的阶段。这一段时间里，杠杆率5年下降8个点。

第三阶段是2008—2015年。这7年时间里杠杆率增长了86.2个百分点，平均每年增长超过12个百分点。2009年年中的时候，当时笔者在地方政府工作，感觉是突然之间工作基调变了，从“防过热”转为“保增长”，赶快报项目，原来不能做的一些项目，马上就转变成需要上的项目。为什么？就是因为国际金融危机对我们已经构成了严重威胁，所以我们立刻就转变为加班加点、快马加鞭去报项目。由于大规模刺激政策的启动，债务出现了跃升，当年债务增速高达34%，而名义GDP增速则回落至9%，随后债务增速持续下滑但名义GDP增速下滑速度更快，2015年名义GDP增速跌到了最低点的7.0%。这段时期的主要特点是债务增速在开始两年出现跳升后持续下降，但名义GDP增速以更快的速度下降。这是经济增长最困难的几年，也是我们加杠杆最强的几年。

根据研究，笔者有如下几个观点：

第一，这里我们有一个基本的判断：从历史来看，凡是经济增长比较好的，经济形势比较好的，杠杆率升得就比较慢，甚至是下降的；凡是经济比较困难的时候，杠杆率增长比较快。实际上大家想想这个道理很简单，杠杆率是什么？是负债/GDP，这个数据逻辑很简单，道理也是比较明确的。

通过对过去几十年的观察，我们认为，要去杠杆，重要的、比较核心的不是停下来去杠杆，而是要在发展中去杠杆，要在实现经济健康发展的过程当中才能够有效地去杠杆。如果实体经济停滞了，或者实体经济进入困难的时期，那么去杠杆这事非常困难。

第二，去杠杆可能是一个长期的过程，可能比加杠杆的过程还要长，过程要谨慎，不能操之过急。加杠杆的过程，实际上是一个负债转为资产的过程，通过产能实现它的盈利，实现它的增长，达到一个循环，这个过程是比较漫长的，在大幅扩张期，依靠大比例举债形成的产能则需要更长时间实现财务平衡。

从微观角度讲，按照投资回报率10%计算，就是说，一个正常经营活动从借钱到自身形成能力还本付息需要9—10年。去杠杆的过程要尊重经济活动规律，包括要尊重微观经济的规律，因为它要形成自身有效的循环。

大家说美国2008年以后的去杠杆是“好的去杠杆”，我们看到美国从2008、2009年金融危机之后，一直到加息，花了8—9年时间。这能不能形成规律？目前来讲虽然尚不能确定，但是这给我们一个启示，就是加杠杆和去杠杆的过程一样，是一个长期的过程。

第三，去杠杆的过程实际上是深化改革和转变经济发展方式的过程。为什么这么说呢？中国是一个高储蓄的国家，是以高储蓄支撑高投入，而且是以债务形式投入的经济增长模式，注定了是一个高杠杆的经济体。这一点不能忘。我们必须要转变经济发展方式，要从高度依赖高储蓄、高负债、高投入支撑的经济增长方式，转变成以需求拉动、直接融资为主的经济增长方式，才可能长期稳定地去杠杆。

从微观层面来讲，根据1958年由美国经济学家莫迪利亚尼和米勒（Modigliani &Miller）提出的著名的MM定理及其修正理论，企业杠杆水平和诸多微观因素有关，比如银企双方信息越不对称、企业税负越高，预算软约束越严重，企业杠杆率就越高。另外，1994年的分税制改革则有效解决了财政体制的中央地方激励兼容问题，形成“财政分权和晋升锦标赛模式”，地方政府和国有企业成为资金配置的主体，并主要进入基建、重化、工业和房地产等中长期投资领域，而这些正是预算软约束最严重的部门，地方政府想尽一切方法增加负债，严重恶化了产能过剩和杠杆率问题。目前，地方政府及其融资平台正是高杠杆的主要来源。这是一个制度性、体制性的结果。

也就是说，去杠杆的过程，如果不伴随着深化改革，不伴随着我们经济增长模式的转型，去杠杆几乎是不可能的。从积极的角度讲，配合去杠杆要从影响杠杆率的各个环节入手深化改革。深化改革的关键在于强化市场法治，完善市场机制，理顺政府和市场关系，在市场化风险出清的基础上，提高投资回报水平，优化金融资源配置效率。政府管理加大“放、管、服”降低行政成本、地方政府强化预算约束减少低效无效支出、财政体系降税减费减人减支，以及优化金融监管减低实体经济融资成本等。

第四，合理的杠杆水平和结构要有一个科学合理的判断。什么意思呢？我们讲去杠杆，到底去到什么水平就合适了，就停止去杠杆？还有个结构问题，我们的杠杆结构到底怎样是最理想的？要心中有数，有个目标，这个目标涉及社会经济活动，特别是对于企业微观活动，要尽量定量。这是一个非常困难的过程。

杠杆水平是经济运行的结果。杠杆是个工具，无所谓好坏；杠杆水平是个结果，它是个出口，不是入口。各个国家发展水平不一样，各国的经济结构不一样，经济体系不一样，结构制度不一样，实际上各国的杠杆率水平简单比较意义不大。但有一条是一样的，就是杠杆率水平要服从于实体经济的健康稳定的发展的需要，这是基本原则。那么在实现国民经济的健康有序、稳定发展的情况下，我们是一个什么样的杠杆水平、什么样的负债水平它就是什么样，它是个结果，不是一个目标导向，我想这是一个基本的关系。

第五，去杠杆的过程一定要坚持市场化、法治化，不能搞行政化。最大的问题是我们加杠杆的时候，各级地方政府快马加鞭，我们去杠杆的时候也同样是各级地方政府快马加鞭。这是很大的问题。这个导致的结果是什么呢？可能形式上，暂时地我们看到杠杆下来了，但是没有内在可持续性，转眼之间又会增长起来，造成极大的波动和浪费。

（二）金融去杠杆情况

由于各国金融体制不同，不同经济体的金融部门杠杆率天然存在巨大差异，对金融部门杠杆率进行国际比较意义不大，这也是 BIS 等机构不发布各个经济体金融部门杠杆率的重要原因。我们研究认为，金融体系的杠杆应当包括金融市场杠杆和金融部门杠杆两个部分。由于我国信用交易受到严格限制，我国金融市场的杠杆水平总体并不高，金融部门杠杆率的增长跟经济部门加杠杆的过程基本一致。从货币的角度以及银保等情况由人民银行、银保监会去讲，我主要讲讲资本市场的情况。

1. 2017 年金融去杠杆初见成效

1993—2016 年，伴随着实体经济部门杠杆率的提升，金融部门杠杆率一路攀升，从不到 10% 分别上升到负债方统计的 67.7% 和资产方统计的 78.2%。2017 年，金融去杠杆迈出实质性的步伐，到年末金融部门杠杆率分别回落 8.4 个百分点（资产方）和 4.8 个百分点（负债方）。相比于实体经济部门，金融部门可以说是加速去杠杆；且资产方口径杠杆率与负债方口径杠杆率之间的差距继续收窄，表现出表外业务仍在向表内回归。

2. 股票市场去杠杆

市盈率。市盈率到底是不是衡量股市杠杆的一个指标？这个在讨论过程当中，大家有分歧，我也没有形成最后的意见，大家可以商量。

本文这里简单报几个数字，现在沪深两市市盈率水平，上证综指是 13 倍，深圳成指是 21 倍，沪深 300 是 12 倍，创业板是 41 倍，这是最新的。国际上，标普大约是 24 倍，德国法兰克福是 14 倍，恒生国企是 9 倍，孟买指数是 24 倍。什么意思呢？这是现在股市总体估值水平，历史数据大家可以自己查，国际上也可以看，它属于什么样的水平？可以说，我们股票市场总体估值水平不算高，具备了一定的投资价值，这是一个相对的水平。

融资融券。2015 年 6 月 19 日最高点时，两融余额 22659.75 亿元，约占 A 股市场流通市值的 4.7%，融资交易占 A 股市场普通股交易比重约 9%；2018 年 7 月 12 日为 9011.84 亿元，两融余额占 A 股流通市值比例约 2.25%；两融交易额占 A 股成交额 7.86%；国际上成熟市场，这两个比例分别超过 6% 和 40%。目前，融资融管业务全市场维持担保比例约 250%，投资者最大融资杠杆比例为 1 倍，实际杠杆水平为 0.67 倍。

场外配资。结构化信托配资产品：股市异常波动前，该类产品以伞形信托为主，对接 HOMS 系统、上海铭创和同花顺等系统进入股市，规模不少于 1 万亿；此后监管上禁止了此类模式，又规定信托杠杆配资比例不超过 1∶2，结构化信托产品规模下降。

互联网配资业务。原型是民间配资，兴起于 2007 年，不受监管，野蛮生长。“互联网 +”后，民间配资中间将视野由线下扩展到线上，P2P 模式。根据《2017 年中国网络借贷行业报告》数据显示，截至 2017 年年底，网络贷款 1.2 万亿元。如果 2% 的网贷资金进入股市，互联网股票配资规模约 240 亿元。2015 年起，对场外配资，尤其是 HOMS 系统等清理整顿，非法场外股票配资平台有所减少，但并未根绝。

民间配资业务。互联网股票配资以外的基于民间借贷的配资行为。

股票质押式回购业务。证券公司自有资金或资管计划的资金，通过沪深交易所场内回购交易向投资者提供融资。2018 年 3 月 12 日起，交易所、协会实施股票质押式回购监管新规：服务实体经济，强化风险管理，规范业务运作。对融入方及风险管理、资金专户存放、质押率上限、单只股票比例、证券公司自有资金融资规模等方面提出明确要求。目前，股票质押式回购业务，风险基本暴露，潜在平仓风险不容忽视。

其他融资业务。证券公司场外衍生品类融资业务，收益互换、场外期权等规模不大，从严监管，风险可控；分级型基金、结构化资管产品处于清盘、转型过渡期。

3. 债券市场去杠杆

主要是银行间债券市场，交易所债券市场规模大约相当于前者的九分之一。由于债券市场回购融资放大了资金可投资的债券总量，一般用债券托管总量 /（债券托管总量－债券待购回余额）来测算债券市场的杠杆率。当前债券市场本身的杠杆率在 1.1 左右，相对稳定且并不高。2016 年下半年以来，从央行出台的政策与公开市场操作来看，去杠杆的主要思路为维持中性或偏紧的货币政策，抬升短端收益率，压缩金融机构“借短养长”利差空间，控制金融机构规模扩张过快。下半年开始，金融去杠杆逐步成为影响债券市场的重要因素，其中既包括监管部门的政策文件，也包括央行货币政策操作的变化。

虽然债券市场自身的杠杆并不高，但是债券托管总量的上升又是全社会加杠杆的一个重要体现。2016年开始金融部门债务占GDP比快速上升，速度显著高于非金融企业部门，一个重要的原因是中小银行同业存单规模的增长。2015年以来，同业存单成为大型商业银行或金融机构向中小商业银行“搬运”流动性的重要工具。债券资产是各部门债权融资的另一面，2016年债券资产规模的快速增长很大一部分来自中小银行同业存单融资的快速增长，这也一定程度上反映了金融部门的加杠杆和资金脱实向虚的事实。2017年9月，央行发文约束同业存单发行期限不能超过1年，并将部分同业存单纳入MPA考核体系，同业存单的发行规模与托管规模的同比增速开始快速下行。目前同业存单增速下降明显，规模保持平稳。

2018年1月，“一行三会”联合发布的《关于规范债券市场参与者债券交易业务的通知》（银发〔2017〕302号，简称302号文），内容涉及债券代持、杠杆标准等内容，严控债券杠杆，整顿债券交易。随着去杠杆的进一步深化，中长端收益率持续上行，对实体经济产生负面影响，信用债爆发违约潮，边际违约率较往年快速提升，信用利差迅速走阔。截至2018年7月，共有26家发行主体出现违约事件，违约后未偿付信用债本金约为692亿元，未偿付信用债利息约为91亿元。

4. 证券公司去杠杆

根据证券公司杠杆率，券商的杠杆率基本上维持在3到4倍这个水平，而银行在12到13倍，保险是10倍这样的水平。从国际来看，在金融危机前国际主要大机构最高的时候也是50多倍，美国基本上保持在16到30多倍，2016年的时候，像高盛、摩根史丹利降到了10倍多，这样也比我们高很多。

根据《证券公司风险控制指标计算标准规定》（证监会〔2016〕第10号公告，2016年6月16日发布，10月1日起实行），我国证券公司杠杆倍数预警线为10倍，最高可以达到12.5倍。

三、金融去杠杆的几点思考

（一）关注金融去杠杆会对实体经济的影响

金融和实体杠杆，同为经济增长模式的“镜像”。要密切关注金融去杠杆对实体经济的影响，防止金融去杠杆可能引发新的系统性风险。已有不少国内外研究分析杠杆率和系统性风险的相关性，最具代表性的研究有“阈值效应假说”、“倒U型假说”和“5-30经验法则”。我们可以通过这样一些经验规律来审视中国经济和金融体系的系统性风险有没有突破经验阈值。

据中国社科院提供的数据，金融强监管和去杠杆政策效果逐步显现。金融去杠杆已经导致社会融资规模增速回落，表内融资（本币贷款＋外币贷款）存量增速基本平稳，目前稳定在12%—13%之间；表外融资（信托贷款＋委托贷款＋未贴现银行承兑汇票）存量增速急剧下降，从2017年10月高点19%降至2017年年末15%，2018年一季度末进一步降至5.5%。受表外融资拖累，社会融资规模存量增速和考虑地方债后的广义社会融资规模存量增速双双不断下降。去杠杆尤其是金融体系内部控制杠杆，引起金融体系资金链条缩短、多层嵌套减少等合理反应，具体表现在银行投资的债券规模下降、银行投资的资管产品规模由快速扩张转为有所萎缩等方面。这些业务收缩进一步导致派生存款减少和M2增长放缓，从可比数据看，2017年各个季度M2增量均明显低于往年。去杠杆还引起货币乘数回落。

国际经验表明，去杠杆进程（尤其是去杠杆初期）一般都伴随广义信贷增长的显著下降，中国也不例外，由此引发的经济暂时下行压力是去杠杆不得不承受的代价。

（二）金融去杠杆要服务于服从于实体经济健康发展的需要

金融和实体杠杆最终来自于经济增长模式，金融杠杆的水平和结构必须服务于服从于实体经济健康发展的需要。主动有效去杠杆在于捋顺金融和实体之间的信用派生关系，促进经济结构调整，提升投资回报率，平衡不良和有毒资产出清，从而修复金融和实体部门资产负债表，对应的经济基本面应该是量“稳”质“升”，提升信用扩张机制韧性；就像“走钢丝”一样，平衡去杠杆和维持实体需求扩张，最终改善信用结构性扩张机制效率，完成经济结构调整。

（三）大力发展股权和长期债权融资

加快多层次资本市场体系建设。长期以来，我国金融结构失衡，实体经济融资过度依赖银行信贷，造成资金配置效率降低，企业杠杆率过高，增大了企业运行成本和宏观经济运行的风险。大力发展直接融资，包括股权融资和债权融资，尤其是长期债券市场，因为期限不短于五年的次级债务是可以按一定比例计入净资本的。要不断完善市场基础制度，建设更具包容性和适应性的多层次资本市场，提升服务不同类型和发展阶段企业的能力，有效满足多元化的投融资需求。

深化股票发行体制改革，提高资本形成便利化。进一步提升证券发行过程的市场化程度，发挥市场机制在资本资源配置中的基础性决定性作用，减少行政手段对资本资源配置过程的控制和干预。

大力发展私募股权基金。根据中国证券投资基金业协会发布的 2018 年 6 月私募基金管理人登记备案月报，私募股权基金和创业投资基金的规模已达到 7.9 万亿元。今年上半年新增规模 8000 亿元。

服务创新发展。国务院副总理刘鹤曾经在 2001 年写过文章，论述新经济与资本市场和风险投资的关系，风险投资必须以资本市场为出口，股权融资是分担风险、激励创新的最佳机制。资本市场要深化改革，提高服务对接新经济新技术企业效率，降低成本。

（四）优秀证券公司可以适度加杠杆

在强监管、降杠杆的宏观环境下，我们必须冷静理性地分析杠杆水平的状况。当前，金融体系还很脆弱，维护市场稳定的任务还很艰巨，证券行业发展不成熟、不均衡，合规风控水平总体不高，违法违规经营问题仍然严重，各类风险状况层出不穷。我们提出坚持差异化监管，就是要全面客观冷静地认识并充分尊重我国行业机构发展不成熟和不均衡的现状，处理好防控总体风险和支持差异化发展之间的平衡，让一部分优秀的行业机构适当增加杠杆水平，符合结构性去杠杆的政策意图。

杠杆倍数直接影响证券行业资本使用效率及其服务实体经济的能力，优秀证券公司适度加杠杆有利于促进证券行业发展，强化机构自身风险评估和控制能力，提升发展直接融资的能力，增强服务实体经济实现高质量发展的能力；有利于发展正规金融，深化金融供给侧结构性改革，增加正规金融服务，缓解金融服务供给短缺，减少非正规金融、影子金融的生长空间，才有可能全面禁止非法金融野蛮生长。

在适当增加杠杆的同时要加强监管，尽快构建风险识别、预警、管理、处置，以及风险定价、配置、补偿等市场化法治化机制，培育和增强金融体系应对和化解风险的内生机制及其包容性和韧性；要完善监管问责机制，在防止“市场失灵”的同时要防止“监管失败”，监管者必须受到监管。

（五）加强融资类业务监测监控监管，严打地下非法配资活动

从成熟市场来看，美国、香港等发达市场，立法层面均将股票融资业务立为法定持牌业务，经营机构必须持牌经营。美联储专门制定了规制证券公司向投资者提供融资的供其买卖证券的 T 规则，银行及非证券公司贷款人向投资者配资进行证券交易的 U 规则，以及场内、场外配资均有明确的监管规范。

立法和执法层面坚决遏制和打击非法地下信用交易行为。下一步，《证券法》等相关法律法规修改，股票融资业务要求统一立法，机构必须持牌经营；执行层面，结合互联网金融整治活动，持续对场外配资平台清理整顿，坚决打击和清理地下信用交易、违法经营股票融资业务、加大股市杠杆等行为。

（六）关注居民部门杠杆率快速攀升风险

最近大家一直都有一个看法，在政策层面，也有一个取向，就是让居民加杠杆来置换企业杠杆。这个成立不成立呢？现在看来是成立的，在国际上也有先例。大家看到，过去几年中国居民杠杆率上升较快。1993—2008 年，由 8.3% 上升到 17.9%，15 年增长不到 10 个百分点；2008—2017 年，由 17.9% 上升到 49%，9 年上升了 31 个百分点。杠杆率水平在国际上是低于发达国家，但是和新兴市场相比我们还是比较高的。

笔者认为，要特别注意我们居民杠杆率水平及其负债承受能力的特点。这里面有一个问题我特别强调，中国居民的杠杆率水平和中国居民的生存生活的社会环境是密切相关的，它实际上和发达国家的居民的杠杆率、负债能力是不可相比的，有它的特殊性。根据中国人民银行编制的住户部门金融资产负债表，2014 年居民金融资产总量为 84.5 万亿元，其中存款占比 60%，保险准备金占比 12%，理财占比 11%，股票占比 8%，通货占比 6%，债券、证券投资基金等占比较低；美联储编制的住户和非营利组织部门金融资产负债表，2017 年住户和非营利组织部门金融资产总量 80.39 万亿美元，其中存款占比 14%，养老金配额占比 28.89%，公司股票占比 22%，共同基金占比 10.8%。

本质区别是什么？就是中国居民资产主要是储蓄存款，主要目的在于保障性、民生性需求，这是刚性需求，它的投资性、投机性和风险性是非常低的。中美居民资产结构性差异反映我国社会经济发展的阶段特征，人均收入水平低，收入不均衡、差距大，恩格尔系数、基尼系数高，财富中位数大幅低于平均数；社会保障性、民生性福利欠发达；金融市场不能满足居民保障性、民生性金融需求等。这也可以解释为什么我们的储蓄那么高，主要是我们人多；为什么我们的储蓄率那么高？主要是因为我们的保障性、民生性的需求要靠自己。所以这些资金的风险承担能力是比较弱的，把这些资金要转化为以直接投资为主要内容的风险性资本可能性是比较低的。这是我们一个要特别注意的地方。也就是说，我们在降杠杆的过程当中，要审慎使用居民加杠杆这样一个政策。

积极构建新的全球价值链治理框架

张茉楠*

【导语】近年来，全球价值链正在加速重构，并对全球贸易格局产生了深远影响。然而，愈演愈烈的保护主义、排他性区域贸易协定以及正在酝酿发展的全球贸易战，不仅割裂了全球价值链，也导致全球市场的进一步萎缩，重创了全球经济增长。因此，应积极构建新的全球价值链治理体系和多边贸易规则新框架，以增进全球化红利、完善全球贸易治理体系。

一、引言

当前，全球价值链、生产链、消费链已经形成，正步入“全球价值链时代”。作为全球新型生产模式和新兴生产力的代表，不仅实现了全球70%以上的贸易循环，世界各国嵌入全球价值链、全球产业链、全球供应链等不同环节，以此实现加工、生产、物流、服务以及市场的全面对接，从而成为工业制成品出口国。本质而言，近30年来，经济全球化发展的基本趋势表现为全球价值链贸易的深化演变。从全球制造业内在发展规律看，二战之后，全球制造业实现了三次转移浪潮，跨境资本流动、技术流动，以及合同制造等方式深度发展，特别是随着以跨国公司为主体的全球生产网络的形成，产品内分工制造，大大推动了全球生产协作网络深度整合。沿着“产业间分工—产业内水平分工—产业内垂直分工—产品内垂直分工”的内在轨迹演变，全球价值链也

* 张茉楠，中国国际经济交流中心战略研究部研究员、博士后。主要研究方向为全球宏观经济、国际金融、国际贸易、中美经贸等。

由此形成。全球价值链重塑全球经济格局，其贸易发展与增长动能也在发生改变。概括起来，全球价值链有别于以往凸显三大特征：首先，在全球生产一体化趋势下，最终产品生产由一国生产转变为多国共同生产的过程；其次，不同国家在价值链条的不同环节、不同模块中均可以实现价值的增值；第三，至少要有一个国家通过价值链和产业分工使用中间产品。因此，全球生产贸易模式不再是以最终品贸易为主，而是转向了以价值链贸易或增加值贸易为主的贸易形态。

20世纪90年代后，全球价值链贸易对全球经济和贸易增长的贡献度显著增加，平均占到全球货物贸易的60%左右。全球价值链贸易形态下，大量的原材料类中间投入品、零部组件类中间产品，在整个价值链中流动，产生了大量的中间产品贸易。因此，产品生产已取代“本国制造”而被赋予了“世界制造”的意义。各国产业结构的关联度和依存度也由此得以极大提高，一国产业结构只有在全球价值链分工中才能获得要素配置效率、资源整合效率提高所带来的全球化红利。

数据显示，发展中国家与新兴经济体增加值贸易在总体贸易份额中的比重逐年提高，凸显其日益深入参与全球价值链分工的大趋势。联合国贸易和发展会议（UNCTAD）2013年度《世界投资报告》（*World Investment Report*）显示，全球价值链贸易对发展中国家和新兴经济体经济增长的贡献率达到30%以上，对发达经济体经济增长贡献率为18%左右。亚太区域内贸易的发展速度更是远超欧盟（EU）、北美自由贸易区（NAFTA）区域内贸易的发展速度。

中国出口成功得益于与亚洲地区价值链密切相关的加工贸易深化与发展。加工贸易催生了亚洲乃至全球的“三角贸易”，使中国得以在较短时间内发展成为兼具规模与深度的“全球制造中心”，具备了庞大的生产能力。特别是在机械、电子、汽车等以产品内贸易部门，形成了较为完备的产业链体系，推动了全球梯度产业转移。根据UN Comtrade统计数据，2005年以来，以中间产品为主要特征的全球价值链贸易在全球贸易总量中占据越来越重要的地位。在全球价值链体系下，中国主要从东盟、欧盟、日本、韩国进口大量的中间产品零部件，然后将通过中国加工组装成的最终产品出口（或通过香港转口贸易）到美欧市场，使中国迅速成为全球超大规模的经济体和贸易体。根据IMF统计，2009年至2016年，中国对全球经济增长的年均贡献率达30%以上，2017年中国货物贸易总额达到4.1万亿美元，超过美国货物贸易总额的3.9万亿美元，重回全球第一大贸易体的位置。

在全球价值链深度整合与发展的趋势背景下，一国产业结构升级变得更加错综复杂，不应把眼光局限于一国边界内去研究贸易是否平衡，而应该放在全球价值链与国际产业分工的大框架下去研判国家间的贸易利益分配问题。中美贸易失衡问题也必须放在全球价值链的角度去分析。就全球价值链分工而言，美国在全球价值链的高端，进口第三国的中间产品较少；而中国对美国的出口中，包含相当比例的中间投入品，中国从第三国进口中间产品形成贸易逆差，再向美国出口最终产品形成顺差，因此背负了其他国家对中国的顺差，并转化为中国对美的顺差。

尽管近几年，世界贸易组织（WTO）、联合国贸易与发展会议、经济合作与发展组织（OECD），以及亚太经合组织（APEC）等国际组织加大了对全球价值链的理论政策研究，也积极推进构建增加值贸易核算体系，然而，依然无法阻挡与全球价值链发展相悖的保护主义浪潮继续蔓延。一方面，由于全球市场需求依然没有恢复至危机前水平，发达跨国公司加快推动资本和制造业回流，全球贸易投资结构调整，全球贸易规则“碎片化”割裂全球价值链合作，因此，对经济全球化拉动效应趋弱。另一方面，美国无视基于规则的多边贸易体系，全球正面临以特朗普政府强硬的进攻型贸易政策和资源要素流动壁垒为特征的“强劲逆风”，二战后建立的全球贸易体系恐将迎来最危险时刻。

二、全球价值链深度发展对全球贸易治理与规则体系提出新要求

第一，全球贸易规则难以适应以中间品贸易为基础的全球价值链贸易。当

前全球贸易治理规则框架中一个突出矛盾就是国际贸易规则依然是以最终产品为对象的贸易规则框架，而对全球价值链贸易以及中间品贸易并不兼容。由于中间产品需要多次跨境流动，因此，即使关税水平和非关税水平较低，风险依然会累积叠加，而愈演愈烈的贸易投资保护主义不仅显著抬高了全球贸易摩擦成本，更对全球价值链贸易造成冲击。OECD的一项研究成果显示，假如OECD国家推动贸易便利化举措将会使贸易的潜在成本降低10%左右，而其他中低收入国家的潜在贸易成本则大约可降低15%。特别是，进一步大幅削减中间品关税、降低供应链壁垒，则有望降低成本、加快流通速度、减少不确定性。

第二，全球价值链深度整合迫切需要全球贸易便利化和投资自由化。WTO、联合国贸发会议的相关研究报告均显示，全球价值链贸易促进了"贸易—投资—服务—技术"相互间的协同效应。全球价值链贸易中，关税与非关税壁垒等贸易保护政策会大大阻碍全球跨境资本流动、国际投资以及技术合作，而提高市场进入壁垒以及与安全审查相关的投资限制政策，也势必大大削弱一国出口竞争力。因此，高标准的贸易规则需要将政策重点聚焦于如何积极推动贸易投资便利化、加强知识产权保护、促进公平竞争等政策议题。

第三，全球价值链贸易亟待有效促进规制、标准的一体化融合。全球价值链带来的一系列风险说明，全球价值链的复杂性、国际性、融合性、相互依赖性等特点，已经超越了一国国家边界成为全球的公共产品。事实上，越来越多的标准和认证体系的建立，给全球价值链中的各个环节增加了不必要的制度成本、政策成本和协调成本，以及由全球价值链带来的系统性风险。为促进全球价值链深度融合亟待构建统一的标准、规制和规则，以及相互认可的协议。特别是在流通领域、软基础设施、责任分担以及履行社会责任方面，尚未构建全球互联互通、风险监管规则，以及全球价值链治理框架，这些都构成了各国货物贸易和服务贸易合作的巨大障碍。

三、全球价值链面临“逆全球化”浪潮冲击及结构重构的严峻挑战

（一）本轮“逆全球化”的思想根源及其重要表现

经济全球化进程中的利益分配难以均衡，有深层次的结构性根源。近年来经济全球化进程向纵深发展，以及产品内分工细化加快了发达国家制造业向发展中国家梯次转移。特朗普强调绝对的“美国优先”，对外政策更具进攻型保护主义色彩以及欧洲民粹主义、极右翼主义抬头等均表明，曾经建立在自由主义基础上的发达市场经济国家，正在成为对全球化担忧的主体。

资本与劳动失衡是导致逆全球化浪潮的另外一个重要原因。全球生产过程中资本密集度不断提高，增加资本与劳动之间的替代弹性，导致在国民收入分配中偏向资本方，加剧了劳资利益分配失衡。特别是一些国家在金融资本与产业资本竞争中获取了大量财富，也加剧了虚拟经济的快速膨胀和实体经济萎缩，进一步激化了社会结构内部矛盾的积累。

而从产业结构与贸易结构的深层次角度看，这种逆全球化的趋势不仅有其现实基础和根源，还来自于全球价值链结构调整与重构所引发的动荡。20 世纪 70 年代以来美国商品贸易逆差的扩大实际上是美国经济不断从第二产业转向第三产业，从投资驱动转向消费驱动，以及全球分工深化、内部逐渐失去竞争优势的产业不断向国外转移的结果。2008 年国际金融危机之后，美国国内传统经济面临更大的全球新产业和新技术竞争，劳动生产率提升速度放缓，积累的内部矛盾使得美国政府将更多矛头指向“全球化”。此外，20 世纪末以来，以跨国公司为主体的全球价值链和生产模块网络处于大规模展开和深化过程。然而，近年来，这一模块化和全球产业布局趋于完成，特别是金融危机之后，发达国家纷纷推动跨国公司回归本土导致制造业投资回流。近期，特朗普新税改有望开启全球竞争性改革，税改方案中的“属地征税”和“一次性税收优惠”原则也将对推动美国资本回流及对海外资本留存产生影响，形成新的贸易和投资壁

垒，并对其他国家贸易竞争进一步施压。

（二）全球保护主义全面升级将严重威胁全球价值链深化进程

当前，全球价值链发展中的各类隐形贸易壁垒频繁出现，未来十余年中保护主义将呈现加强趋势，造成不利影响：一是贸易保护强度将全面升级。根据最新全球贸易预警报告（Global Trade Alert Report）统计，G20 经济体 2008 年以来，已有 7027 种歧视性干预措施。最易受到贸易限制措施影响的部门包括金属、机械和化工。农业部门也受到了很大影响，从而殃及高度依赖农业生产和出口的低收入国家。其他主要措施则包括反倾销条例、原产地规则、进口配额制、出口配额制、进口许可证制、财政补贴、政府采购等。特朗普政府成立一年多来，对数十个国家的 94 项“不公平交易”进行调查，同比激增 81%。2017 年美国新税改法案明显带有阻碍全球技术流动的色彩。新税改方案正采取相关措施，阻止美国企业将其经营活动或高价值的专利、版权和商标转移至低税收国家。参议院版本的《法案》为从海外获得无形收入的美国公司创造了一种叫作“专利盒”的东西。该条款规定，对美国公司获得的“外国来源的无形收入”适用 13.1% 的税率。苹果（Apple）、谷歌（Google）或高通等公司在从公共资助的基础研究中获得巨大利益后，把大部分利润藏在海外。此举旨在鼓励美国公司把知识产权保留在美国国内。2018 年伊始，特朗普政府保护主义全面升级，不仅加紧实施“反补贴”、“反倾销”、“337”等常规性贸易救济调查，“301”条款、“201”条款、“232”条款、“全球保障措施”以及试图对贸易对手征收“互惠税”等非常规性贸易保护措施也同步实施。

二是贸易保护主义向投资领域扩散。联合国贸发组织《2017 年世界投资报告》指出，各国政府在国家安全审查政策与审查程序透明度及公正性之间必须做出调整和平衡。2016 年以来，全球有近 60 个国家和地区，五分之一新出台政策引入投资限制，滥用国安审查成为助推全球保护主义升级的关键原因，其中欧美投资审查制度更为严厉。根据美国外国投资委员会（CFIUS）国家安全审查报告，美国对外国投资国家安全审查变得空前严厉，相关安全审查案件数量创历史纪录。近期，美国白宫正在考虑针对中国设立“对等投资制度”，并可能实施行业投资禁令。除美国之外，目前欧盟委员会已经成立了一个专门工作组，对通过欧洲成立壳公司实现的“内部收购”加强严苛审查。

三是贸易冲突焦点转向更深层次的产业领域。以中美贸易摩擦和冲突为例，美国新国家安全战略报告将中国列为竞争对手更凸显中美之间竞争冲突远大于合作，中美“竞合关系”进入新阶段。特朗普对华贸易政策开始趋向中国产业政策、投资领域和市场开放。著名智库美国战略与国际研究中心预计，特朗普政府正在从传统商业领域着手解决长期影响美国竞争地位的问题，其核心将指向中国产业政策。随着中国产业升级，经济增长质量提高后，很多政策比如“301”条款都直接指向中国产业升级领域，而不是传统的劳动密集型产业，重点是与其有重大竞争产业领域，如涉及国家重大战略安全的高端制造业、装备制造业包括军工行业等。美国投资安全审查、“301”条款以及未来可能延伸到“306”条款，重点是在中国的高科技领域，包括生物、制药、半导体、高端技术装备，摩擦将远远大于传统的钢铁或者产能过剩行业。“中国制造 2025”不可避免地将成为未来中美贸易战新的前沿阵地。

中国欧盟商会《中国制造 2025：产业政策对弈市场力量》报告显示，“中国制造 2025”计划推动升级产业基础，这对于中国经济长期稳定有积极作用。但同时，由中国多个部门联合推动实施的这一产业战略容易导致与其贸易伙伴间产生紧张局势，尤其是补贴、对低效国企持续支持、对外国企业市场准入限制等手段不利于市场运作。贸易战历史似乎又在重演，当年日本产业结构演变，引发美日贸易摩擦的领域从轻工业、重化工业演化至高新技术产业。预计随着中国产业由中低端逐步向高端迈进，以及全球新一轮高科技竞争全面开启，包括中国与美国等发达国家技术密集型产业间结构性冲突可能会进一步升级。

四是全球范围内爆发贸易战的风险日趋加大。近期美国贸易代表办公室发布的《2018 年贸易政策议程暨 2017 年度报告》重申“美国优先”，并强调了五大政策支柱，支柱内容包括：支持国家安全；促进美国经济增长；重新协定贸易协议；强化执行美国国内贸易法案；改变现有的 WTO 多边贸易体制，并着重表示要使用“所有可能的手段来阻止中国破坏真正的市场竞争”。近期，美国计划对进口钢材征收25%的关税，对进口铝征收10%的关税，设置进口配额等。钢铁铝贸易战似乎只是个“引爆点”，而美国贸易代表处（USTR）发布针对中国的“301调查报告”宣布，对于特定的中国商品，美国将征收25%的关税。这些产品包括：航空产品、现代铁路、新能源汽车和高科技产品等1300个类别。鉴于中国全球最大中间品贸易大国的地位，以及美国报复清单中的电子机械、通信设备都是全球价值链产品，一旦以“美国为中心”的贸易战开打，引发中国征收报复性关税，其他贸易伙伴也跟进，那么不可避免拉开全球贸易战序幕，并严重割裂全球价值链和产业链。据Warwick等人基于全球投入产出关系研究，如果中美整体进口关税税率均提高10%，那么将分别降低美国、日本、欧元区、加拿大、澳大利亚、中国、印度以及其他亚洲国家、东欧国家和OPEC国家GDP约0.3%、0.5%、0.3%、1.8%、0.4%、2%、0.2%、1.4%、0.7%和1.1%。我们研究发现，在产业内贸易占据主导情况下，如果贸易战带来中国出口下降，那么也将导致中国进口萎缩，进而对高度依赖中国大陆进口的中国台湾、韩国、东盟、澳大利亚、拉美等地区的经济产生重要影响。

四、将全球价值链合作与治理框架作为推进新一轮全球化契机

（一）应主动推进以中间品贸易为主导的全球诸边贸易谈判

大幅减少中间品贸易成本对于促进贸易便利化，以及促进新兴经济体全面融入全球价值链意义重大。根据博鳌亚洲论坛2017年年会发布的《亚洲经济一体化进程2017年度报告》，随着全球中间品贸易的萎缩，亚洲经济一体化也在一定程度上出现倒退。亚洲经济体，乃至全球应对全球价值链结构性变化都面临艰巨的任务。鉴于发展中国家与新兴经济体仍处于全球价值链的中低端位置，其贸易模式主要是通过中间品投入，出口到其他国家获得国外增加值，因此，有效降低中间品关税税率，削减关税峰值以及最高关税，推进实施贸易便利化

措施，全面取消贸易配额和数量限制，以及加快破除原产地规则中累计原则的不公平限制，将大大促进全球价值链的合作水平。因此，加快倡导并推动以中间品贸易为主导的诸边贸易规则谈判，将会有效降低中间品贸易成本并将大大创造全球的贸易效益。

（二）加强全球价值链基础设施建设，实现制度与规则的“软联通”

本质而言，互联互通不仅包括物理性的基础设施联通，即“硬联通”，也包括政策、规则、标准、制度等方面的“软联通”。根据世界银行统计数据，2012年OECD成员国国家的平均关税水平为5%左右；太平洋与东亚经济体约为8%；最高的是中亚及南亚经济体平均关税水平为14%与7%。未来“一带一路”需要大幅降低关税水平，降低交易成本、跨境物流成本以及规制和摩擦成本，并以消除非歧视原则和各类政策性壁垒和非关税壁垒为重要目标，推进“一带一路”各国间在制度、规则以及标准等领域的全面对接。世界经济论坛相关研究显示，如果削减全球供应链壁垒能够达到全球最佳实践水平的一半左右，那么将会大大超过取消关税所创造的贸易红利。另据东盟东亚经济研究中心（ERIA）研究，理想情况下，未来十年，一旦消除全球供应链壁垒与非关税壁垒将有望使东盟经济体国民生产总值累计增长31.19%。

（三）加快重构“一带一路”价值链，塑造新型全球价值链伙伴关系

推动“一带一路”价值链重构首先应在“一带一路”沿线国家率先实现各国贸易与经济增长方式转型升级。目前，中国为“一带一路”区域内大多数国家最大的贸易伙伴国、最大出口产品市场和对外直接投资来源国。基于各国比较优势，将中国优势产能与优质资源与欧洲发达国家关键技术，以及“一带一路”其他国家的发展需求结合起来，通过相互扩大开放和资源整合利用，将有助于形成“一带一路”统一的要素市场、服务市场、资本市场、技术市场等，构建新型产业分工体系，依托经贸合作区、跨境产业集聚区、自由贸易区等，加快推动产业链条式转移、国际产能合作，促使“一带一路”沿线更多的国家

融入到全球价值链网络体系中，实现生产率的大幅提升。而长远目标则是通过重构“一带一路”产业链、价值链、供应链、服务链，构建一个以互联、开放、普惠、共享（C-O-I-S）为基础的全球价值链伙伴关系和全球普惠贸易体系。

除此之外，就现阶段而言，“一带一路”区域内贸易合作与投资仍处于较低水平，亟待全面构建与完善“一带一路”贸易投资争端解决机制。应该积极构建贸易争端解决新机制，善用磋商方式解决贸易摩擦和贸易争端。随着“一带一路”纵深发展以及区域内国家贸易投资合作水平提高，可以尝试考虑建立“一带一路”司法法律体系，将贸易争端、投资争端等纳入司法仲裁框架下加以解决，以及建立相配套的执行体系。

（四）以 FTAAP 为平台推动全球价值链经贸规则与治理框架

从未来趋势看，需要通过优惠贸易协定（PTAs）的迅速推广，进一步完善全球多边贸易体制与规则框架来推动全球价值链的重构发展。而亚太地区建立自由贸易区（Free Trade Area of the Asia-Pacific，FTAAP）作为逆全球化浪潮下跨区域多边的自由贸易安排，以及区内价值链整合的重要路径，其战略意义正在凸显。亚太区域内的双边、诸边、次区域各类贸易协定仍存在进一步加快整合的需要。尽管美国退出《跨太平洋伙伴关系协定》（TPP）后，剩余成员国日本、澳大利亚、加拿大、智利、马来西亚、墨西哥、新西兰、秘鲁、新加坡、文莱和越南 11 国已正式达成《跨太平洋伙伴全面进展协定》（CPTPP），但比较而言，比 FTAPP 创造的贸易效益要小很多。澳大利亚、中国、韩国、新西兰四国学者分为货物贸易自由化、货物贸易自由化 + 贸易便利化、取消关税 + 贸易便利化 + 服务贸易自由化三种情形，测算结果显示 FTAAP 将使亚太 APEC 区域 GDP 分别增加 0.5%、2.2% 和 2.4%。因此，以 FTAAP 为平台构建全球价值链治理框架，对促进亚太价值链区域整合，以及亚太区域经济一体化效应更为显著，贸易创造效应和消费者福利也更大。

参考文献

［1］马涛：《全球价值链和附加值贸易统计的发展》，中国社会科学院世界经济与政治研究所工作论文，2014。

［2］尹伟华：《中国制造业参与全球价值链的程度与方式——基于世界投入产出表的分析》，《经济与管理研究》2015年第8期。

［3］王金强：《亚太供应链合作关系的构建与中国的政策选择》，《东北亚论坛》2015年第1期。

［4］张晓静：《亚太区域合作深度一体化与生产网络的关联性》，《亚太经济》2015年第1期。

［5］邓军：《所见非所得：增加值贸易统计下的中国对外贸易特征》，《世界经济研究》2014年第1期。

［6］《中国发展对世界经济的影响》课题组：《中国发展对世界经济的影响》，《管理世界》2014年第10期。

［7］王岚：《融入全球价值链对中国制造业国际分工地位的影响》，《统计研究》2014年第5期。

［8］OECD, New Sources of Growth: Intangible Assets, Preliminary Evidence and Policy Issues, www.oecd.org/innovation/strategy, 2011.

［9］OECD, WTO, UNCTAD, "Implications of Global Value Chains for Trade, Investment, Development and Jobs", 2013.8.6.

［10］Timmer, M. P., B. Los, R. Stehrer and G. J. de Vries, "Fragmentation, Incomes and Jobs: An Analysis of European Competitiveness", *Economic Policy*, 2013(28).

［11］Tukker, A. and Dietzenbacher, E., "Global Multiregional Input-output Frameworks: An Introduction and Outlook", *Economic Systems Research*, 2013(25).

［12］UNCTAD, "Trade in Services and Development Implications", TD/B/COM, 2007, 1/85, Geneva.

［13］UNCTAD, "The New Frontier of Competitiveness in Developing Countries: Implementing Trade Facilitation", Geneva, 2014.

“非再生产周期陷阱”中的经济增长下行研究

边泉水 *

【导语】当前，我国处于“非再生产周期陷阱”之中，主要表现在企业资本回报率的持续下降。作者认为，为了走出这一“陷阱”，需要贯彻落实党的十九大提出的“高质量发展”战略，通过推动制度变革和技术创新来提高资本回报率。

一、经济增长下行阶段的异质性：我国处于非再生产周期陷阱之中

经济周期是经济发展过程中增速的波动，一般可以分成经济上行和下行周期。但是，简单把经济运行划分为上行与下行两个阶段并不能全面把握经济增长的变化，因为影响两个阶段因素的不同也会导致经济增长不同的结果。实际上，经济增长下行阶段是存在异质性的，进一步又可以划分为两种情形：再生产周期中的经济下行和非再生产周期中的经济下行。所谓的再生产周期，是指市场力量在经济下行阶段的后期可以促使资本回报率提升，从而使企业加大资本开支，经济增长回升；但在非再生产周期中，资本回报率一直呈现低迷状态，企业不愿意扩大资本开支，经济增长难以出现复苏态势。经济的持续增长有赖于一系列体制机制的保证，当经济下行处于非再生产周期时，就需要重新构建有利于经济恢复上行的一系列体制机制结构，依靠短期经济刺激是难以保持经

* 边泉水，中国人民大学1999级博士生，现为国金证券首席宏观分析师。主要从事中国与全球宏观经济、政策与资本市场研究。感谢国金证券宏观分析师邸鼎荣对本文所作的贡献。

济持续稳定增长的。

经济的快速增长是以企业较好的盈利预期为前提的，一系列能稳定经济发展的体制机制是企业较好盈利预期的基础，也是经济持续增长的保障。在经济下行阶段，周期性的重建适应经济增长的体制机制对维持经济扩张尤为重要。经济增长由再生产周期陷入非再生产周期是由于原来支持企业盈利能力的一系列制度不能发挥作用。因此，可以通过考察企业的资本回报率来判断经济增长下行阶段属于再生产周期还是非再生产周期。[①] 如果经济增长处于下行阶段，但这一时期企业资本回报率是上升的，说明现有制度结构能够驱动经济扩张，则属于再生产周期中的经济下行。反之，如果经济增长下行，同时企业资本回报率也下降，说明现有的制度结构无法支持经济扩张，则属于非再生产周期的下行，这时候就需要构建社会经济发展的社会结构，才能摆脱经济增长的下行。

参考杨小勇、甘梅霞的研究[②]，企业的资本回报率可以表示为：

$$\mathrm{r} = \frac{R}{Y} * \frac{Y}{K_u} * \frac{K_u}{K_0} = syk$$

其中，r 为企业资本回报率，s 为企业增加值中利润的份额，y 为产出率，代表企业加工生产过程中的效率，k 为企业的产能利用率。具体来看，企业增加值中利润的份额 s 可以进一步表示为：

$$s = 1 - \frac{w/\mathrm{p}}{qe} - \frac{f_c/\mathrm{p}}{f_I e_I}$$

其中，w 为名义工资，p 为产品价格，q 为单位劳动投入产出率，e 为劳动投入的数量，（w/p）/qe代表企业购买生产资料过程中真实劳动成本；f_c为上缴的政府财政收入，f_I为政府的财政支出，e_I为政府支出贡献弹性，（f_c/p）/$f_I e_I$为政府对企业增值过程的影响。

① 杨小勇、甘梅霞：《中国当前经济增长率下行的异质性、原因及对策——基于积累的社会结构方法》，《教学与研究》2017 年第 1 期。

② 杨小勇、甘梅霞：《中国当前经济增长率下行的异质性、原因及对策——基于积累的社会结构方法》，《教学与研究》2017 年第 1 期。

通常情况下，市场经济本身存在内在调节机制，经济的萧条往往伴随着经济的重新出清，大批企业倒闭，原有产能的退出使得产能利用率随之提高。同时，在产能退出的过程中，落后产能首先得到去化，低效产能的退出使得有效产能产出率提升。经济萧条也往往伴随着失业率的上升，在劳动供给大于劳动需求的背景下，劳动成本随之下降，单位产品中劳动成本所占的比重也相应下降。其次，经济的不景气导致政府税收的减少，这时候税收自动稳定器的功能便开始发挥作用。在以上机制的相互作用下，相应的劳动成本、税收负担在企业增加值中的份额减少，从而提高企业增加值中利润的份额。以上这一系列因素最终将使得企业资本回报率增加，企业盈利预期也随之提高，引导经济增长进入上行阶段。

但当经济下行处于非再生产周期时，则与以上情形相反。社会结构阻碍了经济的自然出清，过剩的产能不能主动退出，导致产能利用率持续下降，低效产能的存在也进一步限制了产出率的提高。同时，由于刚性就业的存在，若此时劳动人口结构产生不利于经济增长的变化，在经济下行时，劳动成本则可能出现不降反升的局面。其次，由于政府税收制度的不合理，不能很好地发挥税收自动稳定器的作用，将会对企业增加值中利润的份额产生不利影响，抑制企业盈利预期的提升，经济也就陷入了非再生产周期的陷阱中。20 世纪 30 年代大萧条时期的美国就是处于非再生产周期的典型例子，实际劳动成本不降反升，制约了企业增加值中利润的份额回升，最终导致经济长时期的衰退[①]。经济增长由再生产周期陷入非再生产周期，是由于原来支持企业盈利能力提升的一系列制度不能再继续发挥作用。因此，需要重新构建一系列制度框架来恢复企业盈利预期。

当前我国处于非再生产周期陷阱之中。我们用工业企业净资本利润率来衡量企业资本回报率，可以发现自 1999 年起，我国经济下行阶段经历了三

① David M. Gordon, Thomas W. Weisskopf and Samuel Bowles，“Long Swings and the Nonreproductive Cycle”，*The American Economic Review*, 1983，73(2).

个周期。其中，2000—2001年为再生产周期中的经济下行，2007—2009年、2010—2016年为非再生产周期中的经济下行。当前，我国经济处于非再生产周期下行阶段，较高速度的增长已经难以维持，中央提出经济增长将由高速增长阶段向高质量发展阶段转变，也是一阶段应有之意。只能通过制度变革和技术创新提高资本回报率，从而摆脱非再生产周期的陷阱，这是当前中国和全球经济体面临的主要问题。

表1 1999年以来我国经济下行阶段的三个周期

序列	波峰	GDP增速（%）	波谷	GDP增速（%）	资本回报率变化（%）	生产周期属性
1	2000年	8.5	2001年	8.3	0.0334	再生产周期
2	2007年	14.2	2009年	9.4	−1.2040	非再生产周期
3	2010年	10.6	2016年	6.7	−0.3930	非再生产周期

数据来源：Wind。

二、我国陷入非再生产周期陷阱的原因

（一）劳动人口结构的变化不利于企业利润积累

劳动力是经济增长的重要因素之一，人口数量和结构的变化与经济的增长紧密相关。[①]年轻劳动人口较多的经济相对更具有活力，老年人口较多的经济发展速度则会相对较慢，因此，劳动人口结构的变化也具有很重要的作用。此前，我国经济快速发展一个很重要的因素就是人口红利的贡献，即与劳动年龄人口增长和人口抚养比的持续下降息息相关。一方面，不断增加的劳动年龄人口为经济增长提供了充足的劳动力供给，有助于劳动成本的相对稳定。城镇化过程中劳动力从农村向城市转移，也优化了劳动力资源的合理配置；另一方面，根据消费生命周期理论，随着人口抚养比的不断下降，消费减少的同时储蓄也会

① 孙爱军、刘生龙：《人口结构变迁的经济增长效应分析》，《人口与经济》2014年第1期。

逐渐增加，这将有利于资本形成，从而为经济增长提供充足的资本供给。[①]

当前我国劳动人口结构的变化对经济快速增长造成不利影响。在过去依靠投资、出口拉动经济的模式下，劳动力大量供给的情况压低了企业用工成本，增加了相对产出的比较优势，推动了经济快速增长。当前我国的情况是，劳动人口比重持续下降，人口抚养比则不断上升，与此前发生了明显的反转，劳动人口将呈现相对或结构性短缺的情况，进而推动企业用工成本快速上升。劳动力作为基础生产要素，劳动力价格的上涨将进一步推升产品价格，进而抑制消费需求，降低社会总产出。

按照国际通行的15—64岁劳动年龄划分，2010年起我国劳动年龄人口占比已经出现了拐点，人口抚养比也持续上升。劳动年龄人口占比由2010年峰值74.5%下降到2017年71.82%，老年人口抚养比则由2011年12.3%上升到2017年15.9%。从国际比较来看，我国劳动人口占比在世界主要经济体中依然处于相对比较高的水平，但与印度近几十年来劳动人口占比持续增长形成鲜明对比的是，我国劳动人口占比在经过三十年来持续高速增长后，2010年已经开始了下滑，将对经济增长造成不利影响。

（二）国民收入分配中税收负担和结构的不合理对企业资本开支产生制约

税收负担衡量了政府在国民收入分配中所占的比重，可以从宏观与微观两个角度来分析。宏观税收负担反映了政府收入与国民经济总量之间的关系，一般通过政府收入占GDP比重来衡量。根据政府收入口径的不同，宏观税负也可以划分为三个不同口径：（1）税收收入占GDP比重；（2）财政收入占GDP比重；（3）政府收入占GDP比重，这里的政府收入不仅包括财政预算内收入，也包括财政预算外收入，以及未在政府收入体系中反映的各种其他收入，是最广

---

① 陆旸、蔡昉：《从人口红利到改革红利：基于中国潜在增长率的模拟》，《世界经济》2016年第1期。

义的宏观税负衡量。微观税收负担则是从企业角度来分析企业所承担的税负，这里用营业收入税收负担率来衡量微观企业税收负担。其中，营业收入税收负担率 =（支付的各项税费—收到的税费返还）/ 营业收入，反映了企业经营活动中每一单位营业收入所承担的税收费用。

从宏观税收负担来看，我国税收收入、一般公共预算收入、财政收入与名义 GDP 的比值反映的宏观税负都在持续上升，2017 年年底，分别为 17.45%、20.87%、34.87%。从微观税负来看，我们用 A 股上市公司数据计算微观税负，发现 2008 年以来微观企业税负有所提高，近几年来基本保持在 7.5% 左右。从企业综合税率的国际比较来看，2017 年我国企业综合税率 67.3%，高于其他主要国家，美国（43.8%）、德国（48.9%）、日本（47.4%）、印度（55.3%）。企业综合税率构成中，社保税率 48.1%，远超其他主要国家，反映了我国企业有较重的社保负担，美国（9.8%）、德国（21.4%）、日本（18.5%）、印度（20.5%）。在企业收入和利润一定的情况下，社保缴费水平居高不下必然会直接影响到其现金流状况，进而对其生产行为和投资决策产生影响。[①] 事实上，广义的税收负担还表现在各类政府收缴费用、企业开办流程烦琐等多个方面。

税收的另一个问题在于税收结构的不合理。我国税收主要包括流转税、所得税两大类，其中流转税包括消费税、增值税、关税，所得税则包括个人所得税、企业所得税，此外税收还包括城镇土地使用税等土地相关税收，以及印花税等其他税收。2017 年我国税收收入中来自流转税的收入占比 59.27%，所得税占比 30.54%。以流转税类为主体的税制结构模式有利于效率目标的实现，而以所得税类为主体的税制结构模式有利于公平目标的实现。[②] 流转税属于间接税，具有累退性质，企业可以将缴税成本通过价格等方式转嫁给消费者，相应地提高了居民消费成本，弱化了税收的收入分配功能，使得税收并不能很好地起到经济调节作用。同时流转税占比大的情况下财政“自动稳定器”的功能也

---

① 杨灿明：《减税降费：成效、问题与路径选择》，《财贸经济》2017 年第 9 期。

② 郭晓丽：《税制结构优化问题研究 —— 基于税收收入结构的视角》，《经济体制改革》2014 年第 1 期。

很难得到有效发挥。

（三）产能过剩制约产能利用率和产出率的提升

从经济理论的角度来分析，产能过剩这一状态实际是并不稳定的，企业的最终目标是实现利润最大化，在陷入亏损后企业的理性选择即为退出市场，随后市场供求在动态调整中达到新的平衡。理论上，市场经济的运行可以实现资源的优化配置，然而现实经济往往无法达到帕累托最优的资源配置水平，资源配置不均衡的其中一个表现就是产能过剩。过剩的产能不能主动退出，导致产能利用率持续下降，落后产能的存在又进一步制约了产出率的提高。近十年来，我国面临着比较严重的产能过剩问题，尤其是在钢铁、水泥、电解铝等中上游产业。同时，部分处于产业初创和发展期的新型高端产业也一度出现了产能过剩问题，比较典型的例子就是光伏产业。

某种意义上，我国产能过剩的出现，与政府在资源配置中的过度干预有关。第一，政府的过度干预扭曲了企业的投资和退出决策，导致企业受到非市场指令的不合理激励。[①]市场体制下要素价格的变动反映了不同要素之间的稀缺程度，政府对资源配置的过度干预造成了要素价格的扭曲，进而企业成本结构以及整个供给曲线也被扭曲。那些在私营企业中投资收益很低甚至没有收益的项目，在国有企业看来也可以去投资。而且，企业投资者往往认为即使企业经营亏损，地方政府也会为其兜底，这也就加剧了企业经营过程中的道德风险；第二，产业政策在扶持弱小企业、促进产业升级方面起到了很重要的作用，但同时也在一定程度上导致了部分产业产能过剩的存在，产业政策扭曲了企业的机会成本与投资预期，可能导致大量竞争者同时涌入这一产业并形成产能过剩的局面；第三，政府干预市场配置资源的政策也可能会扭曲企业的退出决策，从而加剧产能过剩问题。[②]在市场竞争中处于不利位置的企业，如果能从市场中及

---

① 杨振：《激励扭曲视角下的产能过剩形成机制及其治理研究》，《经济学家》2013 年第 10 期。

② 王立国、高越青：《建立和完善市场退出机制　有效化解产能过剩》，《宏观经济研究》2014 年第 10 期。

时退出，产能过剩问题也就得到了缓解。但事实上，部分行业高退出壁垒使得企业无法退出，只能继续在市场上进行低效竞争，产能过剩的问题也因国有企业难以退出市场而恶化。

（四）模仿创新对经济增长的贡献在持续减弱

根据熊彼特范式的发展理论，经济增长最终由创新驱动。其中，创新又可以区分为模仿创新和自主创新。后发经济体与前沿国家技术差距明显缩小之后，后发优势也相应缩小，技术进步速度将不能充分抵消资本边际报酬递减规律的影响[①]，这时候，经济持续发展就更加依赖于自主创新能力的发展。后发展国家与技术先进国家之间存在着较大的技术差距，因此在初期，后发展国家可以通过技术引进、购买等方式获取先进国家技术，并在这一基础上消化吸收做模仿创新。与模仿创新相对的是自主创新，即通过自主研发来实现核心技术，推动经济的持续增长。在初期，后发展国家可以依靠对技术先进国家的模仿创新来推动经济发展，但模仿创新对一国技术进步的影响是有限度的，模仿创新的空间来源于后发展国家与技术先进国家之间的差距，后发展国家通过模仿创新使得这一差距越来越小，对经济增长的边际贡献也会越来越小。

另一方面，就先进技术而言，在后发展国家通过模仿创新改进国内技术的同时，技术先进国家也在不断实施更进一步的技术创新，也会限制最新技术的转让，在这样的情况下，后发展国家与技术先进国家之间始终存在着技术差距，无法逾越，这时候加强自主创新就是后发展国家的必然选择。短期来看，模仿创新对后发展国家发展起到了很重要的作用；但长期来看，模仿创新难以驱动经济快速增长，因此自主创新才是经济持续增长的动力。我国现在就处于这样一个阶段，模仿创新对经济增长的贡献在持续减弱，这时候进一步加大自主创新力度才是重要选择。

---

① 刘培林、贾珅、张勋：《后发经济体的“追赶周期”》，《管理世界》2015 年第 5 期。

三、走出非再生产周期陷阱的对策

党的十九大报告中提出的高质量发展战略，助推中国经济转型，具有重大的理论和现实意义。如何走出上文提出的非再生产周期陷阱，需要在高质量发展战略思想的指导下，制定出具体的、切实可行的中长期政策，避免短期强刺激政策对长期发展战略的干扰。

（一）完善社会保障体系建设，促进人口结构优化和人口素质提高

近年来人口结构的变化，不仅是因为多年计划生育政策影响，更重要的是随着经济快速发展，生活成本也逐渐增大，医疗、教育、养老也被称为新三座大山，进而人口出生率也不断下降。因此，需要尽快全面放开计划生育政策，同时完善社会保障体系建设。建立健全社会保障体系，可以间接调控人口数量[①]，一方面有助于缓解人口出生率的下降，另一方面也有助于提高人口素质。一是优化基本社会保障体系建设，将公共财政向民生财政转移，逐步增加基本养老保险、基本医疗保险、社会救助及老年服务体系投入[②]；二是积极发挥社会资本作用，建立社会保障体系第二支柱，通过财政税收政策的杠杆作用，引导市场资源投向社会保障领域，刺激社会各界参与社会保障事务的动力；三是在教育主要由地方政府支出的同时，加强中央财政对地方教育支出的考核和鼓励，引导地方政府为教育提供更充足资金，尤其是重视农村、边远、少数民族、贫困地区教育发展；四是推动建立房地产调控长效机制，多主体供给、多渠道保障、租购并举的住房制度。对保障房建设用地可以提高相应的优惠支持，鼓励市场参与保障房供应。合理引导租赁市场发展，进一步规范租房市场并保护承租行为。及时检测房地产市场可能的风险点，有效预防人口结构和住房需求剧

---

① 王天宇、彭晓博：《社会保障对生育意愿的影响：来自新型农村合作医疗的证据》，《经济研究》2015 年第 2 期。

② 郑功成：《中国社会保障改革：机遇、挑战与取向》，《国家行政学院学报》2014 年第 6 期。

烈变动所带来的宏观经济风险。

（二）适当降低宏观税负，进一步优化税收结构

适当降低宏观税负。关于减税比较经典的理论是“拉弗曲线”，认为减税可以刺激经济增长，在一定范围内有助于扩大税基，最终税收收入也会相应增加，形成经济与税收增长的良性循环。当前我国宏观税负较高，减税可以在促进企业研发创新、调节收入分配和引导产业结构升级等方面起到积极作用，可以通过适当的减税来推动经济增长。一是适当降低增值税税率，减轻企业尤其是中小企业税收负担，促进就业和创新①；二是简化企业所得税制度，适当降低税率，扩大小微企业减半征税所得税优惠政策，提高企业固定资产投资税前扣除比例；三是进一步优化个人所得税制度，阶段性提高个税起征点，完善专项扣除制度，扣除标准与通胀挂钩并定期进行调整，适当拉大税率档次以提高中低收入人群可支配收入；四是减轻企业非税负担，规范各类政府收入，杜绝行政乱收费问题，对于针对特定使用者的公共物品，完善使用者付费的提供方式，进一步降低企业社保缴费比例，减轻企业社保税负担。

进一步优化税收结构，更加注重直接税在调节收入分配中的作用。②一是逐步提高所得税在税收总量中的占比，尤其加强对高收入人群缴纳个人所得税的监管；二是注重结构性减税，降低财政收入对流转税的过分依赖，使流转税和所得税之间的比例更加合理；三是完善房地产税等财产税制度，对保有阶段的房地产开征具有财产税性质的房产税，既可以为地方政府设立符合受益原则的主体税种，又可增加直接税的比重③，减少地方政府不规范融资行为。

---

① 王征：《推进结构性减税，深化税制改革》，《科学发展》2014 年第 7 期。

② 何茵、沈明高：《政府收入、税收结构与中国经济增长》，《金融研究》2009 年第 9 期。

③ 张朝举、张忠任：《宏观税负、税收弹性与税收结构 —— 基于中日比较视角》，《中南财经政法大学学报》2014 年第 3 期。

（三）充分发挥市场在资源配置中的决定性作用，推动低效产业退出

充分发挥市场在资源配置中的决定性作用，减少政府对资源配置的过度干预。政府的定位是要做市场机制建设者、市场秩序监管者及公共产品提供者，真正让市场竞争机制在去产能及经济结构转型升级中起主导地位，发挥市场机制的核心调节作用。①一是实行统一的市场准入制度，在制定负面清单的基础上，各类市场主体均可依法平等进入，减少企业投资项目中的行政性审批与干预；二是充分保障市场竞争机制，清理和废除妨碍全国统一市场和公平竞争的各种规定，反对地方保护主义，反对垄断和不正当竞争，健全优胜劣汰市场化退出机制，完善企业破产制度等；三是避免倾向性产业政策，营造公平竞争的市场环境，取消对一些竞争性行业的直接补贴，规范政府引导基金和 PPP 相关运行机制，避免政府投资与民争利造成资源配置的扭曲。

坚持市场化去产能，推动低效产业退出。一是多渠道强化企业成本约束，从环保、税收和用工成本等多个方面对落后产能形成约束机制，将达不到环保标准的产能作为去除重点，保障劳动者基本权益，淘汰不符合要求的落后产能。二是针对不同企业要分情况处理，一方面对于那些可以通过兼并重组提升效率的产业，积极鼓励通过兼并重组的方式来化解落后产能，地方政府可以给予相应补贴②；另一方面，对于那些无法实现效率提升和结构转型升级的产业，在做好善后工作的基础上，积极采取破产倒闭的方式实现落后产能的退出。三是完善落后产能退出支持政策，中央层面可以进一步发挥专项奖补资金的支持和引导作用，地方层面注重多渠道分流职工安置，并给予适当的政策帮扶。同时对主动淘汰落后产能的企业给予一定的税收优惠政策，鼓励金融机构积极参与债转股，对去产能过程中企业暂时性的困难给予相应的信贷支持。

---

① 张杰、宋志刚：《供给侧结构性改革中“去产能”面临的困局、风险及对策》，《河北学刊》2016 年第 7 期。

② 刘尚希、樊轶侠、封北麟：《“去产能”财政政策分析、评估及建议》，《经济纵横》2018 年第 1 期。

（四）坚持体制创新和金融创新，为自主创新提供制度环境和市场保障

美国“新经济”是创新驱动发展的典型案例。20世纪90年代至21世纪初，美国出现了历史上最长的经济扩张期，经济实现了高增长、高生产率、低失业率、低通胀，这一时期被称为美国“新经济”时代，以信息通信技术为核心的高科技行业的快速发展是推动这一大繁荣的重要因素。[①]信息革命使美国步入知识经济时代，进而劳动生产率大幅提高，为经济持续增长提供了根本动力。

我国广东省也是创新驱动的一个很好例子。2012年以来，广东省产业结构不断优化，医药、计算机、通信和其他电子设备等新技术产业增速始终维持高速增长，新经济制造业在工业中比重不断上升，新经济对GDP拉动作用也不断提升。2017年广东省GDP增长7.5%，新经济拉动GDP增长2.0%，比2016年增加0.3个百分点，成为经济稳定增长的重要力量。

制度创新能够为自主创新提供制度环境和市场保障。[②]一是提高政府工作能力和水平，动态调整制约创新的体制机制问题，进一步减少不必要的行政审批，使市场机制在创新中更好地发挥作用；二是通过创新监管制度，加强市场宏观调控，在新兴经济领域鼓励创新的治理理念，激发市场潜在活力，改造和提升传统产业经济模式；三是通过税收减免、信贷支持等政策缓解企业创新过程中可能存在的资金压力，鼓励创新成果向产品的积极转化，更好地服务创新产业发展；四是加强基础学科研究，完善用人机制，提供相应科研保障，强化科技成果转化应用机制。

金融体系创新为自主创新提供资金支持。服务实体经济是金融发展的最本质要求，根据企业所需资金的不同期限、风险特征，坚持多层次金融体系创新发展。发展有效的股票市场，为企业提供权益资金；发展有效的债券市场，为

---

① 张彬：《“三位一体”——20世纪90年代以来美国经济发展的新范式》，《武汉大学学报》2007年第6期。

② 陈建青、扬甦华：《创新、经济增长与制度变迁的互依性》，《南开经济研究》2004年第4期。

企业提供长期和短期的债务性资金；发展有效的商业票据市场，为企业提供短期流动资金。发展金融租赁市场，要促进产业和金融业进一步深度融合。[①] 金融服务实体经济的重点是促进科技进步和技术创新，促进生产要素重组，实现经济结构的转型和升级。

（五）合理把握当前短期经济刺激与中长期结构性改革的矛盾

当前我国经济周期性、结构性矛盾并存，其中又以结构性、体制性为矛盾的主要方面，因此要合理把握短期经济刺激与长期结构性改革之间的矛盾。供给与需求实际上是一个硬币的两面，短期经济政策侧重于需求侧管理，中长期结构性改革则侧重于供给侧管理，需求端的变化是快变量，要解决的是短期经济波动，供给端的变化是慢变量，要解决经济中长期持续发展问题。解决我国经济面临的问题，需求与供给两端都需要用力，但中长期结构性调整是经济高质量发展的根本保证。

近几年来，我国宏观杠杆率处于不断上升趋势，其中尤以非金融企业杠杆率上升速度为甚。根据BIS统计，2017年年底我国非金融企业杠杆率为160.3%，远高于美国（73.5%）、欧元区（101.6%）、日本（103.4%）和新兴市场国家总体（104.6%）。适度的杠杆有助于用较少的资本金获取更多的资产，有利于推动经济快速发展。但随着杠杆不断上升，风险将会不断积累，将对经济增长产生负面影响，导致经济和金融危机。在去杠杆过程中要采取循序渐进的策略，充分考虑政策实施过程中应有的平滑操作，最大限度地避免杠杆急速下降所导致的经济衰退。当前我国经济面临较大下行压力，短期需求端刺激的必要性在上升，但需要注意的是短期经济刺激力度不应过大，短期政策应该起到“托底”经济作用，为中长期结构性改革营造良好的经济环境。

① 李扬：《提升金融服务实体经济的质量》，《财经界》2015年第9期。

我国城镇化发展的回顾与前瞻

李　娣*

【导语】改革开放40年同时也是我国城镇化快速发展的40年。本文总结了40年来我国城镇化发展的历史进程、成就与主要经验，分析了当前城镇化发展面临的主要问题，并就下一步推进我国城镇化高质量发展提出了建议。

一、改革开放以来我国城镇化发展的历史进程

改革开放后至今，是我国城镇化的快速稳定发展时期。我国城镇化建设大体经历了两个重要阶段：1978—1991年是我国城镇化的快速发展时期，国家主要城镇化政策集中体现在弥补城市历史“欠账”，建设经济特区，发展小城镇；1992—2013年是我国城镇化的稳定发展时期，国家的主要政策是促进区域协调发展，走中国特色新型城镇化道路。2013年以来，我国城镇化由注重数量逐步走向重视质量和效益，开始进行人的城镇化建设。

（一）发展经济特区、建设小城镇政策与我国城镇化建设

1979年4月8日，广东省委第一书记习仲勋在中央工作会议上向党中央要求中央给予广东改革开放的特殊政策，在邻近港澳和沿海地区划出一些区域专门对外合作交流和吸收外资。1979年7月，中共中央、国务院决定在深圳、珠海、汕头、厦门创办“出口特区”，此后，正式将“特区”定名为“经济特区”。从此，打开了以沿海城市率先发展为主题的对外开放大门。1984年

* 李娣，中国国际经济交流中心副研究员。主要研究领域为宏观经济、区域经济、财政理论与政策。

5 月，中共中央、国务院决定开放大连、秦皇岛、天津、烟台、青岛等 14 个沿海城市。经济特区的良好发展势头，推动了我国以城市为重点的经济体制改革，1984 年 10 月中共中央通过《中共中央关于经济体制改革的决定》，强调要加快以城市为重点的经济体制改革步伐。从 1985 年起，中共中央、国务院又相继在长江三角洲、珠江三角洲、闽东南地区和环渤海地区开辟经济开放区。1988 年 4 月，全国人大第一次会议决议批准同意海南岛为经济特区，此后，浦东的开发为今天上海成为长三角首位城市奠定了重要的基础。我国经济特区、经济区的建设及以城市为重点的经济体制改革，推动了城市数量进入一个快速发展期，据统计，1979—1991 年间，我国共新增城市 286 个，大约为前三十年的 4.7 倍。这些政策的实施不仅为我国城市快速发展及城市群的形成创造了良好条件，也为今天城镇化的高效推进积累了宝贵经验。

与此同时，我国小城镇进入快速发展阶段。随着农村联产承包责任制在全国的推广，长期以来被压抑的农村生产潜力得到了释放。根据新中国 60 年统计资料汇编显示，从 1980—1990 年十年间，乡村劳动者由 3.18 万人增长到 4.09 万人，农产品、农民手头余钱及乡村劳动者逐步出现剩余。伴随以城市为重点的经济体制改革逐步成为我国改革的主要方向，以及特区经济建设，国家加大了城市基础设施建设，城市经济快速发展，对劳动力的需求日益增大，限制劳动力流动的户籍制度也开始有所松动，在不改变户籍的情况下，剩余农民开始以国有企业“合同工”、“临时工”和建筑工人的身份进城，农村剩余劳动力加速向城镇流动。改革开放后，我国乡镇及乡镇企业也呈现快速发展，整理国家统计局及住房和城乡建设部统计资料可见，1978—1988 十年间，我国乡镇数年均增长 930.8 个。我国乡镇企业数由 152.42 万个增长到 1888.16 万个（其中 1983 年乡镇企业数 134.64 万个，1984 年后呈现快速增长），增长了 12.38 倍，乡镇企业职工人数由 2826.56 万人增加到 9545.46 万人，增长了 3.38 倍 。在国家政策支持下，乡镇企业也磅礴发展，对吸纳农村剩余劳动力，助推小城镇发展做出了突出的贡献。

（二）促进地区经济合理布局、协调发展理念与我国城镇化发展

1992年，党的十四大提出建立和完善社会主义市场经济体制，其中城市发展重点是要以上海浦东开发开放为龙头，进一步开放长江沿岸城市，把发挥沿海城市对内陆地区的辐射带动作用提到了一个前所未有的高度。经过改革开放二十年的发展，我国东部沿海地区城市快速崛起，城市规模日益扩大，上海、广州、深圳等城市的经济总量远高于其他城市，成为区域内中心城市。1997年，党的十五大报告提出要求各地从实际出发，遵循区域经济发展规律，发挥中心城市的作用，引导形成跨地区的经济区域和重点产业带。21世纪初，我国出现了上海、北京、广东、深圳、天津等特大城市，及由特大城市引领的长三角、京津冀、珠三角等城市群。2002年，党的十六大报告提出了全面繁荣农村经济，加快城镇化进程。党中央首次在党的报告中提出要逐步提高城镇化水平，坚持大中小城市和小城镇协调发展，走中国特色的城镇化道路，并进一步强调引导农村劳动力合理有序流动。党的十七大报告又一次强调要走中国特色城镇化道路，促进大中小城市和小城镇协调发展。首次提出增强城市综合承载能力，形成以特大城市为依托的城市群。这些政策的实施，揭开了我国城镇化建设的新篇章，我国城市及城镇化发展空前活跃。据国家统计局及住房和城乡建设部统计资料显示，1992—2012年，在经济快速增长的拉动下，我国城镇化率由26.68%提高到52.57%，设市城市总数由479座增加到657座，平均每年增加了8.5个；全国建制镇由13737个（含1752个县城关镇）增加至19881个，平均每年增加293个。

（三）以重视城市质量为重点城市发展方式改革与我国城镇化发展

随着我国城镇化进程的快速推进，区域城市间发展不平衡、大城市病、千城一面等城市问题日益凸显。中国城镇化进入内涵式发展的关键时期，为适应城市发展的需要，我国展开以重视城市质量为重点城市发展方式改革。在此基础上，针对城镇化进程中农业剩余人口就业、“空城”等客观存在的实际问题，

2012 年，党的十八大报告进一步强调要以推进城镇化为重点，科学规划城市群规模和布局，增强小城市和小城镇产业发展、公共服务、吸纳就业、人口集聚功能。2013 年，针对当前我国城镇化发展进程中存在的普遍问题，我国召开了改革开放以来第一次中共中央城镇化工作会议，会议提出：要紧紧围绕提高城镇化发展质量，推进以人为本的城镇化。党的十九大报告再次强调，实施区域协调发展战略，以城市群为主体构建大中小城市和小城镇协调发展的城镇格局。党中央站在新的时代背景下，从战略和全局上对走中国特色新型城镇化道路做出了一系列重大部署，这有利于全党和全国人民统一思想、统一认识，确保城镇化沿着正确方向发展。

2013 年 12 月 12 日至 13 日，中央城镇化工作会议指出，把城市群作为主体形态，形成“两横三纵”的城市化战略格局，一张蓝图干到底。正是在党和政府各项政策的推动下，自 2013 年以来，我国城镇化率继续保持 1% 以上的增长，最为突出的是我国城市群的发展与规划走上了快车道。2013 年至今，国务院先后批复了一系列区域发展规划。这些密集出台的区域发展规划，多数以城市群为主体。2015 年批复第一个跨区域城市群发展规划——《长江中游城市群发展规划》，同时积极推进《京津冀协同发展规划纲要》实施，2016—2018 年，《国务院关于中原城市群发展规划的批复》《国务院关于成渝城市群发展规划的批复》等密集获得国家批复。在国家战略层面的推动下，粤港澳大湾区规划纲要即将出台，这都是我国政府和人民在城市群建设领域的积极探索与实践。

二、我国城镇化建设与城市群发展的快车道

1965 年到 1978 年的 13 年时间内，我国总人口增加了 23721 万人，但城镇化率一直维持在 17% 左右，改革开放后的几十年里，我国城镇化率呈现较快增长（见图 1），其中，2010 年以前，我国人口总数与城镇化率都是快速递增的，之后，我国人口总数的增长趋势明显放缓，但城镇化率依然以 1% 以上的速度递增。改革开放以前，我国各城市规模都不大，城市与城市之间距离远，城市

之间联系不够紧密。但随着改革开放后我国经济的快速增长，尤其是城市经济的快速发展，我国城镇化进程加快，城市人口不断增加，城市规模日益扩大，全国性的现代交通网络体系逐步形成，通讯等基础设施日趋完备，城市之间的人、物、信息、资金等要素流动不断加速，城市间的时空距离不断缩小，城市间的联系日趋紧密，城市及城市群发展进入快车道。

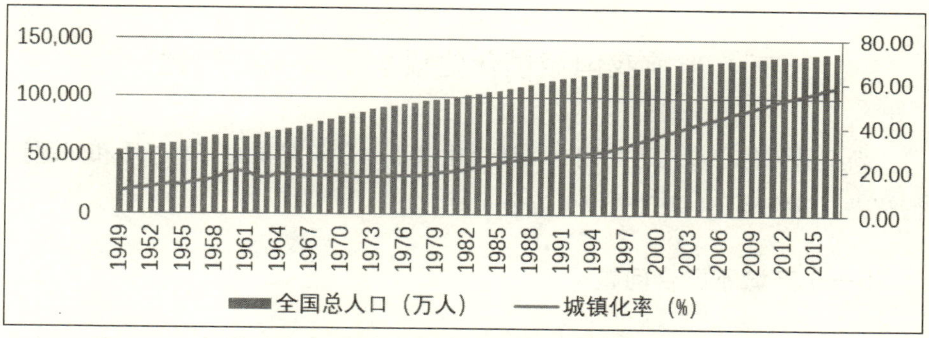

图1　1949—2015年我国总人口与城镇化率变化情况

数据来源：wind。

国家统计局网站统计数据显示，1978年我国9.6亿人口中有7.9亿农民，占82%；在4亿多从业人员中有农民2.8亿人，占70%，是典型的农业大国。2017年年末，中国大陆总人口（包括31个省、自治区、直辖市和中国人民解放军现役军人，不包括香港、澳门特别行政区和台湾省以及海外华侨人数）13.9亿人，其中，城镇常住人口8.1亿人，乡村常住人口5.76亿人，城镇化率为58.52%，我国已有一半以上的人口居住在城市。2017年年末全国就业人员7.76亿人，其中城镇就业人员4.25亿人，73%的从业人员在工业和服务业岗位工作。城市在我国经济社会中扮演着越来越重要的角色，承载着越来越多的人口与就业。我国已初步形成了长三角、珠三角（粤港澳大湾区）、京津冀全国经济增长极，长三角更是成为世界级城市群，据学者统计研究，2016年，京津冀、长三角、珠三角（粤港澳大湾区）、长江中游以及成渝五大城市群，以

11% 的面积集聚 40% 的人口，创造了 55% 的 GDP，成为拉动国内生产总值的主力军①。经过“八五”、“九五”、“十一五”、“十二五”等多个五年计划区域协调发展政策及多个区域发展规划和指导性文件推动，我国已逐步形成了以京广线和京哈线及沿东南海岸线为纵轴，长江及陇海线为横轴的城市网状分布体系。“十三五”规划提出，我国将建设 19 个城市群，打造京津冀、长三角、珠三角（粤港澳城市群）等 3 个世界级城市群。目前，国务院批复的国家级城市群有 6 个。

三、当前我国城镇化建设面临的主要问题

新型城镇化稳步推进的同时，城镇化进程中多年累积的一些矛盾和问题亟待解决，较为显著地表现为以下五个问题。

（一）产城不融合问题

产业集聚是人口集聚的根本动力，产业发展带动人口就业，人口从农村向城市转移，形成城镇化现象。因此，城镇化是以产业发展为支撑的。目前，我国新型城镇化面临一线超大城市“一城独大”，三、四线城市“空心化”，产业发展分化严重，产城发展不融合问题，带来了人口集聚分化导致的房价分化严重。有效解决这些问题才能真正发挥城市在承载就业、集聚人口方面的优势。根据国家统计数据，我国的流动人口规模从 1982 年的 657 万人增长到 2017 年的 2.44 亿人，约占全国总人口的 18%，其中，上海、北京、广州等地外来常住人口占常住人口的比重分别是 40.2%、36.6%、36.73%，深圳则高达 68.8%。改革开放 40 年来，我国人口总体呈现从中西部向东部和东南沿海一带流动的趋势，并且人口的流入和流出都集中在城市群。春节期间，人口流动最为密集的区域也是长三角、珠三角、京津冀等东部城市群。人口向东部城市群流动，也引发了这些区域城市房价疯涨，房价在一、二线城市与三、四线城市形成分化，

① 《中国城市群 GDP 及人口占比分析》，中国产业信息网，2017 年 11 月 9 日。

折射出三四线城市在城镇化进程中，产业、人口集聚能力远不如一、二线城市。

而各城市内部产城不融合也是我国城镇化进程中不容忽视的问题。全国各地产业项目区在新建时，力求产业向园区集中，推动产业集群发展，形成了不少新区或开发区只有产业，却几乎没有城市功能配套，形成了单纯的工业园区与单纯的人居城区。产城不融合也导致城市运行效率与城市资源利用效率低下，城市发展潜力不足，甚至导致城市产业衰败，城市人口流失。

（二）“人”与“地”矛盾问题

改革开放40年是我国经济飞速发展的40年，是城镇化快速推进的40年，但也表现出了比较突出的“人”与“地”矛盾问题，我国巨量土地资源被城镇化和工业化所占有和消耗。在城镇化快速推进的当下，建成区面积与城市人口呈现线性增长（见图2）。据2016年城市建设统计年鉴的数据，2001—2016年的16年间，我国建成区面积扩张了126%，但城市人口只增加了12.7%，土地城市化扩张速度已远远超过了人口城市化。如果再将承载我国工业发展的各大小开发园区计算入内，粗略估计，我国各级各类园区用地面积占全国建设用地总面积达十分之一以上。

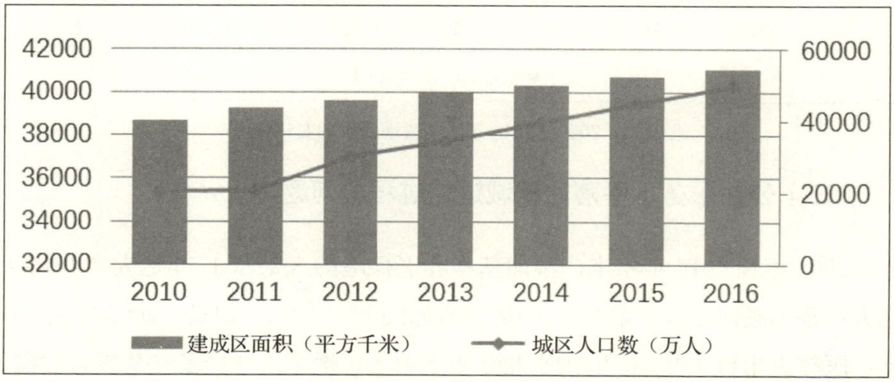

图2　2010—2016年我国城区人口与建成面积变化

数据来源：《国家统计年鉴2017》。

从城市数量和城市建成区面积同时增长的情况下来看看我国可耕土地的变化情况。统计数据可见我国设市城市比1978年增加464个。2016年中国全部地级及以上城市市辖区总人口（不包括市辖县）400万以上城市个数达17个，200—400万的城市达43个，100—200万人口城市达96个。但同时，我国可耕土地呈现逐年减少趋势。2016年12月28日，国土资源部发布最新的（2014年启动调查）全国耕地后备资源调查评价结果显示，全国耕地后备资源总面积比上一轮（2000—2003年）调查时减少了约3000万亩，降幅接近三成。并且耕地后备资源主要集中在中西部经济欠发达地区，东部11个省份仅占15.4%，接近枯竭水平。2017年中国国土资源公报显示，截止到2016年年底，我国耕地面积（见图3）比2009年年底已减少了46.37亿亩。我国耕地保护形势严峻。

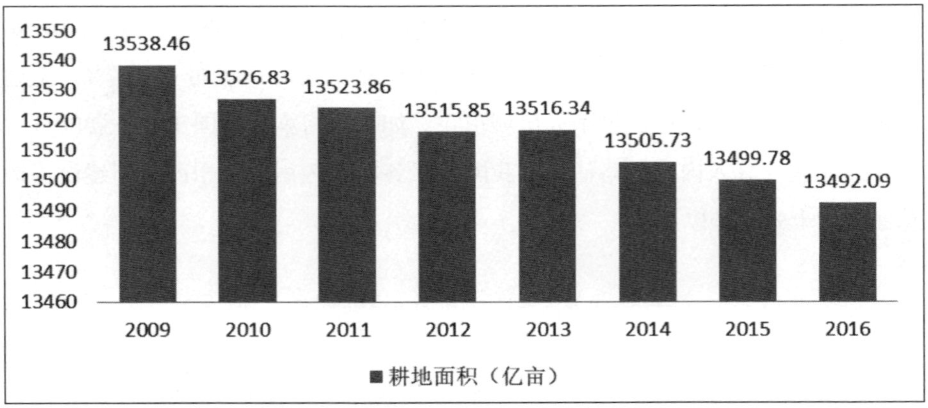

图3　2009—2016年我国耕地面积的变化情况

（三）公共服务水平落后于城镇化进程的问题

2005年到2017年年末，参加基本养老保险的人数从1.74亿人上升到9.1亿人；基本医保参保人数从1.37亿人增加到11.8亿人。但是，2005年到2017年，医疗卫生机构从30万个增加到99.5万个，增加了2倍多；基本医疗参保人数增加了7.6倍，并且城市医疗卫生机构增加的床位数与农村增加床位数基本相同。2005到2017年，普通小学减少了20.55万所，初中减少了1.06万所。

2017年，普通小学城区、镇区及乡村生师比分别为18.96、18.01、14.57。目前，有些三、四线城市普通小学、初中每班级人数还存在65人以上，有的城区小学班级人数近100人，“大班额”成为不少城市的问题。公共服务供给数量远没有达到充分实现“人的城镇化”对教育、医疗、住房等公共服务供给数量需求，这也是我国城镇化进程中的重要“短板”。并且公共服务供给结构分布不均、配置错位，引发北上广深等一线城市与三、四线城市房价严重分化，以及由此带来的贫富差距加大，金融系统性风险增加等问题。

（四）城乡治理问题

我国城市化发展到一定阶段并未出现类似美国、英国以及欧洲西北部城市群中出现的逆城市化现象，作为长三角、珠三角、京津冀三大城市群的核心大城市上海、广州、深圳、北京、天津等，依然是处于产业、人口集聚的阶段，处于这些核心城市周边的副中心，多为与核心大城市发展差距巨大的地级市、县级市甚至乡镇，周边副中心基础设施建设落后，产业不发达，吸纳就业能力差，在城市群核心大城市虹吸效应的作用下，城市群总体呈现“一城独大”现象，核心大城市的中心城区更是人口最集中的区域，致使这些城市都出现了人口密度大、交通拥堵、住房困难、环境恶化、资源紧张等“大城市病症状”。

城镇化进程加速下的城乡人口结构、城乡环境也发生了较大的变化，解决农村、农业“空心化”问题依然是今后一段时间我国经济社会发展一个大难题。农村发展一方面要面临农业人口老龄化、青壮年劳动力进城务工等原因，致使农村劳动力缺乏，中西部地区农地抛荒严重；另一方面还面临城市资金、技术、人才流向农村发展存在的土地流转难、进入门槛高等问题。同时，中西部地区多山地、丘陵，农业机械化程度低，发展现代农业存在一定自然瓶颈，农业生产效率低，对城市资金、技术、人才吸引力有限。

（五）行政区划与城镇化发展不相适应的问题

40年城市化的进程，随着城市经济规模的扩大，人口不断向城市集聚，产业调整转型，城市空间结构、城市与城市郊区关系发生了巨大的变化，结构性、体制性的矛盾也更加尖锐地暴露出来，最为突出的就是行政区划方面的问题，原有的行政区划体系越来越不适应城市发展建设的需要。尤其在城市群的发展建设中，城市群作为经济区划与原有的行政区划不一致，城市群是一定地理范围内的城市集聚，是一个经济的概念，其表现为要素集聚化、产业协同化、城市联系网络化、城乡发展一体化等主要经济特征，我国的城市群是由现有行政区划下的地方政府行使经济职能，为了行政区划范围内的地方经济发展，地方政府在规划项目、解决本地区就业、促进本地区经济发展等方面，都会追求地方利益，进而割裂了以经济区划为基础的城市间要素流动、产业协同发展，大大缩减了城市群的整体经济效益。

四、推进我国城镇化发展的政策建议

针对当前主要问题，贯彻落实党的十九大报告精神，着力制度创新，推动城乡一体全面深化改革。

（一）构建城市群战略产业链，发展城市群经济

要解决现有大中小城市发展不协调，产城不融合、“一城独大”现象，必须逐渐建立以城市群为主体形态的城市群经济，推动城市群内城市间产业战略联盟，实现产业在城市群内各城市之间合理布局，协调发展。

城市群应该根据产业链不同价值环节，以及产业价值链各环节的专业化要求，将产业链各环节科学布局到更加符合产业发展需要的不同城市，实现城市间由以单个企业为主的竞争向聚集众多单体企业的产业链竞争转变，形成城际产业战略联盟，建设城市群战略产业链。首先，要根据城市群现有产业基础、产业发展趋势，明确城市群城际战略产业链；其次，加强产业整合与城市群内各城市功能分工，实现城市群内各城市错位发展；第三，培育和发展产业链各环节中的主导企业，鼓励在城市群区域范围内，各城市主导企业通过与产业链

关联环节的主导企业结成战略联盟，共同提升整个产业链与主导企业自身竞争力，最终实现各城市间产业协同发展。

（二）建设集约化城市，提高城市集聚人口、就业的效益

要着力破解城市“人”、“地”矛盾问题。一方面要通过科学城市规划，推动城市功能合理分区，着力破解“城市病”；另一方面要充分考虑城市更新，加快老旧城区、城中村改造，根据产业与城市发展需要，腾换原有工业土地，推动城市集约发展，提高城市发展质量与效益。同时，要根据经济要素发展需要，因地制宜，合理控制新开发用地规模，优化对土地利用模式的监管；要充分认识到不同城市的扩张应该是不同的，可以考虑不同的地理、人口及人均收入增长状况、经济发展程度、产业发展趋势、单位土地效益等，授予产业集聚能力强、实体经济发达的城市更多的用地指标，让这些城市及城市群承载更多就业与人口，稀释土地要素成本，保障实体经济发达地区产业健康稳定发展，保证稳增长、保就业需要。要着力破解城镇化进程中土地法律、制度与经济社会发展不适应的问题，加强制度创新，跟进法律修改，切实解除实际生产生活中不适应发展需要的条条框框约束。要推动“多规合一”，提高土地总体规划、控制性详规等多个规划之间的衔接能力，提高经济运行效率。

（三）推进城乡治理体系建设，全面提升城乡治理水平

要贯彻落实党的十九大报告提出的乡村振兴、区域协调发展等主要战略任务，顺利完成“十三五”规划提出的主要任务，进一步加强特色小镇建设，推动大中小城市协调发展。要把精准扶贫、乡村振兴和新型城镇化紧密结合，加强制度创新，引导现代农业发展，提高耕地农业产出效益，提高农民务农积极性，千方百计增加农民收入，引导社会各界关注“三农问题”，凝聚智慧，加强制度设计，推动社会资本、人才向农村流动。要进一步解放思想，引导基层改革，切实解决农村、城乡接合部、城市的社会治理问题。要合理划分中央、地方事权财权，解决城镇化进程中公共服务水平落后于城镇化水平的问题，减

少地方政府对土地财政的过度依赖，提高地方政府服务地方经济的能力。

（四）加快推进新时代行政区划改革，释放区域协调发展新动能

适应行政管理扁平化、新型城镇化，生产力布局调整，统一市场体系的需要，适度调整行政区划设置和布局，围绕重大战略部署推进行政区划改革，促进要素自由流动和公共资源均衡配置，充分释放行政区划的制度活力。围绕服务“一带一路”倡议、构建陆海内外联动与东西双向互济的开放格局，深化口岸、边疆、兵团、海港等重要节点的行政区改革；围绕区域协调发展战略与区域重大决策，统筹优化京津冀与长江经济带沿线行政区划设置，要在呼应中部崛起新态势、西部大开发新格局以及东北深化改革中，优化以城市群为重点的行政区划改革；加强雄安新区以及各类开发区的行政区设置；围绕乡村振兴战略与新型城镇化建设，加快省直管县、市县同级的试点改革。分步实施，逐步解决我国行政区划不适应经济区划发展需要的问题，释放区域协调发展新动能。

（五）建设与新时代城镇化发展相适应的公共服务体系

一是切实保障城镇就业。在疏解城市群核心城市某些经济功能的同时，完备副中心城市经济功能，发展城市群经济，提高城市群吸纳产业和就业的能力。二是实施好健康中国战略。完善城乡居民基本医保制度。配套完善城乡医疗体系，发展“互联网＋医疗”、医联体等，推进城市群内医疗资源共享。三是积极应对人口老龄化，完善养老保险制度。全面实施以养老保险为主、公平的、基础的全民参保计划。加强整合，加快建立全国统一的社会保障公共服务平台。尽快推进养老金全国统筹，解决养老金城乡、区域失衡问题。四是着力推进义务教育城乡一体化。着力解决“入园难”、义务教育资源区域性不平衡问题，积极化解城区“大班额”，均衡分配优质教育资源，推进义务教育城乡一体化发展。五是完善城乡基础设施体系。在全国大的综合交通基本完备的基础上，加快完善城乡、乡镇之间的交通末梢，完善城乡一体的信息交通网络，推进城乡要素流动便利化。

参考文献

［1］刘友金、罗登辉：《城际战略产业链与城市群发展战略》，《经济地理》2009 年第 4 期。

［2］唐琼：《城市发展应当集约化》，人民网，2016 年 11 月 17 日。

［3］林拓：《新时代行政区划改革再出发》，中国社会科学网，2018 年 3 月 13 日。

中国口岸开放的发展历程研究

朱　振*

【导语】当今世界是开放、变革的世界，对外开放关乎国运兴衰。习近平总书记多次指出，“开放带来进步、封闭导致落后”，并向全世界作出了“中国开放的大门不会关闭，只会越开越大”的庄严承诺。本文通过回顾中国口岸开放的发展历程，展现了中国波澜壮阔的改革开放40年中一个生动侧面。

改革开放是国家强盛、民族复兴、经济繁荣的必由之路，更是当代中国发展道路上最鲜明的时代特征。口岸作为一个国家（地区）对外开放的门户、经贸往来的桥梁、互联互通的平台和形象展示的窗口，自诞生之日起始终处于开放最前沿。口岸开放促进了内部外部加快合作交流，口岸发展带动了区域经济社会竞相繁荣。新中国成立后尤其是改革开放40年来，口岸开放发展走过了不平凡的风霜历程，经历了奋力前行的实践探索，取得了令人瞩目的卓越成就。40年间的实践、经验与启示，对历史、现实与未来有着重要的启迪作用。

一、中国口岸开放发展的主要实践历程

历史总是在一些特殊年份给人们以汲取智慧、继续前行的力量，砥砺前行中里程碑式的重大事件构筑成不同时期发展变化的分水岭。依据时代发展脉搏，可将中国口岸开放发展历程划分为四个阶段。

---

* 朱振，国家口岸管理办公室副处长，博士后。

（一）改革开放政策实施之前（1949—1978 年）

由于新中国成立后特殊的内外部环境，这一时期国家处于封闭半封闭状态，计划经济体制已经萌生形成，实行了计划经济下的配给制，对外经贸关系受制于外交政策和国家关系变化，主要实行对苏联东欧等社会主义国家“一边倒”的对外开放政策。以 1978 年党的十一届三中全会为标志，党和国家的工作中心转移到经济建设上来，中国开启了决定国家和人民命运的改革开放的历史新征程。

截至 1978 年年底，全国仅有对外开放的口岸 51 个；其中，水运口岸 18 个（海运口岸 17 个、河运口岸 1 个），公路口岸 16 个，铁路口岸 9 个，航空口岸 8 个。这些对外开放的航空口岸主要集中于区域中心城市，水运口岸主要集中于沿海、沿江地区，公路、铁路口岸主要集中于陆地边境重点地区。这一期间开放口岸数量少、规模小，口岸基础设施和检查检验设施普遍落后，口岸通行能力较差，但这些口岸基本满足了当时进出境客货运输发展需求。

（二）改革开放启动和探索时期（1978—1992 年）

这一时期，外贸体制快速改革，经济体制改革稳步推进，党的十二大提出“计划经济为主、市场调节为辅”的原则，明确社会主义经济是公有制基础上有计划的商品经济，突破了高度集中的计划经济体制，对外开放有梯次地从东到西、由沿海向沿边和内陆地区拓展，逐步构筑起我国富有活力、横贯东西、纵穿南北的对外开放经济带。对外开放不断扩大，沿海地区率先发展，有力地推动了全国的改革开放和经济建设。其间，国家先后设立了深圳、珠海、汕头、厦门经济特区，开放了大连、秦皇岛、天津、烟台、青岛、连云港、南通、上海、宁波、温州、福州、广州、湛江、北海等沿海港口城市。后续国家将长江三角洲、珠江三角洲、闽南地区、山东半岛、辽东半岛、广西北部湾等沿海地区辟为经济开放区，设立了最大的经济特区海南省，沿海重点港口城市、长江沿岸主要港口城市全部对外开放，内陆省会城市和沿边重点口岸城市相继对外开放，对外开放已经从沿海地区有序推进至沿边和内陆地区。

1979—1992 年间，国家共批准新开口岸 121 个，年均新开口岸 8.64 个；其中，“六五”期间（1981—1985 年）新开口岸 40 个，年均新开口岸 8 个；“七五”期间（1986—1990 年）新开口岸 42 个，年均新开口岸 8.4 个。口岸开放较好地适应了当时国家加快改革开放步伐和加速对外开放的发展需求。

（三）改革开放快速推进和初步完善时期（1992—2012 年）

这一时期对外经贸快速发展，国家探索实行社会主义市场经济，对外开放由区域性转向全方位推进。1992 年邓小平南方谈话强调基本路线要管一百年，要求思想更解放一点，改革开放的胆子更大一点，建设的步子更快一点，千万不可丧失时机。解决了“姓资姓社”等问题，全国加快改革开放的步伐。其间，党的十四大确立了社会主义市场经济改革目标，强调进一步扩大对外开放，更多更好地利用国外资金、资源、技术和管理经验，形成多层次、多渠道、全方位开放格局，对外贸易充分利用国内外两个市场两种资源，积极参与国际分工和竞争合作，努力开拓国际市场，促进外贸多元化，外向型经济得到较快发展。

自 1999 年起，我国实行“走出去”战略，2001 年加入世界贸易组织（WTO）后，对外开放进入新阶段，中国积极参与经济全球化，全面融入世界经济，大力推进贸易自由化便利化，不断扩大对外贸易规模，开放环境逐步优化，综合竞争力进一步增强。通过点—线—面相结合的梯度开放，对外开放从区域性转入全面展开阶段，沿海口岸及所在港口城市构筑起对外开放前沿地带，内陆地区省会城市和长江流域沿岸城市相继对外开放，沿边地区边境贸易、易货贸易、跨境旅游快速发展带动重点边境口岸城镇相应开放，全局性对外开放布局显现，东中西部各区域对外开放实现了全方位、多层次、全覆盖。

1993—2012 年间，国家批准新开口岸 83 个，年均新开口岸 4.15 个；其中“八五”期间（1991—1995 年）批准新开或扩大开放口岸 78 个，年均开放新开或扩大开放口岸 15.6 个；“九五”（1996—2000 年）期间新开口岸 16 个，年均新开放口岸3.2个；“十五”期间（2001—2005年）新开口岸10个，年均开放口岸2个；“十一五”期间（2006—2010年）新开口岸25个，年均新开口岸5个。自“九五”起国家对口岸开放实行规划管理，与国民经济和社会发展规划同期编制口岸发展规划，并有序组织实施，口岸开放与区域经济社会发展实现了相互促进。

（四）改革开放全面深化和形成全面开放新格局时期（2012年至今）

以党的十八大召开为标志，我国进入全面深化改革、扩大对外开放和推动形成全面开放新格局、决胜全面建成小康社会的关键阶段，站在了新时代的历史起点上。以习近平总书记为核心的党中央准确把握时代潮流和国际大势，从中国特色社会主义事业发展的战略高度，从实现中华民族伟大复兴中国梦的历史维度，坚持创新、协调、绿色、开放、共享的发展理念，强调以开放促改革、促发展、促创新，不断把握和引领经济发展新常态，积极推进供给侧结构性改革，着力推进国家治理体系和治理能力现代化，进一步推进新一轮对内对外双向开放，完善内外联动、互利共赢、安全高效的开放型经济体系，面向全球提出建设丝绸之路经济带和21世纪海上丝绸之路倡议，倡导构建互利共赢的人类责任共同体、利益共同体、命运共同体，推动构建平等、公正、合作、共赢的国际经济新秩序，积极参与全球经济治理，打造具有中国特色和广泛包容性的跨区域合作平台，加快培育国际竞争新优势，加快建设开放型经济强国，在中国经济实现持续快速发展的同时，也为世界发展带来新的机遇和增长空间，谱写了中国与世界和平共处、开放包容、互利共赢的新篇章。

党的十八大以来，党中央、国务院更为重视口岸工作。一是加强国家层面对口岸工作的组织领导和顶层设计，建立了国务院口岸工作部际联席会议制度并定期召开会议，统筹协调全国口岸工作，及时研究解决全国口岸改革发展中存在的重大问题。二是贯彻落实国务院“简政放权、放管结合、优化服务”的改革决策部署，深化口岸机制创新，以推动口岸管理部门间“信息互换、监管互认、执法互助”大通关建设为重点，着力加强口岸部门间沟通与协调，共同营造良好的营商环境，协同提高口岸整体通行效率，积极推动落实进出口企业减负增效系列政策措施，推动降低进出口环节制度性成本，持续压缩货物通关时间，促进对外经贸稳定发展。三是紧紧围绕“一带一路”等国家发展战略，认真落实国家口岸发展五年规划，深化沿海地区口岸开放，扩大内陆沿边地区口岸开放，优化调整全国口岸开放布局。四是对标国际先进标准，按照先口岸执法、向贸易服务和国际化等拓展的通行路径，循序渐进、大力推进国际贸易“单一窗口”建设，积极推进建设智慧口岸、智慧港口、智慧海关，提升口岸管理的信息化智能化水平，进一步精简口岸通关流程、降低企业通关成本、优化口岸通关服务。五是加强口岸法治建设，加大口岸管理立法步伐，推动口岸管理法规制度出台实施。六是注重口岸安全管理和综合治理，重点推动珠海口岸查验机制创新试点，大力推进区域通关一体化和便利化，确保口岸安全顺畅高效运行。七是进一步拓宽口岸国际合作舞台。紧紧围绕国家政治经济外交大局，积极服务“一带一路”倡议、六大经济走廊建设和中欧国际货运班列开通运行，会同毗邻国家口岸管理部门共同通过推进口岸对等开放、加强口岸设施建设、优化口岸运行管理、提升口岸通行效率，取得务实合作成效。

据统计，改革开放40年来，我国口岸数量从1978年的51个增加到2017年年底的306个。截至2017年年底经国务院批准开放的306个口岸中，水运口岸138个（海运口岸83个、河运口岸55个），航空口岸73个，铁路口岸20个，公路口岸75个。从地域分布看，水运口岸主要分布在东部沿海和沿江地区，航空口岸主要分布在东部和中西部中心城市及旅游资源丰富地区，边境铁路、公路口岸主要分布在东北、西北、西南等沿边地区。目前全国已经形成了沿海、沿江、沿边水运口岸密集分布，各省份重点开放城市和旅游城市航空口岸基本覆盖，沿边铁路和公路口岸多点开放的全方位、多层次、立体化口岸开放格局。除经国务院批准对外开放的口岸之外，另有改革开放后曾由省级人民政府审批、1998年经国务院清理整顿后保留下来需进一步处理的部分原二类口岸。

二、中国口岸开放的基本经验

我国口岸开放发展40年来走过的奋斗历程，与国家经济社会发展息息相关，并在实践中积累了可贵经验，为我们提供了有益启示。

（一）口岸工作必须坚持服从服务于国家大局

古人云："不谋全局者不足谋一域"，推进口岸开放与发展亦然。必须在实践工作中及时了解大局、正确把握大局、时刻顾全大局，坚持讲政治、识大局、顾大体，以宽广的视野审时度势、统筹把握、协同推进，才能取得良好成效。特别是口岸开放工作，应当坚持按照客观规律办事，处理好全局与局部、国家与地方、国内与国外等诸多方面关系。当前，口岸工作应当进一步主动服从服务于国家政治经济外交大局，紧紧围绕"一带一路"、京津冀协同发展、长江经济带等发展战略需要，以开放思维和战略眼光，大力提升口岸服务和促进国家对外经贸发展能力。

（二）口岸工作必须坚持正确的指导思想

正确的指导思想决定着社会实践活动的最终结果。当前和今后一段时期，口岸工作应当牢固树立并始终坚持解放思想、实事求是、与时俱进，贯彻落实创新、协调、绿色、开放、共享的发展理念，按照党的十九大做出的"推动形成全面开放新格局"的总体部署要求，把思想和行动高度统一到新发展理念上来，准确把握口岸工作服务经济社会的发展方向和着力点，不断深化对口岸工作规律的认识，勇于担当、主动作为，集中各方力量智慧，推动口岸事业又好又快发展。

（三）口岸工作必须坚持国家利益至上

国家利益是首要利益。口岸工作涉及多层面、多部门、多区域，既涉及中央与地方、国家利益与地方利益，又涉及企业利益与个人利益，在这诸多利益关系中，确保国家利益是首要原则。在确保维护国家利益的前提下，兼顾地方利益并协调部门利益，充分考虑各方合理利益诉求，充分发挥口岸各单位各部门的职能作用和比较优势，加强协作配合、协同发展，积极协调推动实现跨部门、跨地区、跨行业间的互利协作共赢。

（四）口岸工作必须坚持改革创新发展

习近平总书记强调：中国人民勇于自我革命、自我革新，不断完善中国特色社会主义制度，不断革除阻碍发展的各方面体制机制弊端，充分显示了制度保障的强大力量。[①] 口岸工作的内生动力在于改革创新。回顾口岸开放和发展历程可知，在不同的历史阶段，口岸工作的重点内容、目标任务、主要抓手、实现路径等均有不同，这取决于时代发展的具体需求。当前和今后一段时期，口岸工作应当把改革创新作为持续发展动力，与时俱进、明确目标、找准问题、研究对策，加快实现政府职能转变和简政放权，推动口岸管理模式和体制机制创新，坚持不懈地推进口岸治理现代化，深入推进口岸管理部门间“信息互换、监管互认、执法互助”，不断创新口岸查验监管模式，永葆口岸蓬勃发展的生机与活力。同时，还应当对标国际最高标准，借鉴国际先进经验，稳步推进口岸国际合作交流，进一步简化通关手续、降低通关成本、促进贸易便利化，会同外方共同提升口岸开放和通关服务水平，促进双多边经贸合作、人员往来和跨境互联互通。

（五）口岸工作必须坚持顶层设计和基层实践并重

习近平总书记强调指出：中国人民坚持立足国情、放眼世界，既强调独立自主、自力更生又注重对外开放、合作共赢，既坚持社会主义制度又坚持社会主义市场经济改革方向，既“摸着石头过河”又加强顶层设计，不断研究新情

① 习近平：《开放共创繁荣 创新引领未来——在博鳌亚洲论坛2018年年会开幕式上的主旨演讲》，《人民日报》2018年4月10日。

况、解决新问题、总结新经验，成功开辟出一条中国特色社会主义道路。[①]口岸工作作为中国特色社会主义事业组成部分之一，应当进一步加强顶层设计和基层实践分类指导，既要“顶天”更要“立地”，既要注意口岸需求侧改革实际，又要加大供给侧结构性改革力度，着眼统筹规划、合理布局、科学管理、效益优先、因地制宜、分类指导，精心编制实施国家口岸发展五年规划，有序推进口岸开放，合理整合口岸资源，不断优化口岸布局，实现口岸资源的最优配置、优势互补、协同发展。

（六）口岸工作必须坚持法制化和治理现代化建设

没有规矩无以成方圆。坚持法治先行，是做好口岸工作的制度保障，是实现口岸事业健康发展的坚实基础。改革开放以来，口岸法制建设滞后已成为影响和制约口岸工作的掣肘因素之一。为此，口岸工作应当按照中共中央关于全面深化改革的总体要求，应当加快推进口岸管理立法工作，增强口岸法律法规和规章制度的及时性、系统性、针对性、有效性；严格口岸执法，深化行政执法体制改革和机制创新，进一步提高口岸执法制度化、规范化、程序化水平。应当不断提升现代化治理能力和监管服务水平，营造市场化、法治化、国际化的营商环境，实现高水平的贸易和投资自由化及便利化。应当着眼口岸安全、高效、和谐、畅通，把依法把关、监管有效、方便进出、服务优良、管理科学、和谐高效的工作理念贯穿始终，不断增强口岸整体效能和服务质量，促进口岸事业健康持续发展。

三、几点启示

改革开放40年来，口岸开放走过了由少到多、由点到面、由被动开放到主动谋划、由沿海沿边到内陆地区、由重数量规模到重科学布局规划的渐进发展

---

① 习近平：《开放共创繁荣 创新引领未来——在博鳌亚洲论坛2018年年会开幕式上的主旨演讲》，《人民日报》2018年4月10日。

过程。目前，口岸基础设施不断完善，整体布局更趋合理，综合功能进一步增强，通行能力不断提高，管理体制不断完善。我们可得到如下启示：

（一）坚持改革开放的基本国策是我国繁荣发展的核心要义

改革开放是中国和世界共同发展进步的伟大历程。改革开放 40 年来，我国经济实现腾飞的重要法宝就在于坚持对外开放的基本国策。实践证明，对外开放是我国选择的正确道路，是应长期坚持的振兴之路、长远之策。中国改革开放以来取得了举世瞩目的成就，国民经济快速增长，人民生活水平显著提高，对外贸易持续高速增长，创造了 30 多年间年均增长率近 10% 的世界经济史上的“中国奇迹”，成为世界经济增长的主要稳定器和动力源。目前中国已经成为世界第二大经济体、第一大工业国、第一大货物贸易国、第一大外汇储备国，这些都是改革开放所取得的。

40 年实践证明，通过对外开放、对内搞活，我国打开国门搞建设，敞开胸襟拥抱世界，加快发展开放型经济，成功实现了从封闭半封闭到全方位开放的伟大历史转折。没有改革开放或者说坚持改革开放不到位，就不可能取得如此显著的历史功绩。事实雄辩地证明，改革开放是党在新的时代条件下带领全国各族人民进行的新的伟大革命，是当代中国最鲜明的特色，是决定当代中国命运的关键抉择，更是发展中国特色社会主义、实现中华民族伟大复兴中国梦的必由之路。改革开放这场中国的第二次革命，不仅深刻改变了中国也深刻影响了世界。中国口岸开放与发展，必然将伴随着中国对外开放进程加快而不断发展繁荣。

（二）坚持更高层次全面开放是新时代不断提升综合国力的必然选择

与改革开放初期不同，目前中国的对外开放已进入新时代、新阶段、新常态。为适应经济全球化新形势，在更大范围、更广领域、更高层次上参与国际经济合作竞争，应当更加积极主动地抢抓战略机遇期，更加注重充分利用两个市场、两种资源，更加注重对内开放与对外开放并重、引资和引智并举，更加注重引进来与走出去更好结合，切实保障好国家政治、经济、文化、信息、科技、资源等安全，进一步拓宽战略发展空间，不断提升国家综合竞争力和软实力、话语权。特别要坚持创新发展、协调发展、绿色发展、开放发展、共享发展，坚决破除一切阻碍对外开放的体制机制障碍，提高开放质量，提升开放层级，进一步完善内外联动、互利共赢、安全高效的开放型经济体系，积极推动国际产能和装备制造合作，大力培育、不断增强国际经贸合作新优势，更加重视提升自主创新能力，争取早日实现由经济大国、制造大国转变为经济强国、智造强国、创新大国，促进国内国际要素有序自由流动、资源高效配置、市场深度融合，更好地实现经济社会健康持续发展。

（三）坚持全面深化改革是引领开创各项事业新局面的重要保障

党的十九大将“全面深化改革”列入新时代坚持和发展中国特色社会主义的基本方略，明确为习近平新时代中国特色社会主义思想的重要内涵。应当按照党的十九大的部署要求，坚持和完善中国特色社会主义制度，不断推进国家治理体系和治理能力现代化，坚决破除一切不合时宜的思想观念和体制机制弊端，突破利益固化的藩篱，吸收人类文明有益成果，构建系统完备、科学规范、运行有效的制度体系。应当以深邃宽广的战略眼光、放眼寰宇的时代视野、鲲鹏远望的博大志向、运筹帷幄的经略谋略、壮士断腕的革新胆识，以高度的责任感和强烈的使命感，统筹推进“五位一体”总体布局，协调推进“四个全面”战略布局，进一步推进新一轮对外开放，进一步打造法制化、国际化、便利化的营商环境，进一步提升对内对外开放水平，更多更好地释放出全面深化改革的所有潜在红利，扎实推进全面深化改革的伟大实践，让中国特色社会主义道路越走越宽广。

（四）坚持区域协调发展是形成陆海联动、东西互济格局的有效举措

由于我国特定的地缘优势和地理区位，对外开放起步于东南沿海地区，逐步向沿边和内陆地区渐次推进，这一开放进程也是我国区域经济发展的历史进

程。时至今日，东中西部发展不均衡、沿海内陆沿边之间差距大的问题突出，亟需正确处理好新时代对外开放和区域发展“两个大局”、引进来与走出去结合、深化改革与扩大开放并举、向东开放与向西开放并重、“一带一路”与经略全球并进、强国富民与造福世界并行的关系，沿海内陆沿边统筹结合，深化沿海地区开放，扩大内陆沿边开放，优化区域开放发展布局，实现优势互补、资源共济、协同发展，推动形成陆海内外联动、东西双向互济的开放新格局和区域协调发展新格局。

新时代开启新征程，新使命呼唤新作为。当前站在新时代的历史起点上，以习近平新时代中国特色社会主义思想为指导，深入贯彻落实党中央国务院的决策部署，扎实推进口岸开放发展各项任重道远的时代任务，努力推动口岸工作和口岸事业再上新台阶。

促进粤港澳大湾区建设　引领创新发展新格局

安森东*

【导语】习近平总书记在党的十九大报告中明确指出："要支持香港、澳门融入国家发展大局，以粤港澳大湾区建设、粤港澳合作、泛珠三角区域合作等为重点，全面推进内地同香港、澳门互利合作，制定完善便利香港、澳门居民在内地发展的政策措施。"2017年12月中央经济工作会议也明确提出，要科学规划粤港澳大湾区建设。新时代新目标新征程，中国的世界级大湾区呼之欲出，前景广阔、潜力无限。

新思想引领新时代，新目标引领新征程，新发展需要大湾区。粤港澳大湾区综合条件优越，引领中国乃至全球创新发展新格局的优势突出、潜力巨大，天时地利人和俱备，将其打造成全球最具创新创造活力的世界级城市群是新时代的选择、人民的重托。

一、改革开放40年来粤港澳地区发展的阶段划分与现状

（一）改革开放以来粤港澳地区发展的三个阶段

第一阶段（1978—2000年）：前店后厂，产业垂直整合。在长期合作中，粤港两地已经形成了互补互利、互相促进、共同发展的经济合作关系，逐步形成了"前店后厂"的合作模式。

---

* 安森东，中国行政体制改革研究会理事、信息部主任、高级经济师。主要研究领域为战略管理、人力资源管理、应用经济和公共管理。本文是中国行政体制改革研究会2018—2019年行政改革研究基金课题《新形势下我国行政区划调整研究》（项目号：2018CSOARJJKT008）阶段性研究成果。

第二阶段（2001—2013 年）：以服务业为核心的经济整合。进入 2000 年以后，粤港澳合作着眼于突破单纯的产业合作局限，向纵深发展，尤其在生产性服务业领域合作更加紧密。

第三阶段（2014 年至今）：构建合作开放新格局。2014 年深圳市政府工作报告首提“湾区经济”；2015 年粤港澳大湾区写入《推动共建丝绸之路经济带和 21 世纪海上丝绸之路的愿景与行动》；2016 年国家“十三五”规划纲要正式提出“推动粤港澳大湾区”建设；2017 年 3 月李克强总理作的《政府工作报告》中明确提出，要研究制定粤港澳大湾区城市群发展规划；2017 年 7 月《深化粤港澳合作推进大湾区建设框架协议》在香港签署，国家主席习近平出席签署仪式；2017 年 10 月粤港澳大湾区建设写入党的十九大报告；2017 年 12 月中央经济工作会议明确提出要科学规划粤港澳大湾区建设。

（二）粤港澳大湾区发展现状

粤港澳大湾区是指由广东的广州、佛山、肇庆、深圳、东莞、惠州、珠海、中山、江门 9 市和香港、澳门两个特别行政区形成的城市群。是继美国纽约湾区、美国旧金山湾区、日本东京湾区之后，世界第四大湾区。粤港澳大湾区基础雄厚、潜力巨大。

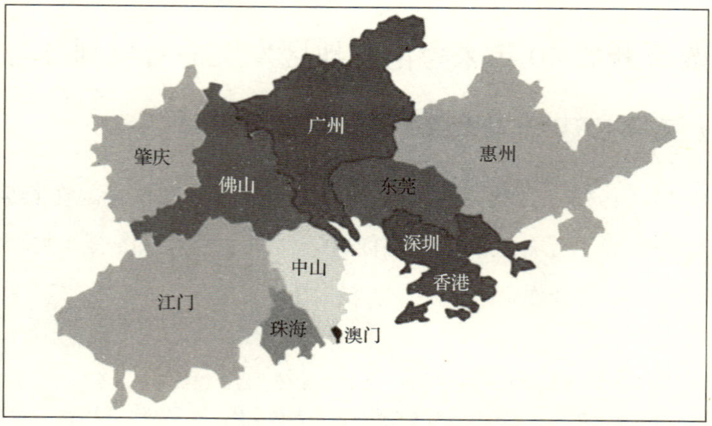

图 1　粤港澳大湾区区位图

第一，基本方针。“一国两制”，9市与2区（特别行政区）优势互补、交流互鉴、比翼双飞、协同发展。

第二，GDP。2017年，粤港澳大湾区GDP总值为突破10万亿元，占全国12%左右（包含港澳），与俄罗斯相当。其中，大湾区内排名前三的城市GDP分别为深圳（2.24万亿元）、香港（2.18万亿元）、广州（2.15万亿元），GDP分别位居全国第三、第四、第五位。

第三，资产总量。从全国范围看，港深穗三大城市汇聚的资金总量，分别位居大中城市第三、第四、第五位。

第四，经济竞争力。从全球来看，根据2017年10月30日中国社会科学院（财经院）与联合国人居署共同发布的全球城市竞争力2017—2018年排名：粤港澳大湾区有四座城市闯进全球经济竞争力100强，分别是深圳（6）、香港（12）、广州（15）和佛山（91）；另外，澳门、东莞、中山、珠海也都闯进了前200强，可见粤港澳大湾区内城市强劲的城市经济竞争力。

第五，可持续竞争力。从可持续竞争力排名看，粤港澳大湾区11座城市中，有三座城市闯进100强，分别是香港（13）、深圳（35）、广州（36）。除此之外，东莞（157）、澳门（196）也都闯进了前200强，可见粤港澳大湾区内城市也具有优秀的可持续竞争能力。

第六，空港海港。粤港澳地区拥有世界级的海港群，其中深圳、广州和香港的商业港口规模最大，2017年世界十大港口中珠三角占据了三席地位：深圳港（全球第三）、香港（全球第五）、广州港（全球第八）。拥有广州、香港、深圳、澳门和珠海共5座干线机场，2017年机场旅客年吞吐量位居各著名湾区之首。

二、建设粤港澳大湾区的意义、优势与潜力

（一）建设粤港澳大湾区的重大意义

建设粤港澳大湾区的重大意义主要体现为“五个有利于”：一是有利于推动粤港澳地区自身转型发展，助推中国参与国际竞争、提高全球竞争力和影响

力；二是有利于培育比肩以纽约、伦敦、东京为中心的世界级城市群，建设高水平参与国际经济合作的新平台，支撑中国实现从大国向强国的跨越；三是有利于推动“一带一路”倡议实施，通过区域双向开放，构筑丝绸之路经济带和21世纪海上丝绸之路对接融汇的重要支撑区；四是有利于构建高标准贸易投资规则，建立与国际接轨的开放型经济新体制，为全面深化改革和扩大开放探索新途径、积累新经验；五是有利于探索“一国两制”下区域合作新机制，拓展港澳地区发展新空间，提升港澳国际竞争力，保持港澳长期繁荣稳定。

（二）建设粤港澳大湾区的巨大优势

粤港澳大湾区是我国各湾区发育程度最成熟的地区，已经具备打造世界一流湾区的基础与条件，突出表现为六大优势。

第一，政策优势。粤港澳大湾区地处中国深化改革和对外开放最前沿，先后设立有深圳特区、珠海特区、南沙新区、前海深港合作区、横琴粤港澳紧密合作示范区、广东自贸区等一系列改革开放试验区，拥有一国两制、自贸区、国家自主创新示范区、国家级新区、粤港澳合作示范区等改革创新先行先试的政策集成优势。

第二，产业优势。梯度差异是粤港澳大湾区的最大特点和最大优势。粤港澳大湾区凭借自身完整的产业链，实现设计制造同区域完成，竞争优势和成本优势突出。香港是著名的国际金融中心和国际自由贸易港，澳门是知名的全球旅游目的地，广州商贸发达，深圳是一座最具“硅谷”气质的城市。珠三角还是全球最大制造业基地之一，具有发展先进制造业的坚实基础。

第三，区位优势。中国五大一线城市（4＋香港），三个汇聚于此，堪称世界城市发展史上的奇迹。从湾区出发，往东是海峡西岸经济区，往西是北部湾经济区和东南亚，将来可坐高铁轻松浏览新、马、泰；湾区还是国际物流运输航线的重要节点和“21世纪海上丝绸之路”的重要枢纽；等等。

第四，交通优势。2017年粤港澳大湾区六大机场的总体旅客吞吐量为20161.76万人次。粤港澳大湾区拥有5个国际机场，拥有香港、广州、深圳、珠海、中山、南沙等优良港群。区域港口集装箱吞吐量达到世界三大一流湾区总和的 5 倍以上。

第五，文化优势。自秦汉以来，随着海上丝绸之路的不断发展，广东岭南地区作为始发地和通商大港，一直是海内外文化交流的重要平台，逐步形成了开放、兼容、务实、创新的岭南文化。而港澳的特殊历史以及江门、中山等著名侨乡，又使粤港澳大湾区兼具华侨、英语和葡语族群三大文化基因，成为连接“21 世纪海上丝绸之路”沿线国家的重要纽带。

第六，人才优势。粤港澳大湾区各类高校和专业研究机构云集，拥有香港大学、香港中文大学、香港科技大学、澳门大学、中山大学、华南理工大学等众多名校。据不完全统计，该区域仅在校大学生和研究生就超过 200 万人，人力资源储备丰富，是著名的智力密集区和人才高地。

（三）建设粤港澳大湾区的四大潜力

当然，对比三大国际一流湾区，粤港澳大湾区还存在不足和差距，还有很大的发展空间，概括起来，主要有“四大潜力”。这些潜力的释放、发力和引爆，将加速粤港澳建设世界一流湾区进程和质量。

表 1　四大湾区 2016 年主要指标对比情况

湾区	面积（万平方千米）	人口（万）	GDP（万亿美元）	GDP 占全国比例	机场旅游量（亿人次）
东京湾区	3.68	4347	1.80	41.0%	1.12
纽约湾区	1.74	2340	1.40	7.7%	1.30
旧金山湾区	1.79	715	0.76	4.4%	0.71
粤港澳大湾区	5.60	6671	1.36	10.8%	1.75
湾区	人口 GDP（万美元）	第三产业比重	集装箱吞吐量（万标准箱）	QS 世界百强大学数	福布斯 500 强公司数
东京湾区	4.1	82.3%	766	2	60
纽约湾区	6.9	89.4%	465	2	28
旧金山湾区	9.9	82.8%	227	3	22
粤港澳大湾区	2.0	62.2%	6520	5	16

从体制潜力看，随着粤港澳大湾区建设步伐的加快，“一国两制”体制潜力将逐步释放，必将加速世界一流湾区建设进程。粤港澳大湾区体制创新的方向，是寻求三地规则可接轨可打通的最大公约数。从人均GDP看，2016年旧金山湾区人均GDP最高，接近10万美元，粤港澳大湾区仅2万美元，具有较大发展空间和潜力。从产业结构看，东京、纽约、旧金山三大湾区GDP主要由第三产业构成，第三产业比重均在80%以上，第一产业接近于零。粤港澳大湾区第三产业占比最低，为60%左右。从基础设施看，下一步随着港珠澳大桥、深中通道、赣深高铁、广汕高铁等基础设施的建成，将会极大提高整个湾区的经济活力和竞争力。

三、促进粤港澳大湾区引领创新发展新格局的建议

世界国际一流湾区一直是全球创新发展的璀璨明星，并展现出自身独特优势，纽约湾区依托金融业实现大繁荣，旧金山湾区通过高科技实现大发展，东京湾区经由金融和航运实现新跨越。面向世界、面向未来，粤港澳大湾区要抓住新时代大机遇，推进资源要素大整合，引领创新发展大格局，打造全方位对外开放新坐标，与世界三大国际一流湾区“试比高”。

（一）建设“全球六大中心”

粤港澳大湾区具备建成国际一流湾区的基础条件和得天独厚的优势，天时、地利、人和一应俱全。假以时日，粤港澳大湾区借由其开放的经济结构、高效的资源配置能力、强大的外溢功能、倍增的协同效应，必将成为中国经济新一轮增长的强力引擎。为最大限度发挥优势、释放巨大发展潜力，建议从支撑实现中华民族伟大复兴中国梦的战略高度，将未来粤港澳大湾区发展定位为“全球六大中心”：全球经济中心、全球金融中心、全球信息中心、全球科创中心、全球商贸中心、全球物流中心。

为实现“全球六大中心”目标，首先要从放眼全球和面向未来的高度，做

好顶层设计、战略目标实现的时间表和路线图，其中最重要的是突出“四个重大引擎”：一是促进粤港澳大湾区所有城市可持续发展与可持续繁荣的重大引擎；二是促进华南和整个中国转型升级，实现创新驱动，最终建成现代化强国的重大引擎；三是践行“创新、协调、绿色、开放、共享”五大发展理念，在新时代大胆探索湾区全新发展模式的重大引擎；四是致力于面向未来，引领全球发展，尤其是引领城市群和大湾区发展，贡献中国智慧和中国方案，促进全球可持续繁荣的重大引擎。

（二）坚持四项建设原则

第一，坚持平等协作原则。粤港澳大湾区必须基于一个利益共同体来建设，大湾区各行政区、各城市间应当平等协作，秉持权责一致、互利共赢的原则。

第二，坚持一体规划原则。粤港澳大湾区规划要充分考虑现实基础和发展潜力，统筹空间布局和体制创新。

第三，坚持规则优先原则。一是通过具有约束力、类法律的行为准则规范各方行为。二是共同协商制定各行政区、各城市进行重大决策和实施重要行政举措必须遵守的准则。三是实行负面清单管理，对各领域的具体行为进行严格约束。

第四，坚持机制创新原则。一是建立高层次的领导机构，研究落实大湾区建设相关重大事项；二是建立由三地政府行政首长参加的推进机制，研究解决大湾区建设重要事项；三是建立日常工作机制和专项工作小组，负责研究提出具体工作方案。

（三）深耕区位优势

一是发挥湾区内毗邻城市产业结构互补互促互动发展优势，推动产业结构优化升级，形成湾区发展整体合力。二是加强基础设施互联互通，形成与区域经济社会发展相适应的基础设施体系，形成辐射国内外的综合交通体系。三是当好“一带一路”桥头堡，构建“一带一路”开放新格局。按照错位发展、优势互补、互利共赢的原则，推动优势产业赴沿线国家投资合作，实现粤港澳大湾区产业结构升级换代，推进粤港澳服务贸易自由化。四是全面提升对内辐射功能。全面推进粤港澳大湾区、珠江—西江经济带、粤桂黔滇高铁经济带、琼州海峡经济带和东江生态经济带等跨区域合作，强化对内辐射功能，深化粤港澳、粤闽、粤桂琼等海洋经济合作圈的协同发展。

（四）挖潜体制优势

“一国两制”是粤港澳大湾区最重要的特征和优势。在“一国两制”下，制度的多样性和互补性是粤港澳区域合作的优势，必将成为推动合作的强大动力和助力。一是发挥“一国两制”体制优势，提升粤港澳大湾区在全球价值链的地位。“一国两制”是人类历史上的一大创举，对中国乃至世界发展都具有重大意义，同时必将为粤港澳大湾区提升国际竞争力和在全球价值链的地位做出新贡献。建设粤港澳大湾区可实现区域联动，促发经济发展新动能，强力助推我国从大国走向强国新征程。二是建立“港澳+自贸试验片区”联盟，提升对外开放水平。以深圳前海、广州南沙、珠海横琴三个自贸试验片区为主体，探索建立“2（港澳）+3（自贸试验片区）”联盟，率先探索“一国两制”下粤港澳体制机制、法律法规等制度层面全面对接，全面提升粤港澳大湾区对外开放水平。三是建立粤港澳大湾区发展委员会。在国家层面，建立由中央政府主导、港澳特区政府和广东省政府参与的粤港澳大湾区发展委员会，负责湾区的规划建设，强化中央政府对粤港澳大湾区建设和跨境治理的顶层设计和试行联办模式。在大湾区建设操作层面，由三地熟悉各自规制的专业人士组成联合办公机构，负责日常事务统筹和协调，共同处理涉及三地的事务。

（五）推动区域整合创新与协同

湾区经济是全球经济重要增长极，发挥着引领创新、集聚辐射的作用。建设粤港澳大湾区不仅意味着区域整合进入新阶段，更标志着通过整合创新实现该区域新一轮改革开放和在新时代的腾飞。一是打造全球区域创新中心。全球区域创新中心的发展趋势是软件、硬件和服务三位一体、缺一不可，粤港澳区域恰好吻合。二是共建竞合的金融核心圈。培育金融合作新平台，扩大内地与港澳金融市场要素双向开放与联通，打造引领泛珠、辐射东南亚、服务于“一带一路”和全球的金融枢纽。三是共建大湾区优质生活教育服务圈。以改善社会民生为重点，打造国际化教育高地，完善就业创业服务体系，促进文化繁荣发展，共建健康湾区，把粤港澳大湾区建成绿色、宜居、宜业、宜游的国际一流湾区。四是加快推进跨境基础设施建设合作与共享。推进粤港澳大湾区建设世界规模的轨道交通网络；协调湾区 5 大机场，扩大湾区空域使用空间及其间的分工协作；组建湾区港口协作委员会，统筹港口群海岸线资源的规划、开发，实现信息和资源共建共享。五是促进粤港澳大湾区要素自由流动。加强通关便利化硬件建设，在粤港澳陆路口岸加大硬件设施建设，大幅增加 E 通道，提高自助通关能力和水平。科学界定和调整粤港澳已有及在建陆路口岸的功能，推动粤港澳轨道交通有机衔接和无缝接驳。

（六）强化科技创新及转化

一是目前粤港澳大湾区已具备研发能力、科技金融、开放生态、现代制造业等创新资源要素全方位支持科技创新的有利条件，建议国家出台政策，把湾区打造成全球科技创新中心和孕育“中国硅谷”的摇篮。二是培育利益共享的产业价值链，加快向全球价值链高端迈进，打造具有国际竞争力的现代产业先导区。加快推动制造业转型升级，加速新技术产业化进程，重点培育发展新一代信息技术、生物技术、高端装备、新材料、节能环保、新能源汽车等战略新兴产业集群。三是充分发挥香港、广州、深圳三个中心城市在现代服务业和先进制造业领域对珠三角地区的引领和外溢作用，尽快形成一批能够媲美阿里、腾讯、百度的基于互联网的新产业和新企业，推动湾区产业特色化、多元化，强力推动粤港澳大湾区建设国际一流湾区进程。

（七）实施创新驱动发展

粤港澳大湾区创新驱动前景可期，主要体现为“四个成为”，即成为全球新工业革命策源地，成为全球高端科技汇聚地，成为全球数字经济生成地，成为全球创新生态系统培育地。要使“四个成为”美好前景变为现实，笔者认为，其主导路径应为：一是拓展新空间。以香港、深圳、广州为节点，构筑粤港澳大湾区科技创新走廊和科技产业带；打造深港、广佛和珠澳三大科技走廊；构建粤东、粤西沿海科技创新产业，辐射云贵的西南产业带及辐射湘赣的中部产业带，打造层次更立体、覆盖更全面的科技湾区形态。二是打造新动能。加快规划建设国际信息网络核心节点，优先在粤港澳大湾区推进第5代移动通信（5G）研发和应用；在前海、横琴、南沙自贸区设立国际网络专线，提升互联网国际出口带宽能级；建设粤港澳大湾区大数据平台，实现智慧城市信息平台的信息共享、资源互通；打造战略性新兴产业和未来产业集群，加强人工智能、量子通信等前沿技术研究储备和产业转化。三是培育新主体。培育容纳高端人才的国家级科研工程中心和高等院校；培育高研发投入的民营企业和科技创新型企业；培育机制灵活、创新活跃的社会机构和团体；培育粤港澳青年创新人才。四是建立新机制。探索建立大湾区科创联席会议协调机制、科技创新战略框架、科技创业合作框架、标准体系合作机制、跨区域政府管理制度；优化科技创新的营商环境，着力建设知识产权保护、创新要素供给和集聚高地；建立粤港澳大湾区开放型科技创新体系，探索“粤港＋国际”创新科技合作新模式。五是打造创新平台。打造科技、产业、管理模式、军民融合、先进科技成果转化应用等创新平台，助力粤港澳湾区可持续发展。六是共建新园区。以发挥比较优势或弥补各自短板为导引，以产业合作为主体，合作共建有一定规模的各类新型园区。

总之，建设粤港澳大湾区要顺应全球和中国发展大势，顺势而为、应势而动，以促进新时代粤港澳地区所有城市可持续繁荣、促进华南和整个中国转型升级、促进全球可持续繁荣为使命，凝心聚力、协同发力，将湾区打造成中国和世界湾区发展的靓丽名片，为世界贡献湾区建设的中国智慧和中国方案。

从荷兰中小学教育看我国义务教育供给侧改革

孟庆瑜　成协设*

【导语】改革开放以来，我国教育走出了一条超常规的快速发展道路，成果丰硕。但基础教育的“质”与“量”这两方面仍然面临着不能满足广大人民群众对于更加美好生活的要求。本文对荷兰的基础教育进行了调研，总结了荷兰中小学教育的成功经验，在此基础上对我国义务教育供给侧改革提出了建议。

一、优质多元、因材施教的基础教育是荷兰教育现代化的根基

荷兰是老牌的发达资本主义国家，西方十大经济体之一。荷兰只有4.2万平方公里、1700万人口，却创造了一个又一个的“奇迹”。荷兰2015年GDP总量世界第18，为世界第二大农产品（不包括花卉）出口国。联合国公布的2014年“人类发展指数”排名中，荷兰在世界所有国家中排名第4。2015年，荷兰共有14家企业进入世界500强，其中荷兰皇家壳牌石油公司位居世界第3。

荷兰的政治、经济、社会之所以能取得如此斐然成绩，很大程度上得益于其优异的教育质量。世界经济论坛（World Economic Forum）发布的《2015—2016年度全球竞争力报告》中指出荷兰基础教育、职业教育、高等教育质量优异，教育均衡，与劳动力市场成功衔接，为社会进步、经济发展提供了强大的支持和动力。该国职业教育体系特色鲜明，被视为荷兰经济的基础和社会的支柱，受到政府高度重视；政府资助的37所应用技术大学的教育质量在欧盟国家

* 孟庆瑜，中国驻荷兰使馆教育参赞；成协设，华中农业大学副教授。

位居前列；13所研究型大学在2016年全部进入英国《泰晤士报》排名前200名，8所进入全球前100名，146个学科在“QS 2017年大学学科排名”中列前100名，6所学校有学科排进全球前10名。

荷兰基础教育不追求高、精、尖，将目标定位于教育的均衡发展和人的全面发展。针对世界上几十个国家的学龄儿童健康行为调查（HBSC）和联合国儿童基金会（UNICEF）的“发达国家儿童福祉”调查显示，荷兰儿童是欧洲乃至世界幸福感最强的孩子。2015年，荷兰被经济合作与发展组织（OECD）评为基础教育最成功的十个国家之一。荷兰基础教育为荷兰教育现代化打下了坚实的基础。

（一）教育资源相对丰富

荷兰基础教育有多种类型，包括公立学校、私立学校（非宗教性质）、宗教私立学校、社区学校、特殊学校、国际学校。荷兰的公立学校不到四成，其中超六成以上的学校属私立性质。但不管公立还是私立学校，荷兰政府均对学校给予资助。荷兰政府实施的是免费中小学教育，教育费用由政府承担，直到儿童满16岁。但学校也可向学生家长要求交一些“家长资助费”，用于资助学校设施建设或举办活动。家长可以根据自家情况自愿选择是否交费。

荷兰人口不过1700万，但有约8000所中小学，中小学资源非常丰富，学校平均学生数220人。如荷兰第四大城市乌得勒支（Utrecht）市，人口33.5万，全市拥有小学99所。2016年，荷兰小学生在校生数是1528774人，比2015年少了17600人，2017—2018年估计小学生在校数为1517900人，将进一步减少。2016—2017年，中学在校生大约960400人，预计2017—2018年度中学生在校生人数约993700人，从荷兰教育、文化和科学部对2015—2040年中小学生数量预测来看，学生的数量将处于下降趋势。

荷兰没有重点或非重点学校的区分，不同地区之间的学校差异性不大，学校与学校之间基本不存在较大的师资水平和教学设施差异。离家近、交通方便、环境好、学生喜欢，是择校主要衡量标准，一般情况下都是就近入学。因为基础教育资源充足，荷兰学校可以说是“买方市场”，学生上学呈现出“不是学校选你，而是你选学校”的状况。小学每年都会为择校家庭举行多次开放日活动，也欢迎家长单独到学校观摩、考察，校长会带领家长参观学校、介绍情况、解答疑问。

（二）学校均有自己的教育特色

荷兰各类学校会有不同的教育模式，包括蒙氏、道尔顿等在内的十几种教育模式。不同教育模式学校有不同的办学愿景和做法，但其教育观念、教育举措等，均以人为本，努力提供机会让学生找到自己的兴趣、发挥学生潜能。如“平和式”教育模式，致力于培养小学生社交能力和民主公民意识，采用团队课程方式，将学校和教室模拟成一个社会，让学生扮演某个角色，学习如何共同做决定、解决冲突、相互制衡，引导学生思考，激发学生参与讨论并表达自己的观点，掌握各种在社会中需要的生存和说服技能，从而提升学生的思维、交流能力和社会责任感。如蒙氏育儿教育模式，认为家长和学校只需要发挥“协助生命成长”的作用，主张给孩子提供合适的环境和工具，让他们自己探索，其采取4—6岁的孩子混班方式，引导不同年龄的孩子在“工作”和团队中互动。

荷兰的基础教育把学生的兴趣摆在第一位，也特别注重技能的培养。在教学过程中，教师重视引导学生了解知识的生成和发展，注重激发学生的学习兴趣，关注学生的差异，注重特长教育，只要是孩子喜欢的，学校和家长都会积极鼓励其去参加，喜欢当厨师的学生和梦想当科学家的学生一样受到重视和尊重，荷兰贝丽伯格国际小学的校训是“BE YOU BEST!”，其鼓励每一个学生充分发挥自己独特的个性与潜能。

（三）课堂教学饱满、丰富

1. 安排合适的学时课时

荷兰法律规定了小学必须提供的最低学时，小学每年必须提供不少于940小时的学时，学校可在周一到周五自主决定如何安排这些时间，每个学校的时间安排可能不同。大部分学校周三只上半天课程，周三下午放假。小学老师每周安排课时最多不能超过 25 小时，中学老师每周安排课时最多不能超过 28 小时。课程从早晨 8 点开始到下午 3 点结束，通常在 12—13 点是午餐时间。政府教育督察员会监督学校是否提供了足够的学时。

2. 课程设置多元化

荷兰中小学多元化的课程满足了学生不同层次的需要，提供了“人人成才”的机会。全国统一课程由核心科目和基础科目构成。核心科目包括荷兰语、数学、英语和科学；基础科目包括历史、地理、技术、体育、音乐、美术和现代外语等学科。现代外语通常为法语、德语、西班牙语等，有些学校也开设汉语，学生可任选一种。各个地区和学校依据自身的不同条件和情况自行决定开设的具体课程，学生根据自己的实际需要选择不同的课程与考试，并获得相应的证书。中学前三年的课程基本上是必修课，从第四年开始逐渐增加选修课的比重，占所学课程的一半左右。目的是要学生根据自己的发展倾向、条件和意愿进行课程选择。选修课科目众多，从内容上分为学术性选修课和职业类选修课，学术性选修课有化学、物理、历史、地理等；为满足学生的不同兴趣，发展学生特长和职业倾向而开设的职业类选修课有美术、音乐、舞蹈、戏剧、陶瓷工艺等。

3. 向课堂要效率

学校遵循全国课程标准，规定学生每一等级所应达到的听、说、读、写、算等各种能力标准，但不使用统一的课本。学校可根据全国课程标准，选用推荐教材，也可结合实际情况自己编写教材。任课教师每学期开始会根据课程要求，制定本学期的教学计划，征得校长或专业组长同意后实施。但多数教师往往会结合报刊、网络、广播电视等渠道获取的信息拓展授课内容，使学生每节课都有新奇感。

课堂上，根据课堂需要，学生或围成一圈，或分成几个小组，便于课堂讨论。老师一般先提开放性问题，采取“滚雪球”、“头脑风暴”等方法，启发大家思考，发表自己的见解，答案并非唯一，鼓励学生给出各种不同的答案。一节课的大半时间是让学生们以小组活动的方式讨论或者动手实验，老师每组巡视，注重每位学生参与讨论或实验操作的过程，确保所有的孩子都能有自己的方法解决问题，而讨论的结果或实验的数据却并不重要。在荷兰的教师看来，思考过程的意义和价值要远远大于思考的结果。老师们鼓励学生大胆发表不同的观点；鼓励学生集体协作；给学生足够的空间和时间展示自己的才能。

（四）教学活动以学校和社区俱乐部为载体向课外延伸

小学一般下午 3 点放学，一周最多 4 天半课程（周三下午放假）。学生没有作业，学生的学习任务基本在学校完成。学生放学后，往往是约同学一起玩，参加学校或社区的俱乐部活动。

大多数学校和各社区都有各种文体俱乐部。俱乐部面向市民开放，有男女足球、曲棍球、板球、羽毛球等体育俱乐部，也有戏剧、舞蹈、管弦乐队或者唱诗班等文艺俱乐部。体育俱乐部会定期与其他球队举行比赛，学舞蹈的学生可经常参与专业舞蹈艺术家举行的活动或观看专业表演，学校管弦乐队或者唱诗班会定期举办演出。丰富的课外活动使所有学生有机会培养自己的兴趣，开展户外活动，学习各种技能，并保持健康的生活方式。这类学校或社区的俱乐部使用的是政府投资建设的一些设施，俱乐部内有指导老师，家长只需要支付很低的费用。

（五）12 岁分流制度体现因材施教、人人成才的理念

荷兰十分尊重学生的意愿和选择，同时正视学生学习能力的差异。荷兰小学教育从 5 岁开始（4 岁也可入学），学习 7—8 年。小学毕业即 12 岁的时候，参加全国统一考试。根据统考成绩、平时成绩、学习能力和兴趣爱好，学校向家长提出学生升学建议，继而决定学生所要选择的中学。因为所选中学类型与将来的高等教育类型直接对应，也就是说，荷兰小学生在 12 岁的时候就要基本决定其将来的大学升学方向和未来职业前途。据测算，每年仅有 20% 的小学毕业生进入精英中学，而约 50% 的学生进入职业中学学习。

荷兰中小学教育学制复杂、分流早，这项制度在荷兰得以平稳实施，与荷

兰的教育理念有直接关系。政府奉行“高效务实”的教育理念，认为对所有学生过度不当的教育不仅不能产生应有的经济效益，反而可能会造成人才浪费。据测算，荷兰劳动力市场，超过 40% 的劳动者只具有中等职业教育学历。2014 年，研究型大学学生占全部高等教育（含高等职业院校）学生的比例仅为 21%；学校奉行“有教无类”、“因材施教”的教育理念。从小学起，学校和家长根据学生的学习状况、兴趣爱好和天性禀赋，引导学生思考未来职业规划，培养孩子将来进入社会的能力和专长；在家庭方面，家长奉行“人人成才”的教育理念。大多数荷兰家长认为每个孩子都是有用之才，都能在社会中找到恰当的位置。他们鼓励孩子大胆地追求兴趣爱好，关注内心意愿，以梦想为目标寻找适合自己未来的道路。

二、推进我国义务教育供给侧改革，为人民提供健康、优质、多样的基础教育

在中小学自身办出特色基础上，荷兰将各类教育资源的供给与学生的个性发展需求有效地结合起来，学生、家长、教师和社区成为教育共同体。如在荷兰每个县镇都有体育俱乐部，各年龄层的孩子都可以报名参加并得到训练，家长只要支付很低的费用；大多数学校办有学校社团，如合唱团、乐队、戏剧社、演讲团等，学生也可以根据自己的兴趣选择进入社团进行学习。这些平台都为学生个性化发展提供了便利条件。

从荷兰基础教育可以看到，中小学承担起了素质教育主体责任，政府社区主动承担起育人共同责任，家庭不需要花费大量的金钱送孩子进入培训班，家庭负担较低，学生也通过课内外教育找到了自己的兴趣。所以，要办人民满意的义务教育，首先得从基础教育的供给侧出发，学校、地方政府、家长三方面协同推进教育教学改革。

（一）推进学校建立基于素质教育的课程体系，通过供给侧改革发挥学校育人的主动性

推动义务教育供给侧改革，首先需要充分发挥中小学育人的主体责任，推进中小学从观念、模式、体系、课程、平台、机制等方面进行教育教学综合改革，构建起符合素质教育要求的基础教育教学体系，在提高学生文化水平的同时提高学生综合素质。

一是更新文化课程内容。注重激发学生学习兴趣、科学兴趣和创新意识，注重科学方法训练，注重学生逻辑思维与辩证思维能力培养，注重建立起与课程内容相配套的教学方式，如开设主题课程、推进小组讨论、开展探究式教学等。

二是丰富体育课程形式。首先必须开设体育课，其次需要开设学生喜欢的体育课，可以借鉴荷兰学校俱乐部形式来组织有关体育教学活动，配备相应师资进行指导（可以聘用校外兼职教师），学生根据兴趣选择加入足球、篮球、羽毛球等各类体育俱乐部，在课后参加相应的训练，培养学生运动兴趣、运动技能、运动习惯，逐步构建起校园体育教学、训练和竞赛体系。

三是开齐开足艺术课程。通过专兼结合形式聘用艺术课程教师，拓展艺术课程内容和开设形式，结合地方区域特色来开设艺术课程，如在戏剧之乡可以开设戏剧学唱课程，在剪纸之乡可以开设剪纸手工课程等，一方面有利于中华优秀文化艺术传统传承，另一方面也容易得到家长和学生的认同。要将艺术实践活动纳入课程管理，促进每个学生形成一两项艺术特长和爱好。

（二）督促地方政府加强教育监管和推进课外平台构建，通过供给侧改革调动社区育人的积极性

在荷兰，不管是私立学校还是公立学校，在得到政府拨款的同时都会受到教育、文化及科学部下属的督导团的监管，如质量达不到要求，其拨款经费将受到影响。另外，学校、家庭和社区构建成育人共同体，将育人贯穿课内外，

共同为学生个性化发展提供了平台和条件。如荷兰学校和社区共同建设有各类体育俱乐部、社团，面向所有家庭开放，学生可根据自己的兴趣进行自由选择。

我国中小学教育由地方政府负责。地方政府可在这两方面加强基础教育治理：

一是创新中小学治理方式。以育人为本为前提，加强对公立、私立学校的宏观监控，定期发布中小学教育教学质量报告。对于私立学校，可以考虑按学生人头给予部分经费支持，支持民办基础教育壮大，但同时必须加强对民办基础教育进行督导，坚决杜绝高学费，坚决制止违背教育规律办学，坚决反对走与素质教育背道而驰的教育路线；对于公立学校，要推动学校自主办学，要鼓励学校结合自己的办学传统、学校所处地区的特点及周边环境、学校师生实际情况等走特色办学道路，要通过教育督导团、家长会和学生反馈等途径加强对公立学校的督导，不断推动学校提高办学水平。

二是充分发挥社区育人功能。要统筹地方教育资源，推进辖区内高校、科技馆、文化馆、博物馆等面向中小学生开放；社区要为中小学生开展志愿服务、公益活动等社会实践活动提供条件；社区可以广泛吸收社会资源，组织各种免费的体育、文化兴趣班，吸引辖区内的中小学生参加，丰富中小学生的课外生活；有条件的地区可以开展中小学生研学旅行和各种形式的夏令营、冬令营活动。通过强化社区公益育人功能，为中小学生课外素质提升创设条件，降低家庭额外教育支出。

（三）引导家长更新教育观念，通过供给侧改革提高家庭育人的科学性

家庭教育在小孩的成长成才中发挥着重要的作用，教育观念又主导着家庭教育。日本小说家伊坂幸太郎曾说："一想到为人父母居然不用经过考试，就觉得真是太可怕了。"当今，相当一部分家长的教育观偏颇，死死抱着"起跑线理论"和出人头地的思想，忽视孩子的需要，缺乏对孩子的尊重，只强调知识的学习、技能的培养，忽视孩子的个性发展。

推进教育供给侧改革，需要教育部门和学校共同行动起来。教育部可联合

相关部门加强立法、加强宣传，学校则通过家长会等途径加强与家长沟通，共同引导家长更新教育观念，树立科学的教育观，既要否认教育无用论、承认教育有效性，又要承认教育的非万能论，要承认儿童的个体差异性，承认儿童的发展是先天与环境相互作用的结果；让家长不要把学习成绩作为学生的唯一评价标准，对学生其他方面的优秀表现要给予应有的肯定，要创设条件让学生找到兴趣、培养特长、挖掘潜力，让孩子能个性化发展。

2016年9月1日，重庆正式施行《重庆市家庭教育促进条例》，成为全国首个家庭教育地方性法规。法规出台的积极意义一方面是明确了家庭教育责任，另外一方面在于提出通过政府和学校的共同努力来帮助家长更新家庭教育观念、科学开展家庭教育，让家长们能与学校一道对孩子们的成长成才进行科学的引导。

三、推进义务教育供给侧改革需要更完善的社会环境

为人民群众提供优质、均衡、多元的中小学资源，为孩子提供因材施教、自由成长成才的教育渠道，需要我们推进义务教育供给侧改革。但不可否认的是，推进义务教育供给侧改革也需要经济社会环境的支撑。

荷兰学生自由选择发展方向、在小学后分流能得以实施，就得益于其公平的社会环境、较小的职业差别。荷兰作为成熟的发达资本主义国家，其社会阶层分化不明显，通过征收高额个人所得税，调节后的收入差异较小。2016年，荷兰国民个人收入税收起征比例为36.65%，超过66421欧元的部分，更需交纳高达52%的个人所得税。2013年OECD国家的平均基尼系数为0.32，而荷兰为0.28。荷兰收入最高的10%人群与最低的10%人群的收入比为6.6∶1，远远低于9.6∶1的OECD国家的平均值。比较收入最高10%的人群与收入最低10%的人群的差异，荷兰是全世界五个收入最为均等的国家之一。例如，荷兰2016年公布“社会最底层”的工资标准为1524欧元/月，缴完税后约1300欧元（2013年，全球工资指数基金发布报告称，荷兰公民每月1120欧元可以维

持体面生活），研究类大学毕业的博士作为“社会精英”，刚工作的税后收入也仅约 1800 欧元。

在荷兰，较为公平的社会环境以及较小的职业差别，使得“唯有读书高”的观念失去产生的土壤，使得教育促进社会阶层流动的作用不再凸显，这为家长和老师客观讨论什么样的未来和发展适合孩子提供了良好的社会基础。从小学毕业后早期分流实施多年的情况看，极少出现学校推荐与父母意愿相背甚远的情况。究其原因，在于校方和父母在“择校”问题上的出发点不是越高越好，而是更多考虑是否遵循了孩子发展的天性，符合孩子自己的兴趣，即让每个人找到自己的人生舞台，找到自己的长处，做自己喜欢做的、擅长做的事情，通过成就个体从而成就社会。

在我国，在通过教育综合改革为孩子、家庭供给更多可供选择的优质教育资源的同时，要有力引导父母更新观念去结合孩子的兴趣和天性进行道路选择和理性分流，这同样也需要更好的经济社会环境来支撑。毫无疑问，较小的行业差距、职业差别等将减少教育的功利性，将有益于让教育回归其自身规律和内在发展态势，推进学生按照其成长规律和自身特性发展。

我国农业机械化的发展历程和动力机制

焦长权　董磊明 *

【导语】改革开放40年来，作为一个人口众多的传统农业大国，农业机械化在中国的普及和推进引发了一场深刻的历史变革。本文对我国农业机械化进程进行了总结，指出这一进程主要是在中国工业化和城市化进程中实现的，从另一侧面凸显了改革开放的巨大成果。

一、中国农业机械化的发展历程

1949年之后，中国农业机械化的发展有三个重要时期。一是农业集体化时期，农业机械化得以启动和初步发展；二是“家庭联产承包责任制”之后到2000年左右，农业机械化取得一定进展，但总体速度缓慢；三是2000年之后，尤其是2005年以来，农业机械化发展速度明显加快，在短期内完成了农业生产的机械化革命。

（一）1980—2000年，农业机械化发展相对缓慢阶段

农业集体化时期，在“三级所有、队为基础”的人民公社体制下，中国农业机械化获得了初步发展。[①]20世纪80年代初期，“家庭联产承包责任制”推

---

* 焦长权，北京师范大学中国社会管理研究院/社会学院讲师，研究方向为政治社会学和中国社会学史；董磊明，北京师范大学中国社会管理研究院/社会学院教授，研究方向为农村社会学和政治社会学。本文系北京师范大学中国社会治理智库“百村社会治理调查”重大项目的子课题“旅游扶贫与村庄的再造”（项目号：312231104-201727）的阶段性研究成果。

① R. Datta, “Technology Choice in Collectivized Agriculture: Farm Mechanization Policy of the People’s Republic of China”, *China Report*, 1980,16(5). B. Stavis, *The Politics of Agricultural Mechanization in China*, Cornell University Press,1978.

行之初，由于体制变动，原集体所有的农业机械的管理和使用都受到了很大冲击，农业机械化发展速度明显放缓，发展水平略有下降。比如，最典型的表现就是农村大中型拖拉机的拥有量自20世纪80年代中后期就开始持续下降，一直到20世纪90年代后期才开始重新增长，2000年左右才重新回到20世纪80年代中期的水平；大中型拖拉机配套农具的拥有量也呈现出同样的变化趋势。农作物机耕水平、机播水平、耕种收综合机械化水平在20世纪80年代初期的下降也反映了这一问题。

20世纪80年代初期到2000年前后，我国农业机械化取得了一定进展，农业机械化的主要动力源于农民对小型农业机械的自主采用。比如，农民拥有的小型拖拉机在此期间快速增长，1980年仅187.4万台，到1990年增长到了689.1万台，到2000年已达1264.4万台。农村每百户家庭拥有小型和手扶拖拉机的数量，由1985年的2.71台，增长到1990年的5.3台，2000年达到了16.72台。小型拖拉机的总动力，也由1980年的1615.63万千瓦，增长到了1990年的6231.4万千瓦，到2000年则达到了11663.87万千瓦。其他小型农业机械，如机动脱粒机、农用水泵、喷雾器等也快速增长。这些小型农业机械的大规模采用，尤其是小型拖拉机的运用，大大减轻了农民劳动强度，对传统性畜动力形成了一定替代，农民每百户家庭拥有的役畜数量，由1993年59.98头的高峰下降到了2000年的41.75头，下降近三分之一。在此期间，联合收割机也缓慢得以运用，1990年代中后期采用速度明显加快，1980年全国农村联合收割机仅2.7万台，到1990年也仅有3.87万台，但到2000年增长到了26.26万台。主要得益于小型农业机械的采用，农业机械总动力由1980年的1474.6亿瓦，增长到了1990年的2870.8亿瓦，到2000年则达到了5257.4亿瓦。

从农作物机械化作业面积来看，1980年机耕面积为4210.25万公顷，1990年增长到4832.53万公顷，2000年达到了6208.78万公顷；显然，80年代机耕面积增长量非常有限，90年代，机耕面积也只增长了不到40%。1980年机播面积为1555.17万公顷，1990年增长到2158.79万公顷，2000年达到了3990.23万公顷，其增长趋势和机耕面积相似，80年代增长非常有限，90年代增速则相对加快。1980 年机收面积为 435.44 万公顷，1990 年增长到了 1101.07 万公顷，2000 年达到了 2646.02 万公顷，机收面积的增长速度明显快于机耕和机播面积。

从农作物机械化作业水平来看，1980 年机耕水平为 42.4%，1990 年增长到 51%，2000 年增长到 65.19%[①]，20 年时间共增长约 20 个百分点；1980 年机播水平为 10.9%，1990 年增长到 15.0%，2000 年增长到 25.8%，20 年时间共提高约 15 个百分点；1980 年机收水平为 3.1%，1990 年增长到 7.0%，2000 年增长到了 18.3%，20 年时间共提高约 15 个百分点。1980 年，农作物耕种收综合机械化水平为 21.16%，1990 年增长到 27%，2000 年增长到了 39.31%，20 年时间共增长不足 20 个百分点。而且，由于一直以农业部统计耕地面积数据为基础计算，较大地高估了机耕水平，若按照 1996 年全国农业普查耕地面积计算，2000 年实际机耕水平仅 47.8%，耕种收综合机械化率仅 30.59%，这从 2000 年机耕面积较 1980 年只增长不到 40% 中也能反映出来。

总体来看，1980 年到 2000 年初期，我国农业机械化虽有一定进展，但速度比较缓慢，耕种收综合机械化率年均增速不到一个百分点。2000 年，第一产业从业人员占全社会从业人员的比重仍然高达 50%[②]，较 1980 年（67.85%）只下降了 18 个百分点，年均下降不足一个百分点。因此，到 2000 年左右，我国农业实际耕种收综合机械化水平刚刚超过 30%，人力畜力仍然是中国农业生产主要动力，农业机械化处于起步和初级阶段。[③]

（二）2000—2015 年，农业机械化的迅速发展阶段

2000 年之后，中央进行了农村税费改革，改善了农业经营环境。2004 年，国家出台了《农业机械化推进法》，2005 年开始，中央开始对农业机械进行大规模政策补贴，中国农业机械化进入了一个突飞猛进的时期。

---

① 若按照 1996 年全国农业普查的耕地面积数据计算，2000 年的机耕水平只有 47.8%，耕种收综合机械化水平只有 30.59%。

② 数据来源于国家统计局相关统计。

③ 耕种收综合机械化水平＜ 40%，第一产业从业人员占全社会从业人员比重＞ 40% 的发展阶段。

从主要农业机械年末拥有量来看，2000年以后，大中型拖拉机和联合收割机得以大规模采用。大中型拖拉机在2000年初期（不足100万台）还仍然增速缓慢，2004年开始快速增加，当年突破了100万台，2010年达到了392.17万台，2015年则达到了607.29万台，在约10年的时间中总量增长了约5倍；大中型拖拉机总动力也由2004年的3713.09万千瓦增长到了2012年的14436.39万千瓦，8年时间内增长了约3倍。大中型拖拉机配套农具也迅速增长，由2000年的140万部增长到了2010年的612.9万部，到2015年达到了962万部，10多年时间增长了近6倍。2000年，联合收割机拥有量仅26.26万台，2005年达到了48.04万台，2010年则增加到了99.21万台，2015年继续增长到173.9万台，在10年时间内也增长了2.5倍以上；联合收割机总动力由2000年的660.93万千瓦，增长到了2012年的5670.54万千瓦，10多年时间内增长了近8倍。

小型拖拉机则延续了1980年以来的快速增长态势，但到2010年左右，其增长已基本达到了峰值，2011年开始还略有下降。主要得益于大中型农业机械的快速增长，农业机械总动力也快速增加，由2000年的5257.4亿瓦，增长到了2010年的9278.1亿瓦，2015年则达到了11172.8亿瓦。这从上述三种主要农业机械总动力的变化中看得更加清楚，小型拖拉机总动力自1980年以来即一直快速增长，近年已基本达到峰值，而大中型拖拉机和联合收割机总动力则从2005年前后开始加速增长，近年增长速度尤其可观。

与此相应的是农业生产对传统牲畜动力的依赖急速下降，机械动力逐步替代牲畜和人力，成为农业生产的主要动力来源。比如，农村家庭每百户拥有的胶轮大车数量，在2000年之前还基本处于不断上升阶段，到21世纪初期达到了峰值（2001年14.52辆），此后则急速下降（2012年仅4.31辆）；每百户农村家庭拥有的役畜数量，则在1993年达到峰值（59.98头），此后开始逐步下降，2000年以后下降速度进一步加快。

就农业机械化作业面积和作业水平来看，2000年机耕面积为6208.78万公顷，2015年增长到了11987.64万公顷，15年时间几乎翻了一倍；2000年机播面积为 3990.23 万公顷，2015 年达到了 8665.12 万公顷，翻了一倍还多；2000 年机收面积为 2644.60 万公顷，2015 年增长到了 8764.44 万公顷，增长了 2 倍多。2000 年机耕水平为 47.8%，2015 年增长到了 80.43%，尤其是 2005—2015 年之间，由 50.15% 增长到了 80.43%，足足增长了 30 个百分点，年均增长 3 个百分点。2000 年机播水平为 25.8%，2015 年增长到了 52.08%，2005—2015 年之间增长了 20 个百分点，年均增长 2 个百分点。2000 年机收水平仅 18.3%，2015 年达到了 53.4%，2005—2015 年增长了 30 多个百分点，年均增长超过 3 个百分点。耕种收综合机械化率由 2000 年的 30.59% 增长到了 2015 年的 63.8%，其中，2005—2015 年间增长近 30 个百分点，年均增长近 3 个百分点；预计到 2020 年，综合机械化率将达到 70% 以上。

（三）前景与展望，一场农业生产的机械化革命

显然，2000 年之后，尤其是 2005 年以来，中国农业机械化发展加速推进，过去 10 多年农业机械化所取得的成就和进展，超过了 2000 年之前 50 年的总和。

目前，中国农业机械化仍然处于快速推进过程中。根据农业部《全国农业机械化发展第十三个五年规划》的统计和测算（见表 1），2015 年，我国部分农作物生产关键环节机械化率为：水稻种植 42.3%，玉米收获 64.2%，马铃薯种植 25.2%，马铃薯收获 24.5%，油菜种植 22%，油菜收获 29.4%，大豆种植 64.6%，大豆收获 58.7%，花生种植 41.9%，花生收获 30.2%，棉花采摘 18.8%。预计到 2020 年，这些大宗农作物生产关键环节机械化率均会有大幅提升，绝大多数将提升 10 个百分点以上，全国农业耕种收综合机械化率预计将达到 70% 左右。

表 1　农作物耕种收综合机械化率及大宗农作物生产关键环节机械化率（2015—2020 年）（%）

	2015 年	2020 年（预计）	提升
耕种收综合机械化率	63.8	70	6.2

续表

	2015 年	2020 年（预计）	提升
水稻种植机械化率	42.3	≥ 50	7.7 以上
玉米收获机械化率	64.2	≥ 80	15.8 以上
马铃薯种植机械化率	25.2	≥ 40	14.8 以上
马铃薯收获机械化率	24.5	≥ 40	15.5 以上
油菜种植机械化率	22	≥ 40	18 以上
油菜收获机械化率	29.4	≥ 50	20.6 以上
大豆种植机械化率	64.6	≥ 80	15.4 以上
大豆收获机械化率	58.7	≥ 70	11.3 以上
花生种植机械化率	41.9	≥ 60	18.1 以上
花生收获机械化率	30.2	≥ 50	19.8 以上
棉花采摘机械化率	18.8	≥ 30	11.2 以上
甘蔗收获机械化率	——	≥ 10	——

资料来源：农业部《全国农业机械化发展第十三个五年规划》。

农业机械化发展一般分为三个阶段[①]：耕种收综合机械化水平＜40%，第一产业从业人员占全社会从业人员比重＞ 40% 的发展阶段，为农业机械化初级阶段；耕种收综合机械化水平达 40%—70%，第一产业从业人员占全社会从业人员比重在 40%—20% 之间的发展阶段，为农业机械化中级阶段；耕种收综合机械化水平＞ 70%，第一产业从业人员占全社会从业人员比重＜ 20% 的发展阶段，为农业机械化高级阶段（农业部 2001 年发布的《全国农业机械化发展第十个五年计划》）。结合第一产业从业人员占全社会从业人员比重的变化来看，我国农业机械化发展正在由中级阶段向高级阶段快速迈进。2000 年，第一产业从业人员占全社会从业人员比重为 50%，农业耕种收综合机械化率为 31%，明显处于农业机械化的初级阶段。自 2000 年以来，第一产业从业人员占比快速下

① 农业机械化发展阶段的划分标准以农业部农业机械化管理司 1999 年组织进行的“农业机械化发展水平评价指标体系及评价标准研究”课题研究成果为依据。

降，大体在2007—2008年左右下降到了40%左右（2008年39.6%），也正是在此阶段，农业耕种收综合机械化率超过了40%（2007年42.47%）。2015年，第一产业从业人员占比已下降到28.3%，按照2000—2015年年均约1.5个百分点的下降速度测算，2020年第一产业从业人员占比将下降到20%左右，届时农业耕种收综合机械化率也将达到约70%。因此，综合考虑，中国将在2020年左右进入农业机械化的高级发展阶段。作为一个人口众多的农业大国，2000年以来，尤其是2005年之后，中国农业机械化进程明显加快，由农业机械化的初级阶段很快进入中级阶段，目前正在由中级阶段快速向高级阶段迈进。在如此短的时期内，中国农业由主要依赖人力、畜力向利用机械动力转变，由一个农业从业人员占全社会从业人员主体地位的典型农业国家向一个农业从业人员占比相对较小的工业化国家转型，这是一场深刻的历史变革，可视其为一场农业生产的机械化革命。

二、农业机械化的动力机制

那么，在中国农业机械化发展的三个阶段中，为何前两个阶段农业机械化发展的速度偏慢和动力不足？进入21世纪之后，为何农业机械化发展突然加速？

（一）工业化和城市化的推动

农业机械化的本质是工业化和城市化对传统农业的“再造”，是工业部门对农业部门的一种“反哺”，是城乡社会结构深层调整的表现和原因。一般而言，只有一个国家的工业化发展到一定水平，才会有能力对传统农业进行机械化的“改造”。原因在于，一方面，工业化发展到一定水平之后，工业部门才会发育出一个需要满足多样化农业发展需要的，相对完整的农业机械工业体系，为农业机械化发展奠定基础；另一方面，只有工业化发展到一定水平，才会大规模推动城市化进程，城市化的一个主要结果就是农村人口向城市的大规模转移，吸纳传统农业中的大量剩余劳动力，这样的转移和吸纳，导致农业生产中的劳动力短缺，对农业机械化才会有强大的内生需求。中国农业机械化的发展历程，正是工业化、城市化和农业生产密切互动的一个过程。

在农业集体化时期，在“三级所有、队为基础”的人民公社体制下，生产队是最基本的生产和分配单位。从生产组织方式上讲，这为农业机械化提供了较好的条件，生产队经营规模较个体农户要大很多，同时生产队又能够以集体的名义置办农业机械。但是，集体化时期农业机械化水平却非常低，原因主要有三方面。其一，当时我国的工业化体系仍然薄弱，没有建立一个完整的农业机械工业体系，因此真正能够获得较好的农业机械的人民公社和生产队是非常有限的；其二，由于国家长期高比重地从农业中汲取农业剩余资金，各生产队真正的集体剩余或“积累”非常有限，普遍没有能力支付相对价格很高的农业机械；其三，最主要的是，农业机械实质上是对劳动力的一种大规模替代，但是，农业集体化时期，除极少数区域外，中国绝大多数农村都面临着严峻的人口压力，人口向农业外转移的规模又非常小，农村普遍面临着实质性的劳动力过剩和“隐性失业”问题，没有大规模采用农业机械的内在动力。

1980 年至 21 世纪初，农业机械化的发展非常缓慢，甚至在 20 世纪 80 年代初还出现了下降趋势。除改革初期因生产经营体制调整对原有的农业机械生产管理体系的冲击外，农业机械化发展速度较慢的主要原因在于，集体化时期严峻的人口压力释放出来，原来“隐性”的劳动力过剩问题“显性化”，工业化和城市化对农村劳动力的吸纳能力又相当有限，农业生产没有大规模采用机械的动力。比如，就农业从业人口的绝对数来看（见图 1），1980 年以来一直不断上升，到 90 年代初才达到峰值（3.9 亿），1990 年代初期略有下降；但 90 年代中后期，由于乡镇企业转制和亚洲金融危机等多方面影响，农民向非农产业的转移速度再度放缓，农业从业人员规模重新回升，2002 年回到了 3.66 亿的峰值，此后，随着工业化和城市化的快速发展，农业从业人口下降速度才大为加快。就农业从业人员占全社会从业人口的比重来看（见图2），虽然1980年以来这一比重一直在不断下降，但下降速度非常缓慢，1980年为68.75%，一直到2003年才真正下降到了50%以下（49.1%）。①显然，由于农业从业人员规模大，占全社会就业人口的比重高，劳动力对土地的压力大，小农经济的“过密化”是中国农业长时期的一个既存前提，农业生产明显缺乏大规模采用机械化的动力。同时，90年代以来，农民负担过重，农产品价格下跌，农业生产的收益降低，严峻的“三农危机”导致农业生产的环境恶化，农民既没有动力也缺乏资本用于农业机械投资，这也是阻碍农业机械化发展的重要原因。

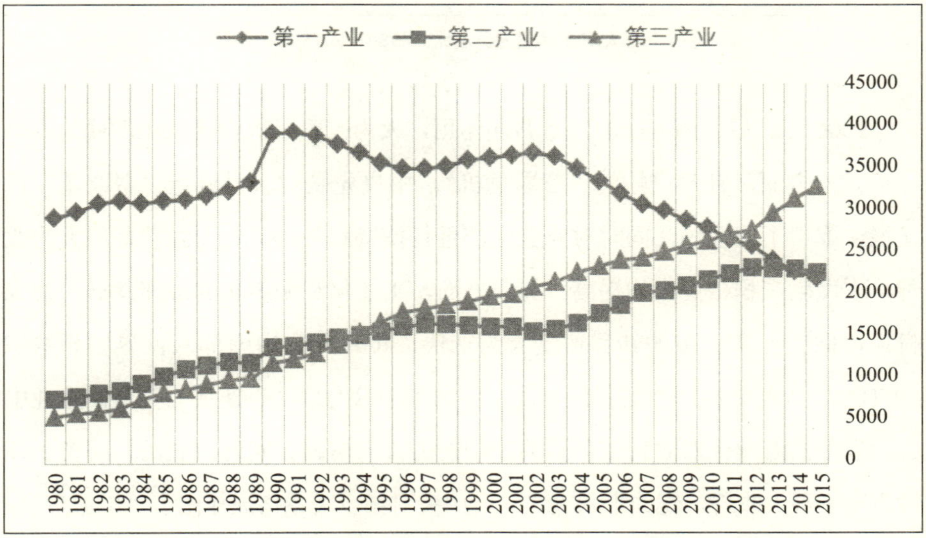

图1　三大产业从业人员人数（1980—2015年）　单位：万人

说明：全国就业人员1990年及以后的数据根据劳动力调查、人口普查推算，2001年及以后数据根据第六次人口普查数据重新修订。2012年行业采用新的分类标准，与前期不可比。

① 1997、1998年曾下降到49.9%和49.8%的水平，但后面几年又缓慢回升。

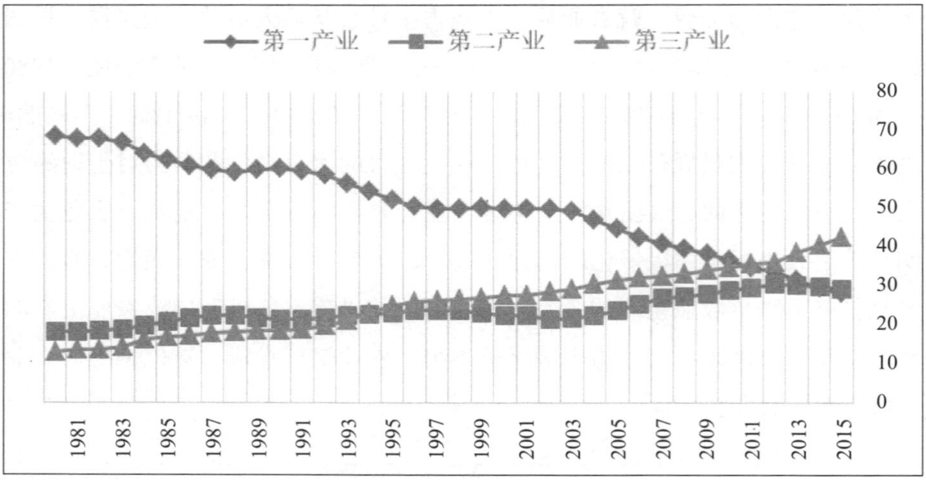

图 2　三大产业从业人员占比（1980—2015 年）（%）

2000 年之后，两方面的因素共同作用，大为改善了农业机械化发展的内外环境。一方面，针对严峻的“三农危机”，中央先是对农村进行税费改革，后又很快取消了农业税，同时对农业生产进行扶持和补助，农业经营环境大为改善，农民生产积极性大为提高。另一方面，工业化和城市化的加速发展，使农村人口向工业和城市的转移速度大为加快。2001 年，中国加入世界贸易组织（WTO），外向型经济格局很快形成，中国东部沿海地区迅速成为全球制造业中心，东部沿海地区对农村劳动力的吸纳能力大为增强。同时，农民工的务工环境也有了很大改善。党的十六大之后，中央对城乡关系格局作出了“以城带乡、以工促农”新阶段的判断，对“三农”施予多项优惠举措，对进城农民工也出台了多项服务支持政策，对农民工子女就学、农民工工资拖欠、生活居住等问题进行了重点关注。

在这些因素的共同作用下，2000 年之后，我国农业人口向非农就业领域的转移速度明显加快，最典型的表现是进城务工的农民工数量呈现“井喷式”增长。据统计，2000—2004 年，全国农民工每年增长 600 万—800 万人，2004

年，全国农民工总数达到了2亿左右。[①]2008年，全国农民工总量增长到了2.25亿，2016年则达到了2.81亿，进入2010年之后增速明显放缓，近年已基本达到峰值。[②]结果，第一产业从业人员占比也快速下降（见图2）。1980—2000年，第一产业从业人员占比年均下降不足一个百分点，2000年之后，第一产业从业人员占比下降速度明显加快，年均下降约1.5个百分点，2015年下降到了28.3%，农业从业人员绝对数由2002年的3.66亿下降到了2015年的2.19亿，年均下降1000万人以上。预计到2020年，农业从业人口绝对数将下降到1.7亿人以下，占比也将下降到20%左右。在此期间，我国城市化也得以加速推进，城市化率由2000年的36.22%增长到了2016年的57.35%，年均增长近1.5个百分点，预计2020年将达到60%以上。

工业化和城市化对农村人口，尤其是青壮年劳动力的大规模吸纳，使农业从业人员规模及其占比都快速下降；而且，在继续从事农业生产的劳动力中，青壮年劳动力严重短缺，老人和妇女成为农业劳动力的主体，重体力劳动成了农业生产的一个明显阻碍。在这种情况下，农业生产对机械化有了强劲的内生需求。同时，随着我国工业化体系和制造业生产能力的提升，一个完整的农业机械工业体系也逐步建立起来，为农业机械化的大规模发展提供了保障。

（二）政府对农业机械化的推动

2004年，中央颁布了《农业机械化促进法》，自2005年起，中央开始大规模提高对农业机械化的投入和补助，在工业化和城市化加速发展的背景下，政府主动对农业机械化的大力推动，极大地促进了农业机械化发展。

从政府财政对农业机械化的投入来看。2000—2004年，中央和地方财政合计对农业机械化的投入由22.16亿元增长到了30.86亿元，增长还比较缓慢。自2005年起，政府财政对农业机械化的投入力度明显加大，2005年较2004年

---

① 国务院研究室课题组：《中国农民工调研报告》，中国言实出版社2006年版。

② 自2008年开始，国务院每年发布一份全国农民工监测报告，对农民工的规模、结构和务工特点进行大致通报，此处农民工总量和增长情况数据系根据历年监测报告所得。

增长了近三分之一，此后多年一直保持高速增长，2013年已达到了342.31亿元，是2004年的11倍多。在此过程中，中央财政的投入增长尤其迅速，2004年中央投入1.61亿元，2005年增长到了4.98亿元，此后多年急速增长，2009年即达到了135.08亿元，到2014年达到了237.55亿元，自2009年起，中央财政对农业机械化的投入即超过了地方财政，成为政府投入的绝对主体。政府对农业机械化投入的快速加大，也带动了农民个人对农业机械化投入的增长，2004年农民个人投入249.92亿元，2013年增长到了642.73亿元，是2004年的2.5倍。政府财政和农民个人一直是农业机械化投入的两大绝对主体，二者合计占总投入的比重一直在95%以上，随着政府财政投入的骤增，政府投入占农业机械化总投入的比重也快速增长，2000—2004年只有10%左右，2010年之后即增长了三分之一左右，农民个人投入占比则由2004年的85%下降到了2013年的63%，下降近20个百分点。

正是政府主动大规模的财政投入，带动了农民个人对农业机械化的加大投入，推动了农业机械化的迅速发展。同时，政府不仅对农民购置农业机械进行补助，还对农业机械科研、使用推广、安全作业等各方面提供保障措施，这也是2005年以来推动农业机械化快速发展的主要动力之一。

三、简略的国际比较

世界其他主要国家（地区）也是在工业化和城市化快速推进过程中实现了农业生产的机械化（见表2），主要原因在于工业化和城市化对农村劳动力的大规模吸纳，导致农业生产中劳动力的短缺，为农业机械化提供了内生动力。在这种情况下，作为新大陆国家的美国和加拿大，由于人口相对较少，工业化和城市化造成了农业劳动力的严重紧缺，它们在1910—1920年就启动了农业机械化进程，结果，美国成为世界上最早实现农业机械化的国家。其他主要工业化国家（英、法、德、意、苏），都基本在1930年前后启动农业机械化进程，并用20—30年时间基本实现了农业机械化。作为东亚人多地少农业的代表，日本和韩国则都是在“二战”后启动了农业机械化，日本由于“二战”前已完成工业化，“二战”后用了约 20 年时间即基本实现了农业机械化；韩国则是“二战”后新兴工业化国家（地区）的代表①，它们在20 世纪60—70 年代工业化快速发展的过程中，也启动了农业机械化进程，经过 20 多年的时间，它们也分别在 20 世纪 80—90 年代基本实现了农业机械化。

显然，这些国家（地区）基本都是在工业化的中后程启动农业机械化，在它们基本实现农业机械化时，都已经完成了工业化进程，城市化进程也已经结束。比如，当它们完成农业机械化时，农业从业人口占全社会从业人员的比重基本下降到了 15% 以下（法国 15.6%），很多国家甚至下降到了 10% 以下；农业人口占总人口的比重，则下降到了 30% 以下②，也就是城市化率超过了 70%，已基本完成城市化。

表 2　世界部分国家（地区）农业机械化发展历程

国家 / 地区	起始时间及历时（年）			基本实现农业机械化时的农业劳动生产率			
	开始	基本实现年份	历时	农业人口占总人口比例（%）	农业从业人口占全社会从业人口比例（%）	每个劳动力负担耕地面积（公顷）	每个农业劳动力生产粮食（公斤）
美国	1910	1940	30	23.2	8.3	14.7	9800
加拿大	1920	1950	30	20	7.2	39	28200
苏联	1929	1953	24	57	14.2	7.1	3100
英国	1931	1948	17	——	2.5	5.9	5867
法国	1930	1955	25	23.2	15.6	3.8	4375

① 韩国、新加坡、中国台湾和中国香港一般被称为“亚洲四小龙”，是“二战”后顺利实现工业化和现代化的新兴国家和地区，但新加坡和中国香港都基本没有农业，所以韩国和中国台湾是新兴工业化国家和地区中实现农业机械化的代表。

② 苏联是一个特殊案例，它在基本实现农业机械化时，农村人口占比仍然高达 57%，城市化进程明显滞后，这主要是由于前社会主义国家“工业化快于城市化”造成的普遍“低度城市化”问题。撒列尼（Szelényi）将这种城市化和工业化发展不协调的现象称之为社会主义国家的“低度城市化”（under urbanization）。与此相对的是，拉美国家的主要问题是，城市人口增长快于其工业化水平，即面临着“过度城市化”的问题。参见撒列尼：《社会主义企业家》，史普原等译，中国社会科学出版社 2015 年版，第 47 页。

续表

国家 / 地区	起始时间及历时（年）			基本实现农业机械化时的农业劳动生产率			
	开始	基本实现年份	历时	农业人口占总人口比例（%）	农业从业人口占全社会从业人口比例（%）	每个劳动力负担耕地面积（公顷）	每个农业劳动力生产粮食（公斤）
西德	1931	1953	22	——	12.5	1.3	1715
意大利	1930	1960	30	29.6	12.8	2.5	1915
日本	1946	1967	21	29.9	10.6	0.6	1810
韩国	1976	1996	20	11.27	6.24	0.62	3083
中国台湾	1960	1985	25	21.4	17.4	0.97	2120

资料来源：《国内外农业机械化统计资料》，第200—201页，第220—221页，第402—403页；韩国、中国台湾农业机械化的开始年份和基本实现农业机械化的年份，系根据该统计资料并结合其他有关资料确定；台湾地区每个劳动力生产粮食系根据稻米产量计算，台湾地区数据来源于网站http://agrstat.coa.gov.tw/sdweb/public/inquiry/InquireAdvance.aspx。

与这些国家和地区实现农业机械化的历程相似，中国目前正处于工业化的中后程和城市化的快速发展阶段，农业机械化也处于高速推进过程中。作为一个人口众多的农业大国，中国农业人口向非农领域和城市的转移过程尤其艰难，到2000年前后，农业从业人口占全社会从业人口的比例仍然高达50%，城市化率则刚超过35%，处于工业化和城市化过程的前程阶段。2000年之后，中国的工业化和城市化进程明显加快，加之人口自然增长率的下降，明清以来中国农业生产中高度紧张的人地关系得以缓解，同时，由于青壮年劳动力大规模外出务工，农业生产中的劳动力（尤其是重体力劳动力）明显不足，国家因此加大了农业机械化的推进力度。

与这些已经实现农业机械化的国家和地区相比，中国农业机械化的启动步伐并不迟缓，但在很长时期内进展并不迅速。直到2000年以来，尤其是2005年之后，农业机械化的进度才明显加快，主要原因在于中国是一个人口众多的农业大国，工业化和城市化需要一个漫长的过程才能实现。因此，中国农业机械化的实质性启动时间应该是在20世纪90年代，在农村人口开始加速向工业和城市转移的时期，2000年之后，农业机械化的推进速度则明显加快。预计到2020年，中国将进入农业机械化发展的高级阶段，在此基础上再经过5—10年的巩固和发展，中国将基本实现农业机械化，届时中国工业化和城市化的进程也将基本完成。

显然，农业机械化是工业化和城市化对传统农业的一个“反哺”或“改造”。只有工业化发展到一定阶段，城市化进展到一定程度，才能将农业人口吸纳转移到非农领域，同时建立一个完整的农业机械工业体系，为农业机械化提供基础和条件。另外，农业机械化的全面实现，还依赖于工业化之后农业生物、化学技术的发展和改进，使化肥、农药等现代生产要素大规模投入农业之中。同时，在工业化完成之后的经济体系中，农业总体上都处于弱势地位，因此，在世界上其他国家，农业机械化的实现，也都高度依赖于政府的推动和扶持。

参考文献

［1］罗剑：《美国、法国和日本农机经营模式及启示》，《世界农业》2016 年第 2 期。

［2］单爱军、孙先明、于斌：《发达国家农业机械化促进政策对我国的启示》，《农机化研究》2007 年第 4 期。

［3］王瑞杰等：《发达国家促进农业机械化发展经验及对我国的启示》，《云南农业大学学报》2006 年第 5 期。

［4］杨印生、陈旭：《日本农业机械化经验分析》，《现代日本经济》2018 年第 2 期。

资源枯竭型城市的转型与可持续治理研究

刘　蕾　邓逸雯*

【导语】徐州市贾汪区是一个典型的采煤塌陷地。2001年以来，该区开始采煤塌陷地的艰难治理工作。本文基于综合价值理论的视角，分析贾汪区采煤塌陷地的经济、社会、环境情况，总结了采煤塌陷地再利用和可持续的“贾汪经验”，为我国资源枯竭型城市的转型与可持续治理提供了一个可资参考的范例。

一、引言

煤炭作为我国的基础能源和重要的工业原料，有力地支撑着国民经济的发展，许多城市因煤而兴，如有“煤都神话”之称的鄂尔多斯、有“煤炭王国”之称的陕北神木、有“煤铁之乡”之称的山西阳泉等。这些城市成为一个个让人羡慕的优质煤炭王国，城市经济也得到快速发展。然而多年对煤炭的过度开发使用，也导致当地生态环境破坏严重，资源面临枯竭。根据国务院的要求，资源型城市的可持续发展工作由省级人民政府负总责，省级人民政府要加强对资源型城市可持续发展工作的领导和支持。国务院还要求资源枯竭城市要抓紧制定、完善转型规划，提出转型和可持续发展工作的具体方案，进一步明确转型思路和发展重点，为全国资源型城市的经济转型和可持续发展探出一条新路。为支持资源枯竭城市转型，国家发改委设立了资源型城市吸纳就业、资源综合利用、发展接续替代产业和多元化产业体系培育中央预算内投资专项，中央财政给予69座城市财力性转移支付资金支持。中央财政累计下达财力性转移支付

* 刘蕾，中国矿业大学公共管理学院副教授，硕士生导师，主要研究领域为城市治理、社会组织、公益创业；邓逸雯，中国矿业大学公共管理学院学生。

资金303亿元，为资源枯竭城市增强公共保障能力发挥了重要作用。

徐州自1882年开始采煤，依煤建城，因矿成区，煤田面积202平方公里，累计提供原煤3.5亿多吨，并以煤矿为引擎，迅速扩展经济、拉动产业发展，成为我国重要的资源型工业城市。并且，百年来，经济发展所需的大量煤电都是从徐州输出。但贾汪为大量的资源开采付出了沉重的代价，往日“十里煤城，百里煤田”的辉煌景象已不复存在，曾经的潘安湖采煤塌陷区作为徐州市塌陷最严重的采煤塌陷区，因煤炭开采造成破坏的土地达40余万亩，平均塌陷深度4米。80多年里，该区域生态环境恶劣，贾汪区“潘安湖”也逐渐走向衰落。

面对资源枯竭、政策变动、可持续理念的重重压力，徐州市贾汪区的煤炭塌陷地的治理，推行“基本农田整理，采煤塌陷地复垦，生态环境修复，湿地景观开发”四位一体的可持续化建设模式，同时，通过推行该模式，贾汪区从煤炭塌陷地摇身一变成集聚经济、社会、环境效益的“潘安湖”湿地公园，重现往日生机，这种基于综合价值理论下的整个蜕变过程给其他走向枯竭的采煤塌陷区提供有效可循的治理路径。本文选择全国首个煤矿塌陷区生态修复的湿地公园——潘安湖环湖生态景区作为案例，基于综合价值理论的视角来探讨采煤塌陷地的可持续开发治理方式，全面总结潘安湖煤矿塌陷区治理的经验，为我国煤矿塌陷区改造和治理提供借鉴，进一步推动我国生态城市建设。

二、文献综述

资源枯竭型城市是与资源型城市相对的一个概念，张亲培等（2010）认为资源枯竭型城市是指在历史上因自然资源的开发而兴起，现已处于自然资源锐减甚至枯竭状态，但尚未充分实现转型的城市[①]；李鹏飞等（2012）认为资源枯竭型城市是指自然资源开发进入衰退或枯竭过程的城市，亦称“资源衰退型城市”[②]；陶晓燕（2014）认为资源枯竭型城市是指矿产资源开发进入后期、晚

① 张亲培、孙悦：《资源枯竭型城市转型的个案研究》，《经济纵横》2010年第9期。

② 李鹏飞、代合治、谈建生：《资源枯竭型城市产业转型实证研究——以枣庄为例》，《地域研究与开发》2012年第2期。

期或末期阶段，其累计采出储量已达到可采储量的 70% 以上的城市[①]；刘辉等（2017）认为资源型城市是指对自然资源的开采而兴起或发展起来的城市，并且资源型产业在工业的比重份额较大，这里的自然资源多指矿产资源，也包括森林资源。[②] 综上所述，资源枯竭型城市可以定义为历史上因自然资源的开发而兴起，现已处于自然资源锐减甚至枯竭状态，矿产资源开发进入后期、晚期或末期阶段，但尚未充分实现转型的城市。

资源枯竭型城市对于我国独立完整的工业体系的构筑和国民经济的发展均作出过历史性贡献，但这类城市的经济发展普遍存在着对资源高度的路径依赖，接续替代产业发展不足，城市发展缺乏后劲，城市功能不全。随着自然资源的逐渐枯竭，传统的资源型城市逐渐暴露出经济增长迟缓、竞争力下降、失业率激增以及日益突出的城市新贫困问题。此外，因为过度的资源开采，这些城市的发展通常也付出了惨痛的资源代价和环境代价。伴随着资源型城市由兴盛逐渐走向衰退，资源型城市也就转变成了资源枯竭型城市。随着资源型产业从国民经济中主导地位的退出，对于资源枯竭型城市来说，如何摆脱城市发展对自然资源的路径依赖，如何完成产业转型升级，改变传统的经济增长方式，乃至如何进行城市形象的重塑等，都引起了人们日益广泛的关注。[③] 唐相龙（2017）认为资源枯竭型城市应以“全域旅游”模式为统领，立足本地文化根脉，发展乡村观光休闲游、风情运动健身游、工业科普教育游、本土文化体验游、地学考察观光游五大方向[④]；刘战豫、孙夏令（2017）基于产业转型理论，提出具体的产业转型升级路径，通过对产业转型升级方式方法的创新，提出以阶段性目

① 陶晓燕：《资源枯竭型城市生态安全评价及趋势分析 —— 以焦作市为例》，《干旱区资源与环境》2014 年第 2 期。

② 刘辉、张志赟、税伟、王前锋、杨义炜：《资源枯竭型城市增长边界划定研究 —— 以淮北市为例》2017 年第 3 期。

③ 蔡世刚：《人力资本视域下资源枯竭型城市产业转型 —— 以湖北省黄石市为例》，《生态与经济》2017 年第 4 期。

④ 唐相龙：《资源枯竭型城市转型全域旅游的发展路径 —— 以兰州市红古区为例》，《建筑与文化》2017 年第 8 期。

标实现为基础的产业转型升级加速方案[①]；蔡世刚（2017）认为促进资源枯竭型城市经济的转型，必须加大对人力资本的投资，提高资源枯竭型城市的人力资本存量[②]；赵彬（2017）基于可持续发展视角，建立经济、社会、环境、资源四维资源枯竭型城市转型绩效评价指标体系，为资源枯竭型城市未来的转型发展实践提供参考与借鉴[③]；陈园梓（2017）基于共享经济这一新模式如何驱动资源枯竭型城市产业转型发展。[④] 本文基于综合价值理论，研究贾汪区“潘安湖”如何实现资源枯竭型城市的转型与可持续治理。

三、贾汪区的发展阶段概况

对于资源枯竭型城市发展而言，其生命周期主要分为四个阶段（见图 1），分别是起步期、成长期、成熟期以及衰退期，然后走向新生。因此对于徐州市贾汪区的转型升级发展阶段也主要是从这几个方面来进行分析：

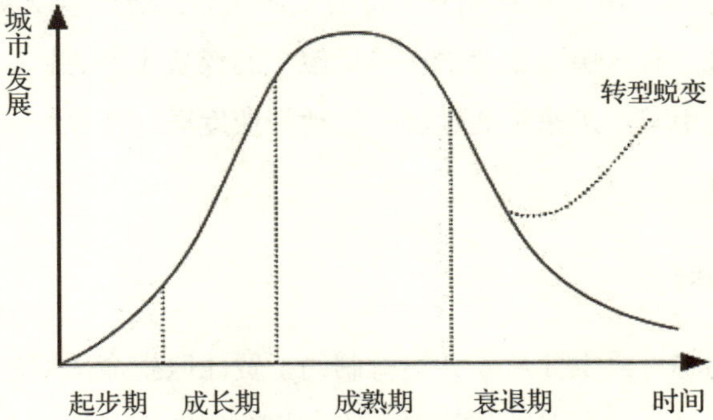

图 1　资源枯竭型城市生命周期演变图

① 刘战豫、孙夏令：《资源枯竭型城市产业转型升级研究 ——以焦作市为例》，《中国集体经济》2017 年第 19 期。

② 蔡世刚：《人力资本视域下资源枯竭型城市产业转型 ——以湖北省黄石市为例》，《生态经济》2017 年第 4 期。

③ 赵彬、李天坤、杜小云：《基于可持续发展视角的资源枯竭型城市转型绩效研究》，《建筑经济》2017 年第 10 期。

④ 陈园梓、王韦丹、刘志杰：《初探共享经济与资源枯竭型城市产业转型发展的关系》，《中国商论》2017 年第 28 期。

（一）起步期

贾汪区历史悠久，远在商周之前就有人类定居，生息繁衍。明朝万历年间，水盛草丰，东北有泉汇而成汪，贾汪称泉城。临汪而居，因贾姓人多，故称“贾家汪”。清光绪八年（1882）胡恩燮在贾家汪掘井建矿，由此揭开贾汪百年煤田开采历史，光绪二十四年（1898）贾汪煤矿公司成立，“贾家汪”自此渐称“贾汪”。

（二）成长期

徐州贾汪区自 1882 年开始采煤，依煤建城，因矿成区，煤田面积 202 平方公里，累计提供原煤 3.5 亿多吨，是全国基础能源供应基地之一，为江苏省乃至华东地区、全国经济社会发展做出了历史性重要贡献。建国初期，徐州矿工积极响应国家号召，以高涨的劳动热情加快发展生产，支持国民经济恢复和发展民族工业体系。从 70 年代初期开始，为支援江苏工业迅速发展崛起，徐州矿工认真贯彻国家“有水快流”、“老矿挖革改”的煤炭生产方针，长期超强度开采。并以煤矿为引擎，迅速扩展经济、拉动产业发展，使徐州成为我国重要的资源型工业城市。

（三）成熟期

煤炭本身的不可再生性从一开始就制约了贾汪区生命周期的永生性，面临资源枯竭、生态恶化，衰退还是新生，给徐州政府造成了难题，也是贾汪人民的选择。但在此时，徐州市政府依然选择了发展为先，为苏南地区提供煤炭资源。百年来，经济发展所需的大量煤电从徐州输出，而大大小小的采煤塌陷地也因此遍布徐州市的各大煤炭开采县区。这些采煤塌陷地无论是决定利用还是决定整改都需要仔细考量。

（四）衰退期

贾汪区为大量的资源开采付出了代价，以往“十里煤城，百里煤田”的辉煌景象已不存在，留下了大片沉降的土地和被严重破坏的环境，大量农民失去了赖以生存的土地，社会经济发展停滞、人民群众生产生活受阻。贾汪区，逐渐走向了生命的枯竭。

大大小小的采煤塌陷地遍布贾汪全区，无论利用还是整改，都是困难重重。曾经的潘安湖采煤塌陷区作为徐州市塌陷最严重的采煤塌陷区，因煤炭开采造成破坏的土地达 40 余万亩，平均塌陷深度 4 米。80 多年里，该区域生态环境恶劣，当地农民无法耕种、无法居住，形成了严重的历史包袱。2001 年“7・22 煤矿爆炸事故”像即将压死骆驼的最后一根稻草，“百年煤城”贾汪面对资源枯竭、政策变动、可持续理念的重重压力，不得不开始转变思路，寻求转型。

（五）走向新生

面对因煤而生的巨大疤痕，一个资源枯竭的城市，为了解决由于粗放式资源开发而带来的生态恶化、环境污染、地表塌陷和沉降等问题，以及由此带来的社会问题，徐州市开始了漫漫城市转型之路。

徐州市启动“三重一大”项目和城建重点工程，治理贾汪。徐州市政府积极进行产业转型项目，一方面徐州坚持改造提升传统工业，实现了老工业的发展，例如煤炭、冶金、煤化等产业的换档升级；另一方面，不断培育壮大新型产业，实现“双轮驱动”，形成了装备制造业、新能源、新材料、生物制药等新型的支柱产业，出现了像徐工、必康医药、恩华医药等大型企业。2016 年，华为、微软、阿里巴巴等多家大型 ICT（信息和通信技术）企业相继入驻徐州，为徐州新型产业的发展奠定了坚实的基础。

四、贾汪区“潘安湖”整治项目的综合价值实现模式的规范性框架

（一）综合价值概念阐述：多维耦合、可持续的价值形式

中国传统儒学中的“性善”、“兼爱”、“人本”、“仁德”等思想从行为逻辑上对人的社会活动提出了规范，反对激烈冲突与恶意争斗，要求人们“修身”、“成己达人”、关心社会现实，且有“恻隐之心”，在力所能及的范围内对弱势群体提供方便或帮助，从善事中获得愉悦感。在儒学的思想体系中，行为的价值是立体的、多向的，且应体现积极正面的取向。类似地，在西方的社会发展史中，注重平等、人权、正义的各种理论也并不罕见，催生了许多实践。事实上，综合价值理论的内核正是提取自中西方漫长的历史现实与纷繁的理论。

2000 年，杰德·艾默生（Jed Emerson）对“综合价值”进行了系统的描述。[①] 该理论指出，任何社会个体和组织在进行各项社会活动（尤其是投资生产、完成任务等活动）的过程中都会自然地创造价值，这些价值通常是多维的，包含经济、社会和环境三方面的价值要素。经济、社会和环境价值具有融合性，任何个体和组织都不可能将行为的某一种价值成分单独分开来考虑，“综合价值”的概念倡导的是各种价值成分之间的“联合”而非“互斥”，其通常意味着资本、社会和商业可以创造超出其总量的价值。对于一个资源枯竭型城市而言，应融合经济目标、社会和环境效应来进行战略规划、制定行动方略，从而实现综合价值。这一理论与颇具中国特色的科学发展观不谋而合，皆是强调目标的显著性和各方面价值的现实性、融合性。

---

① 参见安东尼·巴格-莱文、杰德·艾默生：《社会影响力投资：创造不同，转变我们的赚钱思维》，罗清亮、王曦、唐浩译，上海财经大学出版社 2013 年版。

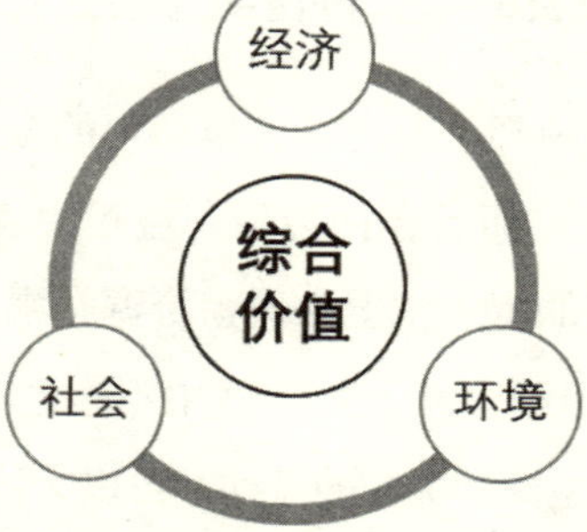

图 2　综合价值理论的耦合体系

事实上，综合价值理论体系中的三个价值要素维度具有耦合的互动联系，这一耦合体系中具有两个层面的耦合关系：第一是经济、社会与环境三个子系统之间存在互动关联，亦即经济要素的变动、社会经济的发展必然导致社会与环境因素发生改变，同样地，社会或环境因素的变化也对经济发展状况具有反向推动力；第二是经济、社会与环境子系统与整个综合价值系统之间的耦合，密切联系的子母系统之间牵一发而动全身，无法割裂看待。

在此理论基础上，贾汪区潘安湖整治项目以旅游业为可持续发展的突破口，将煤矿塌陷区规划为潘安湖湿地公园。原来矿区的工人参与此公园的维护建设，既改善了贾汪的生态环境，又解决了废矿区居民的安置问题；且搭配园林景区＋湿地公园＋滑雪场＋漂流等配套设施的潘安湖变身国家 AAAA 级景区，带动经济增长的同时也让贾汪赢得“徐州后花园”的美誉，得到社会各界的广泛好评，实现了经济效益、社会效益与环境效益相融合的多维的综合价值。

然而，对于综合价值的实现路径与具体方法，艾默生的理论中没有系统阐述。从现实来看，随着每个城市的发展，各个资源枯竭型城市在这一方面的理论与实践探索因地制宜，并呈现出本地的特色。贾汪区潘安湖的发展通过借鉴先进城市发展经验，结合本地现实发展状况，逐渐摸索出一套包含三条路径的综合价值实现模式。

（二）潘安湖整治项目的综合价值实现模式：三种路径

综合价值往往能够反映经济与非经济范畴内的多元化需求，其不仅栖身于资源枯竭型城市本身之中，而且在社会和利益相关者的价值领域内都有体现。结合我国资源枯竭型城市的发展情况来看，资源枯竭型城市治理过程中所创造综合价值的模式并非一成不变，而是在实践中不停更新。

依据徐州市政府的自主性和资源的流动，可以大致将贾汪区潘安湖整治项目所创造综合价值的路径与模式划分为三种：第一是通过丰富地下水资源、防洪防灾、净化污染物和有毒物质等措施实现潘安湖的环境效益；第二是产业结构转型升级实现经济效益；第三是通过打造潘安湖生态区实现潘安湖的社会效益。

然而，在现实中，上述三种综合价值的创造路径并非彼此泾渭分明，而是常常交互混杂。总体而言，社会企业的综合价值实现模式是复杂且不断发展的。

五、综合价值实现模式的现实认知——以贾汪区潘安湖整治项目为例

纵观贾汪区潘安湖整治项目发展历程，在创造和实现综合价值的路径上能够体现较为清晰的逻辑，其成果和价值也颇为丰厚。最重要的是，潘安湖整治项目的目标实现模式很大程度上贴合我国资源枯竭型城市转型发展的三种路径，并且将三者以一套完全清晰的目标体系联结在一起，以求项目可持续发展能力的提升。

首先，潘安湖整治项目实现了良好的环境效益。在治理之前，由于长期废弃的煤矿开采，区域整体生态环境破坏严重。大气污染、水污染频发，地表塌陷，土壤环境恶化，而潘安湖湿地的开发好转。贾汪区潘安湖整治项目则采取丰富地下水资源、防洪防灾、净化污染物和有毒物质、为水生和陆生生物以及鸟类提供大量的栖息地、保护原地土壤、防止水土流失和重拾土地资源等措施，改善了贾汪区潘安湖的周边环境。

贾汪区潘安湖整治项目所创造综合价值的第二条路径是实现经济效益。徐州市启动“三重一大”项目和城建重点工程，治理贾汪。徐州市改变经济结构，促进产业转型。从根本出发，逐渐减少对资源的依赖。推进新型工业化、农业现代化、城乡发展一体化、促进区域的优势互补，增强发展的协调性和可持续性。一方面提升重工业的发展技术，如冶金、机械等方面；另一方面，发展新的产业模式，如服务业、新能源产业等。由单一发展重工业到一、二、三产业协同发展，并逐渐加重第三产业的发展。2012 年全市高新技术产业实现产值 3016.00 亿元，2013 年全市高新技术产业实现产值 3598.29 亿元，2014 年全市高新技术产业实现产值 4047.74 亿元，2015 年全市高新技术产业实现产值 4505.26 亿元，是 2010 年的 4.2 倍。

贾汪区潘安湖整治项目所创造综合价值的第三条路径则是实现社会效益。采煤地大面积的塌陷使周边居民住宅地基受到不同程度的损害，情况严重的甚至需举村迁移；道路系统、供电系统、通信系统等也受到了不同程度的破坏，区域百姓的生产、生活面临巨大困难。而潘安湖将煤矿塌陷区修复成湿地公园的创新性举动，在改善工业城市环境的同时也提升了废矿区居民收入，社会问题得到了解决，实现了生态效益与经济效益二者结合。

因此，贾汪区潘安湖整治项目的三条路径的交替与混合使用，使得徐州市作为资源枯竭型城市，在综合价值探索的道路上不断前行。

六、城市转型过程中综合价值创造模式的优化策略

潘安湖整治项目的实践对于资源枯竭型城市的综合价值创造模式现实存在形式，及其改进趋向提供了经验与借鉴。该案例不仅可以验证我国资源枯竭型城市综合价值创造的基本路径框架的合理与切实可行，而且从个案角度明确我国资源枯竭型城市在综合价值求索路径上存在的困境。

改革开放以来，我国“集中精力办大事”的体制发挥出无与伦比的优越性，使我国在经济发展上创造了一个接一个的“中国奇迹”。事实上，在一种快速

变化的环境中，我国特殊的压力型体制的运行突出了政府要承担的主要责任，推动了一些重要问题和难题的有效解决，保证了政府责任的基本实现。但是，一方面，随着我国经济发展增速减缓、社会各方面进入“新常态”，国家对宏观环境的变化已经能够较好地适应，而地方政府所面临的地域性矛盾却日益凸显；另一方面，长期固化的、通过层层施加压力来推动各级政府部门运行显然不能成为一个国家的政府实现责任的常态，用政治手段来推动经济发展从长期来看，也不符合完善的市场经济运行的要求。

因此，在当今的现实之下，中央政府应当并且确实开始给予地方更大的城市治理自主性，倡导地方政府结合地方实际，创新性地解决地方问题，进行社会治理，在经济、文化、社会和环境等领域依托当地的特色走出具当地特色的道路。贾汪的经验就是这一理念的重要实践和事实印证。面对长期高度依赖煤炭的发展历史，在资源枯竭、产业后继乏力、环境恶化的背景之下，徐州市政府针对性地在扶持高新产业、替代能源产业和服务业，平衡产业结构与布局的经济基础上发力。与此同时，注重突出城市发展的“徐州特色”，将两汉文化创新性地嵌入到经济发展模式当中：一方面主推汉文化旅游，大力建设汉文化遗址和相关景区，为自然景观赋予汉文化意涵；另一方面通过兴建与汉文化接轨或相关的基础设施，在深化历史文化风情的同时兼顾改善市民生活条件的目的。除此之外，在医改、社会组织倡导、公共职能建设等方面，贾汪也充分结合了本地特色，使政策更加贴合贾汪的实际、具有更强的可操作性。

作为典型的资源枯竭型城区，贾汪本已走到穷途末路，但在城市生命周期逐渐走向衰落的时候，为了回应多方的诉求和压力，徐州自主进行了大刀阔斧的治理创新，从而避免了走向衰败，反而重获生机，以全新的面貌在全国闻名。其中，地方政府的自主性是贯穿贾汪转型之路的关键概念。如果一味依靠上级的规制和指令，或者对自身困境不闻不问，徐州可能失去很多自主变革所能够把握的机会，转型之路可能将会越走越难。

因此，“贾汪模式”和“贾汪经验”，不仅为资源枯竭型城市的再生与可持续治理提供了很好的参考与范例，而且在很大程度上体现了我国地方政府自主性的增强，反映出我国改革开放以来政治变革的重大成果。地方政府自主性的增强、治理能力的不断提升，这是我国政治运行模式演变的一个重大特色与要求，也是地方政府进行区域性的城市治理所应当把握的重要原则。

七、结语

徐州市贾汪区20世纪初期“依煤建城”，此后以煤矿为引擎，迅速扩展经济、拉动产业发展，但以煤矿为核心的发展战略却造成了重大遗留问题：采煤塌陷地遍布全区，利用难、整改难，使人地矛盾一度激化。自“7·22煤矿爆炸事故”以来，面对资源枯竭、政策变动、可持续理念的重重压力，“百年煤城”贾汪不得不开始转变思路，寻求转型。面对大面积的采煤塌陷地问题，当地政府决议将环境整治、农田复垦、文化传承与生态旅游相结合，在权台矿和旗山矿塌陷地的积水湖区推行“基本农田整理，采煤塌陷地复垦，生态环境修复，湿地景观开发”四位一体的可持续化建设模式，建成了潘安湖湿地生态和文化旅游公园，潘安湖湖区的综合整治过程最大的特点在于：因地制宜、思路清晰、突出地区优势，创造了经济、社会和环境的综合效益。

参考文献

［1］傅兰尼编著：《全球化世界中的城市：治理、绩效与可持续发展》，胡光宇译，清华大学出版社2006年版。

［2］乔尔·科特金：《全球城市史》（修订版），王旭译，社会科学文献出版社2010年版。

［3］杨雪冬：《压力型体制：一个概念的简明史》，《社会科学》2012年第11期。

［4］杨荫凯：《资源枯竭型城市怎样实现结构调整》，《宏观经济管理》2002年第1期。

［5］蒋浩、赵晨：《我国资源枯竭型城市经济转型面临的问题及对策》，《湖北社会科学》2004年第5期。

［6］钱振明：《基于可持续发展的中国城市治理体系：理论阐释与行动分析》，《城

市发展研究》2008 年第 3 期。

［7］朱琳、卞正富、朱环等：《资源枯竭型城市转型期土地利用与城市发展耦合关系分析 —— 以徐州市贾汪区为例》，《城市发展研究》2013 年第 1 期。

［8］李涵、戴文：《基于耗散结构理论的资源型城市转型发展分析：以徐州市为例》，《中国矿业》2017 年第 2 期。

［9］岳雯：《徐州市采煤塌陷地农业综合开发治理对策研究》，扬州大学 2009 年硕士学位论文。

［10］王桂云：《我国资源型城市可持续发展的地方政府治理研究》，兰州大学 2011 年博士学位论文。

习近平劳动观对当代经济研究的启示

王宏亮*

【导语】习近平总书记在2015年庆祝"五一"国际劳动节暨表彰全国劳动模范和先进工作者大会上的讲话指出:"无论时代条件如何变化,我们始终都要崇尚劳动、尊重劳动者,始终重视发挥工人阶级和广大劳动群众的主力军作用。"本文认为,在中国特色社会主义制度下,经济理论和实践始终要以人民幸福生活和实现人的根本需要为目标,要以劳动为核心,要讨论如何解放劳动,如何发展劳动。作者对此进行了分析。

一、引言:"劳动"和"资本"的关系

1949年新中国的成立使我们得以走上独立自主的经济发展道路。其间,我们选择不同的制度体系来安排"劳动"和"资本"。改革开放40年来,中国特色社会主义市场经济使我们得到了前所未有的发展;同时,我们也正在面临前所未有的风险和挑战。从经济学的角度看,资本和劳动是最常被讨论的两种生产要素,也是生产函数的两个主要变量。这意味着讨论改革开放40年中国经济的经验和问题,最核心的就是厘清"劳动"和"资本"的关系,更深入地理解"劳动"和"资本"在中国特色社会主义经济中的贡献。

实际上,这方面的讨论一直贯穿于中国经济改革的实践和理论研究之中。靳涛认为,从1978—2004年,中国经济在1994年之前是依靠需求和投资带动经济增长,而后就是依靠地方政府投资拉动的经济增长。[①] 这个观点肯定了资

---

* 王宏亮,北京师范大学社会学院/中国社会管理研究院、社会发展与公共政策学院博士研究生。

① 靳涛:《资本倚重、投资竞争与经济增长——中国转型期经济增长的再思索(1978—2004)》,《统计研究》2006年第9期。

本对经济增长的巨大贡献。桁林则从理论上认为经济增长的源泉是劳动积累和资本积累，指出从劳动积累到资本积累再到劳动积累是经济增长的必然趋势。[①]这个观点一方面肯定了靳涛的论点，另一方面从马克思主义经济学的角度解释了资本和劳动的关系，强调资本积累根本上是劳动积累。然而，同样认可劳动价值论的亚当·斯密却认为资本积累决定了劳动分工和就业人口的比例。[②]很明显，斯密并不认为资本积累一定会变成劳动积累，而是决定劳动积累。那么，总结中国经济发展的经验，我们又该如何理解“劳动”和“资本”的关系呢？如何更清晰地解释劳动和资本之间的连接机制呢？如果说经济问题从根本上是人类社会生活的问题，那我们从人的角度、从人参与经济活动的过程入手会是更加合适的路径。而劳动就是人参与经济活动的核心内容。

二、以“人民”为中心的经济思想

人本主义经济学思想是经济学的重要流派，西斯蒙第认为政治经济学的目的就是要为人类谋幸福。[③]阿马蒂亚·森将人本主义经济学推向了全新的高度，强调以人类自由衡量经济发展。[④]尽管欧美资本主义发展形成了典型的“资本”范式的经济理论，但其发展实践仍无法掩盖“人”和劳动的重要性。中国经济同样有类似的经验，许崇正系统梳理了中国古典经济思想中的人本主义，如重义轻利的儒家思想等，进而总结了改革开放后人的发展经济学研究的基本脉络，提出要建立以人的发展为核心的经济学。[⑤]习近平强调崇尚劳动、尊重劳动者，一方面肯定了以人为中心的经济思想，另一方面也强调经济学应该以“人民”为中心，以人民劳动为基础阐释经济发展道路。这可以称作以“人民”为中心

① 桁林：《经济增长的源泉：劳动积累和资本积累》，《中共中央党校学报》2003 年第 1 期。

② 亚当·斯密：《国富论》，唐日松等译，华夏出版社 2005 年版。

③ 西斯蒙第：《政治经济学新原理》，何钦译，商务印书馆 2007 年版。

④ 阿马蒂亚·森：《以自由看待发展》，任赜、于真译，中国人民大学出版社 2002 年版。

⑤ 许崇正：《论中国“人的发展经济学”研究的历史和现状》，《改革与战略》2008 年第 7 期。

的经济思想或者人民经济学。

从人本主义经济学到人民经济学，这个新的阐释既是马克思辩证唯物主义认识论和方法论的体现，同时也是中国特色社会主义经济实践的基本经验。人民经济学一定是以“人”为中心的经济学。相比人本经济学，人民经济学有更丰富具体的含义。“人”在很大程度上强调了每个个体的基本特征，这种特征更多地和人的自然存在状态有关而不是和社会存在有关。人只是人民的基础构成，“人的发展”强调共性和普遍性，这体现了中国特色社会主义经济与世界各国经济的相通性。从这个意义上来说，中国特色社会主义经济学说既是当代中国的经济学，同时也是世界的经济学，是人类命运共同体的重要经济学基础。在“人的发展”方面，我们和世界各国的经济理论和实践都可以对话，也可以共享，不是互相排斥而是相互尊重。

从群体的角度看，中国特色社会主义经济理论和实践也有其特殊性和个性。“民”就体现了中国特色社会主义经济理论和实践的这一特质。“民”是一个群体性概念，王力主编的《古汉语常用字字典》中认为“民”可以理解为百姓。[①]这意味着“民”是和国家、社会紧密联系在一起的。不同国家和社会的“民”所共享的经济思想和实践具有各自的特征。每种经济思想和实践实际上都是人们适应不同的环境、制度、生活方式最终形成的能够有效面对生活的手段。属于不同群体的“民”必须相互尊重才能和平共处，才能实现个体的发展，即促进“人”的全面发展。习近平正是在这个意义上提出了“人民经济学”的思想。人民经济学的思想一方面强调了经济规律的普遍性、科学性，同时也强调不存在放之四海皆准、客观中立的经济理论和经济实践。经济理论和经济实践具有阶级性、地域性、社会性、群体性，可以参考欧美经济理论和实践，但绝不能以其为基本准则。

人民经济学思想更是中国古典经济思想和中国共产党领导中国人民全部奋斗历程的经验总结。这个基本经验就是以“民生”问题为核心。民生问题的根

① 王力等编：《古汉语常用字字典》，商务印书馆 2005 年版，第 264 页。

本就是要使百姓得到尊重和更好的生活。中国历朝历代的治理核心实际上都离不开“民生”问题。中国封建朝代更迭的根本在于谁能够解决当时的“民生”问题。中国共产党从建立之初，就意识到以“民生”为根本是自己的责任。在随后的具体实践中，无论是国共合作、联合抗日、解放战争，还是土地改革、公私合营、改革开放、发展经济、精准扶贫，其目的都是为了解决中国人民的民生问题，为了实现中国人民对美好生活的向往。在不同的时期，合适的制度选择会促进人们参与劳动，投入生产活动之中，从而为自己也为社会创造财富，解决“民生”问题。

三、摆脱“劳动力”概念：作为人的需要的劳动

通常意义上，现代经济学在讨论生产要素时，其所谓的劳动更多的就是指劳动力。当资本和劳动力相结合，马克思认为剩余价值产生了①，马歇尔则认为我们生产了效用。②我们如何理解劳动和劳动力的关系，决定了我们会如何安排经济制度，如何安排具体的生产活动，更决定了我们最终会形成怎样的生产关系。亚当·斯密认为劳动是一切商品交换价值的真实尺度，这是对劳动价值的重要肯定；但他同时又认为财富可以形成对所有劳动或劳动产品的支配力。③这个看似矛盾的观点实际上揭示了现实经济中劳动的地位。马克思敏锐地觉察到了这个观点背后的问题，他进一步指出：劳动的价值无非就是劳动力的价值，但在资本主义生产关系中，劳动并不表现为目的本身，而表现为工资的奴仆。④工资又是资本的一部分，最终劳动本身的价值被它对资本的贡献替代了，结果我们看到的就是资本在市场上购买的劳动力，就是斯密强调的财富对劳动的支配力。

---

① 马克思：《资本论》第一卷，中共中央马克思恩格斯列宁斯大林著作编译局译，人民出版社 2004 年版，第 217 页。

② 阿尔佛雷德·马歇尔：《经济学原理》，朱志泰译，商务印书馆 1964 年版。

③ 亚当·斯密：《国富论》，唐日松等译，华夏出版社 2005 年版，第 42 页。

④ 马克思：《工资、价格和利润》，《马克思恩格斯文集》第 3 卷，人民出版社 2009 年版，第 58 页。

劳动不仅被深埋在资本背后。在人类社会的发展中，劳动还被深埋在社会分工之中。孟子用“劳心者治人，劳力者治于人，治于人者食人，治人者食于人”[①]对劳动进行了分工，这个分工一方面剖析了劳动在内容和功能上的差异，另一方面也为深埋劳动价值埋下了伏笔。当这个分工模式和社会阶级相结合以后，劳心者和劳力者各自的劳动就获得了新的身份。劳心者的劳动实际上不再被看作和劳力者的劳动具有相同的功能和本质，他们的劳动被上升为治国平天下的“伟大事业”，其地位尊崇无比，而且理应获得劳力者的劳动成果。古代社会用权力支配劳动和现代资本社会如出一辙。

过去的经济模式把劳动隐藏在劳动力背后，用时间来衡量劳动，从而使劳动对象化，进而让劳动力受资本和权力的支配，这就是阶级社会的经济体系。社会主义经济要能够更好地解放生产力，就必须再向前迈一步。如果说资本主义把劳动从权力中解放出来，那社会主义就需要把劳动从资本中解放出来才能创造更加巨大的经济成果。习近平对此有深刻体会。不过，这种体会不是来源于理论分析，而是来源于生活经验。

习近平插队时期的劳动生活让他意识到劳动被埋在怎样的深处。在发达工业社会中，劳动被资本从权力中解放出来，人们至少只是受资本支配。但在欠发达的农业社会中，劳动不仅受资本支配，还受权力支配。很多人不仅追求高回报，还追求较高的社会评价，这个评价实际上就是权力阶层的评价。社会主义要做的就是实现恩格斯对劳动的描述：“生产劳动就不再是奴役人的手段，而成了解放人的手段，因此，生产劳动就从一种负担变成一种快乐。”[②]知青生活中的劳动体验让习近平意识到中国特色的社会主义经济模式一定要解决劳动的问题，要将劳动恢复成整个经济的核心，要使人快乐地劳动。经过40年的改革开放和市场经济发展，习近平意识到市场可以把劳动从权力中解放出来，但没法将其从资本中解放出来。中国特色的社会主义经济要最终建立在以劳动为基

---

① 《孟子·滕文公上》，中信出版社2013年版，第125页。

② 恩格斯：《反杜林论》，《马克思恩格斯文集》第9卷，人民出版社2009年版，第310—311页。

础的制度体系上，不仅要依靠市场，更要依靠人民思想的改变，要依靠人民的自我反思。

四、摆脱“资本”范式：从“人力资本”到“人才”

经济学从前古典经济思想向现代经济思想的转变过程中，经历了从权威到资本的历程。以亚当·斯密为代表的经济学家在认可劳动价值论的同时不约而同地强调资本对整个经济运行的关键作用。由此，经济学的总体分析思路进入了“资本”范式。在现代资本主义经济模式中，土地、劳动和所谓的企业家才能最终都是资本的一种变形。就像马克思预言资本主义会创造自身的掘墓人一样，“资本”范式中也会生发出不一般的思考。现代劳动经济学赖以发展的人力资本理论就是这样一种结果。人力资本理论仍然延续了资本范式，但却提出了一个新的问题。

经济学家舒尔茨在分析人力资本投资概念时指出：“经济学家早已知道人是国民财富的一个重要部分。……但只要一提起向人力投资，就会使我们中间的某些人感到不快……甚至于约翰·S. 穆勒这样的人，也曾一度认为：一个国家的人民不应被视为财富，因为财富正是为了人的缘故才存在的。”[①] 舒尔茨这里的分析一方面提出不能把劳动以及劳动者的努力仅仅放在道德领域之中，让其表面上享有崇高的道德光环实际上却得不到应有的回报，让其受某种道德观念或权威的无偿支配；另一方面强调了劳动以及劳动者的努力因其对国民财富的巨大贡献应被视为一种资本投资。因此，他认为：通过向自身投资，人民能够扩大他们得以进行选择的范围。这是自由人可以用来增进自身福利的一条道路。[②] 人力资本理论为我们重新解释经济发展提供了新的视角，但它并不能真正解放劳动，也不能使劳动成为人的需要。人力资本和物质资本一样，最终塑造的仍然是不断分化的

---

① 西奥多·W. 舒尔茨：《论人力资本投资》，吴珠华等译，北京经济学院出版社 1990 年版，第 3—4 页。

② 西奥多·W. 舒尔茨：《论人力资本投资》，吴珠华等译，北京经济学院出版社 1990 年版，第 3—4 页。

社会阶层。普通人被剥削的劳动价值只是多了一个新的借口，人力资本不足。

对中国特色的社会主义经济来说，人力资本无疑是可以运用的有效概念。因为只有如此，才能使人们至少摆脱传统权威和道德评价对劳动的支配，让人们热情地追求向自身投资，用自身的努力为自己获得更多的福利。但如果只是停留在人力资本理论上，对于有悠久封建历史的中国来说，我们可能无法把劳动从传统价值观和资本的双重束缚中解放出来。习近平使用了颇具中国传统风格的概念来涵盖人力资本理论，这就是“人才”。中国古典思想通常将贤能之士称为“人才”。贤能之士通常又被认为是君子，君子通常既不被权力驱使也不被财富支配。孔子形容君子是“君子惠而不费，劳而不怨，欲而不贪，泰而不骄，威而不猛”。[①] 习近平用人才理论涵盖人力资本理论，其目的在于强调必须让劳动既不受权力影响，也不受财富支配，社会主义经济要建立在劳动本身的基础上，建立在人们视劳动为自身需要的基础上。

五、劳动的限制条件：制度约束和资本约束

长期以来，我们的社会形成了多种多样的劳动约束条件。如年龄约束、性别约束、学历约束等。这些约束大部分是制度性的，也有资本方面的。在现实的经济发展中，这些约束限制了劳动有效利用资本参与生产活动，进而也扭曲了劳动力的市场信号，在全社会范围内造成了劳动上的不公平。

如图 1 显示，在（L_0，q_0）处，市场处于均衡状态，劳动的供给和需求达到平衡，资本被劳动充分利用从而实现了最大的劳动产生。然而，社会存在各种制度约束。比如年龄约束，通常 40 岁以上的普通人面对劳动选择时只有三个选项：一是在原单位等待退休；二是如果不幸失业只能忍受从事低工资工作或不愿从事的工作；三是彻底退出劳动力市场。很多人没机会通过努力再从事高工资或自己希望从事的工作，既得不到国家和社会的人力资本投资，也得不到

① 《论语·大学·中庸》，《论语·尧曰》，中华书局 2016 年版，第 238 页。

用人单位的认可，只有很少一部分做到行业高层的人才可能实现自由选择。如果以 60 岁退休计算，这类人实际上还有 20 年可以全身心为国家和社会作贡献，仅仅因为存在大量的年龄限制制度，使他们无法实现理想。当失去理想的下岗职工选择沉默或更极端的道路时，我们可以看到这种年龄限制有多么大的危害。在制度约束下，劳动力供给根本无法达到 L_0，只能达到 L_2。在劳动力供给减少的情况下，工资率就会上升到 q_2，那些有机会突破制度约束的人拿走了本该属于更多劳动者的福利，获得了更高的工资率。对那些普通劳动者来说，他们根本连选择劳动的权利都没有。

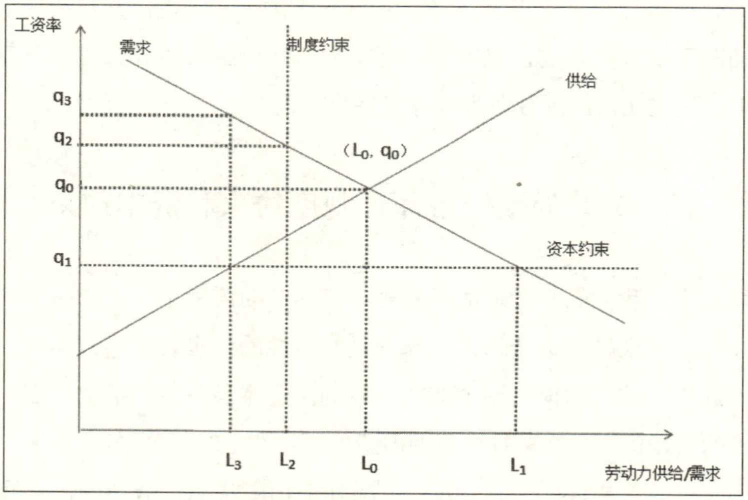

图 1　制度约束和资本约束对劳动力市场的影响

紧接着还有资本约束，资本约束进一步加剧了这种状况。资本充裕且允许按劳取酬的情况下，劳动者可以拿到应得的 q_0。但是，在改革之初一直都存在资本稀缺，有限的资本只能付出 q_1 的工资率，但人们为了生存仍然必须劳动。在这个阶段，劳动者忍受了低工资为国家和社会付出自己的劳动，创造了巨大的财富。但资本充裕之后，高额利润的诱惑、制度的惯性和众多的人口共同压制了工资率的上升，劳动者唯一能做的选择就是减少付出，减少劳动。人们一旦觉得不需要忍受低工资时，都会选择退出劳动力市场，年轻一代人则用挑剔和“啃老”的方式拒绝进入劳动力市场。这时，劳动力供给进一步被压缩到 L_3，而工资率也进而上升到 q_3。那些有机会打破制度约束的人得到了更多的实惠，他们因为可以继续留在劳动力市场中，因而有机会得到 q_3 的工资。社会分化进一步被拉大了。

事实上，制度约束和资本约束并不是各自单独运行。二者之间会相互连接和转化。比如，在国家人力资本投资领域中，35 岁以上的劳动者没有获得国家资助留学和从事博士后研究的机会，40 岁和 45 岁以上的劳动者基本不能得到国家资助攻读硕士或博士学位。但在实际的劳动力市场中，有留学、博士后经历、硕士和博士学位的劳动者都有机会获得更高的收入。于是，制度约束就变成了资本约束，对那些不符合制度规定的人来说，资本也是稀缺的。资本限制也会在一定情况下转变为制度约束。低收入人群因为缺乏资本，他们的教育机会、工作选择机会也会缺乏。高收入人群一出生就拥有的条件和环境，低收入人群却需要用几年甚至十几年的时间奋斗。当低收入人群终于有可能获得同高收入人群相似的机会时，他们可能会面对年龄的限制或是其他制度的限制，此时，资本限制的影响又是通过制度约束体现出来的。

习近平清楚意识到这些问题会影响中国经济的发展，也意识到对劳动的约束是中国未来发展的核心问题。必须破除各种约束劳动的条件才能推动未来的经济发展。打破障碍的基本原则在于激励各个阶层的劳动者成才，支持普通劳动者成才，尤其要支持那些缺乏资本、缺乏机会、生活艰难的劳动者成才！这样的人力资本投资才符合社会主义制度的宗旨，才有利于社会主义经济的发展。

六、就业和消费的替代：劳动与经济发展的纽带

劳动是人类生活的基本组成部分，恩格斯正是在这个意义上强调劳动创造

了人本身。[①] 我们也认为“人的全面发展”要依靠劳动。在目前的经济模式下，劳动就是要就业。没有就业就没有经济发展，没有幸福美好的生活。尽管劳动蕴藏在人口之中，但徒有庞大的人口而没有大规模的就业人员，经济发展就只能是泡影。在权力和资本的奴役下，人们形成了好逸恶劳的习惯。荀子讲：“凡人有所一同：饥而欲食，寒而欲暖，劳而欲息，好利而恶害。”[②] 因此，所谓人口红利可能只是一厢情愿的解释，因为人口不会直接转化为劳动，人口众而就业低的社会不会获得经济发展，年轻人也不会主动选择为社会劳动。

因此，就业不是鼓励生育可以实现，也不是加大资本投资可以实现，即便是加大人力资本投资也可能有相反的结果。就业不是像我们预想的：只要投资增加了，就业岗位增加了，人们就会就业进而将劳动转化为经济成果。2017年，我们对3000多名大学生开展了一项调查，结果表明：那些学习成绩越好、学历期待越高的学生越不愿意就业。这意味着那些有能力、有条件的人反而更有可能随时退出劳动力市场。当我们预期大规模人力资本投资能够为社会培养更多可用之才时，我们实际上可能会失去更多的劳动供给。这是因为人力资本投资实际上可以分为投资和消费两个部分。投资是为了就业，消费只是为了获得某种生活需要及心理满足。于是，在劳动者对自身的投资行为中就产生了就业和消费的替代。我们可以称其为劳动效应和消费效应。改革开放40年的经济发展是因为我们释放了劳动效应，而我们今天面对的经济问题则还包括我们正在释放消费效应。

如果我们要为改革开放40年的成就总结经验，那就是因为我们过去动员了人民的劳动积极性，动员了那些普通劳动者的劳动效应。当某些理论家自满地夸耀自己的分析多么精辟独到时，当他们拿着高收入颐指气使地对劳动进行分级分类时，他们实际上不过是躺在普通劳动者的劳动果实上，不过是拿着别人的劳动成果为自己撰写功劳簿。当那些二三十岁的青年人夸耀自己的创业多

---

① 恩格斯：《自然辩证法》，《马克思恩格斯文集》第9卷，人民出版社2009年版，第550页。

② 《荀子》，中华书局2016年版，第45页。

么伟大和重要时，他们实际上只是站在父辈的身躯上享受父辈创造的辉煌伟业。真正为中国经济奇迹作出贡献的就是那些不计回报的就业者，就是那些崇尚劳动的劳动者。

习近平深刻意识到劳动就业在整个经济中的重要性，也意识到其在整个国家治理中的重要性。习近平在2014年强调："劳动是一切成功的必经之路。"① 因此，正如习近平强调的："就业是最大的民生。要坚持就业优先战略和积极就业政策，实现更高质量和更充分就业。"② 在这里，习近平提出了两个解放劳动、促进就业的策略：第一就是要在全社会范围内树立劳动精神，第二个策略就在于高质量和更充分就业。在过去几十年的发展过程中，我们因为不同时期的特定目标形成了大量限制劳动的制度。今天，我们必须尽可能打破一切制度约束，把劳动从制度的牢笼中解放出来。习近平用最通俗的方式对此进行了概括，"大家撸起袖子加油干"③，"我在长期工作中最深切的体会就是：社会主义是干出来的"④。因此，我们只有更好地促进就业，更好地促进劳动，才能最终实现中国经济的可持续发展。

七、结语

劳动价值论在人类早期经济思想和古典经济学中都有着重要的地位。在不同的社会制度下，劳动对经济发展都具有决定性的作用，但劳动的意愿和积极性是不同的。在中国特色社会主义制度下，我们要将劳动的积极性和主动性变成一种社会习惯和风气，我们的目标是要将经济发展建立在人民以劳动为根本

---

① 《习近平向全国广大劳动者致以"五一"节问候》，http://jhsjk.people.cn/article/24963846，2014年5月1日。

② 《决胜全面建成小康社会　夺取新时代中国特色社会主义伟大胜利——在中国共产党第十九次全国代表大会上的报告》，人民出版社2017年版，第46页。

③ 习近平：《二〇一七年新年贺词》，http://jhsjk.people.cn/article/28991776，2017年7月1日。

④ 《习近平在北京大学师生座谈会上的讲话》，http://jhsjk.people.cn/article/29961631，2017年5月3日。

需要的基础上，建立在人民主动的劳动实践上，而不仅仅是通过某种特定的激励促使人们劳动。这与过去的社会经济发展模式具有根本性的区别。习近平的劳动理念提示我们应该打破过去以资本为核心的经济学研究体系，建立以劳动为核心的经济学。在新的历史时期，在人类迈入智能时代之际，以劳动为中心的经济学才可能更好地解释未来的经济现象。

工会是否提升了国有企业员工的幸福感?

张抗私　刘翠花*

【导语】工会对于进一步推进企业民主管理，维护职工合法权益，调动职工的积极性、主动性和创造性，具有十分重要的意义。本文基于CGSS（2013）调查数据，实证分析了参加工会对国有企业员工幸福感的影响。研究发现，参加工会对国有企业员工幸福感有显著正影响，能明显提高国有企业员工的薪资福利水平，且对女性员工幸福感提升程度更高。

一、引言和文献综述

随着中国市场经济体制改革的深化，工会范围不断扩大，据2016年中国统计年鉴[①]显示，全国已建工会组织的基层机构至2015年年底有近280.6万家，约为2003年的3倍，工会成员已达到2.95亿人。特别是国有企业作为国民经济发展的重要力量，其工会组织覆盖率更高。国有企业工会作为职工的自组织形式，服务会员、维护职工的合法权益成为其存在合理性的根本依据。从功能上来看，国有企业工会具有参与薪资和福利待遇的议价、改善工作条件等作用，是员工利益的维护者和代言人。然而，工作、经济状况等方面的认知评价又是国有企业员工幸福感的重要来源，基于此探究加入工会对国有企业员工幸福感会产生怎样的影响以及为何会产生这样的影响是本文重点研究的内容。

---

* 张抗私，东北财经大学教授、经济学博士，博士生导师，主要从事劳动经济学研究；刘翠花，博士研究生，主要从事劳动经济学研究。基金项目：国家社会科学基金项目“大学生就业质量与政策研究”（14BSH107）；辽宁省社会科学规划基金项目“辽宁省青年就业状况研究——关于就业质量的实证研究”（L13ASH001）。

① 国家统计局：中国统计年鉴2016，http://www.stats.gov.cn/tjsj/ndsj/。

工会的作用一直备受诸多国内外学者关注，概括来讲主要体现在工资溢价、额外福利以及改善劳动关系等方面。有关工会的工资溢价作用，最早源于Lewis的经典研究，该研究指出工会将工人的工资水平提高了10%到15%，即存在明显的“工资溢价”效应。Rosen研究发现，与无工会企业相比较，工会企业的工资水平要高出16%到25%左右。Lanot和Walker指出当使用“半参数”方法排除掉“自选择”带来的内生性问题时，回归结果仍显示工会对工资有显著的正向作用。国内学者魏下海等的研究也表明工会能够使工资显著提升，即我国企业确实存在明显的工会“工资溢价”效应。李明等进一步研究指出，不同技能等级员工获得工会“工资溢价”程度不同，中等技能员工加入工会获得的工资溢价水平要高于均值，且与非国有企业相比，工资率差异对于国有企业员工的受益更为明显。

工会具有调节额外福利如减少工作时间、参加医疗保险等作用，Freeman和Medoff提出在工会企业中，年长的、流动性较低的工人偏好往往会被工会优先考虑，并通过集体谈判方式进一步提高企业在“额外福利”方面的支付。Buchmueller等指出员工加入工会组织能够大幅度提高其获得养老、医疗等保险的概率。赵忠义和姚洋等研究均指出工会能够显著提高工人的小时工资、缩短每月平均工作时间，并提高企业养老保险覆盖率水平；而且工会对于经济效率还会产生影响，能够有效提高人力资本投资回报率。此外，Freeman认为工会还具有改善劳动关系的作用，主要通过集体发声降低离职率以促使雇佣关系更加稳定，以及在劳资谈判时具有垄断面孔力量为会员争取更为良好的薪资报酬两种机制来影响雇员和雇主行为。Kahn和Morimune的研究则发现当工会力量足够强大，并且能够与企业进行工资和雇用规模谈判时，在短期内裁员的情况就会受到一定的限制。对于国内企业的工会组织，魏下海等的最新研究进一步证实工会可以显著改善企业雇用期限结构，有效增加企业长期雇用占比率。

工会会员是员工的一个客观身份，加入工会组织会使员工的工资、福利以及劳资关系得到改善，而以上几方面的提升也密切关乎员工个人幸福感程度，于此，国内外学者针对幸福经济学展开了相关文献研究。Clark等认为相比失业者，就业者的幸福感要明显更高。Diener 认为影响幸福感是人们对于自身生活满意度的一种感受和评价，包括工作、家庭等众多因素的主观感受。Frey 和 Stutzer、Blanchflower 和 Oswald 的文献研究均证实，在某一特定时间点上，幸福感水平与收入水平之间存在正向影响关系，即收入水平越高，幸福感越大；文化、宗教信仰和习俗对民众幸福感有重要的影响。国内学者关于幸福感（Happiness）的研究也逐渐丰富，李儒林等认为幸福感的影响因素主要包括：由气质、健康、性别差异构成的内部因素，以及由文化、工作、收入、婚姻构成的外部因素。张进等研究发现工作满意度与幸福感的认知因素（生活满意度）之间存在显著正相关关系，并且持有积极情感能够较好地调节工作满意度和幸福感之间的关系。鲁元平、徐映梅等的研究均指出相对较高收入、家庭信任感强、工作满意度高、人际关系和谐、积极乐观的人幸福感程度会更高，而失业、收入不平等通货膨胀则会造成幸福感损失。杨胜利等考察了就业对员工幸福感的影响效应，指出周工作时间、工作自由程度、收入水平和参加社会保险对就业者的幸福感有显著的影响。吴愈晓等发现在体制内就业女性的平均工作时间要远低于在体制外就业的女性，不就业女性和在体制内就业的女性幸福感水平均高于在体制外就业女性。综上文献所述，工会对于企业员工的工资水平、福利待遇、劳资关系等方面会产生补益作用，进而会对企业员工幸福感产生一定影响，但是这种影响程度到底如何，又为何会产生这样的影响，是否会存在群体和区域异质性问题，目前还未曾有文献研究。

基于此，本文旨在研究以下几个方面：第一，研究工会对国有企业员工幸福感的影响效应，从而为企业进一步规范工会组织的必要性以制定员工幸福为导向的企业政策提供实证支持；第二，使用企业长期雇用占比率作为是否为工会会员的工具变量，并采用双变量有序 Probit 模型进行稳健性检验，控制了内生性问题；第三，考察工会对国有企业员工幸福感的异质性效应，从性别和区域进行划分子样本，进一步丰富工会对员工幸福感影响的实证研究。研究这些问题，有助于我们深化对工会职能和作用的认识，并为不断维护员工合法权益，促使工会改革发展提出合理化政策建议。

二、数据、变量和模型

（一）数据来源

本文使用的数据为2013年中国综合社会调查中的城乡居民生活综合研究项目数据，即来自CGSS（2013）。该调查是由中国人民大学社会科学部和香港科技大学社会科学部发起的一项全国性、综合性和连续性学术性调查，涉及全国范围内28个省市、125个县（区），并最终获得约12000个家庭户问卷调查的随机样本。本文使用2013年的CGSS调查数据进行研究分析，主要原因是CGSS是国内大型调查中质量较高、最为开放、影响力最大的数据之一，同时2013年的数据是目前网上平台公布的最新数据，保证了数据的时效性，具有较理想的代表性。本文的调查研究对象为18—55岁之间目前在国有企业工作的员工，剔除掉数据缺失的样本之后，共计得到2951个有效的微观样本。

（二）变量描述

本文的因变量为国有企业员工幸福感，CGSS（2013）调查问卷中关于幸福感的问题为“总的来说，您觉得您的生活是否幸福？”，并根据问卷设置分别用1代表“非常不幸福”、2代表“比较不幸福”、3代表“说不上幸福不幸福”、4代表“比较幸福”、5代表“非常幸福”，表示员工幸福感程度逐渐增强。本文的核心解释变量为工会，对应调查问卷中“请问您是不是工会会员？”，本文将“是”赋值为1，将“以前是，现在不是”和“从来都不是”赋值为0。Frey等指出由于国有企业员工幸福感还受到其他因素的影响，本文根据问卷设置还引入了相关控制变量。主要包括：性别、年龄、受教育年限、政治面貌、户籍状况、婚姻状况、劳动收入、是否拥有住房、健康状况和是否参加医疗保险。为了考察年龄与幸福感之间是否存在二次关系，本文还加入了年龄平方项/100，同时考虑到通货膨胀也是影响国有企业员工幸福感的外在因素（马汴京等），因此加入通货膨胀率，用年度消费者价格指数（CPI）来表示，并由《中国统计年鉴 2014》整理计算而得。以上变量具体赋值及描述性统计结果如表 1 所示。

表 1 变量的描述性统计分析

变量	变量描述	均值	标准差	最小值	最大值
幸福感	赋值为 1—5，幸福感依次上升	3.982	0.846	1.000	5.000
工会	是工会会员赋值为 1，其他赋值为 0	0.406	0.374	0.000	1.000
性别	男性赋值为 1，女性赋值为 0	0.512	0.500	0.000	1.000
年龄	（岁）	40.268	15.130	18.000	55.000
年龄平方项 / 100	年龄平方除以 100	22.803	15.226	3.240	30.250
受教育年限	小学 =6，初中 =9，高中 =12，大学 =16，研究生及以上 =19（年）	14.990	4.870	0.000	19.000
政治面貌	中共党员赋值为 1，非党员赋值为 0	0.327	0.281	0.000	1.000
户籍状况	城镇户籍赋值为 1，非城镇户籍赋值为 0	0.563	0.510	0.000	1.000
婚姻状况	已婚和同居赋值为 1，其他赋值为 0	0.839	0.396	0.000	1.000
劳动收入	家庭年总收入的对数	12.441	1.852	6.534	15.919
是否拥有住房	“自己拥有、配偶所有、子女所有、父母所有、配偶父母所有、子女父母所有”赋值为 1，其他赋值为 0	0.893	0.417	0.000	1.000
健康状况	很不健康 =1，比较不健康 =2，一般 =3，比较健康 =4，很健康 =5（健康状况依次增强）	3.990	1.165	1.000	5.000
医疗保险	参加城镇员工基本医疗保险、城镇居民基本医疗保险、新农合保险任意之一的赋值为 1，没有参保以上医疗保险的赋值为 0	0.993	0.297	0.000	1.000
通货膨胀率	年度消费者价格指数 CPI	102.680	0.381	102.210	103.900

数据来源：CGSS（2013）、中国统计年鉴 2014。下同。

（三）实证模型

本文的因变量国有企业员工幸福感（*Happiness*）为有序离散变量，运用有序 Probit 模型来分析参加工会对国有企业员工幸福感的影响。该模型假定存在一个能够代表被解释变量（*Happiness*）但又不能直接观测的潜在变量（*Happiness**），本文假定潜在变量（*Happiness**）由下式决定：

$$Happiness_i^* = \beta_i LaborUnion_i + X_i' r_i + \varepsilon_i \tag{1}$$

其中，*Happiness** 为被解释变量，*LaborUnion* 为核心解释变量，代表是否为工会会员，β是其对应的回归系数；X_i'表示影响国有企业员工幸福感的个人和家庭特征变量矩阵（如年龄、性别、婚姻状况等），γ是其相对应的回归系数矩阵；ε_i代表随机误差项。

同时，假设$\alpha_1 < \alpha_2 < \alpha_3 < \alpha_4$，并定义：

$$Happiness_i = \begin{cases} 1, & Happiness_i^* < \alpha_1 \\ 2, & \alpha_1 \le Happiness_i^* < \alpha_2 \\ 3, & \alpha_2 \le Happiness_i^* < \alpha_3 \\ 4, & \alpha_3 \le Happiness_i^* < \alpha_4 \\ 5, & \alpha_4 \le Happiness_i^* \end{cases} \tag{2}$$

若随机误差项ε_i服从标准正态分布，则可得到国有企业员工幸福感 *Happiness* 的条件概率分布公式，表示如下：

$$\Pr(Happiness = 1/X) = \Pr(Happiness^* < \alpha_1) = \phi(\alpha_1 - f(X))$$
$$\Pr(Happiness = 2/X) = \Pr(\alpha_1 \le Happiness^* < \alpha_2) = \phi(\alpha_2 - f(X)) - \phi(\alpha_1 - f(X))$$
$$\Pr(Happiness = 3/X) = \Pr(\alpha_2 \le Happiness^* < \alpha_3) = \phi(\alpha_3 - f(X)) - \phi(\alpha_2 - f(X))$$
$$\Pr(Happiness = 4/X) = \Pr(\alpha_3 \le Happiness^* < \alpha_4) = \phi(\alpha_4 - f(X)) - \phi(\alpha_3 - f(X))$$
$$\Pr(Happiness = 5/X) = \Pr(\alpha_4 \le Happiness^*) = 1 - \phi(\alpha_4 - f(X))$$

其中，$\phi(\bullet)$为服从标准正态分布的分布函数，$f(X) = \beta_i LaborUnion_i + X_i' r_i$。在有序 Probit 模型中，若随机扰动项与解释变量相互独立，则采用极大似然方法对参数进行估计，最终估计出来的参数 β 与 γ 就是一致估计量。

三、实证分析

（一）基准模型

表 2 中的第（1）列出了工会对国有企业员工幸福感影响的全样本有序

Probit 回归结果，第（2）—（6）列分别给出了当被解释变量幸福感依次取 1—5 时的边际效应回归结果，即在验证整体估计的基础上，给出了各个解释变量对国有企业员工幸福感的边际影响，具体如下表 2 所示。

表 2　工会与国有企业员工幸福感：有序 Probit 回归结果

解释变量	回归系数	边际效果				
		非常不幸福	比较不幸福	说不上幸福不幸福	比较幸福	非常幸福
	（1）	（2）	（3）	（4）	（5）	（6）
工会	0.097***	−0.006***	−0.010**	−0.017**	0.055***	0.061**
	（0.012）	（0.001）	（0.006）	（0.006）	（0.014）	（0.024）
性别	−0.091***	0.005*	0.017**	0.043**	−0.026**	−0.014**
	（0.021）	（0.003）	（0.006）	（0.015）	（0.009）	（0.005）
年龄	−0.054**	0.003***	0.009**	0.024**	−0.026***	−0.048***
	（0.020）	（0.001）	（0.004）	（0.009）	（0.006）	（0.007）
年龄平方项 / 100	0.107**	−0.002**	−0.010**	−0.029***	0.022***	0.007***
	（0.037）	（0.001）	（0.004）	（0.002）	（0.003）	（0.002）
受教育年限	0.069***	−0.002***	−0.004***	−0.013***	0.041***	0.021***
	（0.004）	（0.000）	（0.002）	（0.002）	（0.003）	（0.002）
政治面貌	0.095***	−0.006***	−0.025***	−0.047***	0.018***	0.063***
	（0.023）	（0.001）	（0.003）	（0.007）	（0.001）	（0.011）
户籍状况	0.079*	−0.003*	−0.017**	−0.026**	0.016**	0.031**
	（0.041）	（0.002）	（0.006）	（0.009）	（0.006）	（0.011）
婚姻状况	0.123***	−0.016***	−0.044***	−0.032***	0.055***	0.062***
	（0.037）	（0.003）	（0.004）	（0.012）	（0.014）	（0.008）
劳动收入	0.146***	−0.005***	−0.022***	−0.037***	0.019***	0.045***
	（0.023）	（0.001）	（0.004）	（0.006）	（0.004）	（0.006）
是否拥有住房	0.137***	−0.006***	−0.044***	−0.103***	0.125**	0.032***
	（0.012）	（0.000）	（0.003）	（0.005）	（0.010）	（0.006）

续表

解释变量	回归系数	边际效果				
		非常不幸福	比较不幸福	说不上幸福不幸福	比较幸福	非常幸福
	（1）	（2）	（3）	（4）	（5）	（6）
健康状况	0.194***	−0.007***	−0.026***	−0.140***	0.125***	0.048***
	（0.025）	（0.000）	（0.001）	（0.022）	（0.010）	（0.003）
医疗保险	0.142***	−0.006***	−0.023***	−0.032***	0.026***	0.035***
	（0.051）	（0.002）	（0.005）	（0.007）	（0.005）	（0.007）
通货膨胀率	−0.085*	0.002*	0.010	0.016	−0.009*	−0.015*
	（0.043）	（0.001）	（0.006）	（0.011）	（0.005）	（0.081）
观测值	2951	2951	2951	2951	2951	2951

注：括号内数值为标准误差，***、**、* 表示在 1%、5% 和 10% 统计意义上显著。下同。

表 2 回归结果显示，第一，在控制了其他解释变量的前提下，核心解释变量工会对国有企业员工幸福感的回归系数在 1% 水平上显著为正，这表明参加工会显著提升了国有企业员工的幸福感。具体而言，国有企业员工参加工会使得国有企业员工感到“比较幸福”和“非常幸福”的概率上升 5.5% 和 6.1%，并使得国有企业员工感到“非常不幸福”、“比较不幸福”、“说不上幸福不幸福”的概率下降 0.6%、1.0% 和 1.7%。

第二，从性别来看，国有企业女性员工的幸福感程度要明显高于男性国有企业员工，这可能是由于男性国有企业员工要比女性国有企业员工承担更多的社会责任和支撑家庭经济来源等压力。由年龄和年龄平方项 /100 的回归系数可以看出，年龄对于国有企业员工的幸福感之间存在二元非线性的“U”型关系，即在一定年龄之前，国有企业员工个人幸福感会随着年龄的增加而呈现出下降的趋势，当达到年龄拐点之后，幸福感会随着年龄的增加而呈现出上升趋势。关于受教育年限的回归结果显示，受教育年限每增加 1 年会在 1% 水平上显著提升 6.9% 的国有企业员工幸福感。对于政治面貌变量，国有企业员工身为党员的幸福感要明显高于非党员的国有企业员工，且从边际效果来看，身为党员可以使得国有企业员工感觉“非常不幸福”、“比较不幸福”、“说不上幸福不幸福”的概率分别下降 0.6%、2.5%、4.7%。户籍状况对国有企业员工幸福感的回归系数在 10% 水平上显著为正，表明城镇户籍的国有企业员工幸福感水平要更高，这可能是由于在企业中会存在一定的户籍制度障碍，使得农村户籍的国有企业员工无论是在生活还是工作中会面临一些歧视和心理压力，因此，农村户籍国有企业员工的幸福感要更低一些。此外，从婚姻状况来看，已婚和同居的国有企业员工幸福感程度要明显高于未婚等其他婚姻情况的国有企业员工，即婚姻可以有效帮助人们缓解工作、生活等方面压力和精神上的孤独感。

第三，劳动收入会显著提高国有企业员工的幸福感，从全样本回归结果来看，劳动收入对国有企业员工幸福感的影响系数显著为正，且在 1% 水平上显著；从边际效果来看，劳动收入每提升 1% 会使得国有企业员工感觉“比较幸福”、“非常幸福”的概率上升 1.9% 和 4.5%，这表明收入水平的提高是影响国有企业员工幸福感程度的重要因素。关于是否拥有住房变量，回归结果显示拥有住房会对国有企业员工幸福感的提升造成显著正面影响，拥有住房使得国有企业员工感到“非常不幸福”、“比较不幸福”、“说不上幸福不幸福”的概率分别下降 0.6%、4.4%、10.3%，这与近年来房价越来越高，特别是在一二线城市买房更为困难，因此拥有住房特别是对于流动性国有企业员工而言是其更好融入城市生活的重要特征，即住房问题的解决会使得国有企业员工主观满意度和幸福感程度均显著提升（林李月等）。

第四，身体健康状况与国有企业员工的幸福感之间存在正向影响，即国有企业员工身体状况越健康，才会有更多的体力和精力去工作、生活以及享受，幸福感程度才会越高。参加医疗保险会对国有企业员工幸福感有显著的正面影响，主要原因是医疗保险可以有效促进参保居民的健康水平的提高，而根据前面分析，健康水平的提高又与国有企业员工幸福感之间存在积极的正向关系，由此也就解释了前面的回归结果。此外，通货膨胀率对国有企业员工幸福感的回归系数在 10% 水平上显著为负，表明较高的通货膨胀率会造成物价水平的上涨，进而会造成实际货币工资水平下降，并进一步使得国有企业员工的幸福感程度降低。

（二）内生性检验

前面分析可以看出，核心解释变量参加工会将对因变量国有企业员工幸福感带来显著提升，但不可忽视的是，两者之间可能存在内生性偏误问题。产生内生性可能是由于遗漏变量、测量误差或者联立性偏误等原因造成的，而内生性则会导致估计系数出现有偏和非一致性。为了解决这一内生性问题，最有效的方法是工具变量法，即找到一个影响国有企业组建工会但不会影响员工幸福感的变量。本文借鉴魏下海的思路，采用企业长期雇用占比率作为员工是否参加工会的一个工具变量。通常企业长期雇用占比率越高，其雇佣关系越稳定，这些劳动力队伍越稳定的企业更有强烈的动机组建工会，从而员工加入工会的可能性越高，即企业长期雇用占比率与核心解释变量是否参加工会之间存在高度正相关性。同时，长期雇用占比率是国有企业用工结构体系中客观存在的变量，与被解释变量员工个人的幸福感之间不存在明显的相关性，因此采用企业长期雇用占比率作为本文的工具变量较为合理。具体计算公式为：企业长期雇用占比率＝签订长期雇用合同企业员工人数 / 企业全体员工人数。

需要注意的是，当解释变量是否参加工会与被解释变量国有企业员工幸福感都为离散数据时，若仍采用两阶段最小二乘法（2SLS）等工具变量法会失效。为了解决这一问题，Sajaia 提出了双变量有序 Probit 模型，与两步估计法和两阶段最小二乘法比较而言，利用完全信息极大似然方法估计得到的结果更为有效，同时这种方法得到了学界的认可和使用（Russo）。表 3 中列出了以国有企业长期雇用占比率作为是否参加工会的工具变量的双变量有序 Probit 模型回归的两阶段结果。如下表 3 所示。

表 3　工会与国有企业员工幸福感：双变量有序 probit 回归结果

解释变量	IV=endowment			
	第 1 阶段回归		第 2 阶段回归	
	回归系数	标准误差	回归系数	标准误差
工会			0.124**	（0.093）
企业长期雇用占比率	0.160***	（0.017）		
性别	-0.131***	（0.029）	-0.079***	（0.016）
年龄	-0.070**	（0.025）	-0.051**	（0.020）
年龄平方项 / 100	0.095**	（0.036）	0.106**	（0.038）
受教育年限	0.074**	（0.025）	0.085***	（0.005）
政治面貌	0.062***	（0.009）	0.089***	（0.017）
户籍状况	0.037*	（0.024）	0.066*	（0.028）
婚姻状况	0.125**	（0.046）	0.135***	（0.020）
劳动收入	0.121***	（0.008）	0.156***	（0.019）
是否拥有住房	0.083**	（0.007）	0.113***	（0.010）
健康状况	0.102***	（0.014）	0.150***	（0.018）
医疗保险	0.136**	（0.032）	0.141***	（0.008）
通货膨胀率	-0.009	（0.017）	-0.078*	（0.031）
Atanhrho	0.624**	0.230		
观测值	2951		2951	

从表 3 中可以看出，内生性检验辅助参数 Atanhrho 的估计参数为 0.624，且在 5% 水平上显著，因此拒绝参加工会为外生变量的原假设，即核心解释变量是否参加工会与因变量国有企业员工幸福感之间存在内生性问题，从而采用双变量有序 Probit 回归进行调整是有必要的。由第 1 阶段回归结果显示，企业长期雇用占比率对参加工会的影响在 1% 水平上显著为正，即企业雇用结构越稳定建立工会的动机越大，从而国有企业员工参加工会的概率也越高，这与前面分析相吻合；表 3 中第 2 阶段回归结果显示，参加工会对国有企业员工幸福

感的影响在 1% 水平上显著为正，且要高于表 2 中没有控制内生性时的回归结果，表明当排除了内生性后，参加工会对于提升国有企业员工幸福感的程度要更高。

第一阶段回归结果显示，工会对于劳动者收入的影响显著为正，且在 1% 水平上显著，表明国有企业员工加入工会可以有效提升其工资福利水平，这也证实了前面文献回顾中提到的工会“工资溢价”效应，同时收入水平的提升又会增加国有企业员工的幸福感程度。员工的健康状况、医疗保险与工会之间也呈现出正相关关系，且分别在 1% 和 5% 水平上显著，即表明加入工会的国有企业员工会积极参加医疗保险，并定期进行健康体检，这些措施将有助于提升员工的健康状况，同时结合第二阶段回归结果，积极参加医疗保险和良好的健康状况又会显著提升员工的幸福感。此外，两阶段回归结果显示，员工的政治面貌和婚姻状况与工会之间也呈现显著的正向影响，且政治面貌和婚姻状况又与员工幸福感呈现正相关关系，表明国有企业员工加入工会后，由于积极参与企业年会、文体娱乐等组织活动，政治思想觉悟和身心健康得到显著提升，家庭生活也会变得更加充实幸福，因此总体而言，参加工会的国有企业员工幸福感程度会显著增加。

（三）分样本估计

前面是对全样本进行的回归分析，因此得出的是工会对国有企业员工幸福感的一个平均影响效应，并没有对不同群体进行区分。为进一步考察参加工会对国有企业员工群体是否存在群体异质性和区域异质性，本部分从性别和地区两个角度进行划分，即将全体样本划分为男性、女性、东部、中部、西部共计 5 个子样本，仍然以企业长期雇用占比率作为工会的工具变量，并用双变量有序 Probit 模型进行回归，具体结果如下表 4 所示。

表 4 工会与国有企业员工幸福感：分样本回归结果

解释变量	性别		地区		
	男性	女性	东部	中部	西部
	（1）	（2）	（3）	（4）	（5）
工会	0.115***	0.128***	0.103***	0.115***	0.143***
	（0.018）	（0.013）	（0.023）	（0.028）	（0.019）
性别	—	—	−0.095***	−0.081***	−0.062**
	—	—	（0.014）	（0.013）	（0.019）
年龄	−0.053**	−0.049**	−0.075**	−0.044**	−0.037**
	（0.021）	（0.020）	（0.027）	（0.015）	（0.014）
年龄平方项 / 100	0.102**	0.108**	0.116**	0.147**	0.130**
	（0.035）	（0.037）	（0.034）	（0.039）	（0.030）
受教育年限	0.083***	0.086***	0.089***	0.091***	0.094***
	（0.005）	（0.004）	（0.005）	（0.006）	（0.008）
政治面貌	0.086***	0.082***	0.075***	0.084***	0.085***
	（0.011）	（0.012）	（0.010）	（0.017）	（0.013）
户籍状况	0.059*	0.069*	0.042*	0.063*	0.074*
	（0.030）	（0.032）	（0.021）	（0.033）	（0.035）
婚姻状况	0.137***	0.105***	0.152***	0.093**	0.120**
	（0.019）	（0.015）	（0.018）	（0.014）	（0.017）
劳动收入	0.147***	0.169***	0.142***	0.167***	0.180***
	（0.013）	（0.010）	（0.018）	（0.021）	（0.027）
是否拥有住房	0.101***	0.124***	0.130***	0.127***	0.109***
	（0.012）	（0.014）	（0.017）	（0.015）	（0.013）
健康状况	0.159**	0.142**	0.158***	0.145***	0.131***
	（0.060）	（0.051）	（0.021）	（0.019）	（0.017）
医疗保险	0.132***	0.156***	0.103***	0.162***	0.173***
	（0.007）	（0.009）	（0.006）	（0.010）	（0.012）
通货膨胀率	−0.081*	−0.083*	−0.088*	−0.092*	−0.106*
	（0.042）	（0.043）	（0.045）	（0.047）	（0.049）
观测值	1511	1440	1394	961	596

说明：由于篇幅限制，表 4 中没有列出第 1 阶段的回归结果，读者如有兴趣可以向作者索取。

从表 4 回归结果可知，第一，从性别分样本来看，参加工会无论是对国有企业男性员工还是国有企业女性员工的幸福感而言，都会产生正向影响且均在 1% 水平上显著；但从回归数值来看，参加工会对国有企业女性员工幸福感的影响程度要明显高于对男性国有企业员工的影响，表明与男性相比，国有企业女性员工更看重企业是否设立工会组织以及自身是否能够成为工会成员。这可能是由于女性在劳动力市场中会面临一定的性别歧视和就业歧视，而且国有企业女性员工自身有更强的感性认知和归属感，如果她们加入企业工会则能够更好地代表、参与和组织企事业单位的民主管理及监督，更好地维护国有企业女性员工在企业中的合法劳动权益，并且在工会中不断加强学习和自我教育，以积极推动社会生产力水平的提高。

第二，从地区分样本来看，参加工会对不同地区的国有企业员工幸福感影响程度不同，由东部沿海到西部内陆的区域异质性较为明显，回归结果所显示的正向影响程度逐渐增强，这表明与东部地区国有企业员工相比，西部地区国有企业员工如果参加工会则能够给个人带来更高水平的幸福感。一个可能的原因是由于经济发展水平上的差异，西部地区设立工会组织的企业相对较少，因此，如果在西部地区企业工作的国有企业员工能够成为工会组织中的成员，可能无论是在主观心理的幸福感程度上比如提升工人满意度、改善福利水平，还是在实践中通过签订集体工资协议和劳动合同等维护劳动者权益方面，都会比在东部地区参加企业工会的国有企业员工幸福感程度更高。

第三，关于其他控制变量，受教育年限对国有企业员工幸福感的影响呈现出较明显的性别异质性和区域异质性。具体而言，受教育年限对于提升国有企业女性员工的幸福感程度要高于对国有企业男性员工幸福感的影响；地区分样本而言，与东部地区相比，受教育年限对于提升中部和西部地区国有企业员工的幸福感要更加明显。对于政治面貌变量，身为党员对于国有企业男性员工幸福感的影响程度要高于国有企业女性员工；同时，由东部到西部的地域变化中，党员身份对于提升国有企业员工幸福感的正向影响程度逐渐增强。性别分样本回归结果显示，与男性相比，城镇户籍、劳动收入越高、拥有住房和参加医疗保险对于提升国有企业女性员工幸福感更为关键；婚姻状况和健康状况对国有企业男性员工幸福感的正向影响程度要更高，表明已婚和身体越健康的男性幸福感要明显高于同等条件的国有企业女性员工。通货膨胀率对国有企业员工幸福感都会产生负向影响，而且相比于男性和东中部国企员工而言，对于女性和西部地区的群体幸福感负向影响程度会更大。

四、结论及政策建议

本文基于CGSS（2013）定量分析了参加工会对国有企业员工幸福感的影响，以企业长期雇用占比率作为工会的工具变量进行内生性处理，并按照性别和地区分样本进行双变量有序Probit回归，以进一步检验工会对国有企业员工幸福感是否存在群体异质性。实证研究得出以下三个结论：

第一，工会对国有企业员工幸福感有显著正影响。全样本回归结果显示，在控制了其他解释变量的前提下，工会对于国有企业员工幸福感的影响在1%水平上显著为正，即表明参加工会显著提升了国有企业员工的幸福感。以企业长期雇用占比率作为工会的工具变量有效解决了内生性问题，双变量有序Probit回归显示，企业雇用结构越稳定，国有企业员工参加工会的概率越高，从而会更加显著地提升国有企业员工的幸福感。

第二，工会能显著提高国有企业员工的薪资福利水平。内生性检验显示，工会与劳动者收入之间呈现显著的正影响，表明国有企业员工加入工会可以有效提升其工资水平，工会的“工资溢价”效应明显。员工的健康状况、医疗保险与工会之间也呈现出正向影响关系，且分别在1%和5%水平上显著，由于加入工会的国有企业员工会积极参加医疗保险，并定期进行健康体检，这些措施将有助于提升员工的身心健康，而积极参加医疗保险和良好的健康状况又会显著提升员工的幸福感。

第三，工会对国有企业女性员工幸福感提升程度更高。性别分样本估计显示，与国有企业男性员工相比，参加工会和增加受教育年限对于提升国有企业女性员工的幸福感影响程度要更大；地区分样本估计显示，由东部地区到西部地区，参加工会和增加受教育年限对国有企业员工幸福感的正向影响程度逐渐增强，这表明与东部地区国有企业员工相比，西部地区国有企业员工如果参加工会并不断提高受教育水平则能够给个人带来更高程度的幸福感。

由以上结论可知，为进一步提高国有企业员工的幸福感，加强工会对员工幸福感的影响，国有企业工会和政府应该努力做到以下几个方面：

首先，国有企业工会必须努力为员工提供高质量服务，如积极提升和改善工会会员的薪资福利待遇、工作条件及医疗保险覆盖率等保障制度，定期举办企业年会、文体娱乐等活动，并对国有企业履行劳动合同、集体合同的情况进行监督，切实维护劳动者的合法权益和身心健康。其次，国有企业工会要关照和帮助女性员工加入工会组织，从她们最关心、最直接、最需要解决的现实利益入手，如妥善解决女性员工生育费用补偿、带薪产假等问题。与此同时，国有企业工会也要更多关注男性员工切身合法权益，积极同工会建立平等协商的制度，让工会不仅成为女性员工也要成为男性员工抒发心声的平台，以充分提升国有企业整体员工的幸福感水平。最后，政府要加强对国有企业的监管，以防国有企业为追逐最大化利润而减少对工会的经济投入，要尽快理顺和夯实工会活动的财力来源，加强工会的经济基础，从而为确保工会各项活动的顺利开展提供可靠的经济支持。此外，政府应努力消除劳动力市场中户籍门槛限制，增强员工就业稳定性，做到精准帮扶困难员工群体，构建和谐劳动关系，让广大员工过上更加幸福美好的生活。

参考文献

［1］魏下海、董志强、黄玖立：《工会是否改善劳动收入份额？》，《经济研究》2013 年第 8 期。

［2］李明、徐建炜：《谁从中国工会会员身份中获益？》，《经济研究》2014 年第 5 期。

［3］赵忠义：《工会垄断与经济效率》，《经济研究》，2000 年第 12 期。

［4］姚洋、钟宁桦：《工会是否提高了工人的福利？》，《世界经济文汇》2008年第5期。

［5］魏下海、董志强、金钊：《工会改善了企业雇用期限结构吗？——来自全国民营企业抽样调查的经验数据》，《管理世界》2015年第5期。

［6］李儒林、张进辅、梁新刚：《影响主观幸福感的相关因素理论》，《中国心理卫生杂志》2003年第11期。

［7］张进、马月婷：《幸福感概念、测量及其与工作效能变量的关系》，《中国软科学》2007年第5期。

［8］鲁元平、王韬：《幸福感影响因素研究评述》，《经济学动态》2010年第5期。

［9］徐映梅、夏伦：《中国居民幸福感影响因素分析——一个综合分析框架》，《中南财经政法大学学报》2014年第2期。

［10］杨胜利、谢超：《就业质量对居民幸福感的影响分析研究》，《云南财经大学学报》2015年第6期。

［11］吴愈晓、王鹏、黄超：《家庭庇护、体制庇护与工作家庭冲突——中国城镇女性的就业状态与幸福感》，《社会学研究》2015年第6期。

［12］马汴京、蔡海静：《经济全球化如何影响了中国居民幸福感——来自CGSS 2008的经验证据》，《财贸经济》2014年第7期。

［13］林李月、朱宇、梁鹏飞、肖宝玉：《基于六普数据的中国流动人口住房状况的空间格局》，《地理研究》2014年第5期。

［14］Lewis, H. G., *Unionism and Relative Wages in the United States*, Chicago University Press, 1963.

［15］Rosen, S., "On the Interindustry Wage and Hours Structure", *The Journal of Political Economy*, 1969, 77(2).

［16］Lanot, G., Walker, I., "The Union/ Non Union Wage Differential: An Application of Semi-Parametric Methods", *Journal of Econometrics*, 1998, 84(6).

［17］Freeman, R. B., Medoff, J. L., *What Do Unions Do*? Basic Books Press, 1984.

［18］Buchmueller, T. C., Dinardo, J., Valletta, R.G., "Union Effects on Health Insurance

Provision and Coverage in the United States", *Industrial and Labor Relations Review*, 2002, 55(4).

［19］Freeman, R. B., "The Effect of Unionism on Fringe Benefits", *Industrial and Labor Relations Review,* 1981, 34 (4).

［20］Kahn, L. M., Morimune, K.,"Unions and Employment Stability: A Sequential Logit Approach", *International Economic Review*, 1979, 20(2).

［21］Clark, A. E., Oswald, A. J.,"Satisfaction and Comparison Income", *Journal of Public Economies*, 1996, 61(3).

［22］Diener, E., "Subjective Well-being: There Decades of Progress", *Psychology Bulletin*, 1999, 125(2).

［23］Frey, B. S., Stutzer, A., "What Can Economists Learn from Happiness Research?", *Journal of Economic Literature*, 2002, 40(2).

［24］Blanchflower, D. G., Oswald, A. J., "Well-being Over Time in Britain and the USA", *Journal of Public Economics*, 2004, 88(7).

［25］Frey, B. S., Stutzer, A., *Happiness and Economics: How the Economy and Institutions Affect Human Well-Being*, Princeton University Press, 2010.

［26］Sajaia, Z., "Maximum Likelihood Estimation of a Bivariate Ordered Probit Model: Implementation and Monte Carlo Simulations", *The Stata Journal*, 2008, 4(2).

［27］Russo, G., "Job and Life Satisfaction among Part-time and Full-time Workers: the 'Identity' Approach", *Review of Social Economy*, 2012, 70(3).

我国供给侧改革的背景、理论模型与实施路径

冯俏彬　贾　康*

【导语】改革开放以来，我国经济社会取得了令人瞩目的成就。但“万物流变”，近年来国际形势正在发生剧烈的变化，需要及时调整战略，做好应变准备。本文从我国供给侧结构改革的历史背景出发，构建相关理论模型，廓清政府、企业定位，并提出了我国供给侧结构性改革的“三步走”战略。

我们在以往的研究中已经强调：供给侧结构性改革是以“攻坚克难”为核心内涵，即通过深化改革来解决有效制度供给问题，以进一步解放生产力、支持中国的现代化进程的时代选择。我们始终力求从理论密切联系实际的视角，形成条理化、系统化的新供给经济学认识框架。本文的意图，是进一步阐释我国供给侧结构性改革所处的大纵深历史背景，并基于要素及其运动规律，构建出我国供给侧要素组合及其结构性改革的理论模型，进而廓清政府、企业在供给体系与供给侧改革中的各自定位，并描绘出我国供给侧结构性改革的实施路径与目标方向。

一、长周期：我国推进供给侧结构性改革的大纵深时代背景

诸多迹象表明，长周期正在按其大致的节奏来临与演化。在经济学说史上，俄国经济学家、统计学家尼古拉·康德拉季耶夫曾在1925年所著的《经济生活

---

* 冯俏彬，中央党校（国家行政学院）经济学教研部教授、博士生导师，主要研究领域为财政与税收、政府经济管理、供给侧结构性改革等；贾康，著名经济学家，财政部财政科学研究所原所长，教授、博士生导师，华夏新供给经济学研究院首任院长、首席经济学家，主要研究领域为新供给经济学、财政学等。

中的长期波动》一文中，运用英国、法国、美国和德国等主要工业化国家的价格、利率、进口额、出口额、煤炭和生铁产量等时间序列统计资料，总结出经济发展存在着长度为50—60年的长期波动，其中前20年左右是繁荣期，经济发展一派兴旺；其后将经历一个10年左右的衰退期；接着步入10年左右的萧条期，最后迎来10年左右的回升期。在其所研究的1780—1920年这140年中，资本主义经济已经历了两个半长周期的波动[①]。这就是著名的“康波周期”，亦即生产力发展周期理论。

约瑟夫·熊彼特和其他许多经济学家也认为，资本主义经济运行中的确存在着“繁荣”、“衰退”、“萧条”、“复苏”四个阶段及其相互循环，但熊彼特重点指出技术创新是推动经济呈现周期性变化的主要影响因素，在他看来，在相当大的程度上，经济增长的周期也就等于技术革命的周期。据此，他把资本主义经济发展分为三个长周期：一是从18世纪80年代到1840年，纺织工业的创新在其中起了重要作用；二是从1840年到1897年，创新进入蒸汽和钢铁时代；三是从1897年到20世纪50年代，是电气、化学和汽车工业创新引领的时代[②]。以此扩展开来，可以进一步看到，从20世纪50年代到90年代，也经历了一个由半导体技术创新肇始的电子信息时代，时间长度也约为50年左右。在此之后直至当下，技术革命的浪潮正一路推进到互联网、移动互联和人工智能时代，大数据、云计算等重大技术进步伴随信息化、全球化进程，正引领世界在“和平与发展”主题下展开新一轮的创新大潮，“数字经济”迅速兴起，“共享经济”方兴未艾。

正如生物进化中存在“蹦移”[③]，技术进步特别新旧交替之际也往往伴随着

---

① 具体为：（1）从1789年到1849年，上升部分为25年，下降部分为35年，共60年；（2）从1849年到1896年，上升部分为24年，下降部分为23年，共47年；（3）从1896年起，上升趋势24年，1920年以后是下降趋势。到他著书之时，第三次长波的衰落期仍在继续。

② 约瑟夫·熊彼特：《经济发展理论——对于利润、资本、信贷利息和经济周期的考察》，何畏等译，商务印书馆1990年版。

③ 又称间断平衡论，1972年由美国古生物学家N. 埃尔德雷奇和S. J. 古尔德提出。基本意思是指物种进化是跳跃与停滞相间的过程，不存在匀速、平滑、渐变的变化，但新物种一旦形成就会有一个很长的时期处于相对稳定和平衡的状态。转引自凯文·凯利《失控——全人类的最终命运和结局》，新星出版社2010年版，第129页。

某种间断与回退。2008年发生的世界金融危机打断了此前高歌猛进的全球化进程。从那时到现在，时间已过去整整八年，整个世界仍然处于危机后的阵痛时期与高不确定性时期。其主要表现是：美国经济温和复苏但不稳固；欧洲经济持续低迷，欧盟在英国“脱欧”公投之后前景未卜，多国右翼势力抬头；日本长期处于几乎零增长的停滞中；新兴经济体和发展中国家同样也面临较大困难。为了刺激经济，欧盟、日本等多个国家央行开启了“负利率”时代，而在国际关系层面，则是民族主义、贸易保护主义和逆全球化思潮明显抬头，等等。在相当大程度上说，当今世界正在发生的令人瞠目结舌的变化，正是这一轮长周期变化的具体表现——我们可在熊彼特周期理论的基础之上，继续刻画出第四波长周期的图形和第五波的前半部分，如表1所示。直言之，当今世界经济正处于第五波长周期中的衰退期。

表1　工业革命之后的四个长周期

	繁荣	衰退	萧条	回升	标志技术及产品
第一波	1782—1802	1815—1825	1825—1836	1838—1845	纺织机、蒸汽机
第二波	1845—1866	1866—1873	1873—1883	1883—1892	钢铁、铁路
第三波	1892—1913	1920—1929	1929—1937	1937—1948	电气、化学、汽车
第四波	1948—1966	1966—1973	1973—1982	1982—1991	汽车、计算机
第五波	1991—2007	2007—（2017）	（2017—2025）	（2025—2035）	信息技术

资料来源：周金涛、郑联盛（2010）关于康波周期的相关研究以及作者个人观点；表中数据为周期起始和结束年份，括号内年份为本文作者估计式填入。

长周期理论的重大启示在于：既往两百多年中，经济增长与繁荣主要源自那些改变世界历史的重大技术突破所引爆的产业革命以及随之而来的经济结构“跃升”。反过来说，经济衰退与萧条也主要是因为技术红利的消退，即新技术这棵大树上“低垂的果实”被享用殆尽所致的产业和经济结构老化。但纵观整个历史，人类的发明与创新精神永不止步。假以时日，新的技术革命必将来临，而经济也将重归增长与繁荣，人类也因此进入下一个高速发展期。

长周期理论明确了我国供给侧结构性改革的历史定位。它清楚地表明，2008 年金融危机之后的世界经济恢复尚需时日，全世界可能还需要十年以上的时间耐心等待。与之相适应，已进入新常态的中国经济，要迎来下一次繁荣与快速增长，同样也需要一个较长的时间。它也清楚地表明，唯有技术层面发生的重大突破，方能引领世界经济彻底走出衰退与下行的泥淖，发展新经济势所必然。长周期理论还提示我们，在各个阶段转化之际，往往新旧交织、结构性矛盾频现，这与近年来我国在“黄金发展期”特征仍存之时却进入了“矛盾累积”、“隐患叠加”的风险期的现实情况也基本一致。结合中国实际来看，长周期理论所揭示的“第五波”，在时间段上基本上与邓小平同志提出的我国实现现代化“三步走”战略中的“第三步”（2000—2050）重叠，也与本届政府最为关注的跨越“中等收入陷阱”、实现中华民族伟大复兴的“中国梦”的时间段完全一致。因此充分认识这一背景，不仅有利于加深对推进供给侧结构性改革的历史纵深与时代背景的相关认识，而且能从理论上进一步明晰新技术、新经济的发展对中国经济转型升级的极端重要性，更加深刻地认识并合乎逻辑地推演出我国供给侧结构性改革的方向与实施路径，意义十分重大。

二、供给侧结构性改革的理论模型

（一）影响经济长期增长的决定性因素是供给侧的五大要素

基于经济增长理论和新供给经济学等方面的已有成果，我们在肯定需求的原生动力意义，又明确供给对需求的响应机制是生产力水平阶跃式发展的关键性动力贡献基础之上，从供给侧把经济增长的要素抽象为劳动力、土地与自然资源、资本、科技创新、制度（含管理）这五大方面。笼统而言，这五大要素都不可缺少，对经济增长都有其贡献，但在经济发展的不同阶段，它们的相对贡献有所不同，且不同要素相互之间的组合情况在极大程度上影响乃至决定经济增长态势及其综合效益。所以，适应经济增长的阶段转换、在五大要素的结合方面“推陈出新”、顺应规律创新发展就十分必要。

五大要素形成经济增长的一组函数，其理论模型可用表示如公式：

$$G = f(L, R, C, T, I)$$

其中，G 代表经济增长，L 代表劳动力，R 代表土地与自然资源，C 代表资本，T 代表科技创新，I 代表制度与管理。经济学意义上的要素，是指所有经济主体在从事生产经营活动时都会涉及的主要投入。但在不同发展阶段和不同时期，各要素的作用力度和影响效应，则各有不同。一般而言，在经济增长的早期，劳动力、土地、资本是最明显、最主要的要素。在经济体进入中等收入阶段后，科技创新、制度这两大要素一般会表现出巨大的潜力以及对冲前三项因素支撑力滑坡的重要价值，甚至成为全要素生产率（TFP）的主要贡献因素。放眼未来，从技术变革的角度看，五大要素中还可考虑加入“数据”或“信息”这个新兴要素。

以上五大要素还可以做两个层次的划分：一是流动性、竞争性较强的要素，主要包括劳动力、土地与自然资源（使用权、开发权层面）、资本、科技创新；二是非流动、非竞争性要素，主要是指制度。制度安排以及由此生成的制度环境虽然也始终处于变迁之中，但总体而言属于慢变量，属于由生产力发展所决定的生产关系范畴，要经由诱致、压力等综合作用而不断发生演变、进化，最后才形成特定历史条件下正式或非正式的制度供给体系。简言之，制度供给是对经济社会生活中已经存在的制度需求所做出的相对滞后、相对稳定但又具有显著能动性作用的响应，其所提供的有利于或不利于竞争性要素充分流动、顺畅重组的环境与条件，也就总和而成为有利于或不利于“解放生产力”的生产关系、社会形态。

（二）要素始终处于循环往复、相互继起的运动过程之中

从“经济人假设”出发，人类的经济活动过程就是为满足人的利益而发生的供给与需求互动的无限循环过程，亦即社会再生产过程。在供给侧，劳动力、土地及自然资源、资本、科技创新等诸种竞争性的要素始终处于不停息的运动过程之中，其运动的方向是以效率最大化为目标，在一系列的竞争中最终落实

于“用户体验”最大化所形成的市场占有率与回报水平。简言之，效率与收益是引导要素流动的直接驱动力，而用户体验的提升是收益驱动带来的社会检验机制与运行客观结果，也是最根本的支持力量。进一步说，促成要素流动的基本机制是竞争中社会平均利润率的形成过程，即凡是回报低于社会平均利润率的行业或部门，要素将会流出，且回报率越低，要素流出的驱动力越大；凡是回报等于社会平均利润率的行业或部门，要素会处于相对稳定状态；而凡是回报大于社会平均利润率的行业或部门，要素将会流入，且流入的数量与速度，与该行业的实际利润率高出平均利润率的程度成正比。就一个行业而言，随着要素的流出或流入，其收益将逐渐向社会平均利润率收敛，直到等于社会平均利润率，此时要素运动便在此行业归于相对稳定。从全社会视角观察，在任何时点上，要素都处于三种不同而又紧密相连的运动状态之中：

（1）向外释放。基于资本逐利的驱动，与其伴随的竞争性要素永远在寻找既定条件下的收益最大化，那些不能达到社会平均利润率的领域，将失去要素的青睐，要素会从这些领域流出。这种要素释放过程越是便捷顺畅，便越是有利于社会生产力中潜力的发掘和经济运行总绩效的提升。

（2）向内吸引。从低效领域释放出的要素所进入的流动过程，是以寻找收益更高的领域为方向。越是收益高的部门或领域，越能吸附要素前来集聚。在这种吸附机制发挥作用时，要素能否流动以及在何种便捷程度上能够自由流动，是关键性的影响条件。

（3）重组。各种要素的流动形成重组过程。一旦要素找到更高的收益机会，将如铁屑被磁石吸附一样集聚，进而还会产生一系列“化学反应”，在互动中有机结合，逐渐形成特定的结构特征，并最终体现为某种产业部门结构和经济结构。整体而言，要素始终在或紧或松、或快或慢地实行重组，由此生成的经济结构也就在不停息的过程中动态演化。越是便捷灵活的释放、吸引运行机制，要素的重组越有效率和质量，相关的结构状态也越具有效率上的合意性。

当然也要指出，以上三个前后相继的要素运动过程主要是一种理论抽象，就某一具体的时间地点而言，要素永远同时处于三个状态之中。由于经济发展中整个体系自身的异质性，以及“破坏性创新”在不同领域中发生的非均衡性、突发性、间断性，因而总有一些领域利润率高而有另一些领域利润率低，总有一些人能发现与把握更多更好的盈利机会而另一些人则不能，所以各竞争性要素始终会处于不停息的运动过程之中。正是这种寻求更高回报与利润的内在驱动机制，经由供给回应需求，形成经济增长澎湃不息的动力。所以经济增长的过程，也就是要素不断寻求得到更高回报的过程，反过来，要使经济不断增长，就必须为要素在流动中去寻求最大回报创造更加自由、灵活的条件，提供更为丰富的机会。

那么，要素的释放与吸引机制是否灵活、便捷，要素重组与结构动态优化过程是否顺畅，主要由什么决定呢？这是由供给侧五大要素中的非流动、非竞争性要素——制度供给起决定性作用的。如前，制度安排与“制度环境”当然也是处于变迁之中的，但总体上属于慢变量，是由生产力发展所决定的生产关系范畴，它由经济社会发展的种种因素所诱致、所推动，经由渐进的自然演变和主动设计，最终形成正式和非正式的制度供给。但制度一旦形成，就在一个较长时期内处于相对稳定状态，影响并塑造着一个社会中所有主体的激励机制与行为方式。对于中国这样的转轨经济体，从计划经济到市场经济这一伟大制度变迁以及社会主义市场经济制度的发展与不断完善，过去是、现在也是实现我国现代化战略目标最具根本性的决定因素。

三、正确理解供给侧结构性改革中的政府与企业定位

供给侧结构性改革的主战场是要素市场建设。基于上述理论模型表达的要素运动理论，可以比较清楚地回答一个各方高度关注的问题：在供给侧结构性改革中，政府与市场主体（企业）各自应如何定位？在要素流动、互动所实现的资源配置中，应怎样分工合作？

落实到与经济增长相关的各个不同主体上，五大要素可以进一步细分成以下三个层面：

（1）微观层面。一般厂商或企业在从事生产经营活动时，涉及的要素主要有三个：劳动力、土地和自然资源、资本，可简称为“人”、“地”、“钱”。不同的企业家，运用自己独特的眼光与才能，把这三个要素组合而成特定的生产或者服务供给能力。在一个经济体中，大部分的企业是在这个层面发挥其市场主体作用。

（2）微观与中、宏观结合层面。大企业集团、跨国公司、行业龙头企业等在从事生产经营活动时，除了以上三个要素之外，还会特别注重“科技创新”这一要素。这是因为，一方面对于大企业而言，科技创新能力决定着其核心竞争力的高低和“百年老店”式长寿生存发展的能力，事关大企业是否能保持行业中的龙头地位以及能否获得超额利润；另一方面，由于科技创新所具有的巨大的不确定性，往往耗费巨大，一般只有大企业才有实力进行长期、巨额的投入。另外，在工业化中后期的发展中，一大批在战略性新兴产业领域寻求创新发展的中小企业，在与“新经济”同向而行的风投、创投、天使投资基金支持下，也把科技创新作为关键性的发展支撑条件和成长突破口，力求形成自己的核心竞争力，并成功地以“硅谷经验”而引领了新潮流。再往上一些，无论是大企业集团还是科技型中小企业，都可将自己的科技创新活动与政府在中观、宏观层面提供的产业政策、技术政策和财税金融政策等相结合，追求科技这一“第一生产力”与经济社会结合所产生的巨大乘数效应。另外，地方、中央政府从中观、宏观层面所必须牵头编制与实施的国土开发顶层规划亦成为与企业在微观层面自主选择的要素组合紧密相关，甚至成为其前置式条件的重要方面。这正是因为人们从世界产业发展史中深刻地认识到，科技创新和实现重大技术突破毫无疑问是“阶跃式”经济发展的直接动能源泉和主要支撑力量，政府必须注重从支持基础教育、基础科研入手，培育创新与创新能力，同时积极以产业政策、技术经济政策和财税政策等助力科技创新的达成。

（3）宏观层面。这一层面属于政府的主要作为空间，对应的是作为慢变量的制度要素供给。制度经济学已经充分证明，制度对于推动一国经济实现增长和繁荣具有极端重要性，而政府是社会中唯一的、垄断性的正式制度供给者

（同时也是非正式制度强有力的影响、引领者），所有其他的主体——企业、家庭、个人等——都是在政府以公权力维系的制度规则的“天花板”下面行动。比如，以政府为主体的国土开发顶层规划，是所有市场主体进行各色各样要素组合的综合性前提，与“自然垄断”有关的通盘不动产和网状系统的空间配置，也必须纳入政府为主体的规划这一制度供给之中。进一步地，政府还要从宏观上统筹设计运行与收入再分配相关的制度体系，如税收、福利、抚恤救济等，以求正确地权衡、处理经济生活中一向存在的“公平（均平）”与“效率”的矛盾关系。总之，由政府主导所形成的有效制度供给这一要素，对于经济增长的重要性无与伦比。已有研究表明，无论是工业革命发祥地英国、市场经济高度发达的世界头号强国美国，还是20世纪后半期崛起的“亚洲四小龙”、改革开放中迅速发展的中国都提供出了“制度变革促进经济增长”的绝佳案例，而在撒哈拉以南地区及中东一些国家所见到的普遍贫穷与战乱，与它们缺乏一个强有力的政府以及有效的制度供给密不可分。当然也要看到，政府的发挥作用的“有力”、“有为”内在地需要与其职能、作用范围的“有限”之间形成合理匹配，政府主导下的有效制度供给应当形成“包容性”的机制特征，才能契合人类文明发展的主导潮流和适应微观主体在要素流动中发挥潜力、活力的客观需要。

因此，依以上认识来把握供给侧结构性改革的内在逻辑，认识政府与企业关系在这一框架中的各自功能与作用定位，可简要归结为四点：

第一，在供给侧结构性改革中，企业（由企业家主导）的作为空间，是积极改进以劳动力、土地与自然资源、资本、科技创新为主要内容的要素组合状况，提高所供给的商品或服务的质量和效益，在优胜劣汰中形成和提升核心竞争力。

第二，在供给侧结构性改革中，政府（由决策官员主导）的作为空间主要是改革，是改进制度供给与推进制度创新，特别是在“生产关系的自我革命”中攻坚克难、改变那些不适应生产力发展要求的经济社会管理规则、方式与机制，为企业从事生产经营活动创造更好的“高标准法治化”包容性环境和条件，释放出经济社会的一切发展潜力与活力。

第三，在推进供给侧结构性改革中，政府不能也不应当下到企业层面，下到要素具体组织层面，过多介入产业调整与企业重组等具体事项。应当特别注意尽量不用、慎用行政性手段去组织实施所谓“达标”，而应当力求供给与施行那些能有效引导出市场主体合意行为的相关制度。

第四，在推进供给侧结构性改革中，政府与企业要找准合作领域，优化合作机制。政府与企业合作的领域主要在科技创新，无论是大企业还是科技型中小企业，都可与地方政府乃至中央政府所提供的产业政策、技术经济政策和财税、资金政策等相结合，以形成和发挥科技作为“第一生产力”的引领作用和乘数效应。另外还要创新政府与企业的合作机制，近几十年愈益得到重视和长足发展的 PPP（公私合作伙伴机制，我国官方文件用语为“政府与社会资本合作”）不仅提供了在公共工程、基础设施、产业园区与新城连片开发等方面的政企合作新机制，而且也为各类要素的组合创新提供了广阔舞台。

四、供给侧结构性改革的实施路径

当前，我国以“三去一降一补”为切入点的供给侧结构性改革，已经在各地展开，不少人形成了一个偏于简单、狭隘的认识，即供给侧结构性改革就是完成这五大任务。对此，有必要从理论与实践相结合的角度做出进一步的分析以扩展相关认识。

基于要素“释放—吸附—重组”的运动规律和长周期理论所指示出的技术方向，可以看出，我国供给侧结构改革要考虑一个既有先后顺序又紧密相连的“三步走”战略：第一，从低效、过剩领域中释放要素，体现为完成“三去一降一补”这五大任务；第二，深化结构性改革，系统性地优化制度要素的有效供给，促进竞争性要素的自由流动；第三，积极抓抢新技术革命的机遇，大力发展新经济并基于“互联网+”战略推动传统产业升级换代，以形成要素优化配置的“升级版”，为迎来新一轮经济增长与繁荣夯实基础。

（一）从低效、过剩领域中释放要素：以五大重点任务为切入点

2015年中央经济工作会议指出的“去产能、去库存、去杠杆、降成本、补短板”这五大任务，主要针对的是过去刺激政策留下的“后遗症”，目的是推动市场出清，提高供给体系的质量和效率。一是积极稳妥“去产能”，优化供给结构。目前重点针对的是钢铁、煤炭、水泥、造船、电解铝这五大产能严重过剩行业，通过提高产品、质量、环保等标准，治理“僵尸企业”，淘汰落后产能、释放宝贵的要素资源。当前，需要特别注意防止在去产能过程中过于夸大行政力量的作用。对于为数不多的成规模的大型企业，如能认定是不可救药的“落后产能”的组成部分，固然可以便捷地使用“关停并转”行政性手段来加以迅速处理，然而面对我国总量已达七八千万的全部市场主体，政府没有能力去一一甄别占绝大多数的中小微企业中谁是落后产能的代表，真正的有效机制是促进公平竞争中市场充分起作用的“优胜劣汰”。甚至所谓“过剩产能”，其划分界限实际上也是飘移不定的，“有效投资”的创新机制如PPP，可以在一夜之间把一部分过剩的产能，转变为非过剩的有效产能，所以“去产能”的真谛是形成正确的激励约束机制，以市场竞争“优胜劣汰”地淘汰落后产能，而不是依靠政府去严格划定过剩产能而后关停之。二是“去库存”，消化房地产供给侧的冗余存量。目前，我国三四线城市房地产库存严重，已成为拖累经济的重要因素。今后一个时期，要以多种政策手段与经济杠杆的合理组合，来积极化解这部分房地产库存，促进房地产业健康发展。三是防范风险“去杠杆”，确保经济安全。近年来，我国杠杆率上升较快，其中既包括宏观上的广义货币供应量指标偏高，又包括非金融企业的负债率指标偏高，需要具体设计合理可行的风险控制方案，防范化解风险因素。四是多举并重“降成本”。目前我国各类制度性交易成本过高，特别是税外的“五险一金”、行政性收费与其他各类隐性成本等，造成企业综合负担很重，需要从财税、金融、社保、流通、能源、廉政建设等多个领域发力，以配套改革打好降低企业成本的“组合拳”。五是雪中送炭“补短板”，扩大有效供给，即补足经济社会发展中明显形成短板、

瓶颈的方面，如精准扶贫、优质教育、普惠医疗、多种形式养老、城乡基础设施升级、科技创新重大事项、“三农”发展等，为经济社会发展营造更好的条件。

（二）破解阻碍要素自由流动的壁垒和障碍：深化重大关键领域的改革

供给侧结构性改革的本质属性是改革的“攻坚克难”。从供给侧角度看，目前在我国要素流动方面，存在着明显的不当约束与抑制，种种制度壁垒和过度垄断的存在对此难脱干系，亟须通过深化改革，降低准入、消除壁垒，为要素自由流动创造良好条件和环境。

国有企业改革。由于历史原因，当前正在进行中的去产能、去杠杆、去库存等工作，在相当大程度上都指向国有企业，因此国有企业改革在供给侧结构性改革中首当其冲。改革的方向应坚持政企分开、明晰产权、顺应市场规律，建立现代企业制度与治理机制，实施混合所有制战略重组，将国有企业的改革与民营企业的发展纳入共赢的轨道。

行政审批制度改革。这一改革的目的是规范政府的行权方式，管住管好政府这只“看得见的手”，把简政放权做到位。一方面政府应从对大量经济社会事务的具体管理中脱身出来，另一方面积极加强宏观调控、市场监管、公共服务和社会管理等方面的职能，按“大部制”和“扁平化”原则对整个政府机构进行系统化改造，以优化市场环境、释放经济社会活力。

金融与投融资制度改革。金融是现代经济的核心，资金是市场经济运行的血液。投资这一重大经济支持因素，需匹配融资的杠杆力量并有效地防范风险。针对我国金融体系长期存在的结构性失衡、金融产品的多样化严重不足和金融风险因素频发等问题，今后应积极引入多元金融和投融资主体，发展多层次资本市场，加强金融宏观审慎监管和促进互联网、PPP 等“新金融”和新型投融资机制建设，深化配套改革。

财税改革。财政是国家治理的基础与重要支柱，是政府与企业、中央与地方、公权体系与公民间财力分配体系与基本经济关系的枢纽性机制。需要坚持分税制改革大方向，按照扁平化取向构建中央、省、市县三级架构，以“一级政权，配有一级事权、一级财权、一级税基、一级预算、一级产权、一级举债权”为体制原则，再配之以中央、省两级自上而下转移支付的现代分税分级财政制度，形成优化处理中央与地方财政体制设计方案，推动税收制度由间接税为主转向直接税为主，并合理形成地方收入体系，深化预算制度改革等，形成良好的经济社会利益分配与调节机制。

科技制度改革。创新对于今日之中国，其重要性无论怎么强调都不过分。当务之急是基于教育改革破解人才培养的“钱学森之问”，以科技改革打造符合科研规律的创新体系，长效支持基础科研，大力推进科技创新与产业经济的融合，在高端“买不来的技术”特定领域要靠原始、自主创新艰难前行，在中高端则依靠全面开放和“拿来主义”，将“引进、消化吸收再创新”与“集成创新”相结合，最终建成“创新型国家”。

土地与不动产制度改革。土地制度和不动产制度是国家的基础性制度，关系到国计民生方面重大利益格局的优化，需要政府在配套改革中长远谋划、审慎把握、积极推进。土地制度改革的难点主要集中在农村集体经营性用地，农民承包地和宅基地等的流转机制，城乡接合部征地、拆迁、补偿等方面。应积极总结重庆“地票”、土地收储制度和深圳化解原住民土地与不动产历史遗留问题的实践经验，结合国家已推出并有明确时间表要求的不动产登记以及《物权法》规定的用益物权自动续期，十八届三中全会要求的加快立法、适时推进的房地产税改革等事项，攻坚克难，化解多种矛盾，打开通向长治久安的新路。

优化人口政策与劳动力市场改革。人力资本是经济增长最根本的支持因素。随着我国人口红利的逐渐消失和老龄化社会压力的逼近，必须在“放开二孩”后继续优化调整我国人口政策，将以计划生育为核心的人口控制模式，果断过渡到以优生和提高人口质量为核心、更加鼓励生育的人口战略。同时，要大力完善与人口流动密切相关的户籍制度改革、社会保障制度改革等，以真正形成城乡一体化、全国统一的劳动力市场。

（三）优化要素配置：大力促进实体经济升级和积极发展新经济

从低效过剩领域释放要素和通过结构性改革促进要素自由流动，是要引出要素按市场规律形成资源优化配置这一各方期待的结果，提升供给侧经济体系的质量和效益，解放生产力。结合前文关于长周期的有关理论认识、当前世界产业结构在新技术革命大潮中的变化以及我国经济增长中认识、适应和引领新常态的新要求等，我们可以作出一个重要判断，即以优化资源配置为目标的要素运动，必将流向实体经济转型升级和大力发展新经济这两个方面。换言之，在经济增长新阶段上，为跨越“中等收入陷阱”所必需的实现实体经济升级和新经济的发展，将是衡量我国供给侧结构性改革是否取得成功的主要标志。

供给侧改革的根本目标之一是振兴实体经济。要以制度、科技为抓手，聚焦全要素生产率，支持我国实体经济向上冲破“天花板”，实现产业的转型升级。历史地看，我国珠三角、长三角等原增长极区域实行的“腾笼换鸟”式的经济结构调整，正反映了原来支撑我国一路走到“世界工厂”、“总量全球第二”的低廉劳动成本、土地开发潜力等比较优势在进入中等收入阶段后正在逐渐消退而必须进行新一轮的产业转型升级。“腾笼”就是要把相当大一部分传统制造业产能转移到国内欠发达地区或周边经济体，这和改革开放初期这类产能由外部向我国转移是一个道理。“换鸟”就是要实现产业、产品的升级换代。但如腾了笼而换不来鸟，冲不破向上跃升的“天花板”，那就将被憋住而痛失好局。温州所代表的挫折局面，已对我们敲响了警钟。促进实体经济转型升级势在必行。

供给侧改革的根本目标之二是大力发展新经济。新经济主要是指基于互联网为基础的经济创新发展成分，主要包括两个方面，一是以互联网为基础设施所产生出的新产业、新业态和新商业模式，二是传统产业在“触网”（“互联网+”）后所打开的新空间、新领域，涉及全部一、二、三次产业，既有“三产”中的电子商务等新兴产业和业态，也包括“二产”中的智能制造、基于社会化大生产的新型定制化生产等，还涉及“一产”中有利于推进适度规模经营的“订单农业”、家庭农场、“产超直通”以及农业与二、三产业的融合发展，等等。当前，我国已经成为互联网第一大国。根据《中国互联网络发展状况统计报告（2015）》，截至2015年12月，我国网民规模达6.88亿，比整个欧盟的人口数量还要多，互联网普及率为50.3%；手机网民规模达6.2亿，无线网络覆盖明显提升，网民Wi-Fi使用率达到91.8%。与之相适应，我国的互联网经济举世瞩目。目前世界上十大互联网企业中，我国占了四家。以阿里巴巴集团为例，其2015—2016财年的总交易额达到3万亿元人民币，已超越沃尔玛成为全世界最大零售平台，被业界视为零售业务由线下全面转向线上的标志性事件。据国家统计局的数据，2015年全国网上零售额38773亿元，比上年增长33.3%。其中，实物商品网上零售额32424亿元，增长31.6%；非实物商品网上零售额6349亿元，增长42.4%。有国际组织预测，到2020年我国零售市场的线上渗透率将攀升至22%，市场规模总计达10万亿元。再以当下仍处于“成长的烦恼”阶段的分享经济为例，其发展势头更是令人啧啧称奇。根据《中国分享经济报告》的结论，2015年，我国分享经济市场规模已达到19560亿元，主要集中在金融、生活服务、交通出行、生产能力、知识技能、房屋短租等六大领域。分享经济领域参与提供服务者达5000万人左右（其中平台型企业员工数约500万人），约占劳动人口总数的5.5%。保守估计，参与分享经济活动总人数已经超过5亿人。展望未来，预计未来五年分享经济年均增长速度在40%左右，到2020年分享经济规模占GDP比重将达到10%以上。新经济展示出的不可思议的潜力与空间，为陷于经济下行泥淖的我国经济乃至世界经济带来了希望的曙光，也代表着我国供给侧结构性改革和经济加快转型升级的前沿与大方向。放眼全球，当前世界正处于第三次产业革命的“入口”上，我国有望与美国等发达国家站在争抢新经济制高点的同一起跑线上，能否抓住这一历史机遇，是中华民族能否实现伟大复兴、重回世界之巅的关键，迫切需要在继续争取运用好发展中经济体的“后发优势”的同时，有效形成供给侧发力“守正出奇”的结构性改革“先发优势”。

总之，我国推进供给侧结构性改革具有鲜明的时代背景、长纵深视野与十分突出的现实意义，并可通过理论模型给予通盘考察，进而准确把握优化、提升供给侧诸要素质量与效益的基本要领。一言以蔽之，供给侧所涉及的竞争性要素能否顺利释放、流动、重组，并形成从低效率部门向高效率部门的顺畅转移，是决定我国经济能否长期可持续增长的本源性动力机制和关键性制度安排。综观全局，我国供给侧结构性改革正是意在“问题导向”之下，准确抓住阻碍增长的关键因素，以有效制度供给为龙头，解决在新的历史起点上继续大踏步前进的迫切问题，向着“全面建成小康”、“跨越中等收入陷阱”和中华民族伟大复兴的“中国梦”挺进。只要方向正确、着力点清晰，我国完全有可能在当今世界性的结构性改革中，在即将到来的波澜壮阔的新经济时代，走在前列、先人一步，使我国这一曾经在前几次工业革命后落伍的文明古国在追赶一赶超的现代化过程中后来居上，并为构建人类命运共同体做出自己应有的贡献。

参考文献

［1］国家行政学院经济学教研部编：《中国供给侧结构性改革》，人民出版社 2016 年版。

［2］国家信息中心信息化研究部、中国互联网协会分享经济研究部：《中国分享经济发展报告 2016》，http://www.sic.gov.cn/News/568/6010.htm。

［3］冯俏彬：《供给侧改革：核心是制度创新与制度供给》，《政策瞭望》2016 年第 5 期。

［4］冯俏彬：《发展新经济关键要改进政府监管“旧”模式》，《中国经济时报》2016 年 10 月 31 日。

［5］王俊秀：《新经济》，电子工业出版社 2016 年版。

［6］华夏新供给经济学研究院课题组：《改善供给侧环境与机制，激发微观主体活力，创构发展新动力》，《经济研究参考》2015 年第 64 期。

［7］贾康、冯俏彬：《新供给：创构新动力》，《税务研究》2016 年第 1 期。

［8］贾康：《贾康自选集》，人民出版社 2015 年版。

［9］贾康、苏京春：《论供给侧改革》，《管理世界》2016 年第 3 期。

［10］贾康、冯俏彬：《十三五时期的供给侧改革》，《国家行政学院学报》2015 年第 6 期。

［11］贾康、冯俏彬：《制度供给的滞后性与能动性》，《财贸经济》2004 年第 2 期。

［12］贾康、苏京春：《新供给经济学》，山西经济出版社 2015 年版。

［13］贾康、苏京春：《供给侧改革：新供给简明读本》，中信出版社 2016 年版。

［14］贾康：《供给侧改革十讲》，中国出版集团上海东方出版中心 2016 年版。

［15］贾康、苏京春：《论顶层规划与供给体系的优化提效》，《全球化》2016 年第 8 期。

［16］彭鹏、贾康：《从新供给视角重新梳理和解读全要素生产率》，《财政科学》2016 年第 8 期。

［17］约瑟夫·熊彼特：《经济发展理论》，何畏、易家详译，商务印书馆 1990 年版。

［18］周金涛、郑联盛：《结构主义的薪火：周期波动、结构演进与制度变革》，《资本市场》2010 年第 11 期。

第三编　政府管理与行政改革

牢牢把握深化党和国家机构改革的目标

王满传　张　克*

【导语】深入学习贯彻党的十九大和十九届三中全会精神，确保深化党和国家机构改革各项任务落实到位，必须牢牢把握深化党和国家机构改革的目标，下大力气解决党和国家机构设置和职能配置存在的矛盾和问题，着力构建系统完备、科学规范、运行高效的党和国家机构职能体系。

《中共中央关于深化党和国家机构改革的决定》明确提出，深化党和国家机构改革，目标是构建系统完备、科学规范、运行高效的党和国家机构职能体系，形成总揽全局、协调各方的党的领导体系，职责明确、依法行政的政府治理体系，中国特色、世界一流的武装力量体系，联系广泛、服务群众的群团工作体系，推动人大、政府、政协、监察机关、审判机关、检察机关、人民团体、企事业单位、社会组织等在党的统一领导下协调行动、增强合力，全面提高国家治理能力和治理水平。深入学习贯彻党的十九大和十九届三中全会精神，确保深化党和国家机构改革各项任务落实到位，必须牢牢把握深化党和国家机构改革的目标。

一、构建系统完备、科学规范、运行高效的党和国家机构职能体系

党和国家机构职能体系是我们党治国理政的重要保障。中国特色社会主义

---

* 王满传，中央党校（国家行政学院）教授、博士生导师，中国行政体制改革研究会副会长兼秘书长；张克，中央党校（国家行政学院）公共管理教研部博士研究生。

进入新时代，党和国家机构设置和职能配置同统筹推进“五位一体”总体布局、协调推进“四个全面”战略布局的要求还不完全适应，同实现国家治理体系和治理能力现代化的要求还不完全适应。面对新时代、新形势、新任务、新要求，必须下大力气解决党和国家机构设置和职能配置存在的矛盾和问题，着力构建系统完备、科学规范、运行高效的党和国家机构职能体系。

系统完备。系统完备就是机构健全、职能配套、机制完善，重点解决党和国家机构职能体系覆盖面问题，确保党的领导全覆盖。要从新时代治国理政的实际出发，在全面、系统梳理和审视现有党和国家机构及其职能的基础上，调整机构设置、优化职能配置，形成有机统一、相互关联、覆盖全面的党和国家机构职能体系。对于党和国家机构，该增设的增设，该合并的合并，该分拆的分拆，该撤销的撤销，使各类机构设置健全、彼此协调、耦合一体。对于机构职能，该加强的加强，该整合的整合，该划转的划转，该弱化的弱化，使党和国家机构职能全面、统分有度、相互配套。为此，必须针对党和国家机构现存的不足和问题，补短板、强弱项、纠偏差，逐步建立健全成熟、定型的党和国家机构职能体系。

科学规范。科学规范就是设置合理、程序严密、于法周延，重点解决党和国家机构职能体系精准度问题，不断提高制度化规范化程序化水平。一方面，党和国家机构设置和职能配置必须符合客观规律，符合中国国情，符合实际需要。切忌采用本本主义、教条主义、拿来主义方法，不能凭主观臆断、凭个体经验、凭书本理论来设置机构、配置职能。另一方面，党和国家机构的设置和运行、机构职能的配置和履行，必须依法依规，遵循特定的制度和程序。要坚持改革和法治相统一、相促进，坚持依法治国、依法执政、依法行政共同推进，坚持法治国家、法治政府、法治社会一体建设，依法依规完善党和国家机构职能，依法履行职责，依法管理机构和编制，发挥法治规范和保障改革的作用。

运行高效。运行高效就是运转协调、执行顺畅、监督有力，重点解决党和国家机构职能体系实效性问题，推进党和国家机构职能优化协同高效。优化就是要科学合理、权责一致。坚持一类事项原则上由一个部门统筹、一件事情原则上由一个部门负责，使设置更加科学、职能更加优化，避免政出多门、责任不明、推诿扯皮等现象。协同就是要有统有分、有主有次。既保证党集中统一领导，理顺党政机构职责关系，也加强相关部门配合联动，使权责更加协同、监督监管更加有力。高效就是要履职到位、流程通畅。要进一步提高各类组织机构的运行效率，加强流程公开透明，形成自上而下的高效率组织体系。

二、构建适应新时代新任务要求的党和国家机构设置和职能配置基本框架

党和国家机构职能体系是中国特色社会主义制度的重要组成部分，是由党和国家管理活动各个环节、各个层面、各个领域的相互关系和内在联系构成的有机整体，既有机构层面的，也有职能层面的。要通过改革和完善党的领导体系、政府治理体系、武装力量体系、群团工作体系等，推动各类机构、各种职能相互衔接、相互融合，推动党和国家各项工作协调行动、高效运行，构建起适应新时代新任务要求的党和国家机构设置和职能配置基本框架。

形成总揽全局、协调各方的党的领导体系，增强党的领导力。党政军民学，东西南北中，党是领导一切的。加强党对各领域各方面工作领导，是深化党和国家机构改革的首要任务。要通过深化改革，优化党的组织机构，确保党的领导全覆盖，确保党的领导更加坚强有力。一是优化党中央决策议事协调机构，建立健全党对重大工作的领导体制机制，加强党对涉及党和国家事业全局的重大工作的集中统一领导。二是理顺党的组织同其他组织的关系，强化党的组织在同级组织中的领导地位，确保党的方针政策和决策部署在同级组织中得到贯彻落实。三是优化党的组织、宣传、统战、政法、机关党建、教育培训等部门职责配置，优化设置各类党委办事机构，优化规范设置党的派出机关，更好发挥党的职能部门作用。四是统筹设置党政机构，对职能相近、联系紧密的，实行合并设立或合署办公，既强化党的机构作为领导者、决策者的地位，又有效整合优化力量和资源，发挥综合效益。

形成职责明确、依法行政的政府治理体系，提高政府执行力。转变政府职能，是深化党和国家机构改革的重要任务。要坚决破除制约使市场在资源配置中起决定性作用、更好发挥政府作用的体制机制弊端，围绕推动高质量发展，建设现代化经济体系，优化政府机构设置和职能配置，全面提高政府效能，建设人民满意的服务型政府。一是合理配置宏观管理部门职能，深入推进简政放权，减少微观管理事务和具体审批事项，完善市场监管和执法体制，强化事中事后监管，改革自然资源和生态环境管理体制，完善公共服务管理体制，加强和完善政府经济调节、市场监管、社会管理、公共服务、生态环境保护职能。二是坚持问题导向，聚焦发展所需、基层所盼、民心所向，调整优化政府机构职能，整合分散于不同部门的职责，使各个政府机构职能明确、责任清晰。三是精干设置各级政府部门及其内设机构，科学配置权力，减少机构数量，简化中间层次，提高行政效率。

形成中国特色、世界一流的武装力量体系，增强人民军队战斗力。在深化党和国家机构改革中，按照军是军、警是警、民是民原则，深化跨军地改革，意义重大、影响深远。将列武警部队序列、国务院部门领导管理的现役力量全部退出武警，将海警队伍转隶武警部队，将武警部队担负民事属性任务的黄金、森林、水电部队整体改编为非现役专业队伍，同时撤收武警部队海关执勤兵力，从根本上理清军、警、民三者关系，就是要使武警部队更加聚焦主责主业。整合民政部、人社部和中央军委政治工作部、后勤保障部有关职责，组建退役军人事务部，既是为了更好地保障退役军人权益，为他们提供全方位保障服务，同时也是为了使军事部门更加集中精力于军队建设，有利于提升军队战斗力。

形成联系广泛、服务群众的群团工作体系，激发群团组织活力。群团组织是党直接领导的群众组织，承担着组织动员广大人民群众为完成党的中心任务而共同奋斗的重大责任。要健全党委统一领导群团工作的制度，推动群团组织增强政治性、先进性、群众性。促进党政机构同群团组织功能有机衔接，支持和鼓励群团组织承担适合其承担的公共职能，增强群团组织团结教育、维护权益、服务群众功能，更好发挥群团组织作为党和政府联系人民群众的桥梁和组带作用，不断增强群团组织的吸引力和影响力。坚持眼睛向下、面向基层，将力量配备、服务资源向基层倾斜，更好适应基层和群众需要，把群团组织建设得更加充满活力、更加坚强有力。

在党和国家机构设置和职能配置基本框架中，党总揽全局、协调各方的领导体系是居于统领地位的，是全覆盖、全贯穿的，人大、政府、政协、监察机关、审判机关、检察机关、人民团体、企事业单位、社会组织等在党的统一领导下，各就其位、各司其职、各尽其责、有序协同，保证中央和地方各级政令统一、运行顺畅、执行高效、充满活力。

三、为决胜全面建成小康社会、全面建设社会主义现代化强国提供制度保障

党的十九大对我国社会主义现代化建设作出重大战略部署。现阶段，我国正处在实现“两个一百年”奋斗目标的历史交汇期。深化党和国家机构改革，既要立足于实现第一个百年奋斗目标，从党和国家机构职能上为决胜全面建成小康社会提供坚强保障；又要着眼于实现第二个百年奋斗目标，为形成更加完善的中国特色社会主义制度创造有利条件。

立足当前，为决胜全面建成小康社会提供坚强保障。党的十八大以来，在以习近平同志为核心的党中央坚强领导下，我国各项建设取得辉煌成就，全国人民朝着全面建成小康社会的目标加快迈进。应该认识到，越到决胜阶段任务越繁重。从外部看，我们面临着激烈的国际竞争和复杂的国际环境，还有多种不确定性和风险因素。从国内看，我们还有不少短板和弱项，比如，发展不平衡不充分的一些突出问题尚未解决，发展质量和效益还不高，群众在教育、医疗、养老等方面面临不少难题，脱贫攻坚任务艰巨，生态环境保护任重道远等。深化党和国家机构改革，要紧紧围绕决胜全面建成小康社会的目标，针对存在的突出矛盾和主要问题，抓重点、补短板、强弱项、防风险，从党和国家机构职能上为顺利实施党的十九大战略部署、打赢“三大攻坚战”、决胜全面建成

小康社会提供坚强保障。

着眼长远，为形成更加完善的中国特色社会主义制度创造有利条件。2020年，在实现第一个百年奋斗目标之后，我国将开启全面建设社会主义现代化国家新征程，向第二个百年奋斗目标进军。改革开放40年来，中国特色社会主义制度不断发展。但是，与建设社会主义现代化强国的目标相比，与实现国家治理体系和治理能力现代化的要求相比，中国特色社会主义制度仍不完善。深化党和国家机构改革，在立足于实现第一个百年奋斗目标的同时，要放眼未来，对实现第二个百年奋斗目标所需要的党和国家组织架构和管理体制进行前瞻性、战略性布局，注重解决事关长远的体制机制问题，打基础、立支柱、定架构，为形成更加完善的中国特色社会主义制度创造有利条件。

蓝图已经绘就，奋进正当其时。我们要按照以习近平同志为核心的党中央的统一部署，牢牢把握深化党和国家机构改革的目标，以逢山开路、遇水架桥的勇气和魄力，将党和国家机构改革进行到底，为决胜全面建成小康社会、开启全面建设社会主义现代化国家新征程、实现中华民族伟大复兴的中国梦提供有力制度保障。

加快建设我国自主数字生态

王　露　赵国栋*

【导语】习近平总书记提出，要推动实施国家大数据战略，加快建设数字中国，更好地服务我国经济社会发展和人民生活改善。在国家战略的推动下，一个全新的数字中国将不断创造新的可能，一个全新的、充满活力的数字中国将呈现在世界面前。

一、充分认识“数字生态”的基础性地位

（一）建设数字中国，必须充分认识到，数字生态是数字中国的基本组织形式

所谓数字生态，是指不同企业、不同行业借助数据纽带，以交易为主要联系，跨地区、跨组织、跨部门、跨系统、跨层级形成统一的新型的经济主体。在数字生态中，尽管生态成员互不隶属，但是借助数据流、资金流、物流等多种形式紧密地联系在一起。目前对于这种数字生态组织的研究还是一片空白，对于数字生态的治理更是亟须解决的课题。数字生态事实上就是数字经济、数字安全、数字治理的基本单元。换句话说就是数字中国的基本单元。建设数字中国，中观层面要落实到一个一个的数字生态建设，微观层面带动每个独立经营主体的成长。

* 王露，中国行政体制改革研究会常务副秘书长，主要研究领域为大数据、军民融合等；赵国栋，中关村大数据产业联盟秘书长。

（二）数字生态，体现了市场配置有效率，微观主体有活力，宏观调控有度的新型经济体制

数字生态，是建立在统一的数字化平台之上的，因而极大地消除了信息不对称的现象。每个生产主体、每个经营主体的产量、经营活动，都被忠实的、详尽的记录下来。这些丰富的数据来源，叠加大数据、人工智能等处理能力，事实上形成了生态内部的调控机制。而生态内部生产要素的流动，则是完全化的市场机制，优胜劣汰。在这个新的经济体中，大幅度地降低了交易成本，提高了运营效率。从这个意义上来讲，数字生态，是新型经济体制的代表。

（三）数字生态，是从整体上落实好安全、发展和治理关系的基本单元

微观上，记录个人、法人主体的各类生活、生产活动的数据，一旦大规模的汇集起来，就能反映宏观上某种发展态势，从而具有整体性、全局性的影响。之所以把数字生态称为基本单元，主要原因是其不可分割，必须从整体上来把握。因为割裂的生态，必然造成交易成本增加，运行效率降低。因而数字生态中必然蕴含着国家重大的经济利益、安全利益。数字生态是大数据发展的一定阶段，在中观层面必然形成的新型组织。微观上表现为大量的经营主体，宏观上呈现出整体性。

因此，安全、发展、治理三大宏观命题的把握和处理，落到实处的关键环节，就是融合了经济利益、安全利益的数字生态。具体有两点要求：一是必须维护数字主权，保障网络安全；二是必须实现对数据的有效治理，服务、促进社会经济发展。

二、必须抓紧建设自主数字生态

建立自主数字生态有两方面的重大意义：一方面，只有建立自主数字生态，

才能有效维护国家主权，确保国家政治和战略安全。当前，国家竞争战略正逐渐从对资本、土地、人口、资源等的争夺转向对大数据的争夺，世界各国纷纷利用大数据提升自身的战略能力和国家治理能力。长期以来，国外一些政府利用技术的“单边垄断”和“独霸”优势，大规模收集敏感数据，不但严重损害广大网民的利益，而且对其他国家的政治安全和战略安全构成巨大威胁。建立自主数字生态，才能对外保持主权，不受外部力量的影响和控制。另一方面，只有建立自主数字生态，才能有效维护网络安全和发展，确保国家经济和产业安全。随着网络的日益生活化，加之我国正在大力推进的“互联网+”战略，数据安全影响到社会生活的方方面面。如果爆发“网络911”事件，社会秩序和个人生活将不堪设想。只有建立自主数字生态，才能确保数据和网络安全，才能有效维护安全和发展，才能实现对数据的有效治理，充分发挥数字在推动经济社会发展中的重要作用。

我们更要认识到，当前我国自主数字生态建设形势严峻，挑战巨大。从主权角度来说，我国网络基础资源受制于人。被我们称之为“互联网”的网络，实际上是接入网——美国的因特网。我国当前使用的网络，完全是美国网络的延伸，属于“主从”关系。“主从”双方在网络控制、网络安全、网络数据共享等方面完全不对等。此外，我国芯片、操作系统、数据库以及通用协议和标准等大部分依赖进口，关键信息基础设施大部分是国外品牌；金融、电信、能源等核心行业的信息系统核心技术被国外垄断。美国公司是云计算的领导者，导致越来越多的网络数据被托管在美国的服务器上，使我们的数据安全受到直接威胁。

从治理角度来说，至少需要在社会治理和数字治理两个层面上，建立起与数字生态发展相适应的治理机制。社会治理层面，需要发育针对性的社会组织，协同政府、生态核心企业一道，担负起行业自律、生态秩序的基本职能。创造机制，形成核心企业谋发展，社会组织管自律，政府机构兜底线的社会治理机制。在数字治理方面，需要针对形形色色的数字生态，出台顶层的数字治理框架。首先要把分散在各个生态中的重要数据互联互通，避免出现“数据割据”现象。只有把这些分散的数据连接起来，才能真正地体现国家数字主权。在这个意义上，国家数字主权和数字治理机制是统一的。

对于上述问题，很多人存在认识障碍，表现为对西方国家推行互联网霸权不够重视，还只是把眼光局限在经济霸权、政治霸权、军事霸权等领域；对网络攻击不了解、不敏感，对网络泄密事件没有引起足够的警觉。甚至有些领导干部只强调“安全可信”的目标要求，而不重视“自主可控”，缺少政治意识，不能从国家主权安全、政治安全的高度来认识网络安全的重要性。

三、自主数字生态建设面临的挑战

从体制角度分析，可以发现，自主数字生态建设面临的挑战与我们的体制不完善具有很大的关系。目前，我国还没有建立能够有效应对上述挑战、完全适应自主数字生态建设要求的管理体制。

（一）缺少统一的网络安全行政主管机构

我国可行使网络治理权的政府机关，仅中央一级的治理机关，就至少包括中宣部、中央网信办、公安部、工业与信息化部等 20 多个部委办。多个治理主体间的权限划分既不清晰，也多有交叉与重复，一定程度上造成统一安全管理权被不同部门分割，难以形成整体性政策规划，加大了监管成本，降低了监管效率。在地方，很多官员认为维护网络安全是国家的事，是中央政府的事，因而一般只关注本地舆情和信息化工作，对于自身在网络安全治理方面应履行哪些义务和尽到哪些责任并没有明确的认识。

（二）缺少专门的网络安全审查机构

我国仅将网络安全审查作为信息管理的一部分，未建立对国外进口信息与通信产品及服务、信息企业兼并等进行国家安全审查的专门机构。目前，中国的网络安全审查机构包括中央网信部门会同国务院有关部门及相关行业监管部门等行政机构，公安、检察、法院、国安等司法机构，以及信息服务提供商等，并没有专门的审查机构。

（三）政府对数据管控和治理不足

政府对于那些与民生相关、影响百姓生活的特大互联网企业数据的掌握和利用不够；涉及国家利益、国家安全的数据，很多掌握在互联网企业手里；我国不少优质企业均选择国外上市，一些重要商业网站的海量用户数据是企业的核心资产，成为黑客甚至国家级攻击的重要对象，企业并不能保证这些数据安全，这就弱化了政府对社会治理的主导权、控制权，增加了社会治理风险。由于领导干部群体中缺乏网络安全人才，数据治理能力不强，未能对大数据进行合理配置，数据资产权属不清，数据挖掘、处理、分析和开发能力不高，数据到资产的转化率低且慢。

四、加快建设自主数字生态的建议

党的十九届三中全会作出了《中共中央关于深化党和国家机构改革的决定》。十三届全国人大一次会议通过了新的机构改革方案，形成了改革发展的新体制。在当前党和国家机构改革的大背景下，为有效应对数字中国建设存在的问题，从体制改革的角度，提出加快建设自主数字生态的建议。

（一）提升党对网络空间安全的领导力

要像“党管干部”一样，实现党对数据和网络安全的绝对领导，建立起符合互联网发展规律、适应大数据发展趋势的法律、制度和规则体系，让大数据更好地服务科学决策、创新发展。要将中央制定的战略规划落到实处。各级党委要细化、落实顶层战略规划，重视培养造就高素质的网络安全技术人才队伍，强化对网络运行规律的深度研究和认识，提升基于数据处理的分析萃取和监控能力。各级党委和领导干部要把网络安全工作作为重要职责，列入党委重要议事日程，纳入政绩考核。

（二）健全数据资产管理体制机制

各地要创新数据资源管理行政机关设置，设立能够担当统筹、协调、监督的统一权威领导机构，统筹管理数据资源。要以推行电子政务、建设智慧城市等为抓手，以数据集中和共享为途径，推动技术融合、业务融合、数据融合，打通信息壁垒，形成覆盖全国、统筹利用、统一接入的数据共享大平台，打通数据和信息壁垒，建立共享数据平台，构建全国信息资源共享体系。要大力推行“互联网＋政务服务”，构建“互联网＋”政府治理和公共服务平台，打造管理精细的数字政府。政府要加强与大数据公司的合作共治，通过政企合作，全面提升大数据公司在国家治理以及国家重大战略中的重要地位和作用。要加快改变外资控制我国互联网企业的局面，大力扶持中国本土的互联网创业企业，同时，要加强对境外控制的互联网企业的监管。

（三）建全网络安全部门协同治理机制

要建立跨部门、跨行业的网络安全协调处理机制，有效整合协调国内网络安全相关管理部门职能，使各部门各司其职，实现跨部门、跨行业、跨领域合作应对的局面，形成从技术到内容、从日常安全到打击犯罪的网络空间管理合力。要不断完善网络执法协作机制，强化网信部门的统筹协调职责，明确各职能部门的权责界限和接口，形成网信、工信、公安、保密等各部门协调联动机制。要最终形成适合数字中国建设的法律法规体系，使国家安全、利益数据、个人隐私数据以及企业法人商业机密数据等得到有效保护。要开展网络空间安全治理军民合作，统筹军地资源，建立权威统一的政府机关和军队网络空间领导指挥机制和军政商相互协作联动的应急响应机制。

（四）要进一步深化科技体制改革

建设自主数字生态的基础，是要建设自主可控、安全可信的信息基础设施，推动信息基础设施优化升级，消除我国在核心技术方面受制于人的软肋和隐患。

为此，必须按照习近平总书记在北京大学考察时所要求的，继续深化科技体制改革，把人、财、物更多向科技创新一线倾斜，向建设数字生态倾斜。努力在关键共性技术、前沿引领技术、现代工程技术、颠覆性技术创新上取得更大突破，抢占科技创新制高点。

（五）探索适合本国国情的数字中国建设道路

大力推动“数联网”示范平台的建设。数联网，顾名思义，是数据标识互联互通互认的网络。目标是链接网络空间中，独立存在的数据本体。数联网即是数字生态互联互通的基础设施，又是数字治理的基础平台。凡是与数联网发生数据标识交换的组织，通过数联网都可以间接监管其主要行为。

建议成立国家数字治理机构。数字治理机构承担数字治理标准、协议、规则的基本规范、应遵循的原则。数字治理机构是承担数字治理的任务的主要部门。数字治理机构应广泛吸纳产业界、学术界、社会组织的成员参加。推动“分管共治”模式的形成。

探索成立国家数字审计机构。数字审计机构重点保证国家各项数字治理的原则、规范、规则、协议是否得到有效的履行。是否在数据应用过程中，侵犯了个人的隐私、危害了国家数字安全。

重点支持数字生态核心企业的成长。数字生态的繁荣和发展，很大程度上取决于生态核心企业的成长。维护生态繁荣，治理生态合规的基本立足点，就是核心企业。数字治理的目的，是消除核心企业乱用数据垄断的权利，危害生态整体利益。但更重要的是，通过良好的数字治理，带来核心企业和数字生态的共同发展。

建设自主数字生态，一定要将大数据的治理与中国的国情、中国的体制、中国的文化结合起来，探索符合中国国情的数字治理之路。网络安全的维护不能靠将网络封闭起来，而是要在与高手过招、切磋中不断学习、提升。我们要借鉴他国数字治理经验，加强数字治理国际合作，共同建立多边、民主、互联的互联网体系，为全球信息化发展和网络安全作出中国应有的贡献。

基层环保整治亟待规范化精准化

蒲　实*

【导语】建设美丽中国是我国生态文明建设的重要内容。环保督察作为一项重大制度性安排，在推动基层环保整治方面发挥了重大作用。本文认为，在推进这项工作的同时，要防止基层环保整治“层层加码”、“运动式”、“一刀切”的做法，推动基层环保整治科学化规范化。

一、基层环保整治存偏差可能滋生“舆情雾霾”

（一）一些基层环保整治“层层加码”，部分企业环保“做得好也被关停”

调研发现，由于基层环保整治存在“层层加码”、“一刀切”现象，导致企业断水断电停产，工人停工待业，中小企业受到的冲击最大，有的地方“不论企业是否环保达标一律实行错峰停产”。比如造纸业，福建、广东、浙江等地多家大型纸厂反映，环保督查时并未指出需要整改的问题，甚至还受到督察组现场表扬，但随后基层环保部门却以“政治任务，配合一下”为名，强制纸厂“主动”放弃订单，企业面临各种违约责任和经济损失苦不堪言。餐饮旅游业，多地因整治生态保护区需要，区内所有餐饮、客栈一律停业接受环保核查，有的甚至出现上百家餐馆、民宿环保达标也被“一刀切”关停，按要求整改之后也无法重新开业。养殖业已经成为舆论的焦点，有的县明确“从重、从快打击，增加机械，形成攻势”，强拆养殖场、强清池塘，一律不让搞养殖，关闭各类

* 蒲实，中央党校（国家行政学院）副研究员。主要研究领域为宏观经济和农村经济。

养殖场。当初政府鼓励养殖，借债投身养殖业的中小散养殖户，强关之后无法还债，生计难以保障。

（二）某些地方“运动式”环保整治影响有效供给，出现多种生产资料价格暴涨现象

国家环境保护督察办公室明确指出，“一些基层党委政府担心督察组进驻后发现问题，追他们的责任，所以提前把企业都停了、都关了，影响人民群众的正常生活，这是乱作为”。调研发现，尽管企业普遍期待科学的整改标准和整治方案，然而遭遇的却多是“罚款、贴封条”等简单粗暴处理方式。一些环保达标企业反映，“工商、税务、消防、安检轮番到厂检查施加压力”，“滥作为”、“运动式”环保整治导致大量企业停业整顿，影响有效供给。停产限产举措导致多种生产资料“涨声”四起、供不应求，如过去22个月内纸价全面上涨，箱板纸、瓦楞纸价格平均上涨80%，白板纸价格上涨35%，包装用灰板纸价格几乎翻番，出现了“炒房炒股不如炒纸”之怪象。木制品、钢材、石材等原料市场，受停产限产举措影响，普遍面临价格上涨压力。

（三）为市场整改预留时间不足，进一步影响了行业秩序

以造纸产业为例，上游：造纸厂利用垄断地位操作集体提价。原材料价格开启“涨涨涨”模式，造纸厂顺势操纵价格应对成本无节制上涨。产量占据全国半壁江山的“白板纸之乡”杭州富阳，17家企业组织集体涨价，实施垄断协议，危害市场秩序，加剧成品纸市场竞争混乱态势。中游：纸板厂来不及调整合同而亏损严重。纸业产业链“两头大中间小”，前端造纸厂许多是上市公司，末端消费企业更不乏大型企业，夹心层的中游纸箱厂体量普遍偏小，缺乏议价能力，涨价潮致使其亏损额不断扩大。下游：新闻出版等行业出现纸荒。批文收紧致使作为新闻纸原材料的“8号美废”无法进口，国内废报纸因整顿供应收缩，新闻纸从2016年每吨4100元涨至5500元，新闻纸厂面临无纸可用的窘境，只能减少发行量规避涨价风险，一些地方宣传部门不得不出面协调党报纸

张供应。包装厂“价格每日一定”，快递公司纷纷宣布提价。

（四）政策预期不稳定、执法方式不透明，与营造稳定公平透明可预期的营商环境相背离

调研时企业普遍反映，环保政策频繁变更，企业即便投入几十万元甚至上百万元完成环境评估和技术改造，结果还是打了水漂，仍然逃不出被硬性拆除的命运。某化工企业 2016 年 11 月应环保局要求，一个月内花费 20 多万元完成环评和技术改造，但随后仍被要求加大限产力度；今年 2 月企业收到停产指令；4 月该企业和周边所有小乱污企业一并被拆除。某机械厂反映，技术改进、设备创新、节能减排等支出成本较大，有些环保认证单位借整治之名“狮子大开口”，对发放环保牌照索要高额“环保公关费”。此外，环保整治中企业大量订单被迫延期交货，已签订合同被紧急叫停，已开船货物不能接货只能由境外供应商自行处理。境外供应商一般要求出具取消合同的政府文件，而环保指令多为当面授意或电话通知，并无文字记录，企业面临被起诉的法律风险。这种执法方式背离国际贸易准则，我国营商环境遭到国际社会质疑。

二、优化环保整治理念的相关建议

（一）树立更加系统周全的环保整治理念

第一，环保整治是系统工程，须统筹考虑。环境政策与经济社会大系统息息相关，牵一发则动全身。严格环保整治须同时考虑稳定经济预期、弥补市场供给缺口、应对失业增加等一系列问题，以系统思维贯穿环保政策制定全过程，形成环保、发改、工信、国土、商务等多部门齐抓共治格局。第二，环保整治是长期过程，须给予一定的过渡整治期。英国“伦敦烟雾事件”爆发后颁布《清洁空气法案》，后又发生 12 次严重雾霾事件，历经 20 余年空气污染方显好转；美国“洛杉矶光化学烟雾事件”，也经历 40 年治理才取得成效。环境治理是一个持续过程，核心是产业更新升级，无法一蹴而就，应给予企业实施技术

结构调整的空间和时间。第三，环保整治也是创新变化过程，须以创新思维设计解决方案。如造纸企业普遍建议，环境整治有赖于一整套融合了技术、政策、商业模式的创新解决方案，技术创新是根本手段，政策创新是重要推力。

（二）构建统一科学标准，杜绝基层环保执法“走样”

一是中央层面明确统一标准，各级依规而行。对环保达标、规范生产的企业应尊重其合法权益，促其健康、可持续发展；对未达标企业应该明确整改标准，敦促其尽快整改到位，谨防企业因缺乏整改标准而无所适从。二是地方层面细化执法尺度和细则。鉴于基层执法尺度比较难拿捏，各省市应依据新环保法处罚规定的总体框架，因地制宜制定符合地方和行业实际的细则，让执法者在细节上做到处处有则可循。三是尊重市场经济规律，注重执法节奏。环保整治应给企业预留“提前量”，稳定政策预期，尽量避免大量违约现象发生。

（三）基层环保整治应注重服务企业、呵护营商环境

一是要更加突出服务意识和服务能力。环保整治是一个监管和服务并重的过程，既要“出重拳”坚决阻止违法现象，也要“伸援手”帮助企业整改提升。协助企业分析主客观原因，制定整改方案，切不可“一罚、一关了之”。二是要注重区别对待、精准施策。既要区别不同类型、不同行业，又要区分一般性超标排污、超总量排污和恶意违法排污等不同行为，分情况精准制定整改措施，杜绝“一刀切”方式。不能动辄就对企业采取停产、强拆等强制手段，要给企业留出必要的整改时间；对于一些地方“不论企业是否达标，一律实行错峰停产”的不合理现象，应尽快调整政策，避免批评性舆论滋生。

（四）构建长效监管体制克服“运动式环保督查”弊端

“环保风暴”现象说明我国环保制度建设尚不完善，实现环境综合治理，必须从长效制度建设、公众参与层面入手，构建新时代符合中国特色的环境保护长效监管体制。一是环境监管者也要被监管。不作为要问责，滥作为也要问责，

完善信息公开和公众参与制度，完善公众对环境监管主体问责的渠道和程序，实现“对监管者的有效监管”。二是建立健全监管评估体制。在环境监管事前、事中、事后环节引入环境监管影响分析制度，包括有效性分析、成本收益分析、社会影响分析、舆论分析等。三是注重环境监察队伍职业化发展。严格准入、培训、考核，逐步优化监管执法人员队伍，提高监管人员专业化水平。

人民安全需求与政府服务供给改革

杨华锋*

【导语】党的十九大报告明确将“坚持以人民为中心”和“坚持人民当家作主”作为新时代中国特色社会主义的基本方略。当前，人民安全需求的不断提升与政府安全服务供给之间存在不同程度的供需失衡现象。本文从理论上分析了这两者之间的关系。

一、人民安全的时空定位与需求维度

人民安全具有中国话语特色，与其相近的术语源于1994年联合国开发计划署发布的《人类发展报告》所提出的“人的安全”（human security）概念。[①]人类安全以个人为研究对象，挑战以国家为研究对象的传统观点。狭义上讨论“免于恐惧的自由”，广义上不仅包括免于恐惧的自由，还关涉“免于匮乏的自由”。人的安全以人为中心对安全研究领域的拓展，契合了2014年“总体国家安全观”所涵盖的范围。“总体国家安全观，以人民安全为宗旨，以政治安全为根本，以经济安全为基础，以军事、文化、社会安全为保障。”[②]总体国家安全观涉及国家安全的方方面面，其中以人民安全为宗旨是总体国家安全观的第一要义。贯彻落实总体国家安全观，必须切实保障人民群众的利益和安全，为人

* 杨华锋，国际关系学院公共管理系副主任、副教授。主要研究方向为行政理论、医药安全。

① 1994年联合国发布的《人类发展报告》，列举人的安全的七个方面要素：经济安全、粮食安全、健康安全、环境安全、人身安全、社群安全（传统文化和种族群体的存续以及该群体的人身安全）和政治安全（如享有公民与政治权利，免受政治压迫）。

② 《习近平关于总体国家安全观论述摘编》，中央文献出版社2018年版，第4页。

民群众安居乐业提供坚强的保障。[①]总体国家安全观提出三年多来，无论是国家安全战略布局、国家安全立法，还是国家安全宣传教育、国家安全实际工作，都在努力贯彻落实“以人民安全为宗旨”的价值要求。人民安全是国家安全的基石和归宿，只有建立在人民安全的基础上，国家安全才能成为有源之水、有本之木。国家所有的安全问题，归根到底是由人民来感受、决定和评价的，国家长治久安，是人民幸福安全的重要保障；国家不安全，最直接的受害者就是人民。人民的生命安全、社会的和谐安定、国家的长治久安是国家治理能力现代化的集中体现。[②]

一方面，人民安全具有政治性。人民安全不同于人的安全的地方，主要在于政治话语或治理话语的国内面向。正所谓“民为邦本，本固邦宁”。人民安全具有显著的国内政治倾向。在经济持续健康发展和社会总体和谐稳定的同时，全社会面临的安全形势也更加错综复杂，对和谐稳定提出了更高的要求，公众对安全感、幸福感的需求不断提升。安全和发展环境复杂多变，各种可以预见和难以预见的风险因素明显增多，维护国家安全和社会稳定关系发展全局和国家命运。[③]毋庸赘述，安全是人类生存和国家发展的基本需求。这一需求的政治性也就关联到政治市场。政治市场作为一个学理性概念，1960 年代以来一直被公共选择理论家广泛使用，它将政治看作是一种政治人相互交换所持资源的市场。如果将政治市场化约为企业家式国家，就会使企业家看起来像政客、官员看起来像企业家。而又由于政治不同于市场，政治市场存在运行失范的风险，企业家式国家更容易将这些风险因素转化为现实，出现政治市场越轨现象。[④]

另一方面，人民安全具有公共产品属性。“人民安全”更关注个人而非国家，主要包括生态环境、公共卫生和经济安全等方面。其供给主体除了国家，还有国际组织、地区组织、非政府组织（NGO）及民间社团，需要多方行动者

① 刘跃进：《把“以人民安全为宗旨”落实到国家安全各个领域》，《人民论坛》2017 年第 29 期。
② 李敏：《维护国家安全是人民根本利益所在》，《文汇报》2017 年 12 月 5 日。
③ 钟开斌：《以安全社会建设增强人民安全感》，《学习时报》2017 年 11 月 6 日。
④ 张伟：《政治市场：民商阶层行为逻辑的新视角》，《经济社会体制比较》2015 年第 6 期。

的协同与合作。诚然，保护人民安全不受威胁是国家的责任。各国致力于抵御外侮，内定民生，正是基于此道。从这个意义上，国家主权不仅代表着权力，同时代表着责任与义务，即保障人民不受各类威胁的义务。如果权力被滥用或未能正当行使，国家不能履行其保护责任，政权合法性往往受到挑战。[①]因此，现代社会高度回应公众需求，有效增加安全公共品供给，已成为政府的天然责任。[②]

人民安全需求的维度包括生存、生活与自由三个维度。其一，生存维度的需求即其经济安全。从宏观视角看，坚持以人民为中心，把人民对美好生活的向往作为奋斗目标，保证全体人民在共建共享发展中有更多获得感，不断促进人的全面发展、全体人民共同富裕，是新时代中国特色社会主义思想的精神实质，体现在新时代坚持和发展中国特色社会主义的基本方略之中，也是破解不平衡不充分的发展的关键。[③]全面小康社会的逐步建成以及精准扶贫、精准脱贫等举措的实施可视为是对极端贫困的挑战，对人民生存需要和经济安全的维护。人民经济安全的实现离不开宏观经济走势的影响，关联经济基本面。其二，生活维度的需求即其社会安全。人民的社会安全就其范围而言，包括社会治安、公共卫生、生活安全、生产安全、交通安全、群体性事件、恐怖袭击、民族宗教冲突、涉外突发事件、特殊群体安全事件等方面。随着经济社会形态转型的加剧，各种安全要素叠加，安全事件频发，特别是非传统、非常态的社会安全事件呈高增长态势，包括暴力恐怖、互联网犯罪、金融诈骗、邻避运动、食药安全等事件频发。保障人民的社会安全也就意味着不断改善改进以上安全领域的治理境况，提升安全治理能力与水平。从政府治理的层面上，也就意味着要强化制度安排的有效性与及时性，维系社会公平与正义。本质而言，社会公正是社会安全的基础，是制度安排的基本依据。维护社会公正也是缓解贫富差距的重要杠杆，社会公正有利于形成良性互动的社会结构。只有维护并促进社会

---

① 何昌垂、玄理：《重塑国家之责：人的安全保护、冲突与治理》，《国际安全研究》2014 年第 1 期。

② 《人民日报》评论部：《平安是基本的公共产品》，《人民日报》2013 年 6 月 3 日。

③ 蔡昉：《十九大报告中的提高人民收入水平》，《就业与保障》2017 年第 23 期。

公正，才能有效地解决和缓解社会矛盾问题，确保中国社会的安全运行。① 其三，自由维度的需求即其政治安全。《人权宣言》主张：自由即有权做一切无害于他人的任何事情。② 对政治自由的理解，中西有别由来已久。有学者认为，中国与西方不同，西方自由是公共权力保护下的自由权利，要在社会中实现。而中国古代则从来没有把自由视为一种权利，而是认为它出自个人的天性，主张一种不受任何约束包括公共权力甚至是社会的自由自在的自我决定。与西方自由观不同，这种自由观是一种只要求个人的自由放任，而远离社会、反对权威干预的自由。“日出而作，日入而息，凿井而饮，耕田而食，帝力于我何有哉”反映了这种观念。③ 亦有学者主张，人民民主的产生是自由主义民主灾难的产物，人民民主是为了对冲自由主义民主给人类带来的灾难，拯救人类。人民主权不会自动实现，人民主权不是被资本权力所代表，就是被政治权力所代表，人民不会自动实现自己的权力。④ 这就产生两种不同的政治自由实践的路径。但不论是哪一种，都指出人民有着追求自由的诉求，并预示着公民参与政治的前景。正如中国改革开放 40 年的历程一样，恰恰是充分的政治参与和包容才激发了活力，40 年的高速增长，成功的重要根源在于摆脱僵化的经济制度的激进变革并走向提供提高生产力和贸易激励的制度，增长经验正是由于摆脱了汲取性经济制度并走向更包容经济制度的基本转变，但高度威权的存在使之更加困难而不是更加容易。⑤ 所以，在全面深化改革的今天，更好地推进包容性制度的发展，更好地保障公民自由和参与，既是政治安全的需要，更是人民安全的需要。

---

① 吴忠民：《以社会公正奠定社会安全的基础》，《社会学研究》2012 年第 4 期。

② 《人权宣言》，即《人权和公民权宣言》，法国大革命时期颁布，其第四条明确界定了自由的含义，认为“自由是指能从事一切无害于他人的行为；因此，每一个人行使其自然权利，只以保证社会上其他成员能享有相同的权利为限制。此等限制只能以法律决定之”。

③ 徐大同：《中国人民拒绝自由主义，接受共产主义的文化基因》，《政治学研究》2012 年第 3 期。

④ 杨光斌：《国家治理视野下的自由主义民主与人民民主》，《行政科学论坛》2017 年第 9 期。

⑤ 德隆·阿西莫格鲁、詹姆斯·罗宾逊：《国家为什么会失败》，李增刚译，湖南科学技术出版社 2015 年版，第 315、321 页。

二、政府服务供给的情境与偏好

如果从政府的政策支持和资源汲取的维度来看，政府行为的类型可以分为主导型政府、放任型政府、掠夺型政府和服务型政府。不断提升国家安全治理能力与水平本质即在于不断提高政府服务供给的能力与水平，其行为偏好遵循着从掠夺型向主导型再至服务型的范式转型。

就政府服务供给的行为类型而言，具体包括以下几个方面：一是主导型。即假设政府目标为社会福利最大，既提供较多的政策支持，也同时汲取较高的资源禀赋。在这一假设基础上，基于行政理性主义的考虑，全能政府、福利国家也就成为自然偏好。主导型政府的假设往往始于规范性描述，即其旨在阐述福利最大化的政府应该扮演什么角色，供给什么产品。但在政府治理实践推进中，往往忽视了这一规范性讨论的初衷，而倾向于实证性地认为政府正在扮演这样的规范性角色。另外，这种基于市场理性不足，倾向行政干预的考虑，还有一个面向，即集中于市场失灵的应对。然而，不容忽视的是，许多市场失灵并不是自然的而是人为的。并且在很多时候，政府本身就是市场失灵的始作俑者，这些失灵包括非自然垄断、大而不能倒的金融机构、与各类特权相关的租金、信息披露不充分或虚假信息披露，等等。市场之所以失灵，恰恰是因为政府放任这些市场形成了导致市场失灵的环境。[①]我们不能通过制造问题来为行政干预提供论据。许多干预政策的问世，囿于博弈力量的强弱对比，往往有着特定的政治目的或服务于特定的垄断利益集团，即便是某些干预政策促进了社会福利的提高，也往往是一种政策副产品。因此囿于社会福利最大化的假设前提，主导型政府的分析范式所提出的建议往往与服务公众的目标背道而驰。

二是放任型。即假设市场可自行实现公共服务与产品的配置最优化，偏好

---

① 维托·坦茨：《政府与市场——变革中的政府职能》，王宇等译，商务印书馆2014年版，第350—351页。

于有限责任政府的想象，其政策支持与资源汲取程度都处于较低水平。相较于主导型政府行政理性主义的偏好，放任型政府遵循市场理性与社会理性主义。当然，放任型也是一种关于政府行为的规范性描述。现实中的政府是无处不在的，特别是二战以后随着行政国家现象的不断蔓延，放任型的政府在现实政策实践中是不存在的。

三是掠夺型。即假设政府扮演掠夺者的角色，其政策支持力度较弱，但拥有较高的资源汲取能力与偏好。所谓掠夺性即意味着人民没有决策权或表决权，制度与政策体系成为一部分人掠夺另一部分人的工具。掠夺是系统性地滥用公共制度谋取私利，或者系统性地破坏公共保护制度为私人受庇护人谋利。把监管机构拱手让与工商界游说集团，将国家安全和社会保障私有化。“在掠夺型政府中，组织的存在主要是为了掌控国家架构本身。”[①]“作为一个经济体系，掠夺型政府所有部门的建立都是为了吞噬本着公共目的建立的、大体上服务于中产阶级的公共体系。”[②]“掠夺型”看起来就让人反感，但作为研究者，我们应该客观理性地看待它，“掠夺型”对政府持怀疑态度，却更加准确地描述了政府在实际上的行为，因此在此基础上设计对策建议更具可行性与建设性。一般来说，掠夺型假设会寻找限制政府权力的方法，反对扩大政府的行动半径。不可否认，很多时候政治家的目标并非社会福利最大化，除非这一目标与其个人目标相一致。正如成功改革的条件是“政府的政治利益与社会福利相一致的时候”[③]。掠夺型假设可以提供实证性的公共选择理论，帮助分析公共行政的弊病与改进之策。这一假设有助于我们设计一些好的制度，使经济行为人免遭政治家的盘剥，这是主导型所没有的，同时又没有像放任型那样排除或忽略政府的作用。

四是服务型。即假设政府存在的目的在于不断优化公共服务供给，既提供较高的政策支持，又采取较低水平的资源汲取。增强政府公信力和执行力，建

---

① 詹姆斯·加尔布雷斯：《掠夺型政府》，苏琦译，中信出版社 2009 年版，第 132 页。

② 詹姆斯·加尔布雷斯：《掠夺型政府》，苏琦译，中信出版社 2009 年版，第 146 页。

③ 安德烈·施莱弗、罗伯特·维什尼编著：《掠夺之手 —— 政府病及其治疗》，赵红军译，中信出版社 2004 年版，第 5 页。

设人民满意的服务型政府，一直以来都是我们努力的方向。在我们看来，服务型政府建设要以掠夺型政府的假设为研究基础。“姑息掠夺型政府最终将导致国家经济遭遇失败。随着时间推移，将导致先进的、创新的、有用的企业被淘汰，争下游比赛，政府自己就是推手。掠夺者掏空了政府能力，使之无法进行统治。”[①] 在批判与避免“掠夺”的同时也就实现了“服务”的建构。服务型政府是在人民本位和社会本位理念指导下，在整个社会民主秩序的框架下，通过法定程序，按照公民意志组建起来的以为公民服务为宗旨并承担着服务责任的政府。它和过去人们经常谈论的政府服务并不完全是一回事。同时，服务型政府也并不主张取消干预或管制，只要有行政，自然就会存在干预。区别在于服务型政府的干预和管制是为服务的达致而做出的。也就是说，它把管制纳入了总体的服务之中。而管制型政府的管制是为管制而管制，管制本身就是一切。[②] 在这个意义上，服务型政府与亚当·斯密及其信奉者提出的最小但必要的政府相类似，其职能主要是纠正市场失灵、弥补市场缺陷。政府的作用是处理纯粹公共产品、大型基础设施，以及具有重大外部性的事宜等。服务型政府进行干预的主要工具是真实的政府支出，为确保较低的税收水平，政府支出必须维持最低水平。[③]

从政府治国理政的目标考虑，安全议题关乎状态、能力和感受的关系。状态即安全情势的客观状态，其包括安全的风险、情势与态势；感受则主要是主体感受，包括政府的感受和社会公众的感受；能力主要是指安全治理能力，可以分为政治统治与合作治理两个基本面向。在安全议题的三个分析维度上，我们追求什么样的安全目标，是衡量安全治理民主化与现代化的一项标准。从政府治理的视角来看，基于政治安全与政治合法性的考虑，在安全感受和安全状

---

① 詹姆斯·加尔布雷斯：《掠夺型政府》，苏琦译，中信出版社 2009 年版，第 147—148 页。

② 刘熙瑞：《服务型政府——经济全球化背景下中国政府改革的目标选择》，《中国行政管理》2002 年第 7 期。

③ 维托·坦茨：《政府与市场——变革中的政府职能》，王宇等译，商务印书馆 2014 年版，第 183—184 页。

态两相比较的时候我们希望：状态＞感受，这样可以避免公众对安全风险的过度解读，避免公众恐慌和社会动荡。在治理能力和安全状态两相比较时，我们希望：能力＞状态，这样治理方能游刃有余，不至于捉襟见肘。在安全感受与治理能力两相比较时，我们也希望：能力＞感受，这样我们拥有满足公众安全需要的治理能力。

在主导型政府的模型假设中，安全供给首先要保证政治安全，政治安全与人民安全是主从关系，政治安全需求的满足是人民安全产品供给的前提条件。在服务型政府的模型假设中，将政治安全与人民安全同时考虑，并且将人民安全作为政治安全的基石，优先予以保障，人民安全的保障不设前提条件。一切以人民为依归。也可以说，在服务型政府的分析框架下，政治安全的本质内容就是人民安全。政府安全供给的发展轨迹遵循着从掠夺型到主导型再至服务型的转变。服务型政府的基本属性要求应以维护人民安全为己任。食品药品关乎“舌尖上的安全”、关系男女老幼的健康，受到全社会高度关注。中央巡视组在反馈对原国家食品药品监督管理总局党组巡视的意见中指出，政治责任感不够强，以人民为中心的立场不够坚定。需切实提高满足人民群众对美好生活向往新要求的担当能力，切实增强危机和风险意识，防止因监管漏洞导致食品药品安全问题。[①]正如习近平总书记对长生疫苗案件所作批示那样，“确保药品安全是各级党委和政府义不容辞之责，要始终把人民群众的身体健康放在首位，以猛药去疴、刮骨疗毒的决心，完善疫苗管理体制，坚决守住安全底线，全力保障群众切身利益和社会安全稳定大局”。[②]

---

① 《首轮巡视坚持以人民为中心价值取向　紧盯食品药品等行业安全》，http://www.ccdi.gov.cn/toutiao/201807/t20180726_176426.html，2018 年 7 月 26 日。

② 新华社：《习近平对吉林长春长生生物疫苗案件作出重要指示》，http://www.xinhuanet.com/politics/2018-07/23/c_1123166080.htm，2018 年 7 月 23 日。

三、推进供给侧改革，改善人民安全需求

政府的安全服务供给需要一场主动对接“群众点菜”的供给侧结构性改革。以人民为中心的基本方略是永恒的，需要调节的就是服务人民的方式。唯有积极地了解人民需求，才能提升服务供给的质量与品质。

首先，在供给方式上，调整供给结构，促进供给机制的多元化、多样化。人民安全的需求侧包括经济安全、人身安全、社会安全和政治安全；供给侧包括矫正要素配置、扩大有效供给、提高供给结构对需求变化的适应性和灵活性。人民安全需求一侧是人民的生活需要和发展追求，在不同时期有着不同的特点与偏好。供给侧的改革首先要及时了解人民安全多样化的需求，尤其是落后地区、农村、弱势群体的需求表达。这就需要建构良好的政府与公民互动关系，需求表达机制、反馈机制要畅通，自上而下的调查研究与自下而上的诉求陈述要有机结合，最大化解决信息不对称问题。合理配置资源，促进安全服务的多元供给。改变政府单一供给模式，培育发展社会供给、市场供给模式，努力实现行动者网络权力结构的均衡。围绕人民安全这一治理目标，改变传统行政主导下的简单粗暴，以柔性管理，更具弹性、回应性、适应性与前瞻性的治理方式，促进协商参与和社会自治联合体的形成，继而改善与优化安全服务供给。一个良性的社会，人人都是安全建设的主体，身边的安全需要各方的共同努力。要从“政府包办”走向“多元参与”，坚持群众参与、社会共筑。政府是安全建设非常重要但不是唯一的主体，基层社区、社会组织、企事业单位、媒体、公民个人等也是安全建设不可或缺的重要主体。要积极引导社会舆论和公众情绪，动员全社会的力量来维护安全、促进安全，在全社会形成“人人关注安全、人人参与安全”的浓厚氛围。

其次，在供给质量上，提高安全要素生产率，促进有效供给。新时代的经济发展模式有了新的变化，注重转变发展方式、优化经济结构、转换增长动力，提出以供给侧结构性改革实现经济发展的质量变革、效率变革及动力变革，提

高全要素生产率。供给侧改革的经济社会意义毋庸赘言，但作为最大公共产品的政府服务，其供给侧改革更直接关乎人民群众的获得感。诚然，有效率的安全程度并不是要求绝对安全。在约束条件下，需求的不断提高也受限于供给侧的供给能力与水平。在新时代社会主要矛盾转变的过程中，供给侧改革也是为了不断提升满足需求的能力。就供给与需求的关系而言，供给总是不断地去适应需求。一是供给质量与结构，即政策质量与协商结构的优化。二是激励与约束机制的改进，既注重正向激励的开发，也关注负面约束机制的建立。如果社会制度允许有才能的人通过企业家活动和创新活动获得丰厚的报酬，那么这个社会就有希望繁荣昌盛起来。而一个人才涌向政府或者私人寻租行业的社会，则可能陷于停滞状态。人才向寻租部门而不是企业家部门的流动，会减少收入水平，更糟糕的是，这会降低创新、技术进步和增长的速率。因此，有利于人才向企业家活动配置的经济制度和其他制度，比如，保护产权免受政府的掠夺，会对经济发展具有很大的益处。[①] 三是引导自组织与协商机制的建立，推进政策评估的社会化与科学化，设立公众议程与政策议程有效衔接的政策机制与自适应平台。

最后，在供给策略上，精准识别利益诉求促进合作生产。过去讨论公平与效率时，常常聚焦于二者之矛盾，而有意无意间忽视二者之统一。在人民政治自由方面也存在类似倾向，即在改革开放40余年之中，为了体现对经济发展效率的关照，衍生出对民主与效率二者关系的误读。民主与效率与其说存在冲突，倒不如说相互促进。其原因在于，如果各主体在制定一项公共政策时达成共识，其执行便会非常顺利，因为这项政策不是使市民被动地接受，而是受到市民的主动支持。治理理论的假设具有多种合法性来源，例如，合法性不仅来源于对民主选举程序的遵循，也来自制定或执行政策时关键利益相关者的参与。来自利益相关者的合作保证了更高的效率。公民参与政策执行过程同样保障了效率。从这个层面来看，治理理论不重视效率和民主之间的取舍，它遵循的假设是，

① 安德烈·施莱弗、罗伯特·维什尼编著：《掠夺之手——政府病及其治疗》，赵红军译，中信出版社2004年版，第73页。

实现公共目标需要一定程度的信任和相互作用。公民参与能够克服公民社会中群体或个人在提升自身利益方面的能力差异。在这种意义上，公民参与会自动创造出共识。[①] 参与治理创造双赢局面，所有参与者将通过参与共同体事务而获得利益，合作生产，实现协同效应。国家安全常含长治久安之意。无论是国家治理层面，还是社会治理层面的国家安全，其事务之繁巨、影响之广远，绝非单一部门、特定领域与具体层级所能涵盖与达致。新时代需要有效地改善与增进公私部门间、府际政府间及跨部门间的合作境遇，打造共建共治共商共享的国家安全治理体系。

---

① 乔纳森·戴维斯、戴维·英布罗肖主编：《城市政治学理论前沿》，何艳玲译，上海人民出版社2013年版，第170页。

深化改革与推进城市管理综合执法治理现代化

唐兴盛*

【导语】党的十八届三中全会明确提出：全面深化改革的总目标是完善和发展中国特色社会主义制度，推进国家治理体系和治理能力现代化。这标志着我国已经步入“治理时代”，但如何在具体的城市管理执法领域实现治理体系和治理能力的现代化建设，还是一项崭新的理论课题。本文对此进行了深入研究。

由于受到计划经济时代行政管理体制、管理方式、管理观念的影响，我国传统的城市管理执法模式过于强调专业分工，将城市管理职能横向分割，以专业职能部门作为基本单位，强化专业管理和执法，各部门“分兵把守、各管一摊”，分别行使市容、环卫、规划、绿化、市政、环保、工商、交通等城市管理执法权，形成了城市管理执法活动“九龙治水”的局面，实践中产生了严重的职能交叉、分散执法、多头执法、推诿扯皮、权力分散、效率低下、执法扰民等问题，在应对解决城市环境秩序脏乱差等问题上，产生了“七八顶大盖帽，管不住一顶大草帽”的现象。①

20 世纪 90 年代，我国开始步入城市化加速发展期，与城市规模和数量同步产生的“城市病”也进入了多发期和高发期。随着城市流动人口不断激增，

---

* 唐兴盛，北京市城市管理综合行政执法局队伍建设指导处副处长，管理学博士。主要研究领域为城市行政执法体制改革、城市治理、城管执法队伍思想政治工作等。

① 这是一种形象的比喻，意指在城市环境秩序管理领域，多个管理执法部门职能交叉、责任不清、多头执法、推诿扯皮、效率不高，对利用城市空间违法从事经营活动的相对人（如违规摆摊设点的街头摊贩）无法实施有效管理，城市环境秩序脏乱差，影响城市的正常运行。

城市利益关系日趋复杂，城市环境秩序不断恶化，占道经营、非法车辆运营（黑车）、违法建设、城市“牛皮癣”等城市痼疾顽症日益凸显。为解决这些问题，重塑城市形象，1997年根据《中华人民共和国行政处罚法》的授权，在国务院法制部门的推动指导下，由各省、直辖市、自治区率先在城市环境秩序管理领域，实施相对集中处罚权，推行综合执法改革，把原先属于多个城市管理执法部门，存在职能交叉、责任不清、多头执法的全部或部分行政处罚权，统一移交给新增设的城管部门相对集中行使，将“数顶大盖帽变成一顶”，建立了专司行政处罚权的执法队伍，在一定程度上遏制了影响城市秩序的问题，提升了执法效率和城市管理水平，为深化行政执法体制改革积累了重要的经验。

但城市管理综合执法制度并不完善，尤其作为一项先行的改革模式和制度创新，本身还存在着严重缺陷。近年来，城市管理综合执法面临的矛盾冲突、法治规范和社会公信力缺失等方面的问题，正在成为难以逾越的瓶颈。尤其是饱受社会争议的城管粗暴、野蛮执法和执法过程中频发的暴力抗法问题，从数量到强度，都有了上升的趋势，城市管理综合执法制度的正当性、合理性饱受质疑。俞可平在《“城管式困境”与治理现代化》一文中提出了“城管式困境”的命题。他认为，城市管理综合执法面临的诸多困境，是当代中国政府治理困境的缩影，具有很强的典型性和代表性。①

近年来，中央对城市管理综合执法予以了高度、持续关注。中国共产党十八届三中全会《关于全面深化改革若干重大问题的决定》、十八届四中全会《关于全面推进依法治国若干重大问题的决定》、中央深改组第18次会议《关于深入推进城市执法体制改革改进城市管理工作的指导意见》，都对深化城市管理执法体制改革、完善城市治理提出明确要求。2015年12月，时隔37年的中央城市工作会再次召开，将推进城市管理综合执法体制改革设定为重要议程，强调转变城市发展方式，完善城市治理体系，提高城市治理能力，解决城市病等突出问题。

---

① 俞可平：《“城管式困境”与治理现代化》，《同舟共进》2014年第1期。

一、现代城市治理的困境

1996年颁布的《中华人民共和国行政处罚法》，确立了相对集中行政处罚权制度[①]，即将原本属于多个行政部门的全部或部分行政处罚权职能，统一划转给单一的行政部门相对集中行使，原部门不得继续行使这些职能的制度。相对集中行政处罚权率先在城市管理领域中运用，将城市管理中存在多头执法、职能交叉、责任不清、效率不高的城市管理执法权限，统一配置给新增设的城管部门相对集中行使，形成了城市管理综合执法的改革探索，形成了一种全新的改革路径。但城市管理综合执法是在无法彻底转变政府职能、从根本上理顺行政体制的背景下，对现有部门执法体制进行的职能有限调整、机构适度整合的渐进性改革。由于缺乏系统的顶层设计和必要的制度规范，一些深层次矛盾和问题逐渐暴露出来。

（一）城市管理综合执法中的利益冲突困境

有学者通过对媒体上大量实证案例研究得出结论，城管执法过程中的粗暴执法、暴力抗法及群体性事件，严重影响社会平稳运行。[②]还有学者对130个城管执法冲突事件开展实证研究，发现冲突呈现边界敏感性、社会敏感性、关联与扩散敏感性、政府治理敏感性等特征，对社会稳定构成现实挑战。[③]城管部门执法、取缔与街面谋生群体的反执法、反取缔，演化成为旷日持久的“拉锯战”、“运动战”、“游击战”，城市环境秩序陷入了“整治——反弹——再整治”的怪圈，无法形成有效的常态治理。实际上，权力美学逻辑体现在很多地

① 我国《行政处罚法》第十六条规定：“国务院或者经国务院授权的省、自治区、直辖市人民政府可以决定一个行政机关行使有关行政机关的行政处罚权，但限制人身自由的行政处罚权只能由公安机关行使。”

② 何兵：《城管追逐与摊贩抵抗：摊贩管理中的利益冲突与法律调整》，《中国法学》2008年第5期。

③ 李云新、朱嘉赞：《“城管”与摊贩冲突的敏感性特征及治理策略——基于130个冲突事件的实证分析》，《武汉理工大学学报》（社会科学版）2015年第4期。

方城市管理中，政府把城市秩序作为首要价值目标，对城市秩序的政绩诉求存在特殊偏好，甚至不惜损害社会底层生存权，进而导致城管部门与街面谋生群体的冲突。①

（二）城市管理综合执法中的社会协同困境

我国政府体制是以管制行政为特征的，尤其在城市管理行政执法领域，这种特征尤为明显。由部门分散执法到城市管理综合执法，仍然体现了加强管制的思路，受到传统管制型行政模式的影响。政府本位观念根深蒂固。政府将自己界定为"家长"身份，是城市管理的唯一主体，试图通过制定理性的城市发展规划，实施全方位管理，执行严格执法，将复杂的城市事务"管起来"，"包到底"，以取得最佳效益和效果。尤其是城市管理秩序管理、执法领域，被视为政府部门的"自留地"，社会团体、市场组织等社会力量缺乏参与资格，即使有所参与，也更多扮演着准政府组织和政府衍生物的角色。这种管理行政还将以"命令—服从"为主要特征的"命令"、"指示"、"政策"等手段，视为履行职能、实现政府设定目标的重要工具，体现了管理的控制导向，已无法满足现代城市治理需要。

（三）城市管理综合执法中的体制机制困境

城市管理综合执法只是把相关行政部门的全部或部分行政处罚权相对集中配置给城管部门，有关部门仍然行使行政审批权以及部分行政执法权；虽然实施了综合执法，但城管部门与其他相关部门职能权限尚未完全理顺，仍然存在职能交叉、责任不清、关系不顺、监管不力的情况，实施综合执法后，传统审批、管理、执法集于一身的行政管理链条被切断，行政部门履行审批、管理职能，综合执法部门履行相对集中行政处罚权。由于缺乏协调配合机制，综合执

---

① 田凯、黄金：《政府的城市治理与社会底层生存权利的博弈与平衡》，《兰州学刊》2015 年第 5 期。

法与行政管理部门之间难于实现工作上的衔接与协同。[①]特别是由于权力部门化和部门利益的存在，行政部门对综合执法认识不到位，职能划转移交不充分，协调配合没有尽到责任，甚至是消极应付。[②]单靠城管部门一家，很难有效回应日趋复杂、综合的城市管理事务。[③]

（四）城市管理综合执法中法治规范困境

有学者还认为，《中华人民共和国行政处罚法》仅是确立了相对集中行政处罚权，但明显不是对城管部门的法律授权，城管部门合法性经不起拷问。[④]综合执法长期缺乏国家立法，城管部门执法依据和法律地位备受质疑，严重滞后于城市管理法治化的需要。[⑤]既然相关法律已经将城市管理领域行政处罚权分别赋予了相关行政部门，这些部门必须要履行，不能转让这些职责和权力，这是行政法治的一项基本原则。但施行综合执法之后，这些责任和权力却被划分给城管部门。这就导致了法律明确赋权的部门不能行使，城管部门相对集中行使又无法律依据的尴尬局面，与依法治国的要求相背离，形成了法治悖论现象。[⑥]

二、实现良好城市治理的理论探讨

城市管理综合执法作为城市治理体系的重要组成部分，必须将其纳入治理体系和治理能力现代化的框架中进行考量。本文引入服务政府、治理、整体性政府、行政法治理论，探讨城市管理综合执法治理变革的方向。

---

① 彭志芳：《关于相对集中行政处罚权有关问题的思考》，《河北法学》2005 年第 1 期。

② 杨书文：《从分散执法到集中处罚 —— 相对集中行政处罚权制度的发展》，《云南行政学院学报》2006 年第 6 期。

③ 乐山市城市管理行政执法局课题组：《相对集中行政处罚权法律制度合理性研究》，《中共乐山市委党校学报》2008 年第 3 期。

④ 廖娟：《行政法视野下的城管执法困境分析》，《传承》2010 年第 2 期。

⑤ 张步峰、熊文钊：《城市管理综合行政执法的现状、问题及对策》，《中国行政管理》2014 年第 7 期。

⑥ 雷新明：《相对集中行政处罚权的理性评价》，《南都学坛》（人文社会科学学报）2003 年第 6 期。

（一）服务型政府理论

“服务型政府”发源于“服务行政”理论。厄斯特·福斯多夫（1938）最早提出了“作为服务主体的行政”的概念。[①]服务型政府是坚持公民本位、社会本位，在民主体系中运行，体现服务宗旨和责任的政府[②]；是以为社会、为公众服务作为根本宗旨的政府[③]；是满足社会公共需求，服务公共利益，有效提供公共产品和公共服务的政府治理结构[④]。服务型政府更深层的含义是政府价值导向的深刻调整，公共伦理精神的重新塑造。服务型政府重新理清了政府与公民、政府与社会之间的关系，政府由统治者、管理者向服务者角色转型。政府治理的核心价值不再是维护统治、维护秩序，也不再是创造经济效率和发展政绩，而是在于公共价值的创造。[⑤]政府要彻底摒弃片面追求秩序、经济和效率的政绩观，把保障提升公民权益作为重要责任，把维护人的基本权利和人性尊严摆到突出位置，真正从管理中心转化为服务中心，承担更多公共责任。[⑥]

（二）治理理论

从广义的视野看，治理理论包括新公共管理理论、公民社会理论、网络治理理论等。新公共管理理论标签很多，诸如“管理主义”、“企业化政府”、“后官僚体制模式”、“以市场导向的公共行政”等。虽然这种理论体系十分庞杂，但最核心的部分就是有关公共服务供给方式的变革，优先选择服务承包，而不选择职业承包；优先选择公共服务多元结构而不选择一元结构；优先选择顾客

---

① 张书克：《“服务行政”理论批判》，《行政法学研究》2002年第2期。

② 刘熙瑞：《服务型政府——经济全球化背景下中国政府改革的目标选择》，《中国行政管理》2002年第7期。

③ 张康之：《限制政府规模的理念》，《人文杂志》2001年第3期。

④ 迟福林：《全面理解“公共服务型政府”的基本涵义》，《人民论坛》2006年第5期。

⑤ 张成福、王耀武：《反贫困与公共治理》，《中国行政管理》2008年第5期。

⑥ 张成福：《变革时代的中国政府改革与创新》，《中国人民大学学报》2008年第5期。

付费，而不选择税收资助。[①]公民社会理论则更加重视公共部门、市场部门之外民间组织的作用。认为很多社会问题，个人的努力无能为力；国家政府又距离太远，作用发挥有限。如果能够发挥社会团体组织的作用，实现自我管理、自我服务、自我调节，并与公共部门权威有机衔接，经常可以取得事半功倍的效果。[②]网络治理理论认为，现代社会，无论是政府还是其他部门，单一行动者都没有足够的知识和能力去解决日益综合、动态和多样性的社会问题。[③]因此，政府要认清自己，不能再像过去那样，包揽一切，作为唯一的权力中心。这种新的治理模式除了权力线以外，更多强调政府与市场，政府与NGO、NPO的合作，结成深度依存的伙伴关系。[④]

（三）整体性政府理论

西方学界针对公共行政机构裂化、功能分割和各自为政等体制弊端，提出了通过新型组织设计或结构重组[⑤]，打破部门界限，实现政府内部机构整合、功能整合和层级整合的整体性政府理论[⑥]。在当今时代，单靠政府某个部门单打独斗已经无法满足社会问题治理的需求，必须实现整体性治理[⑦]，整体性政府以解决碎片化问题为指向。“碎片化”是对政府内部整合不足、协调缺失、功能分割，进而导致部门主义盛行、行政成本高昂，组织绩效低下状况的一种描述，

---

① 《布莱克维尔政治学百科全书》，中国政法大学出版社1992年版，第613页。

② Janw. van Deth, *Social Capital and European Democracy*, Routledge, 1999, p. xvi.

③ J. Kooiman, “Governance and Governability: Using Complexity, Dynamics and Diversity”, in J. Kooiman (ed.), *Modern Governance*, Sage, 1993, p. 4.

④ 斯蒂芬·戈德史密斯、威廉·D. 埃格斯：《网络化治理：公共部门的新形态》，孙迎春译，北京大学出版社2008年版，第6页。

⑤ Egeberg M., “How Bureaucratic Structure Matters: An Organizational Perspective” in B. G. Peters and J. Pierre (eds.), *Handbook of Public Administration*, Sage, 2003.

⑥ Perri 6, Dinna Leat, Kimberly Seltzer and Gerry Stoker, *Towards Holistic Governance: The New Reform Agenda*, Palgrave, 2002, p. 29.

⑦ Perri 6, Diana Leat, Kimberly Seltzer and Gerry Stoker, *Towards Holistic Governance : The New Reform Agenda*, Palgrave, 2002, p. 32.

具体表现为结构碎片化、功能碎片化、层级碎片化。[①]如果基于部门利益，或者缺乏有效协调衔接，就会出现各自为政，很多社会问题都无法实现有效的治理，政府政策目标会因各部门推诿扯皮最终无法实现。整体性政府就是通过政府及职能部门的重新整合，提升政府内部协作治理的能力[②]；就是公共部门内部通过制度化的沟通协调，实现职能、部门、层级的整合，确保政策议程相互协同，部门行动相互强化，实现公共治理效果的最大化[③]。

（四）行政法治理论

近代以来，法治主义逐渐成为治国理政的一项基本原则。法治含义十分广泛，如依法治国的方略、合乎理性的制度实践、人民主权的政府治理、崇尚文明的法治精神、人类社会的发展目标等。[④]从法的范畴上讲，法治意味着“法的统治”、“法律至上”、“法律权威”、“普遍守法”、“法律信仰”等。在亚里士多德看来，“法律是最优良的统治者”，法治的实现应该符合两个基本的条件：法律得到社会民众的普遍遵守，形成了相对稳定的秩序；这些法律本身又是“良法”，体现了社会的发展要求，符合社会公众的利益。[⑤]行政法治是法治在行政领域中的具体化，通过国家权威性立法，有效规制政府行政权力，尊重和维护社会成员的公民权利和基本人权，维持稳定的社会运行秩序。

三、推动城市治理现代化的整合路径

美国著名公共行政学家罗森布鲁姆在《公共行政学：管理、政治和法律的

---

① 谭海波、蔡立辉：《论碎片化政府管理模式及其改革路径》，《社会科学》2010 年第 8 期。

② Perri 6, Diana Leat, Kimberly Seltzer and Gerry Stoker, *Towards Holistic Governance: The New Reform Agenda*, Palgrave, 2002, p. 212.

③ Perri 6, Diana Leat, Kimberly Seltzer and Gerry Stoker, *Towards Holistic Governance: The New Reform Agenda*, Palgrave, 2002.

④ 张文显：《法理学》，法律出版社 1997 年版，第 236—238 页。

⑤ 亚里士多德：《政治学》，商务印书馆 1981 年版，第 199 页。

途径》中指出，面对复杂性、不确定性日益增加的政府治理领域，任何单一的制度设计与实践模式都必然失败。公共行政理论与实践眼下面临的迫切问题在于，如何对不同研究途径所拥有的价值结构与程序安排以及技术方法进行整合。

本文认为，治理变革的路径建立在一系列创新性制度设计、选择和安排的基础之上，体现了公共治理的基本理念与价值。（1）服务型变革，以服务型政府理论作为基础，体现了治理变革的价值路径，即坚持公民本位、社会本位、公共利益导向，政府由统治者、管理者向服务者角色转型，政府治理的核心价值不单纯追求维护统治和维护秩序，也不再单纯追求创造经济效率和发展政绩，而是在于公共价值的创造。（2）参与型变革，以治理理论作为基础，体现了治理变革的社会路径，即政府主动顺应多元治理的时代发展潮流，更多强调政府与市场，政府与 NGO、NPO 的合作，从规制到服务，从管理到治理，从一元到多元，通过广泛吸纳社会各方共同参与、合作共治，结成治理网络和深度依存的伙伴关系，提升社会治理效果。（3）整体型变革，以整体型政府理论作为基础，体现治理变革的组织路径，即面对日趋复杂、综合的公共管理事务，针对公共行政机构裂化、功能分割和各自为政等体制弊端，根据结果和目标强化顶层设计，进行组织重塑、流程再造和体制机制创新，大力推行跨部门合作，打破部门界限，实现政府内部机构整合、功能整合和层级整合，以政府整体力量，提升政府能力，回应社会挑战。（4）法治型变革以行政法治理论作为基础，体现治理变革的规则路径，即按照行政法治、依法行政的要求，将政府治理真正纳入法治规范的轨道，完善立法，科学界定职能，加强监督制约，提高政府运行的法治化水平。

在此基础上，本文提出了推动我国城市管理综合执法深化改革，实现良好治理的制度设计和政策建议。

（一）坚持以人为本，推动服务型变革

城市治理必须建立在城市秩序与公众生存权利均衡的立场上，城市发展规划与管理执法要体现对社会弱势群体的包容和关照，尊重社会自生的需要和市

场规律，彻底摒弃极端现代主义的美学观，彻底改变对城市街面谋生群体的歧视态度，在公共政策和城市发展规划方面加强回应，将人本主义体现在对街面谋生群体的有序疏导上，真正把街面谋生群体作为推动非正规经济和非正规就业发展的重要途径。适度解禁利用城市公共空间的经营行为，并建立有效规范管理机制，这一做法符合市场规律和我国经济社会转型的现实，体现了城市管理法治化的要求和正确的政绩观导向，有利于和谐社会建构。

（二）从管理到治理，推动参与型变革

综合执法过程中形成了城市各方利益主体互动的嵌入式结构，由此产生的问题困境也必须在各方利益主体有效参与的基础上才能够得到妥善解决。长期以来我国城市管理没有很好地处理政府与市场、政府与社会的关系，政府职能转变不到位，对强制性管制手段存在特殊偏好，习惯用“一刀切”的标准进行社会秩序管理，消耗了大量公共资源，但取得的效果却不尽如人意，甚至还引发社会的反弹和冲突，恶化了政府与社会之间的关系。城市政府要抛弃单一管制的传统思路，在多元治理的框架下重塑城市政府的角色，将城市各方利益主体纳入参与体系，让社区成为城市环境秩序自主治理的基础，让各类组织成为社会公众广泛参与城市治理的重要载体，建立社会自我管理、自我教育、自我服务的机制，建立常态化的利益表达和实现通道，实现利益契合与共赢。

（三）从“碎片化”到整体性，推动整体型变革

长期以来我国城市管理坚持以专业化分工为基础、以条条管理为特征的科层结构，政府内部整合不足、协调缺失、功能分割，进而导致部门主义盛行、行政成本高昂、组织绩效低下，表现为结构碎片化、功能碎片化、层级碎片化，已经无力应对日趋复杂、综合的城市事务。21 世纪的城市政府治理必须彻底摒弃僵化执行专业化分工的做法，通过强化中央顶层设计，加强地方政府统筹协调，以结果和目标为导向，进行组织设计、流程再造和体制机制创新，将专业分工、层级节制的“金字塔”组织结构，转变成以流程为中心的扁平化、网状

化的“联合岬”，实现结构整合、功能整合、层级整合。一方面，要规范各地城市管理综合执法体制，统一规范部门组建模式、队伍性质、归口部门，抓好城管执法队伍正规化建设；另一方面，建立完善城市管理综合执法权威协调机构，落实属地责任，强化部门协调联动，提升整体效能。

（四）从立法缺失到依法行政，推动法治型变革

法治意味着“法的统治”、“法律至上”、“法律权威”、“普遍守法”、“法律信仰”等，无法律就无行政。行政权在国家政权体系中最活跃、最经常、最有力，直接影响到行政相对人的切身利益，这种权力的行使必须由法律授权并依据法律规定，接受法律监督。长期以来我国城市管理片面强调城市秩序，没有将城市发展建立在公民权利保护和法律秩序的建构上。由于缺少法律授权与规范，城市管理综合执法制度设置违背职权法定原则，经不起合法性和正当性的考量，推进法治型变革势在必行。要加快国家城市管理综合执法的立法步伐，尽快将其纳入法治规范的轨道，推进机构、职能、权限、程序、责任的法定化，明确城市管理综合执法主体地位，科学界定综合执法职能，不断提升城管部门法治化建设水平。

城市“小产权房”治理的问题与对策

——基于加快农业转移人口市民化进程的思考

黄文浩 *

【导语】近年来，城市“小产权房”治理取得了一定效果，但是在政策执行过程中存在一些不足，使农业转移人口的居住权益得不到保障。本文认为，应当通过深化改革，创新“小产权房”治理的体制机制，在加强和改进住房管理的同时，为城市中的中低收入群体提供可负担的住房，以增进农业转移人口在城市的获得感。

一、引言

2018年3月，国家发改委发布《关于实施2018年推进新型城镇化建设重点任务的通知》，指出需加快农业转移人口市民化的推进，其中一项重点任务是探索租赁房屋的常住人口在城市公共户口落户。农业转移人口常常等同于农民工，是指进入城市工作和生活但户籍仍在农村的流动人口，由于户籍和城市高房价的限制，这部分中低收入群体往往居住在租金较低的城中村“小产权房”。“小产权房”是城市快速发展的历史遗留问题，该类住房没有国家核发的土地使用证和预售许可证，购房合同在国土房管局也不会给予备案，因此是合法产权缺失的“非正规住房”。这些不合乎法律法规的“小产权房”随时面临被清拆的风险。在城市改造项目中，只有住房所有者才能获得补偿和安置，居

* 黄文浩，中国人民大学公共管理学院博士研究生，英国卡迪夫大学联合培养博士研究生。本成果得到中国国家留学基金资助（201706360209）。

住在其中的农民工往往只能被迫寻找新房源或离开所在城市。并且，在拆迁过程中，有些地方的执法方式过于强硬和单一，容易引发群体性抗争和社会矛盾，不利于社会稳定和居住者权益的保障。尽管国土资源部、住房和城乡建设部等相关部门出台了一系列治理政策，但政策结果并未如预期理想，且在执行中遇到越来越大的阻力。因此，为加快农业转移人口市民化进程，让这部分人在城市中能住有所居，有必要对“小产权房”治理作进一步研究。

二、城市“小产权房”治理中遇到的问题

城市中的非正规居住区具有建设质量较低、社会治安较差、难于开展管理等特征，是建造于集体建设用地上的“小产权房”。“小产权房”最早出现于深圳等改革开放先行城市，从20世纪80年代开始，经过一轮又一轮的“抢建风潮”，使得在很多大城市都能发现“小产权房”的踪迹。由于进城务工的人数持续增加，城市的住房供应难以满足大量的、低廉成本的住房需求，因而催生出以“小产权房”为主的隐性租赁市场。近年来，地方政府在中央政府的政策引导下，采取相关的措施和手段治理“小产权房”，经过多次的排查、整改、拆除等改造行动，一些城市在土地产权、规划与管制等方面取得了一定成效。但与此同时，部分城市在政策实施过程中遇到了不少阻力，一些改造项目与保障住房居住者权益的政策导向不一致，导致农民工市民化推进工作受阻，甚至严重挫伤这部分人的归属感、价值感和获得感，与政策制定的初衷相违背。

（一）“小产权房”成为农民工获得可负担住房的重要渠道

国家统计局发布的《2016年农民工监测调查报告》显示，在进城农民工中，租赁私房的农民工占61%，购买保障性住房和租赁公租房的农民工不足3%。这说明农业转移人口更多地选择成本较低的租赁住房来居住，政策性住房对这部分人口产生的作用有限。《2017年农民工监测调查报告》显示，在东部地区务工的农民工月均收入3677元。同年，上海易居房地产研究院发布的《全

国50城房租收入比研究》报告显示，北京、上海和深圳三个城市的人均住房租金超过2000元。这说明对于城市的中低收入群体，居住成本和住房压力都偏大，尤其是对农民工来说，购买正规商品房比较困难，他们经济上可负担的住房主要是租金相对低廉的“小产权房”。

（二）大部分城市改造项目忽视了农民工的居住需求

城市更新和改造面临着双重困境。一方面，一些大城市中的新建“小产权房”质量不比商品房差，且大多紧邻地铁站等公共交通设施，但这类没有国家颁发产权证的“小产权房”，是不允许在市场中流通和交易的，相应的买卖行为也得不到法律法规的认可和保障，这会导致后续购房者权利保障的缺位。另一方面，在外来人口较多的城市，拆迁和改造现有“小产权房”以提供房源，成为近年很多地方政策中重要的面向。例如，2016年年底发布的《深圳市城市更新“十三五”规划》指出，未来五年将减少违法建筑存量1000万至1200万平方米，新增约26万套商品住房供给，配建13万套人才住房和保障性住房；而在广州，截至2017年11月底，42个旧村改造项目已批复，总面积19.28平方千米。然而，在城市建设突飞猛进的同时，许多农民工的居住条件并未获得同步改善，甚至存在恶化的现象。虽然部分城市改造项目逐渐要求新建住房中需要配建一定量的保障性住房，但是有居住困难的广大农民工群体却无法申请这些保障性住房，因为他们往往难以满足工作单位性质、学历、职业资格等有较高要求的准入条件，被城市住房保障和公共福利体系排除在外。因此，在人口净流入的大城市，结构性的住房供需失衡仍较为严重。

（三）政策执行过程中引发的社会矛盾

2013年11月，国土资源部与住房和城乡建设部联合发布《关于坚决遏制违法建设、销售“小产权房”的紧急通知》，指出坚决查处“小产权房”在建、在售行为，地方政府需切实履行好监督管理职责。但这一政策在执行过程中并未充分发挥应有作用，部分地方的“小产权房”仍然屡禁不止，甚至出现了一些暴力执法事件和社会纷争与冲突，使得农民工的居住权益受到损害，主要表现为：

一是现有法律法规存在不明确的地方和盲区。《土地管理法》和《物权法》对集体土地使用权的流转作出了专门规定，但对使用权的转让、出租、抵押和继承等问题较为模糊。地方在政策执行时没有统一的裁决依据和标准，给“小产权房”的无序发展留下空间，导致国有土地和集体土地出现“同地不同价”现象。

二是政策执行不力给“小产权房”打擦边球留有余地。一些地方受到土地指标日趋紧张、经济发展的利益驱动、政绩冲动等因素的影响，出现“上有政策、下有对策”的执行偏差，相关治理政策难以得到真正落实，使得部分地区的“小产权房”兴建之风愈演愈烈。另外，“小产权房”开发能给开发商、村集体和当地村民快速地带来高额利润，更加助长了这种“因地生财”的“小产权房”建设。

三是改造过程中的执法方式不当，容易激化和加剧社会矛盾。在被征收的房屋该不该拆还没有定案前，抑或是在补偿标准、补偿方式还没达成共识前，若有关部门强行采取暴力手段进行强制拆迁，如停水、断电、乱砸、威胁、恐吓等，这不单是对住房所有者的利益侵害，更会造成住房居住者的居住权益受损，破坏政府的公信力。

三、城市“小产权房”治理效果欠佳的成因

（一）城市更新中的住房保障还不完善

我国涉及“小产权房”的城市更新主要采取征收一补偿一拆迁的模式，像城中村、“小产权房”、违章建筑等改造项目，基本思路是将集体建设用地通过征用程序改变土地属性，转变为合法的国有土地后进行重新开发和建设。受拆迁影响的住房所有者能够获得经济补偿或住房安置，但是居住其中的租户却没有被纳入住房保障体系中，他们在城市更新项目中是被动的接受者。香港大学

社会学系于 2018 年发表的《深圳、广州农民工居住现状调研报告》中指出，许多背井离乡的农民工在城市务工一二十年，在城市里住得再久都依然居无定所，形成“农民工就是有工作的地方没有家，有家的地方没有工作”的悲观心理。中央财经领导小组办公室副主任杨伟民在 2014 年“中国城市百人论坛暨人的城镇化”会议上表示，农民工要真正实现市民化至少有三步：第一步是就业转移到城镇；第二步是通过户籍制度改革，让愿意和有能力落户的人拿到城市户口；第三步是推动清除各种制度和政策障碍，使他们真正融入城市的生活。而每一步都和城市住房保障离不开，但现有制度和政策对农民工的住房保障仍较为欠缺。

（二）城市住房规划重经济效益而轻社会公平

住房对于我国城市居民来说是“刚需”，对于农民工来说同样重要。但面对城市房价的过快增长，农民工较多选择租房而不是购房，即使是购房也大多选择购买价格更为低廉的“小产权房”。住房选择的首要因素是经济可负担性，因此，城市房价和租金的调控尤为关键。过去的城市发展模式大多依靠土地财政所支撑的增长体系，简单来说就是“卖地求发展”。在进行住房规划时，考虑到土地出让是短期内迅速获利的最直接途径，更注重经济效益的增长，但这种途径是不可持续的，并且常常忽视社会公平的实现。2015 年 12 月，习近平总书记在中央政治局会议中指出，要化解房地产库存，通过加快农民工市民化，推进以满足新市民为出发点的住房制度改革，扩大有效需求，稳定房地产市场。有些质量较好但因产权不合法而被空置的“小产权房”，应在保障社会公平的原则下，采取更为积极且有效的住房产权变更方式，实现多方利益的共赢，而不是一味遵循强制性拆除和重建的老路。

（三）部分地方对隐性租赁市场的默许和纵容

在一些“小产权房”的土地纠纷案件中，地方政府对其违法行为是知晓的，并默许和纵容相关建设行为的发生。“小产权房”推动的租赁经济将开发商、村集体、户主和租户连成一条“利益链”，从客观上解决了一部分中低收入居民的住房问题。但是也会引发新问题：一方面，一旦租金持续上涨，农民工作为租金承担者往往处于弱势一方，在这种隐性租赁市场中其权益不受法律保障；另一方面，有的炒房者会利用租房市场的监管漏洞推高房租，当租房消费升级来临且住房买卖被严格调控，存量房源必然要进行升级，诱使房东和长租公寓运营企业结合来控制租金和租期。特别是大规模的“小产权房”拆迁会直接导致周边地区的低成本租赁房源不足，带来房租的非理性上涨，这种情况常常发生在大城市，背后反映出住房市场需求旺盛，政府部门难以单靠禁令就能遏止利益联盟的逐利行为。“小产权房”问题的长期存在并不断复杂化，最终将会损害中低收入租户的利益，并且不利于解决这部分人在土地利益上的正当诉求与制度约束之间的对立和冲突。另外，不合格、不安全的“小产权房”，则需立即予以整改，并提供基本的设施和服务，才能保障住房居住者的人身安全和基本权利。

（四）农民工在城市的居住权益未受到足够重视

不管是否拥有完整的产权，住房的可获得性都能给居住于城市的居民一种稳定感。有恒产者有恒心，有学者曾提议通过“先租后售”保障房模式逐步让更多的农业转移人口获得不动产，从而真正实现人的城市化。农民工市民化的第一步是要得到市民身份，目前大部分农民工更愿意流向大城市而不是中小城镇，但是在大城市比较难获得身份认同。虽然一些城市已经开始探索“租售同权”，让农民工能够共享城市发展带来的成果，但现实中很多非正规居住区的社区管理仍较为落后和薄弱，成为城市管理的痛点、难点和堵点。关键在于社区设施和服务的供给不足，未能让居住于“小产权房”中的农民工获得足够重视，其基本的居住权益保障还不到位。这样会使生活于城市中的农民工长期面临不可预期的风险，一定程度上会引起社会和文化隔离，不利于解决中低收入阶层的居住需求。城市中的“小产权房”涉及多个主体的利益，农民工的居住权益是治理过程中最容易被忽视的一环，因此“小产权房”治理不能简单地一拆了之。

四、治理城市“小产权房”的对策建议

（一）加快总结和推广住房改革试点经验

一是针对目前的共有产权住房、利用集体建设用地建设租赁住房等试点方案，通过不同形式的政策试验，找出有利于农业转移人口市民化的可行经验和实施路径。

二是结合优化城市空间布局的政策目标，有序推进“城中村”、老旧小区改造，促进城市的职住平衡，探索农业转移人口在城市公共户口落户的有效渠道。

三是坚持集约用地、疏导结合、公平正义的原则，从短期来看需要区别对待、分类处置各类“小产权房”的改造，从长期来看需要一系列相关体制创新和配套政策落实，兼顾和平衡各方利益，切实保障农民工在城市的基本居住权益。

四是健全法定租赁权制度，顺应市场发展规律和住房需求增长，保障农民工在城市租赁和交易市场中的应有权益，将可负担住房供给的成功经验和模式进行全国性推广。

（二）全面推进住房规划和管理的长效机制

一是制定更具包容性的城市住房改造政策，在保障低收入农业转移人口的城市居住权前提下，保留部分非正规居住区的生活机能，改善其基础设施和公共服务。

二是加强城市更新与社区管理的对接，提倡不同地区根据实际情况开展渐进式更新，并加大社区管理力度，将更新项目打造为安全、租金可负担的稳定租住空间。

三是完善城市配套设施的建设，引导农业转移人口的合理流动，政府应避免“一刀切”式的大拆大迁，而是探索保留“小产权房”对中低收入人口的容

纳能力，并且通过卫星城镇、中小城镇等机遇发展地区的培育，疏解城市中心区的人口压力。

四是通过立法完善城市住房租赁制度，规范当前的非正规租赁市场，建立对租金、房源和租赁规模变动的监控平台，实时向外界公布最新的住房数据和价格评估报告。

（三）把“小产权房”改造与保障性住房建设有机结合起来

一是探索建立城市住房更新的负面清单和责任清单，将农民工的居住权益纳入清单的考核范围，形成兼顾经济效益和社会公平的政策导向。

二是加强土地用途管制，整合行政执法力量，对违法新建的“小产权房”予以严厉惩罚，杜绝拆迁过程中出现暴力执法等危害居住者权益的不当行为，同时协助有需要的受影响群体进行有步骤的搬迁和安置，可向他们提供住房改造后的优先租赁保障。

三是组织各地开展“小产权房”的排查并形成治理名录，根据紧急改造、环境提升或设施配套的迫切程度，对不同类型“小产权房”采取差别化、灵活性处理。

四是考量将部分建设水平较高的存量“小产权房”转化为保障性住房，缓解保障房建设的资金和土地压力，加快整个保障性住房体系的建设进程，并发挥已建成住房的成本和价格优势，给“小产权房”一个合法、合理的市场出口，严格按照公租房要求开展租赁经营活动。

五是探索并深化“先租后售”保障房模式，为农业转移人口获得城市资产和市民身份开设一条正规渠道，即新市民只需要居住满一定时间，就可以购买保障房并落户城市。

（四）引导社会力量参与农民工住房供给

一是政府通过财政补贴、金融支持和消除体制障碍等有利途径，鼓励国有企业和有实力的私营企业以投资形式参与到“小产权房”更新和可负担租赁住房供给项目，或者开展政府主导的PPP合作模式，筹集来自社会各方的资本来助力城市可负担住房供给。

二是整合城市集体建设用地再开发的多个主体，主要包括开发商、村集体、户主和其他商业部门，给这些主体搭建“小产权房”改造融资的合作平台，政府加强建设和运营各阶段的监督与管理，激发社会发展的活力和动力。

三是进一步丰富推进农业转移人口市民化的参与形式，定期面向农民工群体组织听证会和座谈会，宣传和解读最新政策的实施办法，并了解和吸纳他们对城市住房的改进意见。

新型智慧城市惠民服务评价体系研究

朱　玉　尚　进*

【导语】本文在参考近年来国家关于“新型智慧城市”、“信息惠民工程”和“互联网＋政务服务”等政策要求的基础上，构建了“新型智慧城市惠民服务评价指数体系”，并应用这一评价体系，对2017年度新型智慧城市的惠民服务评价水平进行了评价分析。

一、体系框架模型

为提高新型智慧城市惠民服务水平，在研究我国政府行政体制特点和社会公众需求的基础上，提出我国新型智慧城市惠民服务体系的理论模型，该模型由资源内容层、服务渠道层、平台功能层和运维保障层组成（其架构示意如图1所示）。

（一）资源内容层

加大政府行政服务资源和社会服务资源的整合力度，是提高惠民服务发展水平的基本要求。资源内容的整合以十大民生领域为导向，力求全方位覆盖公众生活的各个方面。

（二）服务渠道层

渠道层是直接面向服务受众的层次，是惠民服务体系的窗口，是提供广覆

* 朱玉，国家信息中心2015级博士后，中国信息协会副会长，主要研究领域为信息经济学；尚进，《中国信息界》杂志社社长。

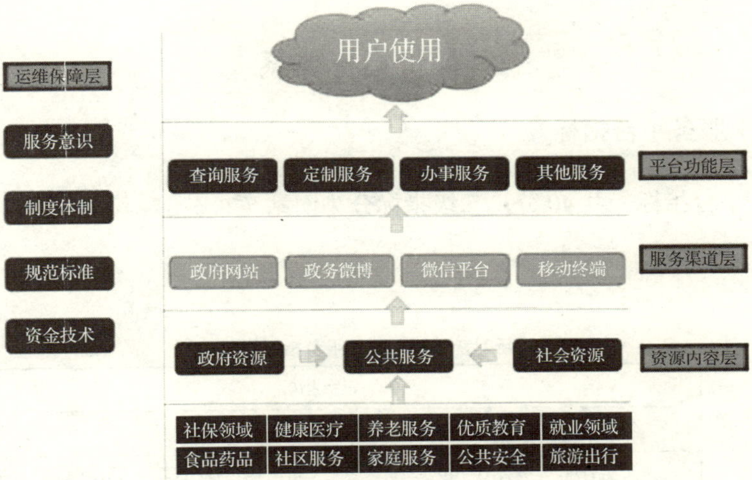

图 1　新型智慧城市惠民服务的理论模型

盖、多层次、差异化、高品质公共服务的有效途径，有助于创新公共服务供给模式、提升公共服务均等化、普惠化水平。

（三）平台功能层

功能层是基于日常居民的生活需求、通过各种形式实现惠民服务不断完善的核心层面，在服务内容和服务渠道日益丰富的前提下，用户对服务功能提出了适用、易用、多样化的要求。

（四）运维保障层

运维保障层包含了服务意识、制度体制机制、规范标准和资金技术等，是确保新型智慧城市惠民服务建设顺利向用户传递的保障因素。

资源内容层、服务渠道层和平台功能层共同构成了惠民服务体系的核心部分，并决定了其内容和实现方式，而运维保障层是惠民服务顺利实施的条件，四者有机地构成了惠民服务建设体系的整体框架，缺一不可。

二、评价指标体系

（一）服务平台指标

服务平台指标一共40分，二级指标分为网站（20分）、移动端（14分）、社交网络（6分）。

表1　新型智慧城市服务平台指标说明

一级指标	二级指标	三级指标	
		名称	评分说明
新型智慧城市服务平台（40分）	网站（20分）	网站功能基本建设（4分）	考察网站的基本要素，包括网站的兼容性、栏目设置的合理性、导航的明确性和易用性、信息更新及时性、无障碍浏览的可用性、移动端入口、手机浏览适配等基本情况
		一站式建设水平（3分）	考察民众是否容易获取服务，包括一张网集成度、惠民服务整合度、网站访问便利性等基本情况
		在线服务系统框架（5分）	考察在线服务系统框架是否完整，包括服务导航的多样性、服务推荐的智能化、身份认证的统一性、在线交互的畅通性、电子证照的利用性、快递及在线支付的整合度等基本情况
		公民办事服务能力（5分）	考察公民办事的便捷性，是否能够实现不跑腿、少跑腿，包括办事指南要素的完整性和准确性、在线办事的普及性
		服务热线（1分）	考察通过服务热线集中接受社会公众的咨询、求助、意见、建议和投诉的服务能力，包括互动渠道的多样性、处理的及时性、进度可跟踪、答复可评价
		数据共享开放程度（2分）	考察政务数据的开放共享程度，包括数据开放平台、数据资源目录和共享方式
	移动端（14分）	移动端基本建设（2分）	考察移动端的平台覆盖度、运行可靠性
		移动端服务功能（12分）	考察移动端是否能提供公众随手服务的能力，包括内容更新的及时性、服务的丰富性、服务的便利性、移动办事的程度
	社交网络（6分）	微博功能基本建设（1分）	考察微博开通、维护、信息发布的及时情况
		微博信息提供程度（1分）	考察微博内容对市民生活提供有效信息的情况
		微博交互平台建设（1分）	考察微博互动情况

续表

一级指标	二级指标	三级指标	
		名称	评分说明
新型智慧城市服务平台（40分）	社交网络（6分）	微信平台基本建设（1分）	考察微信开通、维护、信息发布的及时情况
		微信信息推送程度（1分）	考察微信内容对市民生活提供有效信息的情况
		微信交互平台建设（1分）	考察微信互动情况

（二）实现程度指标

通过对十大民生领域的考察，实现程度指标在不改变总分值和二级指标数量的前提下，考虑到国家关注和百姓需求的重点，去除了旅游出行领域，加入环境保护领域。

表2 新型智慧城市惠民服务实现程度指标说明

一级指标	二级指标	三级指标	
		名称	评分说明
新型智慧城市惠民服务实现程度（50分）	社保领域（5分）	社会保险（2分）	考察社会保险相关的服务能力，包括基本信息的全面性和易得性，在线事项服务的可用性，多项服务的整合度，以及事项服务的便利性
		社会福利（2分）	考察社会福利相关的服务能力，包括基本信息的全面性和易得性，在线事项服务的可用性，社会福利服务的持续性和适应性，福利保障的覆盖度
		社会救助（1分）	考察社会救助相关的服务能力，包括基本信息的全面性和易得性，在线事项服务的可用性，社会救助服务的持续性和适应性，获取救助的便利性
	健康医疗领域（5分）	看病就医（2分）	考察看病就医相关的服务能力，包括基本信息的全面性和易得性，在线事项服务的可用性，多项服务的整合度，医疗信息的共享性
		健康服务（2分）	考察健康服务相关的服务能力，包括基本信息的全面性和易得性，在线事项服务的可用性，健康服务的覆盖度，以及公共卫生的监管程度
		康复保健（1分）	考察康复保健相关的服务能力，包括基本信息的全面性和易得性，在线事项服务的可用性，多项服务的整合度，与医疗服务的互补性

续表

一级指标	二级指标	三级指标	
		名称	评分说明
新型智慧城市惠民服务实现程度（50分）	优质教育领域（5分）	学前、中小学教育（2分）	考察学前、中小学教育相关的服务能力，包括基本信息的易得性，在线事项服务的可用性，教育资源的易得性和共享性，教育计划的连贯性
		大学教育（2分）	考察大学教育相关的服务能力，包括基本信息的全面性和易得性，在线事项服务的可用性，教育资源的易得性和共享性，教育计划的连贯性、招生服务的可得性
		职业教育（1分）	考察职业教育方面的服务能力，包括基本信息的全面性和易得性，在线事项服务的可用性，教育计划的连贯性，以及招生服务的可得性
	养老服务领域（5分）	养老服务机构（2分）	考察养老服务机构相关的服务能力，包括基本信息提供的全面性和易得性，硬件方面如机构规模及设备配置的合理性
		医疗服务机构（2分）	考察医疗服务机构相关的服务能力，包括信息提供的全面性和易得性，一站式服务事项办理的便捷性，以及机构的规模及设备配置等能否满足不同人群的需求
		养老福利（1分）	考察养老福利相关的服务能力，包括基本信息提供的全面性和易得性，相关租赁住房事项办理的便利程度
	就业领域（5分）	技能培训（2分）	考察技能培训相关的服务能力，包括基本信息发布的全面性和易得性，线上线下的服务平台及数据资源库的建设情况，以及不同需求人群的满意程度
		就业服务（2分）	考察就业服务相关的服务能力，包括基本信息发布的全面性和及时性，线上线下的服务平台及数据资源库的建设情况，以及不同需求人群的满意程度
		军转安置（1分）	考察军转安置相关的服务能力，包括政策信息发布的全面性和易得性，各项事务服务一站式办理的便利程度
	食品药品安全领域（5分）	药品安全（2分）	考察药品安全相关信息发布是否全面、及时、准确，药品生产、销售渠道的安全性
		食品安全（3分）	考察食品安全相关的服务能力，包括基本信息发布的全面性和易得性，食品生产、销售渠道的安全性
	公共安全领域（5分）	网络信息安全（2分）	考察网络信息安全相关的服务能力，包括基本信息发布的全面性和易得性，安全技术在网络信息安全中的应用度以及对突发网络安全事件的应急处理能力
		政府安全（1分）	考察政府安全相关的服务能力，包括基本信息发布的全面性和易得性，现有监控资源的共享公用程度
		社区安全（2分）	考察社区安全相关的服务能力，包括基本信息发布的全面性和易得性，民众咨询、办事的便利程度，现有监控资源的共享公用程度

续表

一级指标	二级指标	三级指标	
		名称	评分说明
新型智慧城市惠民服务实现程度（50分）	社区服务领域（5分）	公用事业（2分）	考察公用事业相关的服务能力，包括基本信息发布的全面性和易得性，公用事业如公共服务设施、娱乐休闲设施、城市公用绿地等的共享公用程度，以及发现违法违章行为时可以快速投诉并及时受理的便捷性
		证件办理（2分）	考察证件办理相关的服务能力，包括基本信息发布的全面性和易得性，在线办理事项的可用性
		其他（1分）	考察社区服务内容的多样性和完整性，各服务内容可以提高公民生活的便捷性，尽量避免社区服务领域的缺失
	家庭服务领域（5分）	户籍婚姻（2分）	考察户籍婚姻相关的服务能力，包括基本信息发布的全面性和易得性，在线办理事项的可用性
		市政便民（2分）	考察市政便民相关的服务能力，包括基本信息发布的全面性和易得性，多项便民服务的整合度，在线办理事项的可用性
		生育收养（1分）	考察生育收养相关的服务能力，包括基本信息发布的全面性和易得性，一站式事项办理的可用性
	环境保护领域（5分）	环境信息发布（2分）	综合考察网站、微博、微信在环境保护领域的“一对多”信息发布情况，包括信息公开力度、信息发布时效性、信息发布矩阵完整度、信息发布持续性等
		环保消息推送（1分）	综合考察网站、微博、微信在环境保护领域的“一对一”信息推送情况，包括消息推送及时性、消息推送矩阵完整度、消息推送精准度、消息推送持续性等
		综合预警反馈（2分）	综合考察网站、微博、微信在环境保护领域的信息预警反馈，数据包含社交数据、投诉数据、感知数据、关联数据、历史数据、批评问责数据等类型

（三）综合环境指标

综合环境指标，是指通过网络舆情抓取与分析、民众满意度反馈调查等方法，从政策环境、产业环境、社会环境和市民反馈等维度出发，客观反映各个评测目标城市的惠民服务发展综合环境水平的指标。其中，评价特别明确地增加了民众反馈指标项。

表 3　新型智慧城市惠民服务综合环境指标说明

一级指标	二级指标	
	名称	评分说明
新型智慧城市惠民服务综合环境（10 分）	政策环境（3 分）	基于网站、微博、微信数据，综合考察地方政府对智慧城市发展的政策性支持力度、资金性支持力度、配套服务机构发展状态
	产业环境（1 分）	基于网站、微博、微信数据综合考察当地智慧城市产业规模经济发展情况、产业范围经济发展情况、知名企业数量及发展情况
	社会环境（1 分）	基于网站、微博、微信数据，综合考察当地智慧城市配套产业教育培训发展情况、相关劳动力储备及利用情况
	民众反馈（5 分）	采用《新型智慧城市发展报告 2017》中的民众反馈分值进行评估

三、评价指标体系采用的核算方法

（一）指标权重的讨论确定

评价指标体系分为三级，其中：

一级指标包括惠民服务平台、惠民服务实现程度、惠民服务综合环境指标。三个指标中重点关注惠民服务平台的功能性和服务实现程度的内容性。

二级指标中，惠民服务平台有三个：网站、移动端、社交网络。惠民服务实现程度按照十大民生领域进行划分。惠民服务综合环境按照政策支持、产业支撑、社会环境和民众反馈共四个二级指标进行划分。

三级指标是二级指标的细化，惠民服务平台的三级指标以各个平台的功能和要求为划分依据，惠民服务实现程度的三级指标以十个领域的具体事项和内容为划分依据。

（二）指标阈值的确定和数据的标准化

指标阈值，即每个指标对应的上、下极限值。考虑到数据结果的可比性，因此本指标体系中指标阈值的确定和数据标准化方法与联合国、国际电信联盟、世界经济论坛等机构发布的信息化指数保持一致，即所有指标均采用该指标下的最大、最小值作为阈值。标准化计算公式为 $\frac{x_i - x_{\min}}{x_{\max} - x_{\min}}$，其中 x_i 为指标变量的原始数据，$x_{\min}$目前该指标下的最小值，$x_{\max}$为目前该指标下的最大值。

（三）指数合成方法

采用简单线性加权方法，按照指标层级逐层叠加，加权计算公式为：

$$\sum_{q=1}^{k} W_q \left[\sum_{j=1}^{n} w_j \left(\sum_{i=1}^{m} w_{ij} p_{ij} \right) \right]$$

其中 P_{ij} 为第 j 个二级指标下的第 i 个三级指标标准化后的值，W_{ij} 为其对应权重，m 为第 j 个二级指标下对应的三级指标个数；$\sum_{i=1}^{m} w_{ij} p_{ij}$为经过加权后的第 j 个二级指标值，W_j 为其对应权重，n 为第 q 个一级指标下对应的二级指标个数；$\sum_{j=1}^{n} w_j (\sum_{i=1}^{m} w_{ij} p_{ij})$为经过加权后的第 q 个一级指标值，W_q 为其对应权重，k 为一级指标个数（K=3）。

（四）实验数据的采集方法

相关实验的数据采集工作，主要综合运用了包括网络爬虫抓取、人工比对、模拟用户、多维数据综合引用等方法在内的多种方法，以人工比对和模拟用户为主，网络爬虫抓取、第三方数据为补充。

四、评价体系实验分析

实验对 344 个城市进行评价，并从中选出 100 个优秀城市进行了系统性、客观性的评价。

（一）发展程度结果分析

表 4　新型智慧城市惠民服务评价指数整体得分（按拼音字母顺序排列）

城市	惠民服务平台（40 分）	惠民服务实现程度（50 分）	惠民服务综合环境（10 分）	总分值（100 分）
阿拉尔	8.70	17.60	1	27.30
白银	11.85	26.70	3.1	41.65
保定	15.80	19.57	3	38.37
保山	18.00	10.17	2.5	30.67
北京	27.40	28.50	5.6	61.50
本溪	13.54	20.07	4.9	38.51
长春	20.75	18.87	4.1	43.72
长沙	17.30	16.17	5	38.47
成都	13.65	18.40	5.6	37.65
承德	9.75	10.57	3.1	23.42
重庆	16.30	19.17	6	41.47
大连	21.25	18.30	4.9	44.45
大庆	13.35	18.20	3.7	35.25
德州	21.25	19.20	4.1	44.55
东莞	23.05	22.83	3.1	48.98
东营	15.40	22.13	4.9	42.43
敦煌	14.30	27.13	2.6	44.03
佛山	23.30	25.30	3.5	52.10
福州	21.95	18.13	5.3	45.38
阜阳	16.75	19.50	2	38.25
格尔木	23.10	17.53	1.4	42.03
广州	25.30	26.60	5.1	57.00
贵阳	29.80	21.63	5.3	56.73
桂林	12.00	29.43	4.4	45.83
哈尔滨	22.40	15.27	4.5	42.17
海口	24.20	17.60	4.9	46.70
杭州	34.45	30.10	7.5	72.05

续表

城市	惠民服务平台（40分）	惠民服务实现程度（50分）	惠民服务综合环境（10分）	总分值（100分）
合肥	17.20	19.17	5.5	41.87
呼和浩特	15.78	17.20	3.4	36.38
淮安	30.00	23.57	4.9	58.47
惠州	23.85	23.67	4.3	51.82
济南	27.25	19.47	5.3	52.02
济源	13.60	14.93	1.6	30.13
佳木斯	13.75	15.03	1.2	29.98
嘉兴	33.30	28.13	5.4	66.83
开封	23.35	14.87	3.5	41.72
克拉玛依	13.75	16.50	4.2	34.45
昆明	12.93	14.43	4.9	32.26
拉萨	10.20	14.13	2	26.33
兰州	14.15	22.27	4.4	40.82
辽阳	10.45	18.57	2	31.02
辽源	10.63	9.53	3	23.16
临汾	11.30	15.63	2.5	29.43
柳州	12.35	17.27	4.6	34.22
洛阳	7.35	17.20	4.5	29.05
绵阳	13.55	15.13	4.9	33.58
南昌	14.35	18.93	5.6	38.88
南京	30.25	26.30	4.6	61.15
南宁	10.05	11.43	5.5	26.98
内江	13.20	14.90	5	33.10
宁波	32.95	29.87	3	65.82
莆田	13.95	22.03	7	42.98
七台河	13.90	12.20	4	30.10
秦皇岛	10.65	14.40	1	26.05
青岛	21.95	19.80	3.9	45.65
泉州	13.85	21.23	5.9	40.98
上海	27.10	23.87	6.3	57.27

续表

城市	惠民服务平台（40分）	惠民服务实现程度（50分）	惠民服务综合环境（10分）	总分值（100分）
上饶	11.75	19.73	7	38.48
深圳	23.65	26.87	3.7	54.22
沈阳	14.55	16.07	6.5	37.12
石河子	8.05	21.47	4.4	33.92
石家庄	11.30	19.73	1.1	32.13
石嘴山	12.15	17.33	4.1	33.58
四平	12.20	12.90	2.5	27.60
苏州	28.85	25.00	6	59.85
太原	12.10	14.27	4.6	30.97
唐山	17.50	18.50	4.1	40.10
天津	13.05	25.50	5	43.55
铜陵	14.30	6.70	5.4	26.40
威海	20.25	19.73	5.5	45.48
潍坊	19.30	18.27	5.1	42.67
温州	31.15	28.67	5.1	64.92
文山	11.35	9.87	2.5	23.72
乌海	10.70	20.17	3.5	34.37
乌鲁木齐	24.00	16.57	3.8	44.37
无锡	32.80	22.20	6.4	61.40
芜湖	14.30	19.20	5.1	38.60
吴忠	9.95	12.67	2	24.62
梧州	5.65	5.77	2.5	13.92
武汉	12.65	17.33	5.8	35.78
西安	11.35	14.30	3.5	29.15
西宁	10.50	17.70	3.1	31.30
厦门	13.25	21.97	4.9	40.12
咸阳	11.90	10.40	3.9	26.20
湘潭	14.05	19.93	2.1	36.08
襄阳	19.55	13.90	3.4	36.85
孝感	10.90	18.83	1.4	31.13

续表

城市	惠民服务平台（40分）	惠民服务实现程度（50分）	惠民服务综合环境（10分）	总分值（100分）
新余	14.10	19.27	3.5	36.87
徐州	27.00	23.50	5.7	56.20
扬州	30.25	21.40	5.1	56.75
阳泉	10.50	14.73	3.1	28.33
伊宁	10.50	15.27	1	26.77
宜昌	31.70	15.97	5.8	53.47
益阳	18.30	18.37	3.5	40.17
银川	14.45	16.80	4.1	35.35
鹰潭	11.45	17.70	3	32.15
玉溪	13.40	14.30	3.8	31.50
运城	13.05	14.90	2.3	30.25
郑州	11.45	23.10	4.5	39.05
珠海	24.75	20.67	6.5	51.92
平均分	17.26	18.74	4.11	40.11

100个优秀城市的平均分为40.11，分数的离散分布如图2。总体来说，发展程度仍有较大的提升空间。

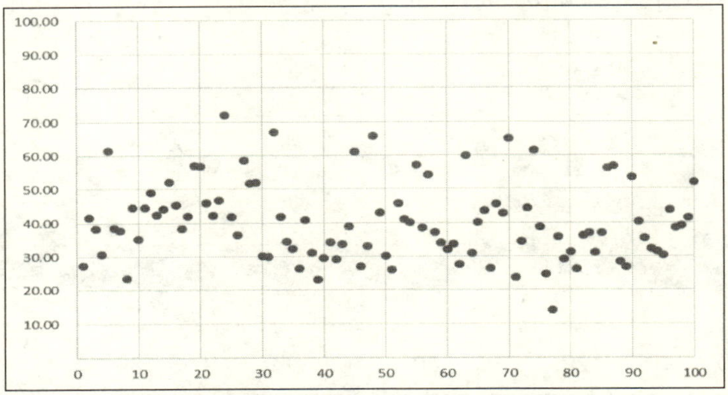

图2　新型智慧城市惠民服务评价指数得分离散分布图

详细来看，评价指数得分比例情况如图 3 所示，我国新型智慧城市惠民服务发展程度符合正态分布。

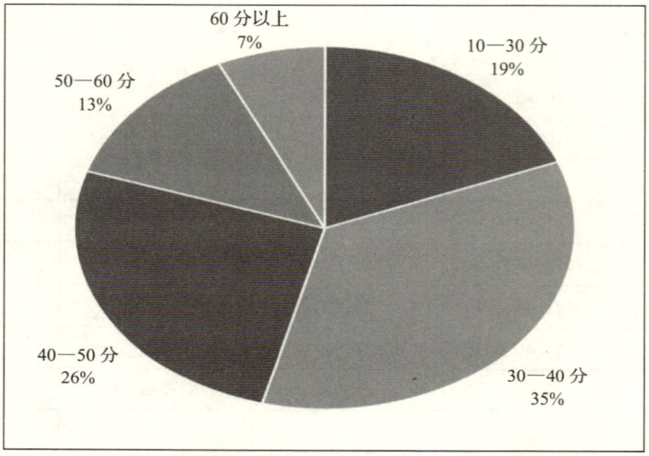

图 3　新型智慧城市惠民服务评价指数得分比例图

（二）服务平台分析

根据表 4 数据，全国 100 个新型智慧城市服务平台指数离散分布情况如图 4 所示，具体分布比例情况如图 5 所示。

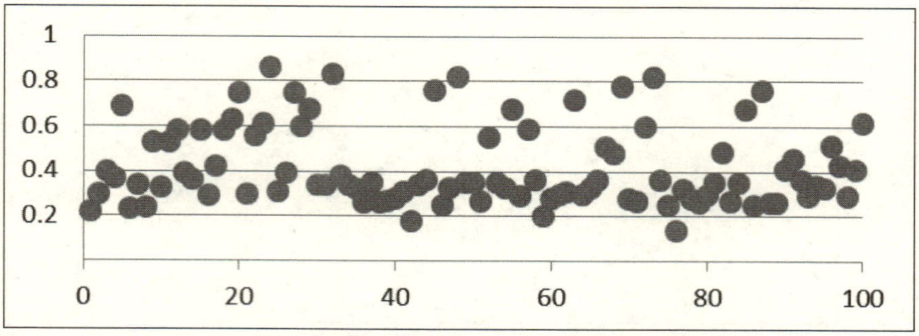

图 4　新型智慧城市服务平台指数离散分布图

通过图 4 可以看到服务平台指数主要分布于 0.2 至 0.9 之间，呈现两极分化形态。

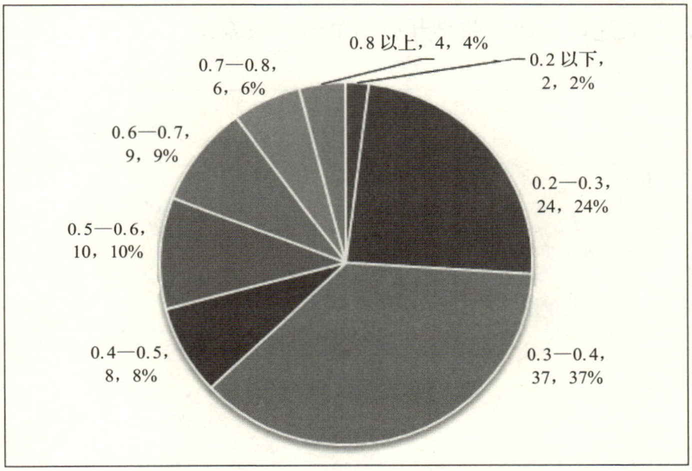

图 5　新型智慧城市服务平台指数比例图

通过图 6 可以看出，在新型智慧城市服务平台建设上，随着网上办事、在线服务的深入，网站仍是服务的主要提供平台，但是在移动端的服务建设还不够，仍需要加大力度。

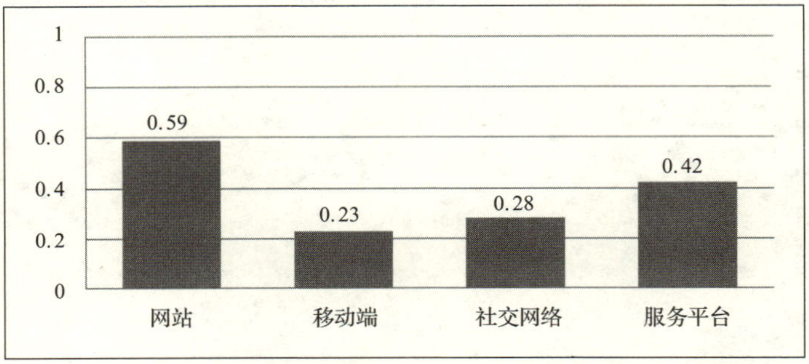

图 6　新型智慧城市服务平台分项对比图

从图7可以看到，一站式一体化建设水平、公民办事服务能力、服务热线这三项服务内容相对其他内容做得较好，但整体仍有很大的完善空间；网站功能基本建设和在线服务系统框架这两个方面的指数得分较弱，需要试点城市政府着重加强有关建设，数据共享开放程度做得最差。

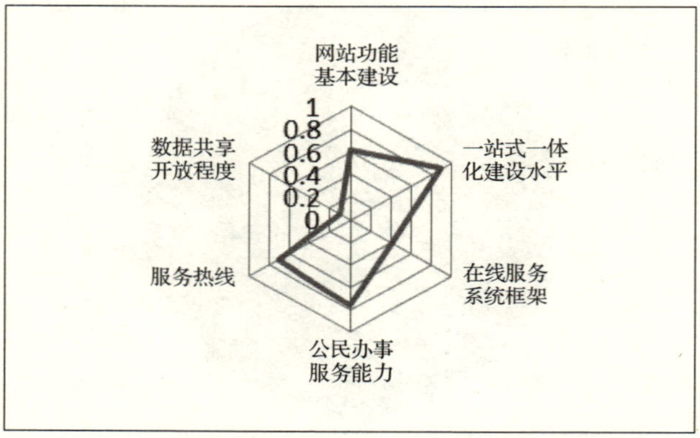

图7　新型智慧城市服务平台分项对比图

（三）实现程度分析

100个优秀城市的惠民服务实现程度指数离散分布如图8所示，实现程度指数的平均分为0.37分（满分为1分）。

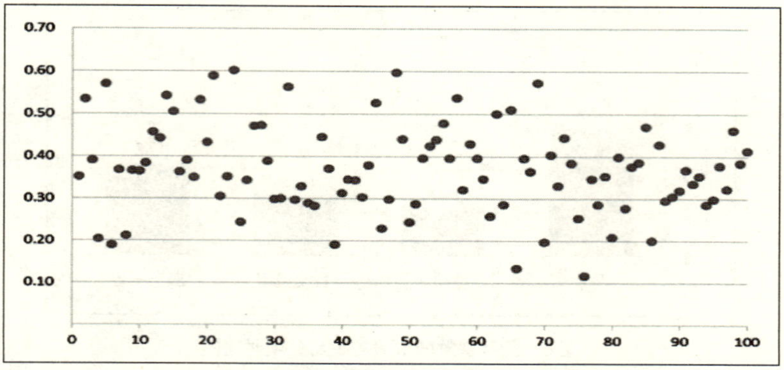

图8　惠民服务实现程度指数离散分布图

通过对十个领域的惠民服务实现程度的分项统计和调查，全国惠民服务在各个领域发展并不平衡，整体水平较低，具体情况如图 9 所示。

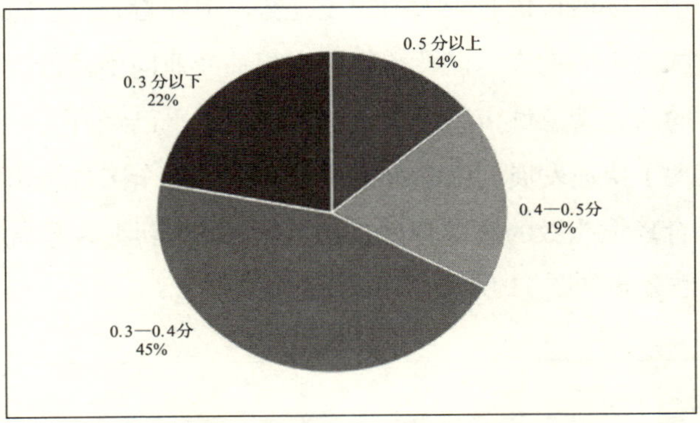

图 9 惠民服务实现程度指数比例图

从图 10 中可以看出，社区服务领域和家庭领域在整个惠民服务建设中表现较为突出，但只是相对而言。而在优质教育、健康医疗、食药安全三个领域，平均分分别是 0.11、0.12 和 0.14。在养老服务和环境保护等关乎民众生活质量的领域上的表现也不如人意。

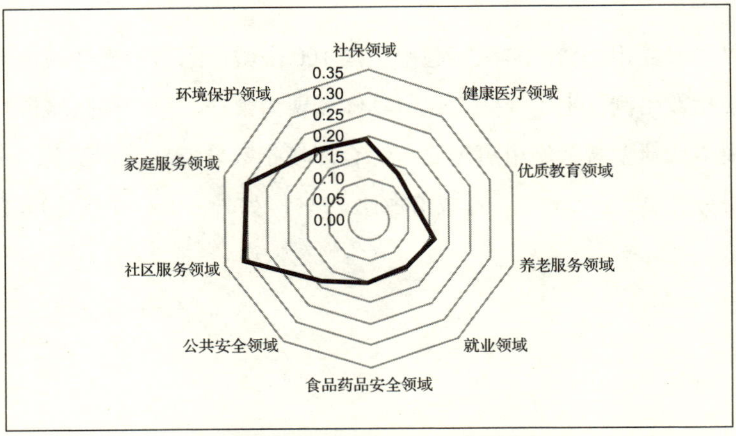

图 10 惠民服务实现程度分项对比图

（四）综合环境分析

综合环境指数的分布仍较为分散，跨度也最大。由数据可以看到，虽然东部城市相对于中西部城市仍有较大的领先优势，但随着新型智慧城市惠民服务相关政策在全国范围的推进，以及智慧城市相关产业向中西部地区的渗透，中西部地区整体的新型智慧城市惠民服务综合环境水平已经有了较大提升，其中有几个城市实现了快速发展，该趋势也将进一步缩小全国各城市间新型智慧城市惠民服务综合环境指数的离散程度。100 个城市的新型智慧城市惠民服务综合环境指数离散分布如图 11 所示。

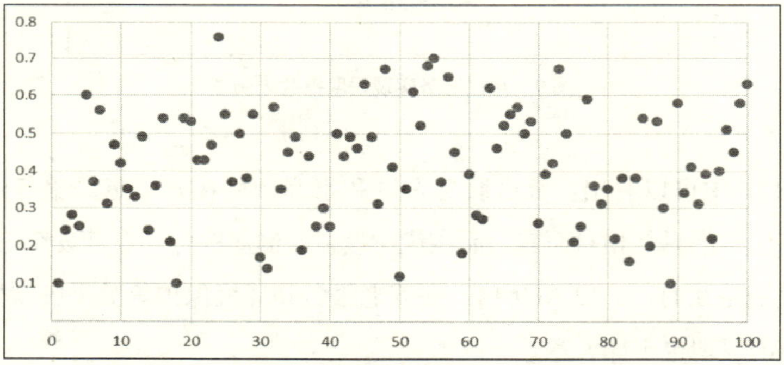

图 11　惠民服务综合环境指数散点图

与以往研究相比较，本次实验中全国 100 个城市的新型智慧城市惠民服务综合环境指数比例发生了一些变化，具体表现为第一、第二梯队城市数量的增加，其中本次新型智慧城市惠民服务综合环境指数分值在 0.6 以上的城市占比 11%，得分在 0.5—0.6 之间的城市占比 22%，另外，0.4—0.5 之间的城市占比 20%。

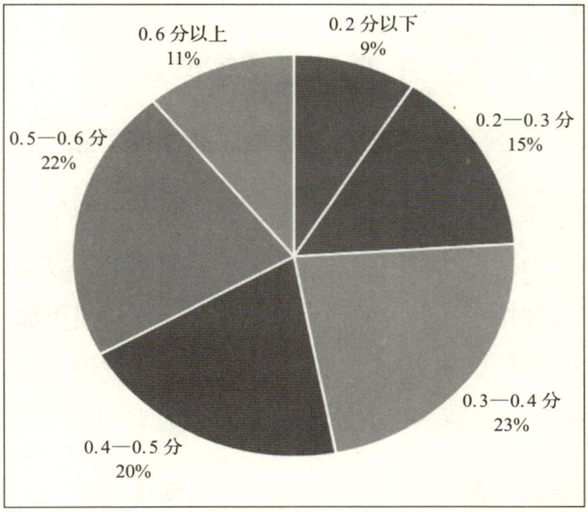

图 12　惠民服务综合环境指数比例图

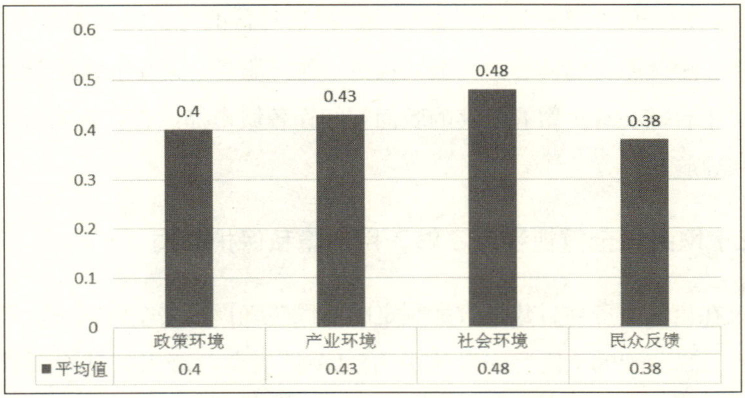

图 13　惠民服务综合环境指数分项对比图

本次实验在对综合环境的考察中，新加入了“民众反馈”这一考察维度，数据来源于国家信息中心《新型智慧城市发展报告 2017》中的“新型智慧城市市民获得感排行榜”。本次指数体系“社会环境”的数据来源于国家信息中心《中国信息社会发展报告 2017》中的“全国信息社会指数（ISI）”。

五、主要问题及策略建议

（一）总体发展不平衡不充分，亟须提高发展质量

提升新型智慧城市惠民服务发展质量，不应当仅局限于政务平台系统开发建设，而应该更多地从提高惠民服务能力、完善智慧城市发展环境等方面进行考量；不应当只关注单个、局部的信息系统项目，而应当更加注重立足于未来发展对惠民服务规划的整体布局。同时，需要强调物联网、云计算、移动互联网、人工智能等新兴信息技术在智慧城市惠民服务创新发展方面的应用。

（二）服务集约发展进程缓慢，统一平台尚未推广

建议一个城市建立一套班子，建设一张惠民服务网，统一服务入口，统一宣传口径。统一的服务网通过数据交换、接口对接的方式深度整合政务服务、公共服务、中介服务的内容，为公众提供一站式服务。对于省级统建的服务网站，省级平台需在首页留有足够的版面空间让各城市提供有特色的个性化服务的宣传和导航。

（三）网络安全重视程度不够，用户隐私保护薄弱

建议在惠民服务项目建设方案制定的时候明确提出安全的需求，最少要达到《GBT 22239-2008 信息安全技术 信息系统安全等级保护基本要求》中的第二级安全保护能力以上，同时在项目验收时请有评测资质的第三方机构进行评测。

（四）服务宣传推广力度不强，公众知晓程度不高

建议各城市可以借鉴商业网站的宣传方式，通过线下、线上、全网介绍、热点服务介绍的角度来宣传推广。线下可以通过公交、地铁、电台、电视、广告牌进行宣传；线上可以通过百度推广、城市媒体网站、公共事业网站、微博、

微信进行推广；全网介绍指的是用一些易记的标语推广整个网站的入口；热点服务介绍是指结合特定热点进行某一服务的介绍，从而带动公众了解网站入口。

（五）移动终端建设相对滞后，服务使用体验较差

建议在建设移动服务端时先通过已有服务办理数据进行大数据分析，找到公众办事量多、材料简单的服务事项，然后邀请相关部门研究，结合实名认证和电子证照库的使用，简化提交的材料和办事审批过程，逐个服务地制作上线。

（六）数据开放共享程度较低，增值利用亟待规范

建议各政府同时建设对内、对外的政务数据共享开放平台，并把数据共享作为一个持续化的工作来做，组建一个长期管理、服务的团队，不能只是一个项目建设完就结束了。同时，要结合政府信息化项目的审批环节，各部门要申报的项目中必须阐明系统所产生的数据是哪些、数据是否能共享、不能共享的法定依据是什么。另外做好数据资源目录的管理工作，无论是否能共享，所有部门所拥有的数据清单必须在资源目录中登记。

以绿色智慧供应链管理助推乡村振兴

艾永梅*

【导语】农业绿色智慧供应链是互联网技术在农业生产中的应用，是农业现代化的重要内容。本文提出，应将绿色智慧供应链管理纳入国家战略，创建社会化、全流程、数字化的供应链监管模式，创新发展供应链金融及诚信体系，培育相关服务组织并建立相应的一整套效果评价体系，助力乡村振兴战略全面实施。

2017年国务院办公厅发布了《关于积极推进供应链创新与应用的指导意见》，首次将供应链的创新与应用上升为国家战略。习近平总书记在党的十九大报告中提出，在现代供应链等领域培育新增长点，形成新动能。2018年中央一号文件就乡村振兴做了全面部署，提出要大力发展数字农业，实施智慧农业林业水利工程，推进物联网试验示范和遥感技术应用。2018年4月10日，商务部等八部门发布《关于开展供应链创新与应用试点的通知》，再次引发各界对供应链管理创新应用的关注。在新时期以农业绿色智慧供应链为抓手，将对推动乡村振兴战略、质量兴农、绿色兴农起到重要助推作用。

一、绿色智慧供应链管理的提出

供应链（SCM）最早在20世纪80年代末被提出，近年来，随着工业化和

---

* 艾永梅，中国国际经济交流中心2015级博士后，北京商业管理干部学院合作经济研究中心副主任、副研究员。

全球化的加速，供应链得到了广泛的应用，并成为企业提高市场竞争力的有力武器。当今世界，资源与环境的约束日益成为影响各国可持续发展的关键因素，绿色革命开始兴起，绿色供应链应运而生。绿色供应链最初是由密歇根州立大学制造研究协会（MRC）于1996年提出的，霍尔又进一步拓展了绿色供应链的外延。与传统的供应链管理不同，绿色供应链注重环境因素，要求从可持续发展的理念出发，从原料采购、生产、消费到回收等，整个供应链过程实现绿色化，以实现优化环境的目标。随着科技的迅速发展，传统供应链进而发展到智慧供应链新阶段，智慧供应链管理开始被各界关注。农业绿色智慧供应链管理是指借助物联网、互联网、人工智能等现代技术，通过有效控制农业投入品、农产品和加工品的信息流、物流和资金流，通过农户、中间商（包括加工企业）和零售商等环节，送达消费者的功能型网链。农业绿色智慧供应链管理有如下几个特点。

（一）农业产业链绿色化

绿色智慧供应链管理充分考虑了农业产业链中的投入品、产品及废弃物如何影响周围环境和周围的人，资源是否合理使用，废弃物和排放物如何集约化处理、回收和再利用，有利于农业农村的资源集约化利用和可持续发展。以物流环节为例，运销商、批发商可以借助物联网技术就近选择物流配送网点，通过共享化、分布式等多种灵活的冷链仓储、物流配送方式，减少运输对资源的重复使用和对环境的影响。

（二）农业信息链透明化

农户可以通过网络订单完成农产品的生产，还可以通过电子商务搜寻农产品的市场供求信息，减少因信息不对称而导致的滞销问题。由于农产品的生产场所与消费场所之间距离较远，消费者对农产品生产、流通和加工过程中所使用的投入品、添加剂等信息根本无从了解，导致对生产端的信任度较低。绿色智慧供应链管理可使农业产业链上下游主体享受共享的数据信息，包含农产品来源地、生产日期、生产主体及投入品信息，另外还有流通中绿色材料的选取、产品品牌、运销商信息，以及运输、包装、销售和废弃物回收过程中的数据信息。此外，与传统供应链相比，绿色智慧供应链的可视化和移动化特征更为显著。用户利用移动客户端访问数据，在使用中能够更加直观、实时、便捷地了解到产业链中各环节相关信息，避免涉农主体因信息不透明造成的价格波动、产销对接不畅、农业风险预防不到位等产生的经济损失。

（三）农业服务智能化

绿色智慧供应链管理利用大数据、区块链、可追溯、条形码、GPS 追踪、AGV 分析技术，对农产品的品质控制、种植生产、农产品零售等数据进行集成、交换和追溯。首先可以提供智能化、精准的预测服务。借助大数据技术，绿色智慧供应链可以更为精准地预测农产品供求平衡关系，并通过信息反馈，指导农业生产者未来生产决策，维持市场供求平衡，既可以防止农产品价格波动过大，又可以防止农业生产者承受巨大损失。还可根据预测按需分配生产资料，通过充分调配生产资料而避免产能过剩或短缺，解决高库存、高损耗问题。还可构建农业智能化无线网络监测体系与分布式数据采集与管理平台，借助卫星遥感等信息技术和自动化监测技术，监测气象、土壤肥力、环境质量、墒情变化等信息，提供更为精准的气象预报、灾害预防、土壤改良方案和施肥方案。其次可以提供更为智能、安全的服务保障。结合区块链技术的应用，供应链管理平台可以为上下游涉农主体提供安全便捷的身份认证、信用保证、合同合约、结算、质量追溯、供应链金融等服务，提升农业产业总体效率、标准化程度和顾客体验度。

二、发挥绿色智慧供应链管理在乡村振兴中的作用

绿色智慧供应链管理的应用，对于推进质量兴农、绿色兴农，提高农产品流通质量和效率，促进资源集约化利用、保障农产品质量安全等方面都具有重

要意义。引入绿色智慧供应链管理模式，也将有力提升我国农业产业的国际美誉度及品牌形象。随着我国供给侧结构性改革和乡村振兴战略的不断推进，绿色智慧供应链管理将迎来广阔的应用空间。

（一）绿色智慧供应链管理是质量兴农的需要

改革开放40年来，我国农业农村发展成果丰硕，但产业发展总体水平偏低，总体发展质量不高，我国有40多万家从事食品生产的企业，但缺乏大企业、大品牌，2017年我国农产品加工业与农业总产值之比为2.2 ∶ 1，与发达国家水平还有明显差距。绿色智慧供应链管理是集现代技术手段和现代管理理念于一体的创新应用，有助于在产业前端形成智慧农业、绿色农业，采用智能化的采摘、冷链仓储、物流配送、分拣加工手段，并创新引领定制农业、共享农庄、第三方冷链物流、电子商务、无人售货、金融保理等新兴产业，促进互联网、大数据、人工智能和农业产业经济深度融合，利于精细化管理和品牌管理，从而实现产业整体提质升级。阿里平台打造的“云象供应链”对接农业上下游资源，并集合“阿里系新零售”全渠道的生鲜集采资源，进行重点销售单品的需求整理、集中和供应链管理，最后全渠道贯通消费、生产、物流数据，再反馈到生产端，实现了对传统供应链管理乃至商业流通渠道的重塑，是农业绿色智慧供应链管理的有益探索。

（二）绿色智慧供应链管理是推进乡村振兴的有效保障

改革开放至今，我国农村承包土地中的35%已经流转，我国1.5亿农民工中约有60%是新生代农民工，失业农民工回乡回归农业比例仅为1.6%，产业衰落、农村空心化、老龄化、有效劳动力不足、基层党组织及社会治理弱化等乡村凋敝现象较为普遍。2018年中央一号文件就乡村振兴战略作出全面部署。生态文明是乡村振兴的重要内容，然而长期以来农业化学品投入品超标，土壤重金属和有机物污染加剧，不仅使自然环境受到不同程度的污染，也直接危及农业质量安全、生态安全和人体健康。大量农业废弃物无法得到有效回收利用，造成农村生态环境、生活环境恶化。构建“投入品管理—农产品种植—农产品流通—再生资源回收”全链条、可循环的绿色智慧供应链管理体系，能够有力促进农业农村面源污染防治工作和农业产业生态改善。各类社会化服务组织通过提供农产品收购、测土配方施肥、土壤污染修复、废弃物回收利用，能够有效提高资源集约利用率，减少环境污染，在向城乡居民提供安全放心食品的同时，还能够美化乡村人居环境，留住“乡愁”，实现“农村美”。另外，基于大数据技术的供应链金融服务能够快速、有效地解决农民生产中的融资难、融资贵问题，帮助农户顺畅开展农业生产经营活动，从而实现脱贫增收，进而实现“农业强”和“农民富”。

（三）绿色智慧供应链管理能够提高监管效率和决策效力

农业产业链条长，产销之间的物理距离不断拉大，涉及的管理部门多，分头监管容易造成监管低效和监管盲区双重问题，绿色智慧供应链管理平台让相关管理部门在后台共享农业产业全链条信息，便于监管部门全面、实时地了解信息，形成合力，避免监管盲区和监管“数据鸿沟”的出现。区块链技术的应用能够保证相关主体的信息不得被随意篡改，保证了信息的全面性、客观性，在该技术应用下，绿色智慧供应链管理为决策者提供相对客观公允、真实有效的信息，有助于避免政策的滞后性和片面性。绿色智慧供应链应用下的数字化监管有助于监管部门将传统的基于经验的监管模式转变为更具体、更精细的监管。在基层监管部门有限的人力和资金条件下，可以提高监管的有效性、针对性和便捷性。

三、农业供应链管理创新应用不足制约乡村振兴战略的实施

目前，绿色智慧供应链管理在工业领域起步不久，而在农业领域尚未全面开展。涉农主体普遍对绿色智慧供应链管理缺乏战略上的认识，物流信息化水平低，信息孤岛大量存在，专业人才缺乏等问题依旧十分突出。只有解决这些

问题，才能有效加快绿色智慧供应链管理体系建设，从而推动乡村振兴全面实现。

（一）供应链管理创新应用不足制约农业产业现代化

首先，供应链管理创新应用不足制约农产品流通效率的提升。随着我国“四化”的不断推进，我国大量分散的涉农主体对于公共平台信息的收集、发布、对接提出迫切的要求，以避免生产的盲目性和流通中的高损耗。近年来我国农业供给侧结构性改革成效显著，然而一方面大量的农产品不能及时销售出去，另一方面农产品价格异常波动事件仍屡屡发生，农产品丰收农民却无法增收、生产者卖难和消费者买贵的现象并存。其根本原因还是农业产业信息渠道不畅，缺乏从田间到餐桌全体系的全程供应链管理系统，导致产业链各环节脱节和割裂，致使农产品流通成本高、损耗高、加价高，挤占了生产者和消费者的利益，甚至影响粮食储备和价格稳定。

其次，供应链管理创新应用滞后也制约产业可持续创新升级。虽然近年来农产品电商发展如火如荼，但目前盈利能力却不尽如人意。根据中国农业生鲜电商发展论坛公布的数据，中国4000多家生鲜农产品电子商务企业中仅有1%实现盈利，4%盈亏持平，88%亏损，其余7%亏损额巨大。大多数农产品电子商务企业依靠大量的资金注入来生存。到目前为止，鲜活农产品电子商务难以解决冷链物流这一痛点，导致行业发展出现瓶颈。生鲜农产品冷链物流成本是普通商品的1—2倍，冷链成本占销售额的25%—40%。供应链管理创新滞后，难以降低冷链物流运输成本，缺乏核心技术支撑、仅依靠资本注入的电商“烧钱”模式很难持续。随着市场竞争的日益激烈，电子商务将逐渐回归商业的本质，包括智能化冷链物流在内的绿色智慧供应链管理则成为生鲜农产品电商长足发展的关键。

（二）供应链管理创新应用不足制约农业国际竞争力的提升

产业链整合升级和供应链管理创新成为在新一轮全球产业竞争格局中制胜

的关键。作为粮食生产第一大国与重要的粮食进口国，中国每年从国际市场进口的粮食超过一亿吨，2017 年我国大豆进口量已达到 9554 万吨，对外依存度超过 85%。我国农业产业竞争乏力不仅表现在高度依赖进口上，更表现在供应链管理的薄弱上，诸如种子、化肥、农药、机械等多种生产性物资以及部分食品加工业企业均面临被外资垄断的困局。在产业链上游，大豆、玉米等多种粮食种子的定价权、供货权被掌握在外国公司手中；而在产业链下游，嘉吉、路易达孚和益海嘉里等国际粮商已控制了 80% 的中国大豆压榨市场。我国农业现代化步伐不断加快，然而目前我国农产品供应链模式并没有随之加快升级，仍然以传统供应链形式为主，即沿袭从生产者、加工企业、批发商、零售商到最终消费者的流通路径。这种传统农产品供应链模式比较零散，集约化程度较低，规模经济效应无法体现，很难形成与国际粮商抗衡的产业竞争力，长此以往将威胁我国粮食产业安全。

（三）供应链管理创新应用不足制约农业信息化进程

首先，供应链管理创新应用不足使农业信息孤岛大量存在。传统的农业供应链参与者内部主要采用物联网技术实现信息采集、传输、加工、处理等业务，但由于物联网系统分别建设在不同的参与者系统内部，分属于不同的平台，看似是相互链接的一个网络，其实彼此业务相互独立，无法快速有效完成信息交换，真正实现全流程的共享、分析、预测等难度很大，导致信息孤岛大量存在。另外，传统的供应链管理难以保障信息安全。随着信息技术的不断应用，农业生产过程每个环节都积累了大量数据，成为每个参与者的重要隐性资产，但是用户碍于隐私保护，商业机密也需要得到保障，也就进一步限制了信息的共享。另外，供应链管理创新应用不足为产业信息安全带来隐患。长期以来，我国农业供应链的信息化、标准化、集约化程度相对较低，网络设备关键部件和软件开发的基础平台未实现完全自主开发，中国与国外领先国家在网络技术、网络管理、技术标准、通信速度、安全性和保密性等方面都存在很大差距，导致中国供应链管理信息安全水平较低，制约农业信息化和产业信息安全。

（四）供应链管理创新应用不足制约农业管理的有效性

由于农业领域的信息过于碎片化，缺乏统一的管理，我国决策机构仍旧是各行其是、九龙治水，产业政策滞后于现实发展需要，导致体制性交易成本大大增加。由于监管的有效性受到制约，农产品交易市场无序发展、缺乏监管、商业欺诈、制假售假、商业贿赂、撕毁合同等现象频现，诚信环境缺失，极大地损害了消费者和经营主体的利益，影响了农业和经济社会的可持续健康发展。供应链管理创新滞后也制约农产品质量安全追溯体系的发展。农产品质量安全已经成为一个全球热点问题，但由于缺乏全国统一的供应链管理平台，致使农业各环节的信息仍旧分散、信息非标化、信息口径难对接，难以做到全流程可追溯。现有的追溯系统仍然多以中心化方式建设，由中心机构提供信任担保，但民众对中心机构的公信力仍存在很大质疑，严重制约食品安全管理体系的构建。

四、以绿色智慧供应链管理为抓手，推进乡村振兴战略实施

（一）将绿色智慧供应链管理纳入国家战略

首先，将绿色智慧供应链管理纳入我国农业发展国家战略。出台产业安全法，从育种、投入品管理、种养殖、物流到加工，进行全产业链的部署和供应链管理。

其次，在农业供应链管理云平台中构建全产业链的内外贸数据集成、分析和监测体系，强化产业链布局，避免外资进一步控制我国粮食及重要物资产业体系，以保障国内产业安全。

最后，加强农业供应链的数字化监管。政府可以利用物联网技术，通过大量的农产品溯源数据的应用，将依靠经验来监督的传统监管模式转变为基于大数据分析结果、更具针对性、实时化和精确化的监管，创建社会化、全流程、数字化的供应链监管新模式，能够从根本上解决政府监管机构少、监督手段少、

监管效率不高的问题。与此同时，打造农业供应链管理云平台，构建政府、消费者、产销主体、媒体等社会主体共同监督、共同治理的农产品质量安全管理体系，实现农产品质量追溯监督的社会化。

（二）实施绿色智慧供应链管理，支持现代农业产业升级

首先，建设供应链管理联盟。只有实行研发、生产、仓储、运输、销售全产业链控制与经营，才能真正提高农业产业整体竞争力，从而维护国家产业安全。通过联合、兼并等方式整合资源，建设供应链管理联盟，引导联盟成员实施行业整合，通过上下游各环节的协同合作，调优链条上经济主体间的利益分配，同时建立风险分担和对冲机制，提高整体协同运作效率和抗风险能力。

其次，建设农业供应链服务云平台，将各类农业生产主体和供应商资源数字化、虚拟化后存储在云平台上，涉农主体在云平台上协调生产和消费的网络营销活动，实现供应链集成的农产品在线流通系统。通过特许经营、直接经营或合作，形成终端综合服务网络、协同配送、销售及售后服务。在微观运作中，平台具有订单提前、农产品拣选、物流延迟、农产品供求资源集中统一开发、线上线下协同运作、同步实时共享信息等多种服务。

最后，加强科技应用，助推实体经济创新升级。把高新技术如人工智能、地理信息系统、全球定位系统、毛细灌溉、化肥施用智能检测等技术应用于农业供应链管理系统中。加大对农业绿色智慧供应链管理的整体规划和支持，鼓励涉农企业就供应链的关键环节和核心技术进行布局和研发，加大对育种、添加剂、深加工等关键领域的科研力度。可以绿色智慧供应链管理手段提升农产品交易市场电子结算、冷链仓储、智能配送、信息发布、数据交换等功能，推进网上订单交易、拍卖交易等现代化交易方式，建设智慧农产品批发市场、智慧农贸超市、智慧社区店等新型业态，推动农业产业升级。

（三）创新发展农业供应链金融及供应链诚信体系

采取政府推动、市场拉动、部门联动的做法，搭建农业、扶贫、科技、保

险、金融机构的合作新机制，为农业产业链上下游主体创新供应链金融服务。针对风险补偿机制不健全的问题，建立政府、贷款人、保险、借款人四方风险补偿机制。例如，可以由财政性资金组建农产品供应链金融风险补偿基金，或者扩大现有涉农扶贫贷款风险补偿基金覆盖范围，由政府、银行按照一定比例共同承担农产品订单损失、价格波动损失、贷款损失等。由政府主导，搭建农业供应链信用信息管理平台，借助区块链技术，建立农业供应链信用评价和管理机制，将各类农业供应链主体的信用信息纳入该信用管理平台的考评、监督、监测范围，建立黑名单制度，和中国人民银行的征信体系相对接。一旦相关主体出现贷款失信、合同违约、商业造假等事件，该信用信息管理平台将进行主体追责，形成社会主体共同监督评价的机制，构建社会化的农业供应链诚信体系，营造诚实守信、公平竞争的商业环境。

（四）构建、完善绿色智慧供应链管理服务及评价体系

加快发展绿色智慧供应链管理行业协会和服务机构，为各类农业供应链主体提供专业化服务。同时，加强农业供应链主体资信监督和经营能力评估，建立农业供应链主体综合能力评价体系，降低供应链主体合作风险和经营成本，促进供应链主体间信任关系和协同合作发展，推动农业供应链共生共赢，并进一步向农业供应链集群发展。另外，绿色智慧供应链管理旨在降低农业供应链整个生命周期的每个环节对环境的影响，减少污染物排放和资源消耗。就目前来看，国内关于农业绿色智慧供应链管理的理念还处于初期，当然关于农业绿色智慧供应链管理的效果评价体系也就无从谈起。未来如何将促进乡村振兴、促进资源集约化利用、促进废物减量和环境改良等衡量指标纳入到农业绿色智慧供应链管理效果评价体系中，都需要进一步深入研讨。可以选择部分地区试点先行，待进一步收集、总结各地试点经验后，再制定相关的绩效指标，并通过政策调整，使农业绿色智慧供应链管理形成“政策制定—行业自律—效果评价—反馈改进—社会监督”的良性运行机制，更好地促进乡村振兴。

参考文献

［1］张建奇、江成城、郝书池：《农产品流通现代化的主要问题、特征表现与对策突破》，《商业经济》2018 年第 1 期。

［2］周国梅、石峰、范纹嘉：《构建绿色供应链产业体系，促进供给侧改革》，《环境经济》2016 年第 6 期。

［3］王影：《国外农业供应链的发展及其经验借鉴》，《世界农业》2016 年第 2 期。

［4］杨延村：《基于集群网络的农业供应链优化体系及策略》，《农业经济》2018 年第 3 期。

［5］张荣梅、胡文岭、王素贞：《基于农业供应链的农业电子商务发展模式研究》，《江苏农业科学》2017 年第 7 期。

［6］刘莹、王田：《绿色供应链管理：发展进程、国外经验和借鉴启示》，《生态经济》2016 年第 6 期。

［7］葛晶：《我国智慧农业的管理模式、问题及战略对策》，《生态经济》2017 年第 1 期。

“最多跑一次”改革的宁波实践
——对宁波市机构编制管理改革的分析

巢小丽*

【导语】不断深化以行政审批制度为中心的“简、放、服”改革，优化营商环境始终是本届政府的工作重心。浙江省“最多跑一次”的实践对全国其他区域的行政审批服务改革具有重要借鉴和启示意义。本文聚焦浙江省“最多跑一次”改革中的宁波实践，力图从机构编制管理改革视角进一步理解和把握其丰富内涵与重要意义。

浙江省作为中国地方政府创新发展极为活跃的省份，在政府职能转变和政府运行创新方面一直有着相当丰富的实践经验。从1999年开始的四轮行政审批制度改革，到2003年11月起的“四张清单一张网”改革，再到2016年12月提出的“最多跑一次”改革，浙江省在不断探索不同历史时期不同发展阶段政府职能的转变，推进政府改革的深化，追求政府效能最大化，以满足当地经济社会发展需要和民众的最现实需求。

“最多跑一次”改革实施以来，短期内取得显著成效，提升了政府便民服务、商事登记和企业投资审批项目等的办事效率，降低了市民、企业的办事成本；推动跨部门流程再造，倒逼各部门减少行政权力，推动了简政放权、规范行政权力行使。①相关数据显示，截至2017年7月底，浙江省省级部门已公布“最多跑一次”事项889项，占同级全部事项的93%；设区市本级平均845项，

---

* 巢小丽，中国人民大学管理学博士，中共宁波市委党校（行政学院、社会主义学院）公共管理教研部副教授。主要研究领域为政府治理与公共政策。

① 郁建兴、高翔：《将“最多跑一次”改革进行到底》，《浙江日报》2018年1月26日。

占81%；县（市、区）平均732项，占90%；省、市、县三级“最多跑一次”事项办件量已占全部年办件量90%以上。[①] 民众对“最多跑一次”改革的满意度非常高，达到94.7%，普遍认为“到政府办事比以前方便多了”（陈国权、皇甫鑫，2018）。

一、浙江省“最多跑一次”改革的缘起

“最多跑一次”，是“群众和企业到政府办事最多跑一次”的简称，最早由时任浙江省委副书记、代省长车俊在2016年12月的浙江省委经济工作会议上提出。之后，2017年1月浙江省“两会”《政府工作报告》中确认了“最多跑一次”改革的具体目标，要求实现“到2017年年底确保实现‘最多跑一次’覆盖80%左右的行政事项，基本实现群众和企业到政府办事‘最多跑一次是原则，跑多次是例外’”[②]。紧接着，2017年2月，浙江省政府第九次全体会议上对“最多跑一次”改革进行全面部署，要求浙江省各地各部门迅速行动、全力推进，打造“审批事项最少、办事效率最高、政务环境最优”省份。[③]

“最多跑一次”改革全省部署后，其辖下的市、区县（市）各级政府部门，承担行政职能的各类事业单位，乡镇（街道）政府（办事处），各级各类开发园区，以及中央垂直管理部门、省属相关单位纷纷行动起来，直面问题、因地制宜、攻坚破难，推行了一批各有特色的改革措施。在此进程中，办公厅、编办、发改委、工商局、人力社保局等政府部门承担了大量协调、推进督促和制度创新工作，为“最多跑一次”改革的全面推进和显著绩效提供了可能和坚实基础。由此，本文聚焦宁波市机构编制管理改革实践，试图从机构编制管理视

① 何显明：《重塑政府改革的逻辑：以“最多跑一次改革”为中心的讨论》，《治理研究》2018年第1期。

② 车俊：《人民有诉求，难度再大也要向前推进》，《青年时报》2018年3月7日。

③ 《浙江省人民政府关于印发加快推进“最多跑一次”改革实施方案的通知》，http://www.zj.gov.cn/art/2017/2/22/art_12460_290539.html，2017年2月21日。

角来进一步全面理解和把握“最多跑一次”改革的丰富内涵。

二、困境与举措：宁波市机构编制管理改革

机构编制管理是机构编制部门依据法定权限和程序，运用科学原则，通过增减、转移职责或重新划定职责权限，增设或撤并机构，增减人员编制或领导职数等方式，实现职能、机构设置合理化，以及人员配置科学化目标，改变机构设置、人员数额、人员结构和领导职数等一系列行为和过程。

机构编制管理主要涉及三方面内容：（1）部门职能管理，如职能职责增减、转移以及权限变化；（2）机构设置管理，如对机构的设立、合并或撤销，改变管理体制、机构性质或机构规格等；（3）人员编制管理，如领导职数的增减、人员编制核定，以及人员编制性质或领导级格的变化等。机构编制管理通常有依法调整、制定标准、横向参照、总量控制四种方式。政府职能和机构编制管理之间相互影响、相互作用，政府职能的变化通常会导致某些政府机构某项权能的强化或弱化，以及不同单位人员编制的增减或调整；而科学、合理的编制管理则会对政府职能的体现和管理效能的凸显起到强化或推动作用。

调研资料和数据显示，“最多跑一次”改革之前，宁波市编办在机构编制资源的优化配置工作当中面临五大困境。

（一）编制总量不足，人员配备结构性失衡

宁波市市级机关部门人员编制结构失衡问题尤其突出。一方面，年龄结构偏老。如宁波市林业局目前在编人员平均年龄高达47.8岁，处级领导干部平均年龄47.2岁，处级以下人员平均年龄42.5岁。另一方面，部门之间、内部处室之间苦乐不均问题突出。该问题主要是行政编制总量不足引起的。宁波市行政编制确定于20世纪90年代初，近20多年来总量上没有明显变化，这与其经济社会发展态势和管理任务不相匹配。

（二）内部关系不顺，职能“统一性”空白

“边界清晰、分工合理、权责一致、运转高效”的政府职责体系，是政府职能有效发挥的前提和基础。然而，由于行政权力与部门利益、地方利益等复杂因素的夹杂，宁波市一些领域存在分工过细、管理多头，甚至职责交叉重叠等严重弊病。以对乡村旅游民宿的管理为例。职责分工极其复杂，其中农家乐归农业部门管理；渔家乐、海岛游归海洋渔业部门管理，行业管理由旅游局负责；提供住宿、餐饮等服务的需经过公安、市场监管、环保等部门审批；涉及漂流等水上娱乐项目的还需经过体育局、水利局、安监局等部门批准。但是，一旦出现问题，却没有一家单位主动对接，愿意为之担责，屡屡出现管理和监管的“真空”。

（三）政事分离不全，政府机构人员臃肿

“全能政府”观念下，政府各部门横向之间存在“决策权、执行权、监督权”高度集中局面，该情况一定程度上能提高行政效率，但与此同时也往往会因为管理的事务过多、太微观、太庞杂，而造成政府部门内工作人员的臃肿、政府负担过重，无法节省更多编制资源。同时，还有些事业单位功能定位不准，性质上是事业机构实际却履行着某些政府的职能，造成政府部门与事业单位之间的职责交叉和人员混岗，导致在人员编制使用过程中出现重复配备、资源浪费现象。

（四）简政放权不彻底，编制精简难度极大

2013 年以来，从中央到地方大幅度削减行政审批事项，下放行政审批权。理论上，事权与支出责任应相匹配，随着职责的下放，政府部门的机构编制也随之调整，总量上保持平衡。然而，现实中上级政府部门认为所放职权的实际工作量占比小不宜减编，承接职责的下级政府部门则认为落实新增的职责需要加强人手和力量，最终结果呈现的反而是用编需求的增加。此外，有些权力事

项放一半、留一半，职权的后置审批事项权限下放了，前置审批部门或相关联部门却没有跟进；有些部门将一些审批事项的受理、初审权下放，终审权仍抓在手中，从办事流程上看，不仅没有缩短，反而因环节增多牵扯了更多力量；还有一些政府部门不愿放弃部分行政审批权，依旧管着一些不该管、管不好的事情。

（五）管理理念滞后，机构编制效能不高

不少部门固守传统思维和传统管理方式，缺乏顺应时势的“法治政府”、“有限政府”管理新理念。当职责发生变动，尤其是职责增加时，相当一些部门最先最快想到的是要求增加编制、增设机构，而不是通过内部挖潜、提高科技水平、加强经费保障、提供硬件支持、政府购买服务等手段来解决。习惯于事前审批，疏于事中、事后监管。比如随着简政放权工作的不断推进，不少前置审批被取消，与之配套的是事中、事后监管的加强，而与之相对应的是行政体系内的工作人员，依旧习惯于以老的工作方式和处置模式来进行应对，工作效率低、编制效能不高。

在以上困境凸显情况下，为推动和落实“最多跑一次”改革，满足企业和民众的公共服务需求、应对宁波市经济社会发展需要，宁波市编办从五个方面推进机构编制管理改革。

1. 推进大部门制改革

积极推进大部门制改革，通过机构归并来实现编制的精简。比如宁波市本级及各区县（市）将工商和食药部门整合，组建市场监管局，将乡镇（街道）工商所和食药所的力量整合，组建市场监管所。这一举措在工商部门职责、任务弱化背景下，极为有效地弥补了基层食药监管力量不足的突出问题。此外，制定出台《宁波市政府部门职责管理办法》《部门职责分工协商协调办法》，理顺部门职责和内部分工，来提升编制的实际使用效益。

2. 编制备案制管理改革

该项改革是宁波市编办按照现有定编标准，对宁波市属高校、公立医院核

定备案编制控制数的一项改革举措。改变拨款形式，根据高校学生数和医院床位数，实行政府购买服务专项补助；严格执行现有《事业单位机构编制管理办法》，备案制事业人员纳入机构编制实名制管理，按事业单位人事管理办法招录和调动，其身份与其他事业单位在编人员完全一致，可在事业单位之间正常流动。在财政经费核拨不直接与编制挂钩的前提下，编制备案制管理改革既不突破中央规定，又不增加财政负担，为高校和医院发展留出了更大空间。

3. 部分职能社会组织化

2017 年 8 月，宁波市政府办公厅出台《关于推进政府职能向社会组织转移的实施意见》，选择条件相对成熟的领域，逐步把社会能自主解决、行业组织能自律管理的 109 项职能转移给社会组织，推进政府职能的外部转移，从源头上缓解刚性用编需求。引导社会资本参与公益事业、共建公共服务体系，特别是在卫生、教育领域。对民办机构在用地、贷款、税收、用人、培训等方面，政策上给予大力扶持。如宁波市江北区步韬益寿院、宁波上海世界外国语学校、宁波大学青藤书院等，均采取的是社会力量出资，政府投入土地或房屋的合作模式。

4. 挖掘市场动能严格控编

发挥市场机制作用，探索建立政府购买服务与机构编制配置同步调整的协调联动机制。凡纳入购买目录的事项，一律通过购买服务方式解决，不再核增机构编制；新增职能中，尚未纳入购买目录但适合向社会力量购买的，原则上也不再新设机构或核增编制；已实行政府购买服务的事项，对仍有以相关职能核定编制的，要采取“出一收一”办法，逐步收回编制。如宁波博物馆、宁波图书馆、宁波美术馆等多家事业单位皆实行后勤服务社会化，仅核定少量管理人员编制，防止既设机构养人，又花钱养事的“两头占”现象。

5. 多维度挖潜精编增效

围绕经营类、空壳类、备案制管理单位等九大挖潜方向，宁波市编办制定出台《市属事业编制挖潜工作实施方案》、起草《关于市属事业单位精编提效的实施意见》。到 2017 年年底，共回收事业编制 703 名。此外，着力保障刚需领域机构编制和关键领域编制需求。比如设立宁波市东部新城中心幼儿园，先后为中小学新增编制 88 名；设立中东欧博览与合作事务局、中国（宁波·汽车及零部件）知识产权保护中心、市世界文化遗产保护中心，调整宁波市智慧城市规划标准发展研究院机构编制。

宁波市编办落实推进“最多跑一次”改革举措成效明显。在“财政供养人员只减不增”总体目标指导下，通过《行政机构设置和编制管理办法》《事业单位机构编制管理办法》等十余部机构编制管理政策性规章制度的陆续出台，建立起健全的机构编制管理制度和标准规范；施行编制备案制管理改革，推动宁波市教育卫生事业的蓬勃发展；实施机构编制实名制管理，机构编制管理格局和模式发生巨大变化，由“手工处理走向信息化、分散粗放走向集中统一、静态封闭走向动态共享”；发挥市场机制、社会组织作用，推进政府职能的外部转化，实现政府机构和人员编制的“瘦身”和增效；优先保障民生领域和关键领域的机构编制需求，实现“把有限编制资源用在宁波市经济社会发展最需要地方”。

三、总结与思考

党的十八届三中全会报告提出“机构编制管理科学化、规范化和法制化”；十九大报告明确指出“深化机构和管理体制改革。统筹考虑机构设置，科学配置党政部门及内设机构权力、明确职责。统筹使用各类编制资源，形成科学合理的管理体制……增强政府公信力和执行力，建设人民满意的服务型政府”[①]。结合宁波市机构编制管理改革实践，机构编制管理作为政府重要行政职能，肩负对政府执政核心资源进行配置重要职责，是政府机构和政府管理制度体系科学化、规范化、法制化的基础，合理、科学机构管理体制能否建立直接决定和影响“最多跑一次”改革的宁波进程，以及宁波市各级政府工作效能。

---

① 习近平：《决胜全面建成小康社会 夺取新时代中国特色社会主义伟大胜利》，人民出版社 2017 年版，第 39 页。

从“最多跑一次”改革的宁波实践来看，宁波市机构编制管理改革举措受到“最多跑一次”改革的强烈驱动，通过五方面变革为“最多就跑一次”改革在宁波市的顺利实施和服务高效提供了制度、机制和编制资源的保障。与此同时，改革进程中，宁波市编办变革了政府内部职能、权责结构、编制资源的优化，重构政府内部权责结构和治理体系，显著提升和增强了政府各级部门和机构的治理能力和治理水平；激活政府外部社会和市场的更多力量，让企业、社会组织、民众参与到“最多跑一次”改革和宁波市经济文化社会发展中，重构政府外部治理结构和治理体系，提升企业、民众和社会组织等多元主体的治理能力和治理水平，见图 1。

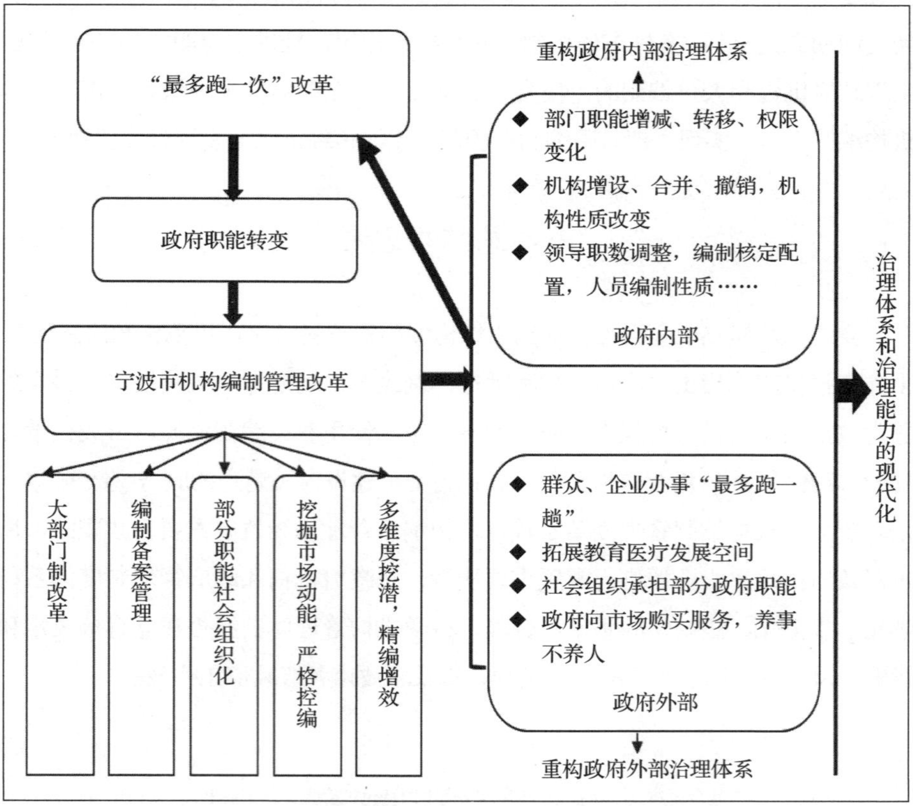

图 1　宁波市机构编制改革驱动、内涵与溢出效应图示

从形式上来看，宁波市编办主导的机构编制管理改革为“最多跑一次”改革而启动，实际上却带来了众多溢出效应，既回应了民众和企业公共服务供给的高质要求、推动“最多跑一次”改革顺利前行，又解决了宁波市经济社会发展中的现实难题，还变革了政府内部治理结构和体系，更激活了政府外部社会和市场的力量，重构政府外部治理体系；通过公共事务处置和公共服务供给中的政府内外部互动，宁波市各级政府部门和行政机构、市民群众、各级企业，以及社会组织等多元主体的治理能力和治理水平达到一个更高层次。这与改革之初，浙江省委省政府对“最多跑一次”预期的“始于政府改革，但绝不限于行政效率提升”形成奇妙对应。

概括而言，“最多跑一次”改革以民众和企业需求为导向，对政府部门和机构的职能进行调整、变革和优化，规范行政权力的运行，重构政府内部和外部治理体系，激发政府、市场、社会多元主体活力，为宁波市、浙江省地方政府的经济社会发展提供显著制度优势，趋向于推动政府和社会走向治理体系和治理能力的现代化。宁波市机构编制管理改革实践表明，“最多跑一次”改革是一场涉及面广而又深刻的变革，成为推进治理体系和治理能力现代化的生动体现。

扶贫领域形式主义典型问题及其治理
——以纪检监察机关通报曝光的133起典型案例为例

韩亚栋*

【导语】党中央对治理扶贫领域腐败和作风问题高度重视，强调必须以作风攻坚促进脱贫攻坚。本文通过分析2017年6月以来中央纪委和部分省区市、副省级城市纪委网站通报曝光的133起典型案例，探讨和揭示了扶贫领域内的形式主义典型问题及其治理逻辑。

党的十八大以来，习近平总书记最关注的工作之一就是贫困人口脱贫。党中央从全面建成小康社会要求出发，把扶贫开发工作纳入“五位一体”总体布局、“四个全面”战略布局，作为实现第一个百年奋斗目标的重点任务，作出一系列重大部署和安排，全面打响脱贫攻坚战。脱贫攻坚力度之大、规模之广、影响之深，前所未有，取得了决定性进展。党的十九大明确把精准脱贫作为决胜全面建成小康社会必须打好的三大攻坚战之一，作出了新的部署。从脱贫攻坚任务看，未来三年，还有3000万左右农村贫困人口需要脱贫，任务十分艰巨。从脱贫攻坚工作看，形式主义、官僚主义、弄虚作假、急躁和厌战情绪以及消极腐败现象仍然存在，有的还很严重，影响脱贫攻坚有效推进。①

党中央对治理扶贫领域腐败和作风问题高度重视，强调必须以作风攻坚促进脱贫攻坚。早在2017年6月，习近平总书记在深度贫困地区脱贫攻坚座谈会上讲话时就明确强调：“脱贫攻坚工作要实打实干，一切工作都要落实到为贫困群众解决实际问题上，切实防止形式主义，不能搞花拳绣腿，不能搞繁文缛节，

---

* 韩亚栋，北京师范大学社会发展与公共政策学院博士生。研究方向为公共管理、当代中国政府与政治。

① 参见《中共中央国务院关于打赢脱贫攻坚战三年行动的指导意见》，《人民日报》2018年8月20日。

不能做表面文章。”此后，党中央又明确将2018年作为脱贫攻坚作风建设年，要求认真开展扶贫领域腐败和作风问题专项治理。

党的十九大以来，中央纪委部署安排从2018年到2020年持续开展扶贫领域腐败和作风问题专项治理。仅2018年上半年，全国各级纪检监察机关就查处扶贫领域腐败和作风问题4.53万个，处理6.15万人，其中形式主义、官僚主义问题占35.51%。[①] 2018年8月，中央纪委又首次专门针对“扶贫领域形式主义、官僚主义”公开曝光七起典型案例。[②] 各级纪检监察机关坚决贯彻落实习近平总书记关于脱贫攻坚工作的系列重要讲话精神，加强检查督查，扎实推进扶贫领域腐败和作风问题专项治理，集中力量解决扶贫领域形式主义、官僚主义突出问题。我们筛选了自2017年6月以来中央纪委和部分省区市、副省级城市纪委网站通报曝光的扶贫领域形式主义典型问题133起。透过这些案例，可以看一看扶贫领域形式主义典型问题及其治理情况。

一、涉事者以基层干部为主，村干部和乡镇干部占七成以上

被各级纪委监委查处并通报曝光的133起典型案例共涉及202人。从涉事者级别看，最小的是村民小组组长，最大的是县级职能部门“一把手”、乡镇党政主要领导。从分布情况看，有89位涉事者是来自于村委会、居委会等基层群众性自治组织的干部，占比44%；有64人是乡镇干部，占比32%；有49人属于县区干部，占比24%。可见，绝大多数扶贫领域形式主义问题，就发生在基层，发生在群众眼皮底下。这些行为，轻则延误扶贫工作推进，重则损害贫困户切身利益，导致群众上访，造成负面影响。

---

① 《全国上半年共查处扶贫领域腐败和作风问题4.53万个处理6.15万人》，http://www.ccdi.gov.cn/toutiao/201808/t20180824_178407.html，2018年8月29日。

② 《中央纪委公开曝光七起扶贫领域形式主义官僚主义典型案例》，http://www.ccdi.gov.cn/yaowen/201808/t20180824_178381.html，2018年8月23日。

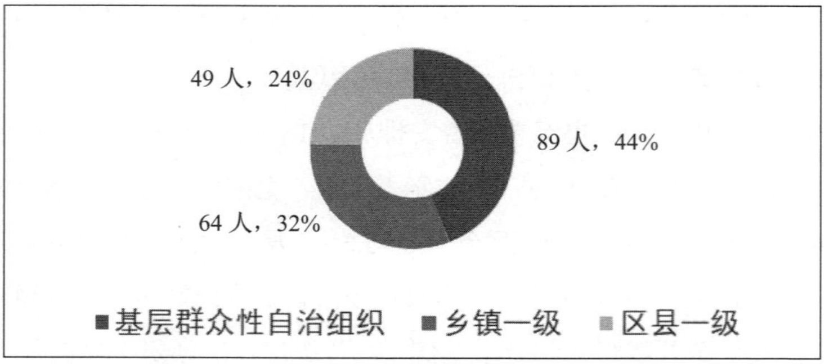

图 1　涉事者分布情况图

脱贫攻坚，乡村是最基层的单位，是最前沿的战区，承担着政策承接、组织实施、分类推进等各项具体工作，责任之大，任务之重，前所未有。必须把脱贫攻坚的纪律要求传导到基层末梢，纠正一些基层干部不作为、乱作为、冷硬横推等问题，同时也要调动好基层干部积极性，对他们加倍关心，让基层党组织和广大党员成为脱贫摘帽的主心骨和“领头雁”。

图 2　出现频率最高涉事者

盘点涉事者身份，以“村党支部书记”、“村委会主任”、“第一书记”等出现频率最高。具体分析数据，被通报的 202 人中，有村党支部书记 38 人，占比 20%；村委会主任 17 人，占比 8%；另外，还有 6 位第一书记和 4 位扶贫工作队队长。

“帮钱帮物，不如帮助建个好支部。”要贯彻落实好习近平总书记指示要求，把夯实农村基层党组织同脱贫攻坚有机结合起来。在村级层面，要注重选派一批思想好、作风正、能力强的优秀年轻干部和高校毕业生到贫困村工作，根据贫困村的实际需求精准选配第一书记，精准选派驻村工作队；要下决心解决软弱涣散基层班子的问题，发挥好村党组织在脱贫攻坚中的战斗堡垒作用。

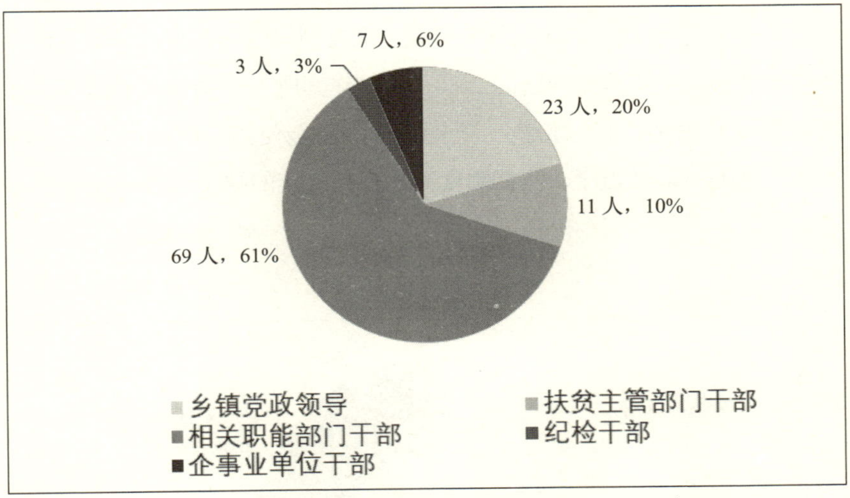

图 3　涉事领导干部单位分布情况

涉事的 113 位领导干部（排除了 89 位村干部），以来自县、乡两级财政局、民政局、农业局、人社局等相关职能部门的干部最多，共计 69 人，占比 61%；乡镇一级党政领导位居其次，共计 23 人，占比 20%；来自扶贫办等扶贫主管部门的干部也有一定比例，共计 11 人，占比 10%；此外还包括个别来自企事业单位和纪检监察机关的干部。

打好脱贫攻坚战关键在各级党组织，靠基层党支部发挥战斗堡垒作用，靠党员干部为群众着想，把群众动员组织起来。要教育引导党员干部增强群众感情，要落实全面从严治党主体责任，出实招、有监督、敢问责，既认真纠正、严厉惩处扶贫领域作风问题，又推动乡镇党政领导及有关职能部门履职尽责、建章立制、强化监管。

二、单人作案占七成以上，侧面反映出某些扶贫项目在审批程序、监督制度等方面还存在漏洞

作案人数能够在一定程度上反映现有扶贫政策的漏洞。133 起典型案例显示，单人作案达 99 起，占扶贫领域形式主义典型问题的 74%；窝案共计 34 起，占扶贫领域形式主义典型问题的 26%。单人作案所占比例如此之高，这也反映出围绕贫困户识别、驻村帮扶、项目安排、资金使用、因村派人、脱贫成效等工作，相关的审批程序、监督制度等还存在一定的缺陷，进而让一些人钻了空子。

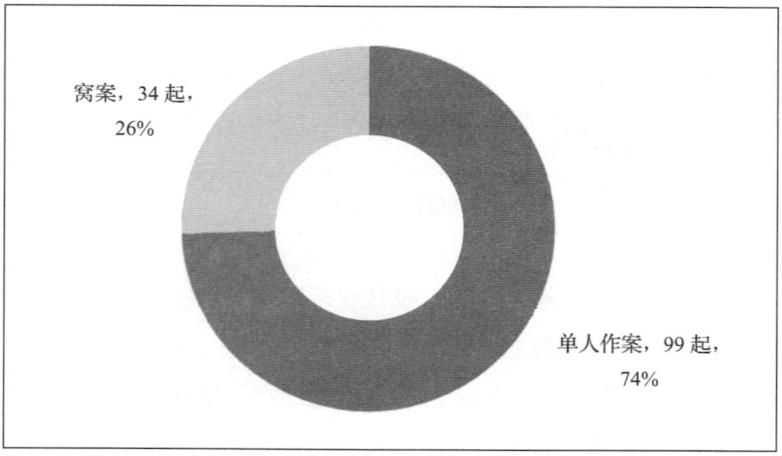

图 4　违纪案例的涉案人次情况

三、贫困户识别、驻村帮扶、项目安排、资金使用四大环节，形式主义问题暴露较多

按照习近平总书记提出的“六个精准”的尺子来衡量，133 起案例显示，在扶持对象、项目安排、资金使用、措施到户、因村派人、脱贫成效六个方面，均存在不精准、不作为、搞形式主义的问题。其中又以贫困户识别、驻村帮扶、项目安排、资金使用四大环节所占比例最大，问题暴露最多。

脱贫攻坚的重点在哪里，扶贫领域腐败和作风问题专项治理的重点就在哪里。纪检监察机关必须把握精准扶贫、精准脱贫的要义，厘清扶贫领域界限，实施精准监督。要瞄准专项扶贫资金和低保、危房改造、救灾救济、异地搬迁、扶贫贷款、养老保险、贫困地区涉农补贴等重点领域，紧盯政策落地、项目安排、资金使用、责任落实等关键环节，确保治理措施对症下药、靶向监督。

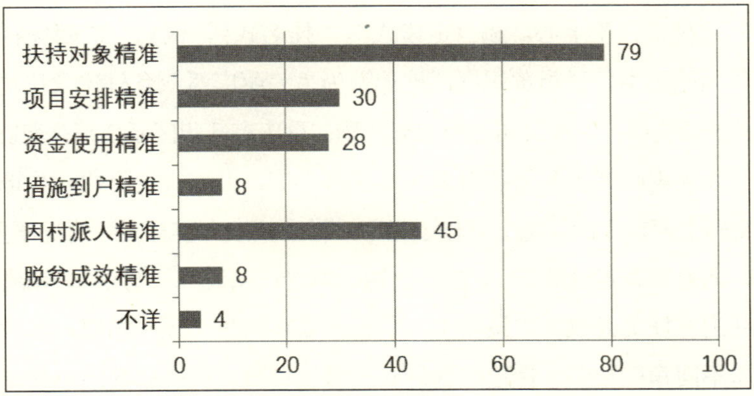

图 5　精准扶贫中的形式主义

四、靠“抓阄”、“捻纸团”来评定贫困户，搞“租牛扶贫”、“填表式扶贫”

梳理这些案例，形式主义表现形式可谓多种多样，其中较为突出的是以下几种类型：

（1）开会办会弄虚作假，会议现场成“秀场”。例如：云南省昭通市镇雄县盐源镇党委、政府作风不实、把关不严，致使“两比两看”观摩点敬天养殖场以每天50元的租金向周边养牛户租牛到养殖场，弄虚作假，搞形式主义，欺骗观摩同志，被称为“租牛扶贫”。

（2）产业扶贫图省事，简单发钱发物、送钱送物。例如：陕西省米脂县扶贫办在脱贫攻坚中帮扶措施单一，没有因人因户施策，察访的贫困户中，贫困补贴资金都是5000元，产业扶贫都是“买羊”，种地扶贫都是“买刨刨机”，被批评为“偷懒式扶贫”。

（3）驻村帮扶不上心，搞“走读式”、“挂名式”。例如：广西凭祥市工业和信息化局原副主任科员黄积良，被选派为“美丽广西”乡村建设扶贫工作队队员，却长期脱岗，并在公司违规兼职取酬；重庆市开州区厚坝镇食药监办主任万小红，凭主观臆想填写帮扶对象涂某扶贫档案，并在《贫困户入户调查登记表》等文档上擅自代涂某签名并按下指印，导致档案内容与实际情况严重不符。

（4）调查督查走过场，“坐在车上转，隔着玻璃看”。例如：云南省大关县供销联社副主任黄云斌，未按要求入户核查农户信息、逐户拍照，多次从同一农户房屋不同角度拍照，伪造成其他农户房屋资料；山东省乳山市扶贫办原副主任高会明等5人，在对王家疃村扶贫项目实地验收时，搞形式、走过场，致使不符合标准的项目通过验收。

（5）有人“被贫困”，有人“被脱贫”。例如：青海省海东市芦花乡丰洼村大白头社以“抓阄”方式确定扶贫户，云南省昭通市盐津县中和镇中堡村违规采取“捻纸团”方式评定贫困户；安徽省宿州市蕲县镇白安村村委会主任王西军，在调查表上将贫困户王某某个人信息随意填写为耕地面积2亩，生产经营性收入1800元，当年人均纯收入3560元，并替王某某签名填写了脱贫确定书。

（6）做表面文章，搞“画饼式”扶贫。把想的当成干的，把说的当成做的，把还在天上飞的鸟儿当成一碗菜，看似“亮点纷呈”，实则“镜花水月”。例如：华南某省一些贫困村在宣传贫困户脱贫增收时，刚种的柑橘树，已精准计入收益；刚养的鸡，就按每只100元左右“保守价”折算进贫困户年底收益；养殖的蜂蜜按一箱20斤、一斤60元“估值”，最后实际产量没达到，蜂蜜也并不畅销。

习近平总书记曾历数扶贫工作中形式主义的一些主要表现：有的不是认真想办法、出实招帮助困难群众培育增收门路，而是通过“巧算”收入账，把今后的预期收入算为当前的实际收入，把还没有变成商品的产品收入算为现金收入，以拔高收入的方式实现假脱贫。有的发展产业不进行调查研究，靠拍脑袋决策，去年让贫困户养鸡，今年让贫困户养羊，明年让贫困户种药材，扶贫项目和贫困户产业需求严重脱节。有的为了尽快见到“扶贫效果”，把扶贫资源集中用到少数人甚至非贫困户身上，“垒大户”、“堆盆景”，作为脱贫亮点来宣传。有的层层分解年度脱贫指标，年终脱贫销号是“矮人堆里选高个”，一些贫困户戴上贫困帽才一年就被要求“摘帽”。有的地方在移民搬迁中，硬性规定每年要完成的搬迁人数并逐级下达，导致“急就章式”搬迁后资金、土地矛盾显现。有的地方各类登记表、调查表、明细表、记录表等五花八门，大量时间消耗在纸面上，有报道说一位驻村扶贫干部最多时一天就填了四十八份表格。

对照习近平总书记重要讲话精神来衡量，目前查处并通报曝光的133起典型案例，大多还是体现为一些较显性、易暴露、易查处的形式主义问题，如驻村帮扶心不在焉、产业扶贫拍脑袋决策，等等。相比之下，一些相对隐形、不易查处的扶贫领域形式主义问题，例如“巧算‘收入账’”、“垒大户”、“矮人堆里选高个”，等等，还需要下更大功夫予以纠正。

五、什么在驱动形式主义？有的在应付工作，有的为包装政绩

习近平总书记曾一针见血地指出：“形式主义实质是主观主义、功利主义，根源是政绩观错位、责任心缺失，用轰轰烈烈的形式代替了扎扎实实的落实，用光鲜亮丽的外表掩盖了矛盾和问题。”[①]

透过现象看本质，133 起典型案例的背后，确实也存在这样一些共性。

（1）主观主义、功利主义，心无所畏、行无所止。被通报的 133 起案例，有至少 36 起属于顶风违纪、一犯再犯，约占 27%。对于这种情况，通报一般使用“多次督查后仍未整改”、“连续”、“频繁”、“长期”等词语加以描述。例如：安徽省滁州市永丰镇宏大村党总支书记邵永生、村委会主任赵树忠接连为该村不符合农村低保条件的牛某芹户、牛某户编造虚假材料，致使低保金和危房改造补助资金被违规领取。

（2）政绩观扭曲，不怕群众不满意，就怕领导不注意。纵观通报曝光案例，“摆花架子”、“做表面文章”等现象屡见不鲜。例如：为准备现场会，新疆喀什地区莎车县佰什坎特镇帕勒塔艾日克村村委会原主任阿不来提·奥斯曼将贫困户的 4400 只红嘴雁集中圈养，因气温低、管理不善死亡 1761 只。

（3）责任心缺失，敷衍塞责、应付工作。高压态势之下，形式主义成为一些人逃避矛盾、推脱责任、偷奸耍滑的“应对之策”。例如：贵州省安顺市简嘎乡岜怀村驻村干部吴宁，采取伪造精准贫困户签名及捺印的方式，编造填写该村贫困户杨某某相关材料，并将其申报脱贫。

---

① 习近平：《在河北调研指导党的群众路线教育实践活动时的讲话》（2013 年 7 月 11 日至 12 日），载中共中央文献研究室编：《习近平关于全面从严治党论述摘编》，中央文献出版社 2016 年版，第 153 页。

六、在坚持中深化，在深化中发展，坚决纠正以形式主义对待扶贫工作、做表面文章的问题

2017 年 2 月，习近平总书记在中共中央政治局第三十九次集体学习时强调："要防止形式主义，扶真贫、真扶贫，扶贫工作必须务实，脱贫过程必须扎实，脱贫结果必须真实，让脱贫成效真正获得群众认可、经得起实践和历史检验。"2018 年 3 月，习近平总书记在参加十三届全国人大一次会议内蒙古代表团审议时再度指出："群众对一些地方脱贫攻坚工作中的形式主义、官僚主义、弄虚作假现象非常反感，要认真加以解决。"

为贯彻落实党的十九大精神和习近平总书记关于脱贫攻坚的系列重要讲话、批示精神，中央纪委决定从 2018 年到 2020 年持续开展扶贫领域腐败和作风问题专项治理，并将在脱贫攻坚工作中搞形式主义、官僚主义，盲目决策、弄虚作假、数字脱贫、虚假"摘帽"等问题列为治理重点。2018 年新修订的《中国共产党纪律处分条例》更是将贯彻党中央决策部署只表态不落实、热衷于搞舆论造势、浮在表面等形式主义、官僚主义行为列入违反工作纪律范畴，并对扶贫领域侵害群众利益的行为从重加重处分。各级纪检监察机关贯彻落实党的十九大和中央纪委二次全会关于作风建设的新部署新要求，严格执行党纪处分条例，采取重点督办、专项整治、巡视巡察、专项督查等方式，坚决纠正以形式主义对待扶贫工作、做表面文章的问题。

表 1　部分地区纪检监察机关纠正扶贫领域形式主义问题举措

地区	纠正扶贫领域形式主义问题的主要举措
北京	印发《关于 2018 年至 2020 年开展扶贫领域腐败和作风问题专项治理的工作方案》，紧盯社会救助、对口援建、推进低收入农户增收及低收入村发展三项工作中出现的腐败和作风问题，利用三年时间持续开展专项治理
辽宁	重点加强对扶贫脱贫领域工作作风、工作纪律等情况的监督检查，不断提高扶贫领域监督执纪问责工作实效
安徽	印发《关于严肃查处扶贫领域形式主义官僚主义的通知》，采取重点督办、专项整治、巡视巡察、专项督查等方式，持续加大监督执纪问责力度

续表

地区	纠正扶贫领域形式主义问题的主要举措
福建	要求全省纪检监察机关以县、乡两级纪检监察干部为骨干，相关扶贫职能部门协助，对2016年年底以来在册的建档立卡贫困户进行100%入户访查，与贫困户面对面核实扶贫政策、资金、项目、措施落实情况，深入查找以形式主义官僚主义对待扶贫工作、做表面文章的问题线索
湖南	出台《关于克服脱贫攻坚中形式主义的规定》，完善顶层设计，突出脱贫考核主要指标，明确统计口径，消除不必要的指标，明确建档立卡工作不新增任何报表，降低督查、检查和入户核查询问的频率，减少重复填表等“无用功”
广东	坚决纠正以形式主义、官僚主义对待扶贫工作、做表面文章的问题，提高发现问题、解决问题的能力，推动各地各有关部门把脱贫攻坚工作做深、做细、做实
海南	对部分党员干部出现的不作为、不担当，敷衍塞责、懒政怠政，被动应付、效率低下等问题开展专项监督检查；对责任落实不力导致扶贫领域损害群众利益不正之风和腐败问题突出的，严肃追究有关党组织和党员领导干部责任
重庆	坚决查处假脱贫、被脱贫、数字脱贫等弄虚作假行为，对目标任务落实不力，利用扶贫资金、政策搞政绩工程等问题严肃问责
云南	把脱贫攻坚中的形式主义、官僚主义、不准不实、弄虚作假等问题纳入巡视巡察重点内容

国务院扶贫办先后下发《关于解决扶贫工作中形式主义等问题的通知》《关于进一步克服形式主义减轻基层负担的通知》等文件，提出减少展板表册挂图、科学调整脱贫规划、严格扶贫资金监管、创新调研督查方式等六个方面措施，以及减少填表报数、减少检查考评、减少会议活动、减少发文数量、规范调查研究、严格监督问责等六个方面要求，及时纠正扶贫工作中的形式主义等倾向性苗头性问题。

风化俗成需要时间，纠正扶贫领域形式主义问题必须贯穿脱贫攻坚始终。要在坚持中深化，在深化中发展，以严肃的态度、严格的标准、严明的纪律，狠刹形式主义歪风，切实减轻基层负担，不断开创脱贫攻坚工作和扶贫队伍建设新局面。

网络服务平台上，各业务部门要在平台上做好政务信息公开，梳理规范权力事项与权力责任运行清单，实现权责一致，持续推进简政放权；发改委通过云平台协同各业务部门，参与拟订科学技术、人口、教育、文化、卫生、体育、民政等基本公共服务领域的发展规划，优化配置公共服务资源、推进社会建设；企业、社会组织、个人通过网络工具参与公共决策互动、对政府行政行为实现全程监督。新技术的兴起使得“公民与政府之间的权力对比越来越呈现相对均衡”[①]，行政部门持续推进简政放权，完善权责事项与清单，更高效地为公众服务。

三、设计造福人民的基本公共服务供需平台的基本框架

（一）框架机制

基本公共服务供需平台是基于移动互联网、物联网感知设施、云计算和大数据精算技术的“数据平台”，它更强调数据互联和数据在线，并基于数据准确抓取公众需求、寻找高效的潜在生产者，实现公共服务供需合理配置，它将改变政府的工作流程。

基本公共服务供需平台要能够通过物联网感知设施与智能移动端动态感知用户需求，来组织研发、制造和服务，凭借内生动力，实现基本公共服务供需平衡。基本公共服务的生产者和消费者的有效连接，有赖于打通线上线下，把信息网、需求网与供应链融合起来。这是一个系统工程，需要政府、事业单位、社会组织、企业尤其是互联网公司以及大量的第三方服务机构一起努力。

根据供需平台的设计需求，将该平台上政府基本公共服务职能分解为三个部分：需求侧（海量的潜在用户，居民、企业、社会组织，以及政府组织自身）、供给侧（海量的潜在供给者，居民、企业、社会组织，以及政府组织自身）和建立在互联网与大数据精算基础上的数据匹配平台（搜索引擎、社交网

① 马建堂：《“互联网+”干部读本》，国家行政学院出版社2017年版，第168页。

第四编　社会治理与建设

让互联网更好造福人民

丁元竹*

【导语】党的十九大报告提出："善于运用互联网技术和信息化手段开展工作。"本文认为，要让互联网更好造福人民，既需要理论探索，又需要实践创新；既需要深化体制改革，又需要坚持技术融合。通过基本公共服务与新技术的融合，着力构建网络、平台和安全三大体系，实现基本公共服务智能化、智慧化。

2016年4月19日，习近平总书记在网络安全和信息化工作座谈会上的讲话中指出，"现在，互联网越来越成为人们学习、工作、生活的新空间，越来越成为获取公共服务的新平台。我国有7亿网民，这是一个了不起的数字，也是一个了不起的成就"。在这次讲话中，习近平总书记还要求，要让互联网更好造福人民。

完善新时代基本公共服务应着眼于制度完善、资源布局、体系建设、便民利民、智能服务能力提升、供给方式多元化。为此，必须坚持体制改革和技术融合的原则，在加快体制改革的同时，通过基本公共服务与新技术的融合，构建基本公共服务供需平台，实现基本公共服务智能化和智慧化，使居民更加便捷、智能、公平地获得基本公共服务。

---

* 丁元竹，中央党校（国家行政学院）社会和生态文明教研部副主任、教授。主要研究领域为社会建设和社会治理。

一、让互联网更好造福人民需要理论探索和实践创新

（一）信息化环境下的基本公共服务的特性变异：公共服务的外部性与私人服务的外部性

按照传统公共管理理论，由于基本公共服务的外部性，安排基本公共服务是政府的基本职责与职能，换句话说，政府是基本公共服务制度的安排者，具体的基本公共服务供给可以通过公共生产、私人生产、混合生产等多种方式来完成，这样可以降低服务成本、提升服务效率。

但随着分享经济的出现，许多大型私人企业，诸如谷歌、百度、腾讯、新浪微博、滴滴出行、摩拜单车等都在提供不需付费或是少量付费的服务，就其使用方式来说，已与传统的基本公共服务没有区别。公共服务的外部性与私人服务的外部性、定价模式与供给方式正在发生深刻变化。基本公共服务供给层面正在通过构建在线的公共服务供需平台，推动各类供给主体参与平台上的基本公共服务供给项目的竞标，探索政府和社会资本合作（PPP）、政府与社会组织合作、政府与个人互动的新模式，逐步形成基本公共服务供给方式多元化的格局。未来，实现基本公共服务供需两端的精准匹配不是没有可能的。信息技术的广泛应用正打破传统工业社会的需求与模式，打破传统意义上的纯私人物品和公共物品的界限。

首先，数字时代的公共服务完全不同于工业社会时代的公共服务，一个重要区别是，与传统的标准化大生产并行的是零工经济。零工经济不仅挑战传统的商业模式，也给社会保障制度带来新的选择。据统计，美国“整个零工经济中有4400万独立工作者。另有2900万人考虑在近期成为独立工作者。让皮尤的研究人员有些好奇的是，这一超过7000万人的群体代表的是21%的美国经济”。[①] 零

① 玛丽昂·麦戈文：《零工经济：在新工作时代学会积累财富和参与竞争》，邱墨楠译，中信出版社2017年版，第28页。

工经济的另外一个含义是生产的私人性和服务的私人定制。其次，另外一个重要区别是，私人定制正取代传统的标准化产品和服务。移动互联使产品个性化需求得到了更大满足。由于移动传感系统的使用，智能手机成为人们感知系统的延伸。在这样的环境下，基本公共服务的本质是一种服务，更是一种体验。所以，要关注“用户体验”。以医疗为例，长长排队、久时等待、医患关系紧张，显然不是一种很好的“用户体验”。互联网在医疗中应用可以分为三类：医生为患者提供的医疗服务、远程会诊和第三方服务平台。第三方服务平台类似“滴滴”，是不受医院框架限制的互联网医患服务平台，只是它目前还受制于各种相关法规法律的完善程度。智能化的提升会大大提高病人的体验。最后，基本服务如何适应新生代对于“体验”的要求是一个关键问题。经济社会越来越朝着体验方向升级，“随着世界越来越融入体验经济时代，原来可以通过非经济活动获得的很多体验将会逐渐出现在商业领域中，这就必然带来巨大的改变。换句话说，以前我们可以免费获得的东西，现在要付费才能体验到了”。[①] 与此同时，原本需要付费的现在却不需要付费了。世界正在发生着深刻变化，政府治理模式将发生深刻变革。

（二）基本公共服务的最终产品和消费：不一定必须联合生产，也不一定是公共消费

通常，在工业社会里，机械化和大生产可以使物品乃至公共物品联合生产，这样可以提高生产效率，降低生产成本。公共物品由于其类型不同可以是联合消费，如路灯、统一规格的药品、同一类型的医疗方案等，单独生产一般很少，所以布坎南说道：“与纯私人物品相比，公共物品的独特之处在于它蕴含着对于联合供给单位（a jointly supplied unit）的公共消费，一旦意识到这一点，我们就能够回到新古典经济理论，看一看当代公共物品理论在哪些方面与

① B. 约瑟夫·派恩、詹姆斯·H. 吉尔摩：《体验经济》，毕崇毅译，机械工业出版社 2016 年版，第 194 页。

之类似。”[①]“马歇尔针对那些可以个人单独消费的有形物品来构思自己的理论，其中没有提及最终消费单位的公共分享。在他的理论中，物品的联合供给性是由生产的技术条件决定的，而不像在公共物品理论中那样，是消费的技术条件决定了联合供给。”[②]传统意义上的公共物品基本上是公共消费，如我国法定意义上的基本公共服务，即那些保障基本民生需求的教育、就业、社会保障、医疗卫生、计划生育、住房保障、文化体育等。公共消费背后隐含着政府的一套制度安排，包括统一的标准、社会共识、供给主体、财政体制、公民权利、服务范围、基本公共服务均等化等构成基本公共服务体系。

互联网，尤其是移动互联的出现打破了马歇尔曾经假定的每一供给单位所含不同最终产品的相对比例是固定的这一假设，最终产品的生产和消费，包括基本公共服务的最终产品和消费都不一定必须被联合生产，也不一定是公共消费。个体健康和医疗大数据可以为病人提供更有针对性的治疗方案和药物配制。在信息技术基础上的分享经济能够使联合供给单位成为纯公共物品，因为它能够由于信息对称性的进一步提升使任何人都可以将自己用不着的东西称为最终消费产品。

（三）传统的官僚体制与信息管理：体制滞后与技术进步的悖论

传统官僚体制下，官员接受和处理信息管理的能力有限。“每个官员的时间都是有限的，他在搜索或沟通上的时间投入越多，他在其他行为上的时间投入就越少。他在吸收与使用信息上的能力同样是有限的。因此，每个个体在一个特定时期内，可以有效掌握的信息总量总有一个饱和点。”[③]这就是说，传统的政府治理模式下信息处理受限于技术，官员处理信息只能在有限时间内选择，不可能进行大规模数据处理。互联网、大数据、云计算和人工智能为改变这一现象提供了可能性。到目前为止，包括发达国家在内的政府官员还是采用传统

---

① 詹姆斯·M. 布坎南：《公共物品的需求与供给》，马珺译，上海人民出版社 2017 年版，第 32 页。
② 詹姆斯·M. 布坎南：《公共物品的需求与供给》，马珺译，上海人民出版社 2017 年版，第 32 页。
③ 安东尼·唐斯：《官僚制内幕》，郭小聪等译，中国人民大学出版社 2017 年版，第 112 页。

的方式处理日常信息，一方面，官员们受制于政府自身的信息化水平，政府不能像企业那样迅速适应市场变化来及时改进自己的信息管理系统，例如像荣事达、阿里、腾讯等；另一方面，官僚体制中的官员使用数据的能力和水平有限，大部分人不会使用大数据、云计算和人工智能技术，这是普遍现象。即便是在信息技术迅速发展的美国，情况也是如此。在美国，“人们普遍相信，由于大型组织在美国生活中的重要性逐渐上升，美国社会正在被官僚所支配。人们普遍不希望出现这种趋势。有批评家认为，每个个体都将陷入一个充满各种由那个巨大的、‘没有个性的’组织所制定的规则与规章的紧张网络之中。他们也担心，社会将由高大的办公大楼、浪费的支出、惊人的失误、不计其数的官样文章、令人心灰意冷的拖延、推诿责任以及他们将之归因于官僚主义的其他的令人厌恶之事所支配。”[①] 所以，传统的官僚体制与信息社会发展出现了脱节现象。这是当今世界政府创新面临的一个重大问题，即体制滞后与技术进步之间的矛盾。

要解决好这一矛盾，不能回避矛盾。必须深刻认识到，信息社会改变了工业社会中政府组织的层级结构、决策方式与服务模式，原来金字塔式的科层制管理逐渐走向部门协同的散布开放式的平台构架，逐步走向部门协同与数字治理。实现不同公共服务部门之间的“互联”问题，必须建立顶层框架体系，使不同公共服务部门通过接口在“松耦合”的情况下相互连接，通过大型公共服务组织与中小社会组织的共同参与合作，营造新的基本公共服务生态格局。

二、探索建设造福人民的基本公共服务供需平台的基本理论

（一）界定基本公共服务平台

本文将基本公共服务供需平台定义为基于移动互联网、物联网、云计算、

① 安东尼·唐斯：《官僚制内幕》，郭小聪等译，中国人民大学出版社2017年版，第253页。

大数据精算以及政府流程再造的基本公共服务的供需匹配平台，它强调数据互联和数据在线，使需求侧用户、供给侧供给者通过该平台建立起“服务众筹”、“服务互评”、“协同治理”的互动机制，实现分布式、点对点的数据治理和服务匹配，实现基于大数据的基本公共服务生产、供给、交换、消费的优化。

互联网与基本公共服务的结合点是基本公共服务云平台。借助于云平台，传统的社会组织、事业单位、相关企业能够纵向整合基本公共服务链资源，实现横向激发跨界创新的可能，推动基本公共服务供给过程的共享、重组和更新。企业组织、事业单位和社会组织可通过云平台，向社会各类服务组织开放入口，提供数据和提升计算能力，推动社会组织与事业单位和企业组织的协同创新，共同实现基本公共服务的数字化升级。

公共服务部门互联需要预先定义若干通信平台、知识共享标准和数据模型。“宽松定义标准”有利于敏捷与弹性开发和满足不可预测的未来需求。建立基本公共服务部门易于合作的“宽接口”可以使各个公共服务部门保持自己的优势。在设计基本公共服务供需平台中须淡化所有权，强调使用权，注意网络与数据安全问题。

基本公共服务平台具有“三重性”：一是它乃一种企业形式；二是它具有市场性质；三是具有社会福利性。这“三重性”会给深入分析和处理问题带来困难，这些困难既有观念上的、技术上的，也有社会的。如何在新的条件下，制定适合于平台的竞争政策，这需要思考，更需要慎重的研究。在我个人看来，在思考这些问题时，我们应该更多地从最终社会福利角度去看，而不应该仅仅看竞争者的多少；应该更多看行为，看绩效，而不是仅仅看结构。

（二）基本公共服务平台的价值分析

基本公共服务平台化顺应互联网为社会基础链接的整体形势，采用符合互联网规律的组织方式和技术手段重构基本公共服务供给体系和技术设施，通过“互联网 +”和“人工智能 +”实现基本公共服务供给的快速化、多样化、便利化。平台化的核心目标是推动政府在基本公共服务领域快速有效地建立起与居民的需求以及事业单位、社会组织和企业之间基于互联网的全面链接，使各类基本公共服务机构在网络环境下，有效地履行服务职能，优化运行模式，升级供给方式。

通过构建在线的基本公共服务供需平台，在线发布政府购买服务目录以及实施方案，吸引企业、社会组织、个人等社会力量参与服务的生产供给，不断拓展政府购买服务的选择范围和空间。在操作流程上，在购买服务前严格通过信息公开、公平竞争、资质审核等程序，优选承接服务的社会主体，确保购买过程阳光透明；在购买服务后，构建购买主体、服务对象和第三方共同参与的基本公共服务综合绩效评价制度，建立优胜劣汰的奖惩机制。通过基本公共服务供需平台建设，扩大市场准入，鼓励社会力量对接公众需求，形成在线、公平、透明、高效的政府购买服务流程，对政府购买服务行为实现动态管理。

通过基本公共服务供需平台，完善基本公共服务信息收集和动态跟踪监测。例如，整合社区服务平台收集的人口信息，加强对特定区域内高危人群早期干预和监测评价可以加强对流行性及特种疾病的监测与防控；连接社区平台收集的健康数据与大医院的诊疗信息，参与慢性病综合管理和健康干预服务，改善慢性病人群身体状况。基本公共服务供需平台实际上是一个面向政府、企业、社会组织、个人等多主体的开放性平台，在该平台上政府与个人、政府与企业、政府与社会组织、企业与个人、社会组织与个人、企业与社会组织之间都能就其提供的服务进行在线反馈、评价、打分，形成在线互动机制。通过多主体的参与，其他供需主体能对政府行为进行绩效评估与全程监督，政府能够对用户实施信息收集与动态监测，共同提升服务质量。

（三）基本公共服务平台的基本理论

1. 所有权与使用权

越来越多的中青年人通过移动网络与社交媒体表达自己的消费态度，人们更多地关注获得各种服务或物品的使用权而不是占有其所有权。另一方面，“一些互联网商业平台乐意放弃一些所有权（smart enough not to own）、渴望沟通、乐于分享，整个社会变得更具开放性、包容性和连通性”。[①] 如拥有数亿用户的腾讯微信、新浪微博、百度搜索等，都是私人企业，免费向用户开放其基本服务，如今该网络平台已经成为人们交流互动、获取信息的重要渠道。公共图书馆的借书电子版可以由读者点击，政府付费，通过这种方式来解决当前存在的版权问题，只是需要政府的制度安排来完成。

2. 中心化与去中心化

适应互联网的发展趋势，更加关注去中心化。从迈克尔·博兰尼 1951 年在《自由的逻辑》中提出关于社会秩序特征的“多中心”概念，经过奥斯特洛姆等人的进一步研究发展，“多中心”已成为公共品生产与公共事务的重要治理模式之一。与此同时，关于重新分配或分散政府的功能、权力或资源的思考从未停息。在“去中心化”理论框架下，必须推进行政资源、基本公共服务的均衡分布，鼓励相关主体积极参与公共事务的决策。随着信息技术在公共部门的应用，尤其是 web2.0 技术在电子政府中的融合应用，将改变原来以政府或用户为中心的政府网站的“菜单式”服务模式。在基于 web2.0 技术开放的基本公共服务供需平台上，各相关主体，如发展改革委、其他业务部门、企业、社会组织、用户都能够公平、有序地参与到基本公共服务的生产供给与公共事务的决策之中。随着公共服务供需平台的推进，政府组织结构、社会治理模式、政民互动机制、公共资源分布格局正逐渐发生变化，正如凯文·凯利所说，“未来世界会不断从科层制中去中心化，分享和移动化将是趋势”。[②]

3. 成本与价格结构

根据公共产品理论，基本公共服务的外部性特征决定了政府是公共服务的主要提供者，但是，公共服务的生产供给方式可以多元化，如政府生产、私人生产、公私合作等，这也为政府购买公共服务提供了重要的理论支持。随着政府网络供需平台的建设，政府在线购买服务的范围和规模不断扩大，要优选公

---

① 廖建文、崔之瑜：《共享经济开启商业民主化时代》，《财经》2016 年 2 月 22 日。

② 凯文·凯利：《未来趋势是去中心化，创新来自前沿和边缘》，http://www.financialpie.com/?p=4979，2014 年 12 月 1 日北京演讲。

共服务供给者、提升购买服务效率，就必须充分重视公共服务成本的测算工作、创新政府购买公共服务的定价方法与财政补偿机制。基本公共服务的成本因地区间自然环境、人口结构特征、投入价格要素等因素而异。[①] 分享经济时代，许多私人企业开始免费提供便民服务，把服务成本内化在其他增值业务中。商业模式的变化也会影响政府公共服务的成本核算与价格结构；另一方面，要考虑实际情况，根据公共服务特性、物价水平、居民收入、财政支付能力等因素确定各方满意的公共服务价格，使供给主体以不低于成本价的价格水平供给公共服务或产品，保证其持续运营能力。

4. 边界划定

人们看到，在互联网的发展过程中，一些网络平台，诸如百度、谷歌尽管是私人公司创办的，但任何人都可以上网搜索和使用，并不必为此付费。拥有数亿用户的“微信”、“微博”也在免费提供服务，它们甚至已成为当今人们互动交流的主要方式和政府发布服务信息的重要渠道。那么，在这些领域，公共与私人服务的边界在哪里？人们通常把在网络中形成的社交群体、兴趣小组，如“贴吧”、“知乎”视为新社会组织形态，人们之间互换信息，提供服务，也呈现出了外部性。[②] 在这里，政府、市场和社会的边界在哪里？网络的开放性特质使得各类供给主体与服务内容的边界不再泾渭分明，出现了互相渗透甚至融合的趋势，边界变得模糊了。在模糊的基础上，重新界定政府、市场、社会之间，平行业务部门之间，综合部门和专业部门之间，甚至公私服务之间的作用和关系，预示着公共管理、市场管理、组织结构以及社会治理工具及其理论都将发生革命性的进步。

5. 权力与责任

移动互联网与云计算技术在社会领域的融合，重塑了政府、市场、社会之间的关系，强调了各行政部门权力与责任的划分，推动了政府行为透明化。在

① 鲍曙光、姜永华：《我国基本公共服务成本地区差异分析》，《财政研究》2016 年第 1 期。

② 丁元竹：《治理现代化呼唤政府治理理论创新》，《国家行政学院学报》2017 年第 3 期。

站、视频网站、运算系统等)，通过该平台推进各层级、各部门“协同治理”，实现“服务众筹”、“官民互评”模式[①]，实现分布式和点对点等基于移动互联网的基本公共服务模式创新。在该供需平台环境下，基本公共服务模式表现为在线、简单、清晰、快速、透明、参与、智能等具体特征，去除了原先以政府为中心的菜单式服务模式，体现了去中心、以人为本、分享、在线一体化、平台化等核心理念。

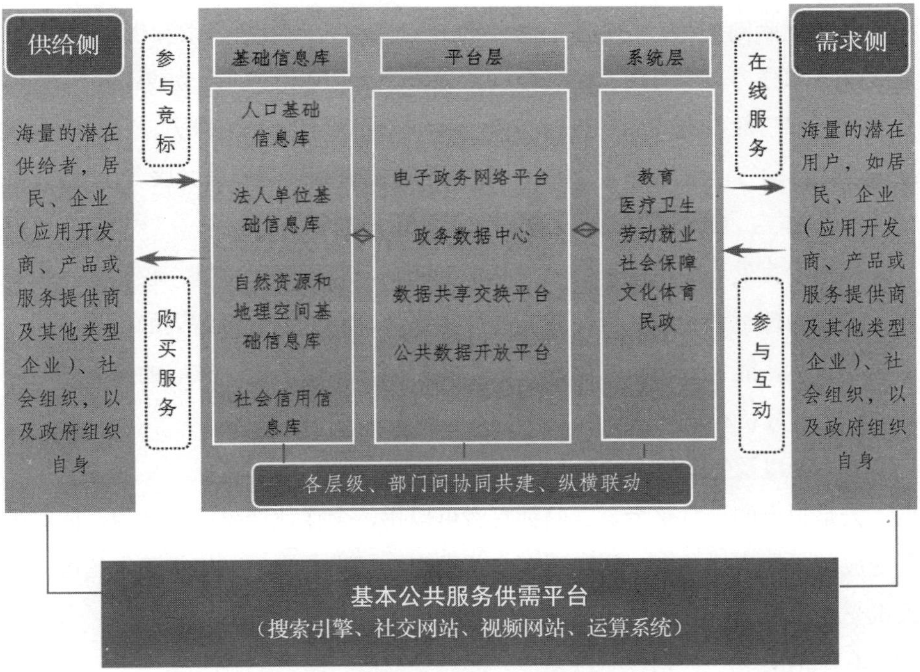

图1　基本公共服务供需平台的媒合机制

（二）技术架构

在全国基本公共服务的供需层面上，各层级、区域、部门间的信息难以实

① 丁元竹：《平台型政府运行机制的设计思路》，《中国浦东干部学院学报》2017年第2期。

现融合共享，业务部门难以跨站点协同，如低保“重复救助”，等等，拉高管理与服务成本、影响政府流程优化。因此，有必要从整体上对技术架构进行设计。

1. 基础层：大数据、算法和大计算

每个居民每一天会产生非常多的数据，如个人的行为、生理状态的变化，如果要监测、记录的话，都有非常庞大的数据。况且，每一个人每天都在跟互联网打交道，在使用互联网过程中，也会产生很多数据。掌握好、利用好、分析好这些互联网数据，在很大程度上也是对基本公共服务需求和供给的重构。大数据技术分为几个方面，比如数据的采集、提炼以及应用。如果对一个基本公共服务部门数据里的用户进行建模，某一个用户可能是需求方，另一个是供给方，这样的行业数据经过分析就可以帮助政府更好地进行公共服务供给。

2. 认知层：自然语言处理、知识图谱和用户画像

自然语言处理的范围广泛，如果细分的话，有很多子领域，较宏观地可划分为语言的理解和生成，以及相应的应用系统。一方面要理解人的语言，另一方面要表达，能生成语言。比如，基本的分词、短语分析，核心的解决思路就是做句法的分析和语义的理解或意图的理解。

3. 平台以及生态层

云是很大的计算平台，云的拥有者可以用，合作伙伴也可以使用，此时平台变成基础的支撑平台。同时还有一些垂直的解决方案，比如基于自然语言的人机交互的新一代操作系统。这样就能解决目前的“信息孤岛”问题。

4. 应用层

当今时代，发现信息不再是仅仅通过网站，还通过多端、多屏、多渠道进行传播。根据《第40次中国互联网络发展状况统计报告》，“截止到2017年6月，手机网民占比达96.3%，移动互联网位置强化”。移动接口已经成为人们获取服务的主要渠道。同时，人工智能正在成为这个时代技术变革的核心驱动力，其在To B（企业级应用服务）领域的渗入将会给各行各业带来革命性的改变，也会对人们的日常生活产生巨大的影响。

（三）智慧基本公共服务集成应用平台

1. 智慧基本公共服务集成技术

探索统一运行平台搭建的关键技术，确定统一的空间数据库建设标准，信息交换和使用方式、用户权限管理、软硬件运行环境等。同时聘请熟悉基本公共服务管理、智慧城市建设、信息技术、数据库技术等方面的专家和技术人员，完成基本公共服务系统集成技术研究。

2. 智慧基本公共服务系统平台试点应用研究

选择两个基本公共服务领域，教育、医疗卫生，或者基本社会保障或者基本公共文化，搭建符合智慧基本公共服务系统运行要求的软硬件运行环境，开展智慧基本公共服务系统平台试点应用，验证智慧基本公共服务系统平台的实用性，并为培训可熟练应用智慧基本公共服务系统平台的技术人员。

3. 智慧基本公共服务系统功能测试

完成智慧基本公共服务系统平台的智能办公管理系统、网络信息发布和交流系统、信息管理和辅助决策系统、信息智能获取系统以及系统集成功能的测试工作。聘请熟悉基本公共服务管理、智慧城市建设、信息技术、数据库技术等方面的专家和技术人员，对系统平台的各项功能、运行情况进行集中测试。

4. 制定政策，鼓励发展面向基本公共服务需求的机器人

大数据和人工智能的快速发展要求政府改变决策模式，从经验决策到数据驱动决策的转变。政府将根据数据变化实时决策，数据成为决策的“触发条件”和“重要依据”，根据提供基本公共服务项目及其所处的数据环境，随时动态调整其服务项目和投资方向。服务项目和投资方向的敏捷性往往是基于数据驱动，依据数据分析结果灵活调整基本公共服务体系、项目和资源配置方式。传统的决策模式，“提出问题→依据知识→解决问题”，也就是根据“知识和经验”找出问题思路是“问题→知识→问题”的思路，随着数据科学的兴起，思路转变为“提出问题→依据数据→解决问题”，并且直接用数据（不需把“数据”转换成“知识”前提下）解决问题。

“数据基本公共服务化”不是简单地“基本公共服务数据化”，而是要求政府有关部门根据“数据”动态地定义、优化和重构基本公共服务体系及其供需流程，进而提升供需过程的敏捷性，降低风险和减少成本。这就要求政府跳出传统数据管理中更加关注基本公共服务数据化、记录数据、存储数据和挖掘数据的思维模式。基本公共服务数据化是前提，“数据基本公共服务化”是目标。

（四）智慧服务触手可及推进基本公共服务均等化

物联网、云计算、大数据等信息的技术应用为搭建基本公共服务供需信息平台和建立便捷高效的基本公共服务网络奠定了技术基础。智慧服务触手可及是推进基本公共服务均等化和基本公共服务体系建设的强大动力，这就要求，一是加强信息基础设施建设，整合各层级、各区域、各部门的网上信息系统，构建一体化、横向衔接、纵向贯通的在线服务平台。二是通过物联网感知设施、空间地理位置定位系统、智能设备的普及应用以及供需平台的数据汇集、数据分析、数据共享提升“互联网＋基本公共服务”的智能化水平。三是推进现行各类基本公共服务卡与服务项目的融合，以北京市为例，拓展一卡式“北京通”及其“北京通APP”、智能终端“96156”社区服务平台的应用领域与覆盖范围，实现“线上服务”和“线下服务”的有机结合。

（五）加强网络、平台和安全三大体系建设

基本公共服务互联网包括网络、平台和安全三大体系，其中，网络是基础。推进基本公共服务平台化，首先，要通过实施各类基本公共服务内网改造来推动各个基本公共服务机构内网的IT化、扁平化，打通“信息孤岛”、“数据烟囱”。其次，加快基本公共服务外网建设，重点加快推进宽带网络基础设施建设与改造，扩大网络的覆盖范围，优化升级有关部门的核心网络，为实现基本公共服务链的各环节互联与数据顺畅流通提供保障，打造支撑基本公共服务发展的低时延、高可靠、广覆盖的网络。最后，安全是基本公共服务信息化建设的前提和保障，在推动基本公共服务互联网发展的同时，要加强基本公共服务

互联网安全保障的手段，同步规划、同步建设、同步运行，提升基本公共服务互联网的安全保障能力，确保各种信息安全。

信息化和新技术革命把中国带入一个新时代。我们必须牢记习近平总书记2016年“4·19”重要讲话的要求：“这是中华民族的一个重要历史机遇，我们必须牢牢抓住，决不能同这样的历史机遇失之交臂。这就是我们这一代人的历史责任，是我们对中华民族的责任，是对前人的责任，也是对后人的责任。”

新时代社会工作发展新思路

吕晓莉 *

【导语】党的十九大报告提出，要提高保障和改善民生水平，加强和创新社会治理。社会工作在打造共建共治共享的社会治理格局中意义重大。本文分析了新时代我国社会工作事业发展面临的新形势，明确了社会工作在新时代社会发展中的重要作用，提出了社会工作在新时代的发力重点。

在全面建成小康社会决胜阶段、中国特色社会主义进入新时代的关键时期召开的党的十九大，确定了中国特色社会主义进入新时代的历史方位，确立了习近平新时代中国特色社会主义思想的指导地位，深刻回答了新时代坚持和发展中国特色社会主义的一系列重大理论和实践问题，对决胜全面建成小康社会、开启全面建设社会主义现代化国家新征程作出了全面部署。当前和今后一个时期，社会工作领域的首要政治任务就是学习宣传贯彻党的十九大精神，不仅要真正学懂弄通习近平新时代中国特色社会主义思想的时代背景、理论渊源、实践基础和丰富内涵，更要注重将其中蕴含的马克思主义立场观点方法运用到谋划推动社会工作发展的整个过程、各个环节、关键阶段和重大任务中去，推动社会工作在新时代发挥更大作用。

一、深刻认识社会工作在新时代面临的新形势

中国特色社会主义进入新时代，是党的十九大作出的重大政治论断，标示

---

* 吕晓莉，管理学博士，现任职于民政部社会组织管理局（社会工作司）。

着我国发展新的历史方位，也对社会工作事业发展提出了新课题、新任务。我们要立足新时代这一历史新方位找准社会工作发展方向，根据我国社会主要矛盾的转变明确社会工作发展定位，着眼新时代中国特色社会主义发展的战略安排谋划社会工作发展任务。

（一）新时代催生社会工作发展新动力

矛盾是事物发展的根本动力。我国社会主要矛盾的转化，推动中国特色社会主义进入新时代，也从根本上决定了社会工作发展的内生动力。一方面，矛盾内涵由“物质文化需要”转化到“美好生活需要”，提出了社会服务新需求。随着社会转型的加速，人民的需要日益呈现多方面、多样化、个性化、多变性、多层次的特点，不仅对提升人民群众福祉水平有了新的期待，而且对传统社会服务体制、模式、手段和方法也带来了新的挑战。这就迫切需要深化以人民为中心的发展理念，推动社会服务领域改革创新，加强社会心理服务体系和社区治理体系建设，更好满足人们日益增长的、多元的、复杂的社会需求，特别是困难群体在物质、精神和社会交往方面的多重需要。比如，引入社会工作参与城市流动人口的社会融入服务、农村留守人员的社会关爱服务、城乡救助对象物质资助之外的精神帮扶服务和针对特殊人群、新阶层人士等的社会心理服务等。另一方面，矛盾外延由解决“落后的社会生产”问题到解决“不平衡、不充分的发展”问题，体现了社会治理新要求。随着我国改革发展进入攻坚期和深水区，发展的不平衡、不充分导致了一定程度的社会分化、贫富差距和利益冲突等，社会领域一般性矛盾和深层次矛盾交织叠加、历史遗留问题和新兴问题同时存在，并且呈现触点增多、燃点降低、涉及面广、关联性强的态势。这就迫切需要创新社会治理，加强预防和化解社会矛盾机制建设，将系统治理、综合治理、依法治理和源头治理有机统一起来，实现社会的“善治”。比如，引进社会工作应对层出不穷的医患纠纷、劳资纠纷、拆迁纠纷等，通过专业化服务、柔性化管理做好各类群体的情绪疏导、关系调适、矫治帮教、行为纠偏等，改进矛盾化解方式，做到源流并控、标本兼治。

（二）新时代定位社会工作发展新坐标

社会工作植根于社会建设这一大的时代背景中，社会建设在不同时期、不同阶段的发展决定了社会工作发展的阶段性特征。社会工作进入快速发展时期以来，社会工作发展不断深化，按照新时代新要求，社会工作需要逐步完成从数量扩张、质量提升到作用发挥的新发展阶段。一是完成以数量扩张为主的拓展型发展。2006 年党的十六届六中全会站在推动社会主义和谐社会建设的高度，作出“建设宏大的社会工作专业人才队伍”的决定。早期社会工作的发展重心是着力解决社会工作人才“从无到有”的问题，通过建立社会工作职业水平评价制度和联合相关部门推进专门领域社会工作人才队伍建设，推动建成了逾百万规模的社会工作专业人才队伍。下一步，要进一步壮大社会工作专业人才队伍，根据《社会工作专业人才队伍发展中长期规划》要求，实现到 2020 年社会工作专业人才总量达到 145 万。二是推进以质量提升为主的内涵型发展。2013 年，党的十八届三中全会正式提出了“社会治理”概念，随着社会建设由社会管理向社会治理转变，一些地区、部门和群众开始认识社会工作、践行社会工作，社会工作得到了迅速发展，但也出现了快速扩张导致的服务粗放、人才专业性不够问题。下一步，要着力推动社会工作服务“从粗到专”的提升，通过社会工作服务平台拓展、项目深化、机制建设和宣传普及，逐步提高社会工作服务的知晓度和认可度，打消一些部门和群众对社会工作专业性的质疑。三是致力以作用发挥为主的融合式发展。党的十九大在十八届五中全会提出的“构建全民共建共享的社会治理格局”基础上增加了“共治”，这一突破和创新，目的在于让包括社会力量在内的更多主体参与社会治理。下一步，社会工作的发展重心要在持续提升社会工作专业水平基础上，着力实现社会工作作用“从弱到强”的转变，通过促进社会工作同民生民政和社会治理的深度融合，增强社会工作服务供给能力，推动社会工作在社会服务和社会治理各个领域更好发挥作用。

（三）新时代启发社会工作发展新思路

主要矛盾决定中心任务。新时代社会工作的使命和任务取决于新时代社会工作发展中的主要矛盾。职业化、专业化、本土化都是当前社会工作自身发展面临的问题。专业化主要解决社会工作服务水平问题，即社会服务做到什么程度的问题，是对社会工作的基本要求，也是社会工作发挥专业作用的前提和基础；本土化主要解决社会工作发展路径问题，即社会工作如何发展才能符合中国国情的问题，是对社会工作的必然要求，也是社会工作发挥作用的必要条件；职业化解决的是社会工作发展定位，即谁来做、做什么以及如何提供保障的问题，是社会工作发展的核心任务。经过十多年的发展，我国社会工作专业人才队伍初具规模，专业服务水平持续提升，社会工作本土政策、理论、实务的研究探索也收获了宝贵的成果。但培养出来的社会工作专业人才用来干什么？推进社会工作的本土化是为了什么？社会工作发展中遇到的社会地位不高、人才流失严重、激励保障不到位等瓶颈问题的根源在哪里？究其根本，在于社会工作职业化不足。尤其对由弱到强实现融合式发展的新时代社会工作而言，职业化更是主要矛盾，专业化和本土化的矛盾最终都体现为职业化，集中表现为人民群众心理社会服务需求对社会工作职业化的要求与社会工作职业化程度不够、水平不高之间的矛盾。新时代社会工作要立足职业化这一主要矛盾，以社会工作岗位开发为“牛鼻子”，加快确定社会工作岗位职责，加大专业人才配备，抓紧落实薪酬待遇，持续强化激励保障，在社会工作职业化方面实现新突破，加快探索中国特色社会工作发展之路。

二、切实明确社会工作在新时代社会发展中的作用

党的十九大报告提出，“要提高保障和改善民生水平，加强和创新社会治理，抓住人民最关心最直接最现实的利益问题，完善公共服务体系，保障群众基本生活，不断满足人民日益增长的美好生活需要，不断促进社会公平正义，

形成有效的社会治理、良好的社会秩序，使人民获得感、幸福感、安全感更加充实、更有保障、更可持续”。社会工作在完善社会服务体系、创新基层社会治理、引领社会向上向善、提升民政服务能力中发挥着重要作用。

（一）进一步保障改善民生，完善社会服务体系

随着经济社会发展进入新时代，人民群众对美好生活有了新期待，突出表现在精神满足和社会参与方面的需求快速增长。但传统的社会服务方式和手段已无法有效满足这些心理社会服务需求，需要支持引导社会工作力量为人民群众特别是生活困难群众提供心理疏导、人文关怀、资源链接、生计发展、关系调适、社会融入等关爱型、专业化、个性化服务，补齐社会服务体系中心理社会服务的短板，进一步扩大社会服务供给、丰富社会服务内涵、提升社会服务水平。

（二）进一步扩大社会参与，创新基层社会治理

社会治理的重心在基层社区，社会工作的服务对象也在基层社区。社会工作专业人才是社会治理的专业队伍，社会工作机构是承接政府职能转移、提供社会服务的专业社会力量。通过建立健全社区、社会组织、社会工作联动服务机制和社会工作者、志愿者协同服务机制，在社区协商、社会组织协商中运用社会工作理念方法，使用社会工作专业人才，充分发挥社会工作在提升居民社会参与能力、壮大社会参与力量、拓宽社会参与的平台载体等方面的重要作用，进一步推动建立政府调控机制同社会协同机制互联、政府行政功能同社会自治功能互补、政府管理力量与社会调节力量互动的社会协同治理网络，拓宽公众参与渠道，健全公众参与机制。

（三）进一步协调社会关系，引领社会向上向善

党的十九大报告提出“加强社会心理服务体系建设，培育自尊自信、理性平和、积极向上的社会心态”。社会工作秉承以人为本、助人自助的专业价值，

坚持保障公平、维护正义、促进和谐的职业追求，倡导尊重接纳、民主平等、诚信包容的人际理念。通过弘扬社会主义核心价值观和社会工作价值理念的融合统一，开展社会工作服务实践，推动建构平等互助、尊老爱幼、扶贫济困、礼让宽容的和谐人际关系，促进人们的心理和谐，增强公民、企业和各种社会组织的社会责任，推进和谐社区、和谐家庭创建，为加强社会诚信体系建设和社会心理服务体系建设贡献力量。

（四）进一步加强基层民政，提升民政服务能力

民政工作是做人的工作，是为困难群众、特殊群体提供服务的工作，社会工作专业人才具有立足基层、贴近群众、专业对路的特点。目前，仅在基层群众自治组织和社区服务机构就有30万社会工作专业人才，在民政事业单位有5.6万社会工作专业人才，此外还有大量社会工作专业人才分布在社区服务类和公益慈善类社会组织。通过建设和使用好这支队伍，最大限度发挥专业社会工作在延展基层民政工作网络、充实基层民政工作力量、提升基层民政服务能力等方面的促进作用，为破解基层民政工作难题提供专业支持。

三、准确把握社会工作在新时代的发力重点

习近平总书记指出："让老百姓过上好日子是我们一切工作的出发点和落脚点。"[①] 新时代面临新机遇，新时代呼唤新担当，新时代要有新作为。社会工作要以党的十九大精神和习近平新时代中国特色社会主义思想为指引，牢固树立以人民为中心的发展思想，深入贯彻落实党中央国务院各项决策部署，进一步聚焦主责主业，更好满足人民群众美好生活需要。

---

① 《习近平系列重要讲话读本：让老百姓过上好日子——关于改善民生和创新社会治理》，《人民日报》2014年7月10日。

（一）要助力决胜全面建成小康社会

党的十九大报告提出，从现在到2020年，是全面建成小康社会决胜期。要坚决打赢脱贫攻坚战，动员全党全国全社会力量，坚持精准扶贫、精准脱贫。扶贫济困是社会工作的核心使命。近年来，民政部会同有关部门实施了社会工作专业人才服务“三区”计划，出台了《关于支持社会工作专业力量参与脱贫攻坚的指导意见》，启动实施了社会工作服务机构“牵手计划”、社会工作教育对口扶贫计划等，帮助贫困地区提升社会工作专业教育和服务水平。各地特别是中西部贫困地区要充分利用好区域协调发展的政策契机、资源保障、平台基础和发展环境，积极探索，大胆实践，在社会工作参与脱贫攻坚的相关计划、项目和行动中加强支持和协作，重点攻克深度贫困地区脱贫任务，为打赢脱贫攻坚战做出社会工作应有贡献。

（二）要以人民为中心服务困难群众

党的十九大报告提出，必须始终把人民利益摆在至高无上的地位，让改革发展成果更多更公平惠及全体人民，朝着实现全体人民共同富裕不断迈进。老年人、困境儿童、农村留守人员、低收入家庭和受灾群众是社会的弱势群体，更是社会工作应该重点关注、重点服务的对象。要做好老年群体的生活照顾、精神慰藉、代际沟通、文化娱乐、社区参与、临终关怀等工作，促进倡导积极老龄观，完善居家社区养老服务。要支持社会工作专业力量协助开展困境儿童和农村留守人员家庭探访、监护状况评估、精神关爱、家庭教育辅导、权益维护等工作，促进建立困境儿童和农村留守人员社会关爱保护体系。要加大对低收入家庭的心理社会支持力度，开展社会融入、能力提升、心理疏导、资源链接、宣传教育等服务，促进基本救助服务与专业化个性化服务相补充、“救生”与“救心”相结合。要深化救灾领域社会工作发展，以民政部重大自然灾害与突发事件社会工作服务支援计划为引导，发挥社会工作在帮助受灾群众舒缓悲伤、修复灾害创伤、重建社会关系、恢复发展生计、提升自救与互助能力中的积极作用，促进灾害救助与灾后恢复重建工作。

（三）要以“三社联动”为抓手促进基层社会治理创新

党的十九大报告提出，“要加强社会治理制度建设，完善党委领导、政府负责、社会协同、公众参与、法治保障的社会治理体制，提高社会治理社会化、法治化、智能化、专业化水平”。《中共中央 国务院关于加强和完善城乡社区治理的意见》和《国民经济社会发展第十三个五年规划纲要》都从创新基层社会治理的角度提出要推进社区、社会组织、社会工作“三社联动”。要在各地“三社联动”地方成果基础上，继续深化“三社联动”创新实践，建构以党委政府为统领，民政部门为主导，相关部门和群团组织协同配合，社区组织和居民大力支持，高校、企事业单位、社会组织、志愿者等多方力量广泛参与的社区社会工作发展格局。要聚焦社区需求、瞄准社区问题，策划实施社区社会工作服务项目，开展社区社会工作服务活动，让广大群众从中获得更多的实惠、更温暖的关怀。要突出专业引领、加强融合创新，将专业社会工作有机融入社区治理和服务的各个方面、各个环节之中，推动融合创新、提升发展，使专业社会工作站到广阔的舞台与空间，使社区建设获得深厚的专业支撑和力量保障。

我国社会信用体系建设的回顾与展望

孙金阳　龚维斌*

【导语】党的十八大以来，党和国家高度重视社会诚信建设，将“提高全社会的诚信意识和信用水平”确立为重要目标。本文梳理了改革开放40年以来我国社会信用体系建设的历史沿革、实践进展、主要特点和基本经验，并提出了新时代我国社会信用体系建设的重点工作。

“信”在我国有着极为深厚的历史渊源，是中华民族传统文化的重要根基之一。尾生抱柱和徙木立信等典故在我国世代相传，突出反映了人们对美好德行的推崇和公平正义的追求。在“信”的具体语境中，有两个重要的概念：一是“诚信”，主要出现在道德规范领域，强调内心、语言和行为的高度统一；二是“信用”，主要出现在社会关系领域，强调规则、责任和行为的高度统一。在国家治理领域，社会信用体系是最为重要的方法之一，不仅在降低交易成本、维护市场秩序和优化市场资源配置等方面发挥了重要作用，而且有效促进了社会公平正义和良好道德风尚。

“信用是社会演进和自我规范的产物。”① 党的十六届三中全会将“形成以道德为支撑、产权为基础、法律为保障的社会信用制度”确立为我国社会信用体系建设的最初指导思想。改革开放40年来，我们党积极进行中国特色社会主义伟大实践，为政府、市场和社会的良性互动奠定坚实基础，努力探索出一条适

---

* 孙金阳，中央党校（国家行政学院）进修二部主任科员，北京师范大学社会发展与公共政策学院2016级博士研究生，主要研究领域为公共政策、社会治理；龚维斌，中央党校（国家行政学院）社会和生态文明教研部主任，教授、博士生导师，主要研究领域为社会治理、应急管理等。

① 郝雨凡、邓正来：《转型中国的社会正义问题》，广西师范大学出版社2013年版，第3页。

应现代国家治理的社会信用体系建设之路。

一、我国社会信用体系建设的历史沿革与重要实践

马克思指出，物质生活的生产方式始终制约着整个社会生活、政治生活和精神生活的过程。[①]在中国传统社会里，人们往往固定居住在某一地点（例如家乡或者工作地），有着相对稳定的交往对象和范围。在彼此熟识的情况下，曾经的交往和交换行为所产生的记忆、预警功能基本可以满足人们达成公平公正的商品交换和社会交流的需要。社会信用带有较强的主观性色彩，是以彼此交往或者他人口口相传的具体事项印象为基础。在这一阶段，违反约定的风险很低，所涉及的金钱、商品和事项等都相对有限，一般被认为是信用发展的初级阶段。

新中国成立之后，在计划经济的时期，社会信用表现为以公有制经济为基础的高度的政府信用。个人交往是以单位介绍信为背书担保，生产关系是以计划和指标为分配交换指令。这是我国社会信用建设的一个比较特殊的时期，这样的制度设计有助于在人力、物力、财力极度匮乏的情况下集中力量建设和发展，不过同时也严重限制了社会的创造力和活力。

改革开放以来，伴随着社会主义市场经济体制的建立和经济社会的不断发展，国家、社会和个人对社会信用体系的规模和功能不断提出更高的要求。党的十六大、十六届三中全会明确了社会信用体系建设的方向和目标。我国“十一五”规划提出，以完善信贷、纳税、合同履约、产品质量的信用记录为重点，加快建设社会信用体系。2007 年召开的全国金融工作会议进一步提出以信贷征信体系建设为重点，全面推进社会信用体系建设，加快建立与我国经济社会发展水平相适应的社会信用体系基本框架和运行机制。这一阶段，我国的社会信用体系建设主要以“统筹规划、分类指导，政府推动、培育市场，完善法

① 《马克思恩格斯选集》第 2 卷，人民出版社 1995 年版，第 32 页。

规、严格监管，有序开放、维护安全”为原则，结合我国实际，有计划、分步骤地推进社会信用体系建设工作。

党的十八大之后，以习近平同志为核心的党中央高度重视社会信用体系建设，对社会信用体系建设作出了一系列重要论述，深刻揭示了社会信用体系建设对于推进国家治理体系和治理能力现代化的重要意义，全面部署了政务诚信、商务诚信、社会诚信、司法公信的建设任务，开拓了中国传统社会治理向现代社会治理转变的新境界。2014年，国务院印发我国首个《社会信用体系建设规划纲要（2014—2020年）》，明确指出“社会信用体系是社会主义市场经济体制和社会治理体制的重要组成部分”，并将“提高全社会的诚信意识和信用水平”确立为社会信用体系建设的目标。目前，我国社会信用体系建设的法律监管框架逐步建立、基础设施建设日趋完善、行业发展初具规模，已经进入良性发展的快车道。

表1　我国信用体系建设历程

时间	重要决策和举措	主要实践
2002年11月	党的十六大报告提出社会信用体系概念	北京、上海、浙江、广东积极响应
2003年10月	党的十六届三中全会《关于完善社会主义市场经济体制若干问题的决定》	
2005年10月	《中共中央关于制定国民经济和社会发展第十一个五年规划的建议》	
2007年3月	国务院办公厅发布《关于社会信用体系建设的若干意见》	同年4月国务院社会信用体系建设部际联席会议制度建立
2010年6月	国务院预防腐败工作联席会议第四次会议，确定由中国人民银行牵头，国家预防腐败局配合，会同有关业务主管部门共同研究落实建立社会信用代码制度	
2011年10月	党的十七届六中全会第一次提出了社会信用体系“四大领域”的表述，强调把诚信建设摆在突出位置	
2012年12月	国务院常务会议通过《征信业管理条例》	调整社会信用体系建设部际联席会议成员单位和主要职责，明确发展改革委、人民银行“双牵头”，成员单位从18家增加到35家

续表

时间	重要决策和举措	主要实践
2013 年 3 月	《国务院机构改革和职能转变方案》提出，要“建立以公民身份证号码和组织机构代码为基础的统一社会信用代码制度”	对于个人以身份证号码作为其统一社会信用代码，已获得社会各界的共识；但是对于法人和其他组织的统一社会信用代码，由于种种原因，迟迟未能形成统一的方案
2013 年 6 月	发改财金〔2013〕920 号《关于在行政管理事项中使用信用记录和信用报告的若干意见的通知》	同年 7 月最高人民法院发布了《关于公布失信被执行人名单信息的若干规定》，正式建立失信被执行人名单制度
2014 年 6 月	国务院印发《社会信用体系建设规划纲要（2014—2020 年）》	同年年底配套出台了《社会信用体系建设三年重点工作任务（2014—2016 年）》
2014 年 10 月	党的十八届四中全会审议通过了《中共中央关于全面推进依法治国若干重大问题的决定》，明确要求加强社会诚信建设，健全公民和组织守法信用记录，完善守法诚信褒奖机制和违法失信行为惩戒机制，使遵法守法成为全体人民共同追求和自觉行动	
2015 年 6 月	国务院发布了《关于转批发展改革委等部门法人和其他组织统一社会信用代码制度建设总体方案的通知》，正式明确了法人和其他组织统一社会信用代码的顶层制度设计	开通“信用中国”网站，网站已发布信用信息 1.4 亿余条（包含企业基础信息、红黑名单信息、行政许可与行政处罚信息、统一社会信用代码信息），其中“双公示”信息累计超过 3000 万条。日访问量超过 500 万人次，网民浏览、查询“信用中国”网站已累计突破 4 亿次
2015 年 7 月	国务院印发《国务院办公厅关于运用大数据加强对市场主体服务和监督的若干意见》	同年 7 月最高人民法院修订了《关于限制被执行人高消费及有关消费的若干规定》。同年 8 月国家发改委与央行批准沈阳等 11 个城市开展信用示范城市创建
2015 年 10 月	党的十八届五中全会通过了《中共中央关于制定国民经济和社会发展第十三个五年规划的建议》，《建议》中明确提出：“加强社会治理基础制度建设，建立国家人口基础信息库、统一社会信用代码制度和相关实名登记制度，完善社会信用体系，健全社会心理服务体系和疏导机制、危机干预机制”	
2016 年 5 月	国务院发布《关于建立完善守信联合激励和失信联合惩戒制度加快推进社会诚信建设的指导意见》	国家发展改革委、人民银行牵头，先后与 40 多个部门联合签署了针对重大税收违法案件当事人、失信企业、违法失信上市公司、失信被执行人、安全生产领域严重失信生产经营单位、环保领域严重失信生产经营单位、食品药品生产经营严重失信者、产品质量严重违法失信人等对象的联合惩戒合作备忘录

续表

时间	重要决策和举措	主要实践
2016年7月	全国社会信用标准化技术委员会（代号为TC470）正式成立	截至2017年6月30日，TC470已经发布信用国家标准29项，列入制修订计划的标准28项（其中修订3项，制订25项）
2017年7月	由国家发改委指导，由新华社、杭州市政府主办的首届中国城市信用建设高峰论坛开幕	诚信在城市落地生根的雏形在以杭州为首的示范城市初步显现
2017年10月	《国家发展改革委、人民银行关于加强和规范守信联合激励和失信联合惩戒对象名单管理工作的指导意见》	提出要建立健全红黑名单管理与应用制度，规范各领域红黑名单的认定、奖惩、修复和退出，构建守信联合激励和失信联合惩戒大格局
2018年2月	党的十九届三中全会通过的《中共中央关于深化党和国家机构改革的决定》明确要求“加强信用体系建设，健全信用监管，加大信息公开力度，加快市场主体信用信息平台建设，发挥同行业和社会监督作用”	

注：根据公开发表文件整理。

二、改革开放40年我国社会信用体系建设的主要特点与经验

在我国，社会信用体系是由国家作为社会信用建设主体，通过相关政策法规的制定和相关机构的建立，综合运用各种组织机构和制约方式，对社会中的诚信行为进行激励与褒扬、对失信行为进行制约和惩戒、对诚信文化进行宣传和倡导，并在教育、医疗、文化、就业、社会保障、社会救助和社会危机等众多领域中广泛应用。这种体系建设是以政府为主导的、整体性的、深刻的社会变革，它的实践与发展是顺应时代和社会的要求而变化更新的，认真总结可以发现具有如下主要特点与经验。

（一）尊重社会信用体系建设的客观要求和发展规律

社会信用内容是随着人类社会的进步和发展而不断延展的。从隐性的道德约束扩大到显性的制度规则，从简单的商品交换、人际交往关系扩大到复杂的信贷金融、社会文化领域，社会信用在逐渐形成独特的综合体系的同时也逐渐

显现出比较显著的客观规律和特征：一方面是积淀已久的客观性、动态性、发展性、实践性、功能性、关联性和日常性等；另一方面是适应新时代需求的互动性、共享性、网络性、服务性、多样性、系统性、时代性、制度性、导向性、权威性、公平性、创新性等，甚至还衍生出了诸如隐私保护与安全性等保障性要求。我国的社会信用体系建设注重多领域齐头并进，在深刻认识当前经济社会发展需要的同时，尊重信用建设本身的客观要求和发展规律，不断进行制度创新、实践创新和理论创新，注重发挥其在社会活动中资源配置的基础设施作用。

（二）重视社会信用体系建设的系统规划和基础构建

"信用信息数据不是一个新鲜事物，但长期以来处于'三化'状态，即碎片化、孤岛化、烟囱化。有的是有信息但没有准确记录，有的是有记录没有有效归集，有的是有归集但难以共享。各地、各部门信用信息系统采集、处理、加工均自成体系，数据交换困难，业务协同无从谈起。"①为打破"信息孤岛"、提升行政效能、促进业务协同，我国已经确立了一些有效的工作机制，包括联合奖惩机制、信息共享机制、信息公示机制、市场化征信机制、信用承诺机制、信用修复机制、行业监管机制和第三方监管机制等，初步搭建了社会信用标准体系和运行机制。"公共信用信息归集数据量突破132亿条。全国31个省（区、市）和新疆生产建设兵团都建立了信用信息共享平台，省级平台实现全覆盖。地级以上城市都建立了信用信息共享平台的地方包括：江苏、湖北、福建、广东、贵州、陕西、山东、浙江、辽宁、湖南。目前，平台信用信息归集量逾132亿条，已联通44个部门、所有省区市和51家市场机构，并与国家人口库建立了信息核查与叠加机制，完善了自然人基础数据。"②正在建设的国家数据共享交换平台，将形成覆盖全国、统筹利用、统一接入的数据共享大平台，建

---

① 《社会信用体系建设之"砥砺奋进的五年"》，https://www.creditchina.gov.cn/xinyongyanjiu/xinyongyanjiuhuicui/201712/t20171201_98144.html，2017年12月1日。

② 《认真学习贯彻党的十九大精神　努力实现社会信用体系建设新突破》，http://www.jilincredit.gov.cn/page/zcfg/gjzcfg/2018/07/11358.shtml，2018年7月16日。

立物理分散、逻辑集中、资源共享、政企互联的政务信息资源大数据，构建深度应用、上下联动、纵横协管的协同治理大系统。我国信用体系建设已经进入到全面发力、全面渗透、全面提升、组合推动的新阶段。

（三）坚持在党的领导下整体设计、全面推进

现代社会信用体系建设是由多种行业信用体系组成的复合系统，不仅需要国家层面的顶层设计和统筹协调，而且将是一项长期的、重大的、不断更新迭代的伟大工程。党的十九大报告从多种维度、不同角度屡屡提及“公信力、诚信和信用”内容：在政务信用方面，提出“转变政府职能，深化简政放权，创新监管方式，增强政府公信力和执行力，建设人民满意的服务型政府”；在诚信文化方面，要求“坚持正确舆论导向，高度重视传播手段和建设和舆论创新，提高新闻舆论传播力、引导力、影响力、公信力”；在社会诚信方面，“推进诚信建设和志愿服务制度化，强化社会责任意识、规则意识、奉献意识”；在商务诚信方面，“提高污染排放标准，强化排污者责任，健全环保信用评价、信息强制性披露、严惩重罚等制度”。

（四）坚持运用法治方式推进社会信用体系建设

现代文明治理的基线是法治。全面依法治国是推进国家治理体系和治理能力现代化、提高党长期执政能力的必然选择，是我国社会治理的基本经验和根本保证。随着我国社会信用体系建设不断深入推进，国家发改委、人民银行会同有关部门已签署了28个信用联合奖惩合作备忘录，制定了100多项联合奖惩措施，建立起“发起—响应—反馈”机制，初步构建了以信用为核心的新型监管机制，为经济社会健康可持续发展奠定了坚实的基础。《信用法》《公共信用信息管理条例》《统一社会信用代码管理办法》已形成专家建议稿初稿，正在广泛征求意见。国家发展改革委、人民银行于2017年10月30日联合印发《关于加强和规范守信联合激励和失信联合惩戒对象名单管理工作的指导意见》，作为信用建设的重要方面，也将为信用立法提供更多的实践依据。经过多年努力，

我国不断完善相关法律法规和制定各类标准并形成体系，在信用立法进程中取得了一定的实质性进展，有效提升了我国良法善治的新境界。

（五）发挥科技优势助力社会信用体系建设

近年来，以信息化为代表的现代科技迅猛发展。党的十八大以来，我国借助信息化平台、大数据技术等现代技术手段打造社会信用体系的基础，“整合企业及社会资源开发信用应用产品，在信用服务的过程中沉淀更多信用信息并利用自身不断累积的信息资源以获取更多外部信用信息”。[①] 在信用服务的过程中，我国还十分重视信用评估模型研究，让数据不仅具有汇总和累加功能，而且具备一定的分析处理和画像功能，从而使得社会信用数据的共享更加便捷、分析结果更加可信。

三、新时代我国社会信用体系建设的思考

我国的社会信用体系建设综合运用了经济、法律、道德、科技和行政等多种手段进行加强和创新，有效推动了政府职能发生深刻转变，通过完善失信被执行人信用监督和信用惩戒机制化解执行难问题，并在金融、医药卫生、劳动关系、环境保护等领域取得重大进展。但是，我国社会信用体系建设仍然任重道远，当前和今后一个时期需要重点加强以下几个方面的工作。

（一）推进联合奖惩机制，充分发挥激励和约束作用

目前，我国的社会信用管理机制仍具有比较明显的地域性和条块性特点。虽然已经从国家层面签署联合奖惩备忘录，正在会签和征求意见的相关文件也近 70 个，但是各地要结合各自实际拓展联合奖惩范围的工作仍旧任重道远。不过，只有建立跨地区、跨部门、跨领域联合激励与惩戒机制才能充分运用信用

① 魏礼群：《中国青年诚信建设新探索》，中国言实出版社 2017 年版，第 4 页。

激励和约束手段，推动信用信息公开和共享，有效解决当前危害公共利益和公共安全、人民群众反映强烈、对经济社会发展造成重大负面影响的重点领域失信问题。在推进信用联合奖惩机制的过程中，要注意加大对诚实守信主体激励和对严重失信主体惩戒力度，构建褒扬诚信、惩戒失信的制度机制和社会风尚，以达到运用法治手段解决道德领域突出问题的任务目标。

（二）强化行为习惯，全面树立责任和规则意识

社会信用体系是一种由全体社会成员共建共享的治理机制。在社会信用体系中，政府、市场和社会每个主体都具有对立统一的双重角色：既是参与者也是改革者，既是贡献者也是受益者，既是监督者也是被监督者，既是实践者也是反思者，既是展现者也是学习者，需要大家共同参与、相互成就。要注重规范和发挥行业协会和商会在信用建设中的作用，更要提高全社会诚信意识和信用水平，广泛形成守信光荣、失信可耻的浓厚氛围，强化社会责任意识、规则意识、奉献意识，激励人们向上向善，使诚实守信成为全民的自觉行为规范，实现社会公德、职业道德、家庭美德、个人品德建设等的全面建设。

（三）鼓励地方先行先试，继续推进试点示范工作

地方先行先试是促进改革创新的不竭动力，是鼓励主动作为、积极探索的重要方式。自 2017 年以来，43 个城市先后启动了社会信用体系建设示范创建活动，不仅实现了社会信用体系建设在城市落地生根，更将先进经验和做法在全国范围内成功推广。在未来的发展中，社会信用体系建设要继续依靠地方政府在重点难点问题上率先突破，重视创新探索和实施评价，充分发挥政府、市场和社会三方的主动性和创造性，让每个环节都更加便捷、高效、可信地实现，促进经济社会整体运行效率的大幅提高。

（四）加强社会信用研究，完善信用监测的预警与评价机制

我国学者对社会信用体系的研究起步较晚，大约始于 20 世纪 90 年代，主

要集中在政府诚信、企业诚信、社会诚信、司法公信等领域。虽然经过多年积累已经形成了大量研究成果并涵盖多种学科，但是目前仍然缺乏足够充分细致的基础性研究和理论框架建构，尤其在最为重要的征信领域和应用模式上并未形成具有较大影响力和说服力的理论研究。加强社会信用研究既可以帮助我们更好地认清形势、抓住要害、破解问题，又可以在不断完善现有体系建设的同时探索信用监测的预警机制与评价机制，最大限度地发挥社会信用体系在社会治理中的积极作用。

（五）重视新业态领域，充分发掘社会信用的新动能

我国社会信用体系建设极大促进了当前共享经济条件下新业态的发展，与此同时，新业态也在不断地为社会信用体系建设做出巨大的贡献。在商品交换和服务提供环节，新业态往往更加依赖于社会信用体系作为降低双方的金融风险和控制用户不良违约行为等作为保障；在交易交换环节，新业态所记录和积累的相关数据则可以继续充实社会信用体系的数据库，不断完善个人信用画像和个人信用评级；在宣传使用环节，新业态可以帮助公众进一步强化社会信用体系的概念、个人守信行为习惯和个人信用管理能力。重视新业态领域，可以充分发掘其在社会信用的新功效，从而形成健康有序的良性信用累计循环。

2003 年时任浙江省委书记的习近平同志撰文明确指出了社会信用体系的重要性，即“人而无信，不知其可；企业无信，则难求发展；社会无信，则人人自危；政府无信，则权威不立”。[①] 进入新时代，我国的社会主要矛盾已经发生深刻转变，为我国的社会治理和社会建设提出了更高目标和崭新挑战。我国社会信用体系建设要更加注重找寻新坐标、发掘新动能、激发新活力，使诚信建设更好地适应新时代国家治理和人民生活的期望与要求。

---

① 习近平：《之江新语》，浙江人民出版社 2013 年版，第 18 页。

“枫桥经验”的发展历程及新时代展望

李　芳　彭庆辉*

【导语】党的十九大报告提出：“加强预防和化解社会矛盾机制建设，正确处理人民内部矛盾。”“枫桥经验”是紧紧依靠群众，就地化解矛盾的一面旗帜。本文梳理了“枫桥经验”的历史发展阶段，揭示了“枫桥经验”秉持的基本精神，提出了新时代坚持和发展“枫桥经验”的政策思考。

55年前，毛泽东同志对浙江枫桥的干部群众在社会主义教育运动中实践探索出的“依靠群众就地化解矛盾”的经验给予亲笔批示，要各地效仿，推广去做。习近平同志在2002—2007年主政浙江期间，多次就“枫桥经验”作出重要讲话和指示，2013年再次作出“把‘枫桥经验’坚持好、发展好”的重要指示。半个多世纪以来，“枫桥经验”根植中国特色实践的沃土，紧扣时代跳动的脉搏，与时俱进地赋予新的时代内涵，源源不断地为社会治理提供基层智慧。回顾发展历程，“枫桥经验”伴随着社会主要矛盾的转化而呈现出三个发展阶段，凸现出特色鲜明的阶段特征；展望新时代愿景，“枫桥经验”必然要以满足人民美好生活需要为目标，以“坚持与发展并举”为指导方针，努力践行“三个始终坚持、三个创新发展”，开创新时代“枫桥经验”新局面。

一、社会主要矛盾转化推动“枫桥经验”转型升级

唯物辩证法认为，矛盾存在于一切事物发展的过程中，“在复杂的事物的发

---

*　李芳，浙江工业大学副教授，北京师范大学中国社会管理研究院博士后，主要研究领域为社会治理、社会政策；彭庆辉，北京师范大学中国社会管理研究院博士生，主要研究领域为乡村社会治理。基金项目：北京师范大学“百村社会治理”调查项目的阶段成果。

展过程中，有许多的矛盾存在，其中必有一种是主要的矛盾，由于它的存在和发展规定或影响着其他矛盾的存在和发展”。[①]“捉住了这个主要矛盾，一切问题就迎刃而解了。”[②]中国共产党在执政过程中，先后于1956年党的八大、1962年党的八届十中全会、1981年党的十一届六中全会和2017年党的十九大对社会主要矛盾做出不同的结论，并依据社会主要矛盾来认识和把握国家发展方向，确定和调整不同时期党和国家的工作重心，制定相应的路线方针政策。“枫桥经验”诞生于1963年的社会主义教育运动中，是在当时社会主要矛盾理论指导下的基层“阶级斗争”工作实践中探索出的经验。随着社会主要矛盾的转换，“枫桥经验”不断地与国家根本任务、工作重心嫁接，创新时代鲜活内涵，呈现出三个发展阶段。

（一）20世纪60年代初到70年代末，作为“用民主方式化解阶级矛盾的样板”

1962年，党的八届十中全会强调“在无产阶级革命和无产阶级专政的整个历史时期，在由资本主义过渡到共产主义的整个历史时期”都“存在着无产阶级和资产阶级之间的阶级斗争，存在着社会主义和资本主义这两条道路的斗争”。这样“以阶级斗争为纲”冲击了经济建设的中心地位，成为当时国家的主要任务。浙江诸暨枫桥的干部群众在处理“四类分子”问题中，探索出“区别对待、发动群众、说理斗争、捕人少”等实践做法，得到毛泽东同志亲笔批示和推广。“文革”期间，枫桥的干部群众秉承“枫桥经验”的精神，创造了运用管头、管脚、管肚皮的“三管”方针就地改造流窜犯的经验、帮教失足青少年和一般违法人员的经验、为“四类分子”评审摘帽的经验。

在这一阶段，“枫桥经验”的鲜明特征是用民主方式来化解“阶级矛盾”，发扬了人性和善良的力量，调动了基层社会生产生活的积极因素，促进了经济

---

① 《毛泽东选集》第1卷，人民出版社1991年版，第320页。

② 《毛泽东选集》第1卷，人民出版社1991年版，第322页。

社会发展，巩固了新生的人民民主政权。所以说，此阶段的“枫桥经验”是用民主方式化解“阶级矛盾”的样板。

（二）20世纪80年代初到党的十八大前，作为“社会治安综合治理的典范”

改革开放以后，中国共产党对我国社会主要矛盾进行了新的认识。十一届六中全会通过的《关于建国以来党的若干历史问题的决议》指出：“在社会主义改造基本完成以后，我国所要解决的主要矛盾，是人民日益增长的物质文化需要同落后的社会生产之间的矛盾。”[①]“落后的社会生产”成为主要矛盾的主要方面，“贫穷”、“落后”成为当时中国人的最大感受。党和国家把解决生产落后问题作为主要任务，坚持以经济建设为中心，全面深入实施改革开放战略。伴随着这一伟大历程，国家经济建设快速发展，人民富裕程度很大提升。同时，人民内部矛盾大量增多，民间纠纷大量产生，大案要案发生率大幅提升，社会治安状况一度恶化。富则思安，在快速致富的过程，人们对安全稳定的需求越来越强烈。顺应人民生活的新需要，平安、治安成为“枫桥经验”的重要内容。在平安创建活动过程中，创造了“四前工作法”、“四先四早机制”、“网格化管理、组团式服务”、矛盾纠纷滚动排查机制、矛盾纠纷“大调解”机制、“三调联动”平台建设、群防群治网络建设、“八创八进”平安创建工作等典型做法。

在这一阶段，“枫桥经验”的内涵由治安好、犯罪少的“小治安”延展到覆盖经济、政治、文化和社会各方面宽领域、大范围、多层面的“大平安”，融入了法治思维和法治方式的元素。实践创新举措越来越丰富多样，对全国的辐射力越来越大，形成了“党政动手、各负其责，依靠群众、化解矛盾，维护稳定、促进发展”以及“小事不出村，大事不出镇，矛盾不上交”的成功经验，实现了“矛盾少、治安好、发展快、社会文明进步”的良好局面。所以说，此

---

① 《中国共产党中央委员会关于建国以来党的若干历史问题的决议》，人民出版社1981年版，第54页。

阶段的“枫桥经验”是社会治安综合治理的典范。

（三）党的十八大以来，作为“基层社会治理的先进典型”

中国特色社会主义进入新时代，我国社会主要矛盾已经转化为人民日益增长的美好生活需要和不平衡不充分的发展之间的矛盾。新的社会主要矛盾给社会治理提出了新要求：从需求侧来看，新时代人民追求的美好生活既包括更高质量、更安全、更多样化、更方便的物质文化方面的“硬需要”，还包括在民主、法治、公平、正义、安全、环境等方面的“软需要”，而诸多“软需要”必须以良好的社会治理来满足。从供给侧来看，当前我们社会治理的发展状况存在城乡、区域以及省市之间的显著差别，总体发展水平也有待提高。这就是说，人民日益增长的“软需求”与社会治理发展不平衡、不充分之间的矛盾是当前社会治理领域的主要矛盾。同时，从国内外环境来看，中国和世界都处于百年未有之广泛而深刻的社会变革，国内经济、政治等领域的风险向社会领域传导[①]，这些因素给提升社会治理水平、解决社会治理领域的主要矛盾增加了新难度。“枫桥经验”作为党的优良传统，无疑是创新基层治理、强化基层基础、防控社会风险的一剂良方。新时代“枫桥经验”以满足人民美好生活需要为目标，以“坚持与发展并举”为指导方针，因地制宜创新基层社会治理模式，在全国各地焕发出全新光彩，成为基层社会治理的典型。

二、“枫桥经验”始终坚持的基本精神

在新时代的起点上抚今追昔，“枫桥经验”历经55年风雨，却如常青藤一样始终保持着旺盛的生机与活力，归根结底，因为“枫桥经验”始终坚持其基本精神没有变。

---

① 魏礼群：《着力打造新时代社会治理的新格局》，《光明日报》2018年4月26日。

（一）始终坚持党的领导

全面加强党的领导，是习近平同志社会治理思想的灵魂，是中国特色社会治理的最重要特征。[①]“枫桥经验”保持长盛不衰的政治生命力在于坚持党的领导。新时代更要始终坚持党的绝对领导。始终围绕社会主要矛盾、党的根本任务和工作重心谋划发展；始终在党的领导下实践、总结、提升和推广“枫桥经验”；始终按照党建引领的要求，抓党建、带队建、促业务；始终深耕基层党建工作，建好村社区党组织，做好“两新组织”党建工作，发挥党员先锋模范作用，全面提升基层党组织战斗堡垒作用。

（二）始终坚持党的群众路线

群众路线是“枫桥经验”的精髓所在。习近平同志曾指出，“创新‘枫桥经验’，必须相信依靠群众”[②]，“把党的群众路线坚持好、贯彻好”[③]。新时代在坚持群众路线中，更要创新群众工作方法。采取政策支持、基金扶持等措施大力发展和培育社会组织，让社会组织直接为群众提供公共服务，发挥社会治理协同作用。成立乡贤联合会，积极引导乡贤参与乡村治理，重塑乡贤民主治理模式。建立社会工作者、心理咨询师、专业调解员等专业人才队伍，引导专业人才广泛参与社会治理工作。通过熟人社会声誉激励、适当物质鼓励、规章制度保障等措施动员和培育志愿者队伍。

（三）始终坚持夯实基层基础

注重基层建设，是习近平同志社会治理思想的突出风格。“枫桥经验”实

---

① 魏礼群：《党的十八大以来中国社会治理的新进展》，《社会治理》2017 年第 5 期。

② 习近平：《创新“枫桥经验”维护社会稳定》，习近平同志在纪念毛泽东同志批示“枫桥经验”40 周年暨创新“枫桥经验”大会上的讲话，2003 年 11 月 25 日。

③ 《习近平同志在纪念毛泽东同志批示“枫桥经验”40 周年暨创新“枫桥经验”大会上的讲话》，绍兴市纪念“枫桥经验”50 周年活动领导小组办公室编：《领导论：坚持和发展“枫桥经验”》（未刊稿），2013 年 6 月，第 25 页。

质上是一个强基层、打基础的经验，突出了固本强基、基层治理的理念。新时代创新发展“枫桥经验”，依然要坚持强化基础，激发基层新动能。切实加强以党组织为核心的村级组织建设，选好配强村级班子，提升基层干部能力；推动各类社会治理资源向基层一线下沉，人往基层走，钱往基层投，考核重基层；深化全科网格管理，选优配强网格长、专兼职网格员队伍，实行全科信息员、服务员、宣传员“三员合一”，及时掌握、收集、上报基层动态信息，提高基层治理精细化水平；通过预防化解矛盾，预警排除隐患，提高富民、惠民、便民水平，确保基层和谐稳定。

三、“枫桥经验”的创新发展趋势

与时俱进是马克思主义的理论品质，也是“枫桥经验”历久弥新的法宝。新时代“枫桥经验”必须在始终坚持其基本精神的前提下，直面基层治理新问题，不断在“创新发展”上下功夫。

（一）创新发展“枫桥经验”的“三共交融”治理格局

党的十九大报告作出“打造共建共治共享的社会治理格局”的重要部署，鲜明体现了社会治理以人民为中心的思想，即依靠全体人民“共建”和“共治”社会，坚持让全体人民“共享”发展和治理成果。以群众路线为精髓的“枫桥经验”契合了新社会治理格局的要义。共建共治共享在基层社会治理中实现“三共交融”是新时代“枫桥经验”创新发展的必要方向。

在“共建”方面，要坚持人民主体地位，优化基层社会治理主体格局。夯实基层党建基础，发挥基层党委在社会治理中总揽全局、协调各方的领导作用，确保基层社会治理的正确政治方向；基层政府一方面要强化履职的责任意识，明确履职的责任清单，另一方面要创新履职的方式方法，大力支持和推动社会组织、群团组织、乡贤精英、企业、群众等社会力量积极参与社会治理，最终形成以党的领导为核心，政府主导，社会各方参与相结合的“一核一主多元”

的治理新格局，形成政府治理和社会调节、居民自治良性互动的生动局面。

在“共治”方面，要坚持“两创协同”，促进多元治理主体的有效共治。“两创”是指体制机制创新和科技应用创新，二者协同推进基层社会治理方式创新。例如，“枫桥经验”的发源地枫桥镇在贯彻落实“最多跑一次”改革中，通过整合资源力量，引入大数据，在乡镇层面形成综治工作、市场监管、综合执法、便民服务四个功能平台。网格员巡查中发现的治理问题、群众要办的事务通过信息化应用终端及时输入综合信息指挥中心，管理人员在系统内部进行流转和指派，最终完成问题或事务的处理。“四个平台”建设重构了基层社会事务处理机制，体现了科技应用创新和治理流程再造的协同，大大提升了基层治理效率。

在“共享”方面，要树立“三共交融”的共享观念。坚持让全体人民“共享”发展和治理成果，体现了习近平同志社会治理思想的根本政治立场，也必然是创新发展“枫桥经验”的目标。同时，也要在全社会宣讲科学的共享观，应当激发群众积极性、强化公共意识，推动公众积极参与社会治理，在“共建”、“共治”中提升群众的获得感、价值感和幸福感。

（二）创新发展“枫桥经验”的“三治合一”治理体系

“健全自治、法治、德治相结合的乡村治理体系”是十九大报告提出的又一重大任务。乡村社会具有自治、法治、德治相结合的内在机理。村落中居住的大多数村民世代比邻而居，属于某个或几个宗族，具有自我服务、自我管理，自我监督的团体自治属性。同时，法治和德治成为团体自治所必需的两种主要机制。新时代“枫桥经验”应着力于创新发展“三治合一”的方式方法。

在自治方面，一是通过村级组织自治，逐步建立村两委（党支部和村委会）、村两会（村民代表大会和村民大会）、村务监委会、乡贤参事会相结合的村级民主自治制度，健全民主协商、决策和监督机制、乡贤精英助力机制。二是通过社会组织自治，借力社会组织中的社会工作者、心理咨询师、专业调解员等专业人才提供专业化服务，以提高自治的专业化水平。三是通过志愿服务自治，广大群众积极主动加入平安志愿者、网格管理员、调解志愿者、社区工作者等志愿者队伍，由原来的治理对象转变为治理主体，自主管理村中事务。

在法治方面，一是把法治思维贯彻于“枫桥经验”实践始终。扎实开展普法教育宣传工作，引导民众树立法治信仰，形成依法办事、用法解难、依法化解矛盾、靠法维护权益的法治思维。二是创新“枫桥经验”法治化的方式。促进公检法机构在村级设立警务中心或联络站，派出或聘请法律专业人员驻村提供法律服务；培育和发展专业性调解委员会，聘请专业人员进行专门领域调解，同时做到诉调无缝对接，促进矛盾纠纷调解从“情理法”向“法理情”转变；依法修订村规民约，发挥“软法”约束作用，促进基层自治法治化。

在德治方面，一是广泛开展社会主义核心价值观宣传教育，把核心价值观融入文明村建设、星级文明家庭评选等各类乡村文明创建活动中，形成好家风、好乡风氛围；二是通过加强古村落保护，编写族谱、家训等，继承发展地缘文化、家族宗亲文化，发挥传统优秀文化的德治功能；三是在农村基层成立“道德评判团”这样的群团组织，以评立德，强化道德约束力，形成“好坏大家判”的民间氛围。基层社会的良好秩序同时需要自我管理、法律规约和道德引导“三治合一”的维护。

（三）创新发展“枫桥经验”的“两网结合”驱动力

“两网结合”是指“全科网格＋互联网”。网格化管理是“枫桥经验”的经典做法，把村（社区）内的居民户划分为若干网格，每个网格配备网格长和网格员。升级为“全科网格”，意在将安监、消防、城管、卫计、市场监管、民生服务等社会事务全部纳入网格，授权于网格长和网格员巡查管理，发现问题首先自行处理，不能处理的上报指挥平台，通过事件流转处理、网格验收成效完成网格管理任务，做到了基层治理“底数清、动态明、反应快、服务好”，大大提高基层社会治理效率。

同时，互联网已全面融入经济和社会发展的各个方面，互联网不仅是社会矛盾问题的发生地，也是解决矛盾问题的场所，还是发现预警风险的场域。

为此进行了互联网与社会治理的深度融合推动“网上枫桥经验”的实践探索。比如建设在线矛盾纠纷多元化解平台、公共领域监控视频联网的“雪亮工程”、“一体化办案系统”等工程，以“互联网+”驱动公共服务、公共安全、矛盾化解等模式创新。

促进全科网格+互联网的结合，必须借助科学技术的运用。互联网已进入到“大智移云”（大数据、智能化、移动互联网、云计算的统称）的新阶段。一方面要利用移动互联网、信息通信等技术建立一体化社会治理信息平台，确保全科网格中的各类信息及时、便捷地传输到信息平台；另一方面利用大数据、智能化、云计算等技术推动数据采集、数据整合、数据应用“三大工程”建设，构建信息畅通渠道，深化数据分析应用，提高社会风险预警、社会矛盾化解的能力。

全科网格接收基层群众的源头活水，互联网科技带来未来生活的无限可能，促进“两网结合”，积极构建“天上有‘云’、中间有‘网’、地上有‘格’”的立体化信息网络，将进一步提高“枫桥经验”的智能化、精细化水平。

地方青年诚信体系建设研究
——基于H省、Z省和G省的分析

张会杰*

【导语】党的十九大报告提出："推进诚信建设和志愿服务制度化，强化社会责任意识、规则意识、奉献意识。"青年信用体系建设是贯彻和落实这一要求的重要抓手之一。本文以三个首批试点省份为例，总结和比较了三个地方推进青年诚信建设取得的进展与成效，归纳和分析了当前青年诚信建设存在的共性问题，并提出了针对性的政策建议。

一、青年诚信体系建设的基本背景

（一）诚信缺失对我国经济和社会发展产生严重消极影响

"人无信不立，业无信不兴，国无信则衰"，诚实守信是中华民族的优良传统。然而，随着我国社会和经济转型，失信现象层出不穷已成为一个社会现实。电信网络诈骗问题，互联网虚假信息、造谣传谣问题，涉金融领域失信问题，生态环境保护失信问题，扶贫脱贫失信问题，无证行医、非法医疗问题，假药问题，拖欠工资问题，逃税骗税和"假发票"问题，法院判决不执行问题，交通运输失信问题，论文造假、考试作弊问题，骗取保险问题，非法社会组织问题，慈善捐助失信问题，营业性演出市场虚假宣传及炒票问题，"假彩票"问题，假球黑哨、使用兴奋剂问题，等等。社会信任作为一种"黏合剂"与稳定

---

* 张会杰，北京师范大学中国社会管理研究院/社会学院博士后。研究方向为青年诚信建设。本文系2018年青年信用体系建设研究课题重点项目"地方青年诚信建设案例研究"相关成果（项目编号：QNXYZ2018002）。同时感谢北京师范大学社会治理智库对本文的支持。

的社会秩序密切相关，信任缺失的社会必将是一个失范的社会。目前，大量的失信行为已经对我国经济和社会发展产生了严重的影响。青年是国家的未来，青年诚信则国家诚信。通过开展青年信用体系建设，提升青年群体的诚信意识和信用水平，对于加强和创新社会治理，推进社会诚信建设具有重要的意义。

（二）国家治理社会失信问题迈出重要步伐

党的十八大以来，党和国家高度重视社会诚信建设。习近平总书记在党的十九大中明确提出："推进诚信建设和志愿服务制度化，强化社会责任意识、规则意识、奉献意识。"这为新时期社会诚信建设提出了要求和指明了方向。当前，推进社会诚信建设在加强顶层设计、完善制度环境方面取得了重要进展。一是健全体制机制，国务院成立由国家发改委和中国人民银行为牵头单位的社会信用体系建设部际联席会议制度，统筹推进社会信用体系建设各项工作。二是完善制度政策，印发出台了《社会信用体系建设规划纲要（2014—2020年）》《国务院关于建立完善守信联合激励和失信联合惩戒制度加快推进社会诚信建设的指导意见》，等等。青年信用体系建设是社会信用体系建设的有机组成部分。社会信用体系建设的不断深化必将为青年信用体系建设提供更好的机遇和氛围。

二、地方青年诚信体系建设：主要进展、成效及问题分析

（一）进展与成效

1. 建立健全了地方青年诚信建设组织领导体系

研究发现，当前主要采用两种模式构建地方青年诚信建设组织领导体系：一种是新组建式，即由省（自治区、直辖市）团委、省（自治区、直辖市）发改委和人民银行分行作为组长单位，其他地方部门作为成员单位，领导小组办公室设在省团委。G省、Z省即为此例。另一种嵌入式，即将青年诚信建设领导小组纳入本省社会信用体系建设领导小组框架下，成立青年诚信建设专责小组。H省即为此例。试点地方青年诚信建设组织领导体系的建立健全为加快推

进本地青年诚信建设奠定了组织基础，对于优化相关政策环境和向守信青年提供联合激励等工作开展提供了必要保障。

表 1　地方青年诚信建设组织领导体系

	H 省	Z 省	G 省
领导成员	组长 1 人、副组长 3 人、成员 7 人	组长 3 人、副组长 4 人、成员 12 人	组长 3 人、成员 20 人
组成部门	省团委等 10 个	省团委等 10 个	省团委等 16 个
办事机构	设在团省委	设在团省委	设在团省委

根据领导成员构成、组织部门和办事机构三个维度，本研究发现 H 省、Z 省、G 省青年诚信建设组织领导体系存在如下几个方面的共性特征[①]：一是领导成员较多，其中 G 省最多，达到 23 人。二是组成部门广泛，地方省发改委、省团委和人民银行分行是核心组成部门，省教育厅、公安厅等其他部门积极参与。三是办事机构全部设在省团委。另外，研究也发现 H 省、Z 省、G 省青年诚信建设组织领导体系在如下几个方面存在区别：一是组长数量不同。比如 H 省只有 1 个组长，而 Z 省和 G 省有 3 个组长。二是组长实际职务存在差异。比如，H 省的组长由团省委书记担任，而 Z 省和 G 省的组长分别由省发改委副主任、省团委副书记和人民银行分行副行长担任。三是有的地方没有设副组长，比如 G 省。整体来看，三个地方青年诚信建设组织领导体系的建立健全，为加快推进本地青年诚信建设奠定了组织基础，为优化相关政策环境和向守信青年提供联合激励等工作开展提供了必要保障。

2. 不断推进青年诚信建设数据的汇集和共享

全部试点地方推动汇集本地青年诚信基础数据入库，其中，Z 省、H 省运用志愿中国系统汇集，G 省运用本地青年志愿系统汇集。截止到今年 8 月，Z 省共汇集 1271.4 万人基础数据，G 省共汇集 935 万人基础数据，H 省共汇集

① 详情参见表 1。

164 万人基础数据。在推动青年诚信基础数据共享方面，H 省实现了本地所汇集数据的志愿中国系统与本地公共信用信息系统和人民银行银行信息系统的互联互通，Z 省实现了本地所汇集数据的志愿中国系统与本地公共信用信息系统的互联互通，G 省实现了所汇集数据的本地青年志愿系统与志愿中国系统的互联互通。

3. 积极探索青年守信联合激励机制落地运行

G 省和 Z 省分别出台了地方版的“行动计划”（H 省的“行动计划”正在会签中），其中，联合签署 G 省“行动计划”的部门达 53 个，联合签署 Z 省“行动计划”的部门达 10 个。相关地方政府部门、企事业单位和社会组织联合提供了丰富的激励措施、全面引导服务青年成长发展。调查发现，G 省共推出了 87 项激励措施，其中，相关政府部门推出 50 项，相关企事业单位和社会组织推出 37 项。87 项激励措施覆盖与青年群体成长发展密切相关的“教育服务和管理”、“就业和创新创业服务”、“社会保障服务”、“金融与住房租赁服务”、“文化生活服务”、“评先树优”等领域。例如，由 G 省教育厅负责提供的“教育和服务和管理”领域激励措施包括“鼓励学校在同等条件下优先录取五星志愿者”，由 G 省银监局负责提供的“金融与住房租赁服务”领域激励措施包括“鼓励相关金融机构为持有 G 省注册志愿者证的志愿者免费购买基本保险”。Z 省相关政府部门、企事业单位和社会组织也推出了几十项丰富的激励措施，其中，政府部门共推出了覆盖教育服务和管理、就业和创新创业服务、社会保障服务、金融综合服务以及其他服务等五大类 21 项激励措施。G 省和 Z 省还分别推出了“G 省志愿者证”和“Z 省志愿者证”，依托志愿者证 IC 卡功能优秀守信青年能线上线下方便快捷领取享用激励措施。除此之外，Z 省发布了首批青年守信联合激励红名单，244 名连续三年无不良信用记录的五星级青年志愿者入选，他们可以享受积分落户、教育服务和管理、就业和创新创业、社会保障、金融等多方面激励政策。试点地方青年守信联合激励机制的持续优化为营造诚信氛围和引导青年守信发挥越来越强的作用。

4. 加强诚信文化宣传，正向引导社会舆论

地方积极开展形式多样的青年诚信宣传教育活动，主要形式包括“诚信宣传节日”、“进校园”、“诚信签名”、“信用示范户评定”、“诚信跑”、“公交宣讲”等。G 省还举办了系列富有特色的诚信文化宣传活动，例如，G 省志愿者守信联合激励计划新闻通气会、G 省志愿者守信联合激励计划推进会、“志愿 G 省 诚信青年”——第 32 期南方公益志愿大讲堂、“诚信志愿者爱心优惠景区”授牌活动、诚信广州大家谈活动、“诚信创业”——G 省青年创客联盟诚信主题论坛活动。Z 省举办了由共青团中央、国家发改委和中国人民银行主办的 2017 年度“诚信点亮中国”全国巡回活动地方站活动，通过中央和地方全媒体矩阵的深度传播，不仅在青年群体中普及诚信文化和信用知识，而且在全社会不断强化诚信社会建设的氛围和共识。此外，通过电视、平面媒体、新媒体、户外广告等多种途径投放青年诚信公益宣传片，组织政府官员、专家学者、信用服务机构从业人员等面向全省开展诚信讲座，开展诚信文化作品征集评选活动等宣传诚信理念、普及信用政策和信用知识，在全省营造诚信氛围。

（二）面临的突出问题

在实地调研、征求意见和问卷调查中，一些方面反映，青年信用体系建设虽然取得了重要进展，但仍面临一系列亟待解决的问题。

1. 部分地方政府部门提供的激励措施有待落实

为支持青年诚信建设，地方政府部门积极参与青年守信联合激励，提供了覆盖教育服务和管理、就业创业等多个领域的丰富激励措施。例如，G 省相关政府部门提供了 50 项激励措施，Z 省相关政府部门提供了 21 项激励措施。调查发现，Z 省和 G 省签署地方版“行动计划”相关政府部门多数根据部门实际情况积极出台落实激励措施细则，但仍有部分政府部门提供的激励措施还没落实到位。青年守信联合激励机制是青年诚信建设的关键环节，政府部门提供激励措施开展青年守信联合激励是发挥政府部门在诚信社会治理中主导作用的具体体现。部分政府部门落实激励措施进展缓慢，一方面反映了对青年诚信建设

甚至社会诚信建设的重要性认识不足，另一方面更为重要的是说明缺乏相应的制度和机制保障。

2. 青年信用产品开发和应用场景建设进展缓慢

围绕服务青年发展，探索推进青年信用产品和信用应用场景的开发、应用是深入推进青年诚信建设的必要基础。调查发现，三个省份开发适合青年群体的信用产品仍在探索之中，推动构建本地青年信用评价指标体系进展缓慢。例如，G省和Z省以无不良信用记录和志愿服务时长两项标准评选优秀守信青年激励对象。青年信用应用场景建设目前仍局限于优秀守信青年联合激励措施所覆盖的水平，更多、更丰富地覆盖全部青年群体的具有市场性、社会性和政府性的应用场景还远未建立。青年信用产品开发和应用场景建设具有共生性，信用产品要运用到具体的应用场景中，没有应用场景信用产品就没有价值。

3. 青年信用体系建设资金普遍不足

青年诚信建设宣传活动、青年信用产品开发等工作都需要一定的资金支持。调查发现，三个省份均反映资金支持不够。一是财政资金投入不够，财政资金投入青年诚信建设的相应机制不够完善。在中央层面，Z省、G省、H省获得国家专项资金（中国青年信用发展专项基金）20万元的支持；在地方层面，仅有H省获得地方财政支持。二是社会资金投入参与青年诚信建设进展缓慢，支持青年诚信建设的多元投融资体系还未形成。

4. 诚信文化宣传的传播力、引导力和影响力还有待增强

习近平总书记在全国宣传思想工作会议发表讲话强调："做好新形势下宣传思想工作，必须自觉承担起举旗帜、聚民心、育新人、兴文化、展形象的使命任务。"为进一步深入推进青年诚信建设宣传教育工作指明了方向。调查发现，青年诚信文化宣传工作的传播力、引导力和影响力有限，一是试点地方组织开展的诚信文化宣传活动主要集中在青年学生群体，受众还不够广泛；二是主流媒体宣传报道的连续性和针对性还不够。

三、启示与建议

（一）构建完善组织领导体系是推进青年诚信建设的重要动力

政府负责是加快推进我国社会治理现代化的重要制度安排。青年诚信建设是社会诚信建设的有机组成部分，对于增强青年诚信意识和提升青年信用水平进而改善国家治理方式及提升监管水平有着重要的作用。同时，我们也应看到青年诚信建设是一项牵涉面较广的系统工程，需要多个政府部门联合行动才会更有实效。从G省、Z省和H省三个地方开展青年诚信建设工作实践看，由省团委、省发改委和人民银行分行牵头，联合其他政府部门成立青年诚信建设领导小组是富有成效的组织领导体系。除此之外，青年诚信建设领导小组应吸纳更多的其他政府部门作为成员单位。青年诚信建设领导小组成员单位越多，相应的政府提供的青年守信激励措施越多、越丰富。

（二）优化政策环境是推进青年诚信建设的重要保障

没有规矩，不成方圆。相应的政策制度是保证组织有效运转，达成工作目标的可靠保证。缺乏相应政策制度的约束和指导、鞭策和激励、规范和程序，该项事业不可能有良好的发展。正是由于G省、Z省和H省出台了相应成立青年信用体系建设领导小组的通知，当地青年诚信建设组织领导体系才得以构建完善；正是由于G省和Z省出台了地方版的“行动计划”，青年守信联合激励机制才得以真正运行。同时，我们也应看到部分政府部门提供的激励措施还有待落地的问题，这说明相关政策环境需要根据实际问题不断优化。

（三）夯实数据基础是推进青年诚信建设的基础工程

汇集和共享青年信用信息是实施青年守信联合激励的前提条件，是构建青年信用评价标准体系，满足多层次、多样化需求的青年信用产品与服务的基本要求。Z省、H省依托志愿中国系统，G省依托本地青年志愿系统汇集了大量青年基础数据，Z 省和 G 省依据汇集的信息探索运行青年守信联合激励，其中，Z 省通过数据共享和交叉比对发布了首批守信红名单。下一步，推动汇集和共享维度更为丰富、内容更为全面的青年信用信息对于进一步深入推进青年诚信建设必不可少。

（四）积极鼓励社会力量参与是推进青年诚信建设的必要补充

社会协同对于推进我国社会治理现代化具有重要的作用，在推进青年诚信建设中也必不可少。目前来看，社会力量参与地方青年诚信建设主要集中于三个方面：一是提供激励措施，例如，社会力量为 G 省提供了 37 项激励措施。二是提供技术支持，例如，志愿中国系统的建设和维护。三是支持青年诚信宣传教育活动，例如，“诚信点亮中国”全国巡回活动 Z 省地方站活动举办就获得了社会力量的支持。未来，社会力量将在资金方面、技术方面和其他资源方面对青年诚信建设提供更多的支持。

我国社区防灾减灾救灾政策优化设计

张文杰*

【导语】党的十九大报告提出，健全公共安全体系，提升防灾减灾救灾能力。完善社区防灾减灾救灾是提高全社会防灾减灾救灾能力、解决风险防范"最后一公里"问题的关键，也是新时期防灾减灾救灾建设的重点努力方向。本文以风险管理和韧性理论为指导，就如何提升社区综合防御体系和社会应对能力进行探讨，提出基于韧性建设的我国社区防灾减灾救灾政策建议。

一、社区在灾害治理与风险防范中的作用和地位

纵观世界，各种自然灾害从未停止对人类生产和生活的影响与破坏，有些灾害所造成的生命和财产的巨大损失，在人类历史上留下了难以磨灭的灾难性印记。从某种意义上讲，整个人类的发展史就是一部人类与各种灾害不断斗争的历史。

随着经济社会快速发展，人口和财富等显著增加，自然灾害造成损失剧增，经济社会发展和人们生产生活对自然灾害的敏感性、脆弱性和破坏性更加凸显。联合国2015年自然灾害风险评估年报告指出，"快速城市化，资产、人员和社会财富快速向灾害高危险地区转移，已经构成了对社会经济安全可持续发展的巨大威胁"。在城市环境下，小灾引发大灾并形成灾害链更具有一定的普遍性。不仅如此，自然灾害链之间在相互传递，自然灾害与社会安全事件也发生相互

---

* 张文杰，中国地震局政策法规司副处长，北京师范大学2015级博士生。主要研究领域为灾害治理、政策过程等。

传递。如果防灾减灾救灾做不好，经济越发达，灾害影响的危害后果也会越大。

我国是世界上自然灾害最为严重的国家之一，灾害种类多，分布地域广，发生频率高，造成损失重，经济社会发展面临复杂的灾害风险。习近平同志指出，社会主义现代化建设进入关键时期，必须要做好抗击发生像唐山大地震、汶川严重地震那样的重大地震灾害的准备，决不能因为自然灾害的发生迟滞中华民族的伟大复兴。经过 40 年的改革开放，我国社会经济得到迅速发展，2017 年中国城镇化率达58.52%[①]，城市中各种要素高度集中，城市抵御自然灾害的能力不足，全社会进行防灾减灾救灾存在薄弱环节，尤其基层面对灾害特别脆弱，灾害造成的损失可能更为巨大。防灾减灾救灾是一项全方位、全过程的系统工作。面对突发的自然灾害，社区不仅要在第一时间内面对，也要在第一时间内处置灾害。事实证明，面对自然灾害，基层社区发挥社会功能，动员所有居民参与防灾减灾救灾，能够有效减轻自然灾害的影响。可以说，社区作为政府体系运转的毛细血管，各项政策贯彻执行的“最后一公里”，是防灾减灾救灾的前沿阵地。

2017 年 4 月 3 日，中央印发《中共中央、国务院关于加强和完善城乡社区治理的意见》，对全面提升城乡社区治理法治化、科学化、精细化水平和组织化程度，促进城乡社区治理体系和治理能力现代化做出全面安排部署，特别强调要加强社区公共安全建设。近年来，民政、地震、气象、安监、消防等管理部门通过创建综合减灾以及安全示范社区，指导地方因地制宜，大力夯实基层防灾减灾救灾能力和提高应急管理水平。随着中央国家机构改革不断深入，应急管理部的成立，要求进一步落实责任、完善体系、整合资源、统筹力量，加强综合减灾和安全社区建设，实现防灾减灾救灾工作与社区日常工作深度融合，推动完善我国自然灾害应急管理体系的建设。

---

① 国家统计局：《中华人民共和国 2017 年国民经济和社会发展统计公报》。

二、韧性社区建设的背景以及国外经验借鉴

（一）社区防灾减灾救灾和安全建设存在的问题

社区（community）的概念最早来源于社会学，是指聚居在一定地域范围内的社会生活共同体。社区是社会基本单元，从城市规划的角度出发，我国目前城市社区的范围，一般是指经过社区体制改革后作了规模调整的居民委员会辖区。多年来，我国城市在防灾减灾救灾方面有了一定的基础，但同时也应看到，面对种种不确定性风险增多，传统防灾减灾救灾理念已经不能满足城市发展的要求，尤其是社区防灾减灾救灾能力总体比较薄弱，存在不少问题。

一是多数基层单位或组织对开展防灾减灾救灾的重要性认识不到位，管理人员对防灾减灾救灾工作的认识程度差异较大，具体体现在对防灾工作重要性认识，主体责任意识、风险防范意识、主动工作意识参差不齐，认为防灾减灾救灾是务虚的工作，没有抓经济、抓发展实在，不愿意把人力、物力和财力投入到防灾减灾救灾工作中来，存在着重抓灾后重建，轻抓灾前预防的思想。灾害发生第一时间，救援及重建力量很难覆盖基层系统。二是行政资源分散，部分做得好的社区应急管理体系也主要是以职能部门为主体的专业管理和以街道为主体的属地管理的“井”字形管理体系。这种常态化的管理模式无法适应城市迅速发展、灾害影响日益复杂的应急管理现状。社区缺乏专门的机构和人员去切实推动减灾活动的开展，社区层面推进防灾减灾救灾、安全生产、消防等方面的工作各自为政，缺乏对社区开展灾害环境评估，灾害风险隐患排查，居民参与并形成社区防灾减灾救灾规划等基础工作的指导和安排。三是社区防灾减灾救灾基础工作滞后，自上而下层级式的资源配置使得社区缺乏防灾资源，缺少基础设施、专业人员配置，同时，运行管理机制、约束考核机制等管理制度也不健全。四是社会资源在防灾领域的参与程度较低。社区居民的防灾减灾救灾意识不强，普遍存在的侥幸心理使民众对防灾减灾救灾了解很少，缺乏掌握防灾避灾知识的主动性，大多数社区缺少应对灾害的救援救助志愿者队伍。

（二）韧性社区的兴起及国外典型经验和做法

随着对社区防灾减灾救灾的深入研究，加强社区自身应对灾害的韧性建设，是当前防灾减灾救灾研究与实践逐步呈现出的趋势，越来越多的研究强调应对自然灾害“风险”的“韧性”提升上。韧性可以很大程度上提高社区层面的防灾减灾救灾能力。韧性理念从动态与发展的角度为自然灾害的应对提供了新的思路。从语言学角度来说，韧性一词起源于拉丁语“resilio”，意思是恢复到原先的状态。韧性这一概念最早是20世纪70年代由加拿大生态学家霍林提出，用于定义生态系统的稳定性，即生态系统适应外部环境变化以达到生态持续性的能力①。20世纪80年代，韧性理论的应用扩展到了灾害管理领域，使得灾害领域的学者将关注点从脆弱性转移到韧性层面上。基于韧性理念的自然灾害应对抛弃了传统的躲避、隔离和抵御外部扰动的策略，转而采取适应、调整和改进策略。韧性日益成为统合防灾减灾救灾工作框架的概念，研究认为，一个社区内的人力资本、社会资本以及物质资本的拥有量很大程度上影响甚至决定了社区在灾害背景下的生存和复苏能力。②防灾减灾越来越注重受灾对象在不依赖或者较少依赖外部救援的情况下存续、重建和发展的能力，要求灾害管理更多关注居民和社区的“韧性”而不仅仅是受灾对象的救灾需求和脆弱性。尽管对于韧性的定义还存在多样化的解释，但是从韧性的角度开展社区建设已经成为城市防灾减灾救灾的新兴策略。

1. 美国韧性减灾社区建设的经验

美国主张以社区为主体开展防灾减灾救灾。一是注重对社区居民灾害应急意识和能力的培育，将社区居民防灾减灾救灾意识、应急知识与能力培育纳入到减灾型社区建设。二是通过制定各种详细的应急预案，以使危机带来的损失

---

① C. S. Holling, L. H. Gunderson, “Resilience and Adaptive Cycles”, *Panarchy: Understanding Transformations in Human and Natural Systems*, Island Press, 2001, pp. 25-62.

② E. Chamlee Wright, D. Rothschild, “Disastrous Uncertainty: How Goverment Disaster Policy Undermines Community Rebound”, *Mercatus Policy Series Comment*, 2007, p. 9.

减小到最小。并通过社区参与完善应急预案，力求做到接近实际，具有灵活性和可操作性。三是完善的组织体系和协调机制。建立了政府与社区组织和居民协调行动、应急联动的合作关系。四是居民参与的组织化。由公共组织、非营利组织和社区的合作组成了庞大的救援体系及灾害文化传播体系，有效组织居民个体成为应急力量。韧性社区建设的成功案例是加州伯克利市在经受 1989 年、1991 年两次地震之后的重建。伯克利市的选民通过投票为建筑物加固支付了 3.9 亿美元，每年为全市的地震补贴和相关安全计划提供了 200 万美元。伯克利市议会批准了转让退税计划和许可费返还计划，鼓励房屋持有人为房屋和社区安全采取行动，并为低收入群体、老年人、残疾人的安全改进项目提供贷款支持和免费的家园维修计划。①

2. 日本韧性减灾社区建设的经验

日本是受到地震灾害威胁最大的国家，日本政府非常重视社区防灾减灾救灾能力建设，认为建设抗御灾害能力强的社区是防灾减灾救灾的基础。其防灾减灾救灾体制的特点在于"重点规划，强化基层"。"重点规划"指根据地区经济规模和自然灾害发生的规律，确定重点防灾区域，强化预计将受到巨灾地区的防灾减灾对策。"强化基层"包含两方面的含义：其一是基层组织是防灾减灾救灾的主体；其二是基层组织在强化自身能力建设的同时，注重提高社会减灾能力，最终提高全社会应对自然灾害的水平。阪神大地震后，开始推行"防灾福利社区事业计划"，提出了"自己的生命自己保护"、"自己的灾害和社区自己保护"的基本理念，希望通过市民、计划推动者与市政府的合作，发挥社区在开展防灾减灾救灾宣传、教育与训练等方面的作用，增强社区的自主防灾能力。

3. 英国等建设"韧性社区"的经验

英国在 2004 年颁布的《民事紧急状态法》将应急管理工作重心转向提

---

① A. Chakos, P. Schuiz, L. T. Tobin, "Making It Work in Berkeley：Investing in Community Sustainability", *Natural Hazards Review*, 2002, 3(2).

高综合抗灾能力等方面，英国“面向实践者的社区韧性框架”（Community Resilience Framework for Practitioners）将社区韧性建设纳入风险治理政策框架，该战略框架提出了社区灾害韧性提升过程中个人、社区、政府部门和其他参与者的角色分工，将社区应急规划作为韧性构建的重要部分，并从风险的准备、响应、恢复、缓解各阶段对社区韧性建设提出要求。

4. 澳大利亚韧性减灾社区建设的经验

澳大利亚联邦宪法规定“各州或领地对其公民的生命和财产负有主要责任，而联邦政府则有责任支持和帮助各州发展它们的灾害应急管理能力”，支持和帮助的手段就是加大联邦对社区防灾减灾救灾能力的投入。澳大利亚政府高层防灾减灾救灾管理者把社区看成国家防灾减灾救灾的基本力量，并坚持在社区防灾减灾救灾能力建设上下功夫，注重培养和发展有实战能力的社区志愿者。澳大利亚的减灾救灾志愿者都需要经过培训且达到一定标准，比如“必须能熟练操作各种复杂的救灾设备”，能在困难的环境中提供志愿服务等。

5. 新西兰韧性减灾社区建设的经验

地震频发的新西兰格外注重在社区房屋建设中使用抗震设防技术。新西兰的隔震技术一直处于世界领先水平，科研人员早在20世纪60年代末70年代初就已将特制的橡胶垫用于基础隔震，在房屋建筑中设置隔震减震装置，能够有效降低地震来临时造成的损害。新西兰政府非常重视对社区居民的防灾减灾救灾教育，新西兰国家民防部每年会给社区印制大量的防御地震灾害的宣传品，其内容包括地震灾害的识别、预防以及如何自救、互救等，发放给所有社区居民，提醒居民做好预防准备。这使社区居民大都清楚地震发生后该采取哪些措施，有效防止恐慌情绪的蔓延，帮助大家沉着应对地震灾害。

（三）韧性社区的特点和作用

从防灾减灾救灾角度来看，韧性是指人、家庭、社区、国家等不同层次的系统面对周期性突发事件时，以减低长期易损性和促进包容性发展的方式来抵御、适应灾害的冲击和影响并恢复的能力。如果把灾害看成一种扰动，韧性则是系统在受到扰动时可维持或迅速恢复其功能，并通过适应来更好地应对未来不确定性的能力。这种适应和弹性的区别是它不一定要完全恢复到原来的状态，而是可能根据扰动的变化达到一种新的状态和平衡。从应对灾害过程来看，韧性可以分为抵抗、恢复和适应三个阶段。① 抵抗是在扰动来的时候吸收扰动产生的负面影响，系统核心功能不被扰动完全破坏。恢复是指扰动发生后，系统可迅速恢复其受损部分至所期望的状态。适应是指整个系统通过主动或被动学习来改变其结构以应对未来的不确定性。

从风险治理的角度看，韧性社区指面对不同类型和不同水准的灾害及其影响，在不确定性风险的情况下，能够适应灾害高发的环境，具有较高的预测预警和反应协调能力，能在灾时不完全依赖外界救援，通过自身防灾韧性，使空间环境、社会结构等方面恢复到灾前状态，并能通过吸取灾害经验，进一步提高社区防灾韧性的社区。韧性社区首先强调社区受到灾害破坏后恢复到灾前状态的能力，其次是对于灾害的预防、准备、响应行动及迅速恢复的能力，同时还强调了社区长期适应能力的特征。

与传统社区相比，韧性社区在防灾减灾救灾方面具备“回弹”、“重组”等能力，包括吸收外界扰动、自组织和他组织的协调、快速恢复常态以及软硬件结合的应对能力。韧性防灾在应对灾害全过程中发挥的作用有很大不同，突显了建设韧性社区的重要性和必要性，韧性社区建设将是未来防灾减灾救灾发展的趋势。一方面，将韧性的建构纳入风险治理框架，实现干预手段的多元化和能力的整合，将风险治理渗透到社区发展的各个方面，包括土地利用、建设管理、环境管理、社会福利等，建立起与社区治理、社区规划相整合的可持续实施机制。另一方面，在社区韧性建设中引入治理理念，通过适应性共同管理（adaptive comanagement）、组织化学习（organizational learning）等过程行动，吸纳多元主体参与决策与实践，通过集体行动促进社区的主体能动性，将防灾工作和城市基层民众的日常生活状态有机结合，这样就可以产生长期维持社区

---

① 邹亮：《城市防灾中的韧性理念》，《北京规划建设》2018 年第 2 期。

防灾建设的动力。[①]

表 1 社区传统防灾减灾救灾与韧性防灾减灾救灾的比较分析[②]

	传统防灾减灾救灾	韧性防灾减灾救灾
组织领导	政府主导，以不同的灾害种类划分垂直的管理模式。各防灾相关部门分管，提供技术支持、分级实施	政府、专业部门、社会组织及社区的合作，包括区域和国际组织、志愿者在内，私人部门和科学界的共同参与
管理理念	应急反应式	预案准备式
资源投入	政府在各种物资和投入中起到主要作用	社会、政府、企业、民众的多方合作投入机制
政策执行	自上而下的逐级管理模式	自下而上的基层参与模式、注重引导发挥基层在日常防灾工作中的主体作用
持续时间	短期防灾减灾救灾行动	长期防灾建设计划
民众意识及参与度	公众对防灾了解少，对于防灾参与度和认可度较低，普遍存在侥幸心理	公众的防灾意识及参与度较高，参与防灾减灾救灾全过程行动
应急救援	政府发动大规模、专业的救援团队进行应对，主要进行定点救援；在巨大的救援需求面前，政府救援队的救援力量、装备等会显得严重不足	社会组织及社区在第一时间采取相应的应急措施，救援活动可以按照不同的层面展开，解决分布在城市的不同地区、数量众多的城市居民的基本生活需求和避难需求
灾害重建	灾后专业救灾团队开展恢复重建的工程思想	灾后根据应急预案，集中不同类型的防灾资源开展恢复重建工作
关注指标技术路径	对于灾害的认知过于单一，忽视了灾害爆发时的综合破坏力，以工程为导向，侧重于使物质系统具有能够抵御灾害的能力，关注灾害对物质的影响，强烈依赖技术指标，将以技术指标的实现为目标，强调所有的建筑设防或者避难场所建设完全符合规范	关注城市体系的相互关联性，以系统化的方式分析评估风险，强调社区社会和文化属性，结合社会管理、部门合作、公众参与等，整合技术标准等工程建设层面的措施，以确保城市社会远离风险构建综合指标，全面增强城市系统的结构适应性

三、基于韧性建设的我国社区防灾减灾救灾政策优化设计

从国际经验来看，韧性社区建设对于推动城市防灾减灾救灾和应急管理提供了新思路和重要的行动指南，立足于中国实际，借鉴国外先进经验，推动韧

① 刘佳燕、沈毓颖：《面向风险治理的社区韧性研究》，《城市发展研究》2017 年第 12 期。
② 笔者综合相关文献整理。

性社区建设是完善我国灾害治理体系的一个重要方向。当然，我国社区在经济发展水平、应急资源以及组织结构、人员居住特点等方面，与国外有显著不同，需要结合我国社区实际来构建韧性社区。

（一）建立健全韧性社区的治理体系和机制

要在社区层面建立健全综合减灾与安全社区治理共同体，构建以政府为核心的多元主体协调统一、合作共治的治理机制，激发包括企业、社会组织和公民个体在内的多元社会主体的参与积极性，形成政府为主导、政府社区管理部门和社会组织相协调，企业、社会公众积极参与的网络化的社区灾害管理组织架构，在此架构上协调社区各方关系，开展防灾减灾救灾、安全生产等方面工作，打破条块分割的各利益相关主体管理上的壁垒，实现资源共享、信息互通、行动协同，构建社区横向到边、纵向到底、重点突出的多层次、立体化的多方主体协同治理的社区灾害治理体系和机制。

（二）加强顶层设计

整合包括法律、法规、规章、标准等在内的综合减灾与安全示范社区建设的制度体系。国家应急管理部的组建为推动防灾减灾救灾和安全生产工作提供了重大机遇，为统筹综合减灾和安全社区建设提供了契机，建议整合综合减灾、防震减灾、安全生产、消防等方面示范社区建设工作，加强各方面示范社区建设的协调配合，形成深度合作。在宏观层面，根据灾害治理的一般规律和要求，建立健全以全国性法律和法规为主要形式的综合性灾害治理制度体系，根据不同灾害治理的具体需要建立健全以法规、规章为主要形式的分灾种制度体系，使灾害治理有法可依、有规可循。在微观层面，围绕社区应急预案、避难场所建设、宣传教育、应急演练、应急物资储备等方面制定工作指南，建立标准规范体系。

（三）进一步明确社区防灾减灾救灾的责任主体

尽管防灾减灾救灾工作在架构体系、参与力量等方面越来越多元化，但我们国家最基本的主体仍然是政府及其领导下的各级组织机构。上面千条线，下面一根针。各级政府尤其是基层政府，要加大对社区的领导，建立和完善防灾减灾救灾领导体制、工作体制和投入机制，有效发挥政府在防灾减灾救灾治理中的主导作用。研究制定社区层面在防灾减灾救灾等公共安全方面的权责清单，明确社区管理部门在防灾减灾救灾和安全建设方面的主体地位和职责职能，会同有关方面把综合减灾和安全生产纳入基层政府对社区工作的综合考核评价体系，将防灾减灾救灾和安全建设治理融入社区的整体工作计划、议事内容之中、行动方案之中。

（四）实现韧性社区建设的空间规划和预案管理

一是结合公园绿地、广场、学校操场等低风险区域的公共空间配置应急避难场所，保障防灾绿地的均好性、防灾据点的有效性、生命通道的完整性，实现应急避难全覆盖。二是定期排查消除安全隐患，清理对应急救援可能产生阻碍的违章建筑、堆砌物等障碍物，消除潜在安全风险隐患，定期维护电力、电信、自来水、天然气等与日常生活密切相关的设施以确保灾害发生时的正常运行能力等。三是强化社区风险防范预案管理，建立社区应急救援专业队伍，有序组织开展社区应对突发事件应急演练，提高对自然灾害、事故灾难等突发事件的预防和处置能力。

（五）加强网络信息技术在社区灾害风险治理中的运用

利用大数据技术，建设集情报信息、分析评估、监测预警、应急指挥、快速处置为一体的社区智慧系统和服务平台，使不同管理部门和管理人员能在一个平台上有效一致地开展应急管理工作。智慧系统将日常管理和突发事件动态管理与应急处置等决策辅助功能融为一体，为社区常态化的综合管理、紧急状态下智能应急联动和指挥提供决策支持。

（六）开展社区防灾减灾救灾科普宣传教育

认真了解社区工作和社区公众的迫切需求，制定全民安全教育手册，将灾害风险意识贯彻到社区治理的所有领域和各个环节，落实到每一个公民的行动中，使得每个人都负起责任，形成共建共享共治的格局。

社区经济发展与社区托育服务的困境及出路

刘文婧*

【导语】党的十九大报告提出“幼有所育”的新目标，成为在发展中保障改善民生、增进民生福祉的重要内容。本文以北京的一个社区日托所为典型案例，通过社区经济发展的理论视角，深入剖析了当前社区托育服务面临的主要困境，并提出了促进社区经济发展和完善社区托育服务的政策建议。

一、问题的提出

婴幼儿托育服务是指经0—3岁儿童的父母授权，以完成父母不能亲自照顾与教育时的任务，是专为支援家庭系统中的照顾功能而设的支持系统，也是儿童福利中很重要的一环。20世纪70年代以来，随着女性参与工作的比率越来越高，由母亲以外的人员或机构照顾婴幼儿的正式与非正式方案越来越普遍，婴幼儿托育问题引发关注。在学术界，教育学者们最开始关注的议题是，三岁以下婴幼儿与母亲的早期分离是否会导致婴幼儿不安全的母子依恋以及未来心理问题的产生。80年代后，大量研究结果表明：结论取决于托幼机构的质量。婴幼儿保育机构的质量差异很大，低质量的保育的确和婴幼儿的不安全依恋有关，但高质量的托幼机构不会对婴幼儿产生危害，而且低收入家庭的婴幼儿的认知发展还会因为入托经验而获得改善。高质量的托幼机构教育对婴幼儿当下和后续的学习和发展、对家庭乃至整个社会的发展都具有不可忽视的积极作用。儿童发展专家和经济学家后续从不同角度揭示了投资童年早期的重大社会价值，

* 刘文婧，北京泰尼贝尔教育咨询有限公司执行董事。研究方向为公共政策、公共安全与风险治理。

人们对于托幼机构质量的关注与日俱增，政府也逐渐将0—3岁儿童照顾视作公共服务的重要组成部分，是培养未来社会公民的重要开端，典型的如美国的“开端计划”。

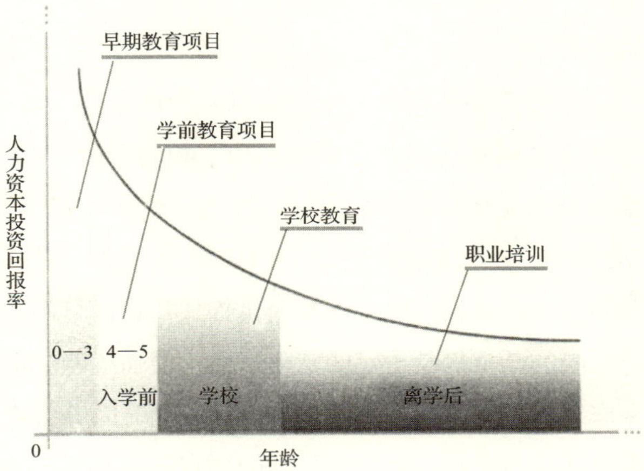

图1　动态人力资本投资回报生命周期模型[①]

除了儿童发展的需求之外，构建一个友善的育儿环境，并提供可及性高且品质优良的儿童托育服务，可协助女性在家庭与就业取得平衡，从而优化生育，以促进社会和经济发展。因此多国政府在生育津贴、产假制度、税赋优惠之外，均着重健全托育服务等儿童照顾体系。国际经济合作发展组织及联合国教科文组织等也极力倡导各国政府采取公共托育政策，希望借由托育服务的公共化，保障儿童接受适当的照顾、提升女性劳动参与机会、促进家庭就业的平衡，并促进性别平等以提高生育率。在中国，社会结构的转变和妇女就业率的提升也促使0—3岁婴幼儿照顾成为公众议题。许多双薪家庭都因为“难以兼顾就业与育儿”、“担忧外人托育品质”、“幼儿托育费用过高”或“托育服务不普及”

---

① 赫克曼的动态人力资本回报生命周期模型指出，对人力资本形成的最佳投资时期是学前教育阶段，而人力资本投资的回报率，也以学前教育阶段最高，学前教育时期的投资回报率，相当于此后所有年龄阶段人力资本投资回报率之和。

等，而无力或无意愿生养小孩。[①] 0—3 岁婴幼儿养育问题凸显，极大抑制了家庭的生育意愿。全国调查数据显示，53.3% 的一孩家庭不打算生育二孩，70% 的家庭将“无人照料幼儿”列为不愿意生育的首要原因。[②] 近年来，特别是“全面二孩”政策明确鼓励生育以来，大力发展社会支持系统以辅助家庭养育婴儿成为社会共同的呼声。

一般说来，0—3 岁婴幼儿的托育服务可以分为机构式（集合式）、居家式和社区式三种。从发达国家婴幼儿托育发展历程和趋势中，可以发现 0—3 岁的婴幼儿托育服务模式逐渐朝向“去机构化”、“居家化”和“社区化”方向发展。“距离近、规模小、轻松方便抵达的居家环境、专业的从业人员”等特点使得婴幼儿托育服务方与社区密切连接。相对机构式托育而言，社区的家庭式托育能提供熟悉、温暖的环境以及稳定的依附对象，使幼儿能获得较多的关注与互动。此外，家庭式托育具有收托人数少、弹性收托时间等特点，使得年轻父母更偏好选择家庭式托育类型。上海市妇联的调查显示，需要婴幼儿托管服务的家庭占到了 88.15%，其中有 73.75% 的家庭希望托管点设在社区里。但我国在 0—3 岁早期教育、儿童福利方面的政策法规处于空白阶段，社区的公共托育工作缺少规划，缺少专业性专题性的法规保障落实，行业标准的滞后等诸多问题都制约着社区托育服务的发展。[③] 如何借助发达国家的成熟经验，促进社区托育服务发展，多措并举提高托育供给的质与量，成为重要议题。

二、社区经济发展与相关主体

社区经济发展一般指以社区为本位，而非外在市场需求为依据的经济发展

① 刘中一：《多措并举加强 0—3 岁幼童托育工作》，《人口与计划生育》2016 年第 11 期。

② 钟晓慧、郭巍青：《人口政策议题转换：从养育看生育 ——“全面二孩”下中产家庭的隔代抚养与儿童照顾》，《探索与争鸣》2017 年第 7 期。

③ 李沛霖、王晖、丁小平、傅晓红、刘鸿雁：《对发达地区 0—3 岁儿童托育服务市场的调查与思考 —— 以南京市为例》，《南方人口》2017 年第 2 期。

策略，强调社区民众提供产品或服务以满足社区需求。社区经济发展因此区别于一般以营利为目的的经济活动，同时具有清楚明确的社会目的，两者的平衡可以说是社区经济发展成功的关键。具体说来，社区经济发展一般有以下评价指标：可以为被劳动市场边缘化的群体创造就业机会，例如非正式就业的女性、中老年人等；项目必须有教育培训功能，以协助成员累积人力资本和社会资本；项目目标必须是社会性，而非营利性。换句话说，社区经济发展所创造的就业机会是针对原本劳动市场排除的边缘人群，因为社区经济发展的主动力不是资本的积累，而是社会价值的创造，组织因此愿意牺牲部分利润，创造就业机会或提升人力资本，促使就业边缘人口进入就业市场。从这个角度出发，妇女天然地成为社会企业的重要人力资源。

社区经济发展的推动主体一般主要为社会企业。社会企业镶嵌在特定的社会政治环境中，具有混合目标（社会目标、经济目标、政策/政治目标），具有社会使命和市场经济的双重组织文化。社会企业一方面需要具备市场竞争的能力，找到永续生存的空间；另一方面，社会企业要具有辅导和协助弱势群体的能力和组织文化。社会企业强调用商业策略来解决社会问题，试图调和市场和非市场资源，以助其目标达成，因此其根本驱动力为社会使命，而非利润。从组织形态来看，“社会企业除指企业的非营利化，即企业慈善及社会责任的展现外，也包含非营利组织的商业化，以及于创立初始直接以达成社会目标并以商业手段运作而成立之组织”。①

社会企业的生存空间由其能服务的对象直接决定，从国外经验来看，社会企业主要专注于养老、教育、医疗、弱势群体帮扶等公共服务产业。生态理论揭示婴幼儿的发展受到家庭和社区的重要影响，而婴幼儿适宜性环境发展理论明确指出，0—3岁婴幼儿应该在模拟家庭的环境中成长，因而社会企业提供的小规模日间照料模式在社区日托服务供给中具有独特的优势。如何为当前广泛

---

① 李衍儒、江明修：《社会企业之发展经验与政策建议：以美国、英国、中国香港与中国台湾为例》，《中国非营利评论》2011年第11期。

隐藏在社区中的“非法”日托成长为社会企业提供发展空间，如何让被迫全职的女性有机会投身于专业的日托事业中，既解决自身就业问题，又满足社区托育需求以推动社区经济发展，将成为托育服务社会化发展中的一个关键问题。但目前，无论是社会企业，还是我国0—3岁婴幼儿托育问题的研究都尚处于初始阶段，现有文献不仅数量偏少，而且主要是宏观层面的静态描述性研究，对当下托育服务中的社会企业如何产生、如何创新托育服务供给等问题缺乏动态性的观察和思考。本文希望借助社区经济发展视角，选取北京的一个社区日托作为典型案例，透过访谈与参与观察，进行田野资料的收集与分析，回答上述问题。

三、个案分析

2017年4月，北京某个郊区县，三位妈妈因为共同难题走到一起。她们作为原生家庭里的独生女，接受了良好的高等教育，身份分别为博士生、私企中层管理人员和体制内工作者。她们在南方长大，在北京求学或工作，定居在此，有稳定的职业发展预期，背负自己父母的期待，但她们刚陆续生完二胎，就业与婴孩照顾的两难困境再次摆在她们面前。因为职业女性的实际产假往往很难达到6个月以上，而幼儿园仅接收3岁以上幼儿，在入园前长达两年半左右时间，婴幼儿照料需要家庭承担。此前，她们在照顾第一个孩子的过程中，采取了不同的方案，包括尽可能延长产假、请育儿嫂、两边长辈轮替照顾、自己暂停学习或工作照顾孩子，甚至几种方案搭配进行。虽然方案各有不同，但这一过程中大家都反复体验着时间、人力、财务、居住空间乃至知识等需求与现实的矛盾。雇佣保姆面临着稳定性、专业性、安全性的风险，“攀比工资”、“临时辞职”、“虐待孩子”、“频繁更换导致孩子安全感缺失”等问题使她们倍感压力；隔代教养面临观点冲突和老人福利受损的现实，老人抚育第二个孩子的意愿也远低于第一个孩子；机构托育则面临无服务供给的窘境——根据国家卫生计生委公布的数据，当前我国托育服务短缺非常严重，0—3岁婴幼儿在我国各类托幼机构的入托率仅为 4%，远低于一些发达国家 50% 的比例。其中，中国城市 3 岁以下儿童的入托率不到 10%。

三位妈妈因为第一个孩子年龄相仿而相识，进而发现大家普遍存在 3 岁以下孩子的照顾问题和托育需求，这些需求通过后续家长访谈更进一步明确。大部分受访对象表示考虑到托育机构的专业性、环境设计和组织优势，比较愿意选择机构，而非育儿嫂居家照顾。选择依靠祖辈照料婴幼儿则是社会化托育服务资源有限的无奈之举，特别是社会托育存在信任危机的背景下，祖辈至少可以保证对孩子基本的爱和照顾，但祖辈们有自己的育儿观，比如“不能穿尿不湿”，“要及早进行大小便训练”，“孩子不知道饥饱，不会自己吃饭，追着喂也正常”，“不吃盐没有力气”，“困了就会自己睡”等，年轻父母往往会对长辈的抚育方式提出不同观点，导致两代人在生活细节上频繁争吵。从国外留学回来的家长则表示，同事和朋友的孩子几个月时就会送到专业日托机构，父母得以继续工作，而照顾孩子这种专业的事情也交由专业的人来做，所以回国后她也希望找到这样机构。访谈中，多数家长表示希望孩子在早期教育阶段得到的不仅是基本看护，也包括适宜的发展环境和专业的早期教养，认同在提高孩子的自理能力、塑造品格习惯、促进社会性发展方面，专业托育机构相比老人或阿姨在家带有更大优势。由于营利性考量和市场环境尚不规范，大部分家长期望孩子能上公办托育机构，相比短时 / 临时托育和半日托育，职场妈妈更青睐全日制的托育方式。但对于 1 岁以下婴儿，特别是第一个孩子，大部分家长表示不敢送到机构。

基于给孩子提供一个良好的早期发展环境的需求，同时服务社区同样处于困境中的女性的使命感，三位妈妈毅然决定共同筹资，成立一个小型日托。2016 年 3 月 8 日，在就“实施全面两孩政策”相关问题答中外记者提问时，时任国家卫生计生委主任表示：各地要推进 3 岁以下婴幼儿托育机构的建设，鼓励以社区为依托，兴办托儿所，但北京 2017 年还未出台社区日托建设运营的详细指导方案，也没有明确的注册登记规范，她们于是决定在工商部门注册教育咨询公司。选址上，考虑到婴幼儿户外活动的便捷性，写字楼高昂的租金成本，以及社区托育的天然优势，她们最终决定日托选址在社区，但是以注册地与经营地分离的方式，因为2006年开始北京市全面禁止住宅注册公司。这是三位传统守法公民一开始面临的艰难内心冲突。但是三个妈妈还是希望有机会能立法为合法化的婴幼儿托育中心，因而增加投入，参考住建部的《托儿所、幼儿园建筑设计规范》和天津社区日托场所设计规范，选择租联排别墅以尽量满足楼层和户外的部分要求，在场所安全比如水电改造上，也几乎完全符合要求，但是其他一些要求，比如必须改建消防通道，有保安，则难以满足。

一开始，鉴于本身稳定的职业预期和早教从业人员较低的身份认同，她们仅将自己定位为投资人，并未计划自己来经营和管理日托，直到发现我国0—3岁婴幼儿早期教养领域尚没有建立等级评定制度和专业协会，也找不到专业的早期托育从业人员。为此，她们研究了美国的社区0—3岁日托，发现美国各州政府有建立托幼机构质量等级评定系统，另外许多权威的行业协会也会对从业人员和场所提供认证标准。以蒙特梭利教育为例，美国政府部门的蒙特梭利教师教育认证协会（MATEC）和社会中的国际蒙特梭利协会（AMI）/美国蒙特梭利协会（AMS）/美国蒙特梭利研究学会（MIA）这些专业团体，都提供教师和机构认证制度，这激励美国托育机构向更高水准迈进，以获得社会声誉，有利于托育机构获得政府资助或招收学生，也为个人提供了达成专业身份的路径。为此，三个妈妈选择了在运营前参加MIA的国际0—3岁蒙特梭利婴幼儿课程，这要求她们必须完成200小时的理论学习和至少400个小时的教室实习，其间还需完成包括人类发展、环境设置等主题在内的4本手册和1个年度报告。蒙特梭利师资培训对于参加人员的教育背景没有严格限制，但系统的培训体系和审核标准可以确保一名非学前教育专业人员也能以较高水准来执业。

除了解决教师问题，在环境设计上，她们则申请成为MIA实习学校。她们将这一栋三层别墅，改建为3间教室，按照蒙特梭利0—3岁阶段的环境和师资要求，分别作为主班老师来照顾0—7个月的婴儿、7—18个月的爬行期婴儿和18—36个月的学步儿，并在很长一段时间都维持着高于国际标准的师生比——师生比高于1∶3，1岁以下的孩子甚至为1∶1。因为行业协会除了要求教室里有持证教师外，对于所认证学校环境设计也有清单审核，以6个月以下婴儿教室为例，一般划分为“睡眠区、活动区、护理区和进餐区”，每个区域都要求有清单上超过75%以上的教具和用品，比如护理区需要尿布台以及尿不湿、清洁湿巾、抚触油、护臀霜等各种护理物品。进餐区需要准备母乳专用冰箱、消毒柜和喂奶椅，以及符合刚添加辅食宝宝尺寸的桌椅。活动区需要在低矮的墙面安装镜子，从天花板垂吊下来的手工制作的可移动吊饰、风铃，各种触感、大小的球等教具，还需根据婴儿发展更换教具，进行1对1个性化指导。刚睡醒的婴儿可以躺着或趴着，用感官探索世界，老师要时刻观察他们的需求，通过有准备的环境给予他们丰富的刺激，并循序渐进地为婴儿提供示范、帮助、鹰架，等到他们积累力量，能力增加时，则适当放手，减少支持，把学习和探索的权力交给孩子。

此外，她们还聘请MIA培训师作为顾问，以获得持续指导，并为其他老师提供培训。目前日托0—3教室共有7名老师，1位未婚持保育员资格证，1位未婚持幼师资格证，其余都是产后脱离之前职业的妈妈，全职带娃2年以上，其中2位与这3位妈妈一同参加了国际师资培训，她们的孩子也在日托。日托不仅照顾婴幼儿，也为社区里因生育被边缘化的女性提供了再就业机会。她们不仅获得收入，有了新的职业发展机会，而且工作带来的人际圈、成就感也是幸福生活的重要前提。同时，这些妈妈在抚育0—3岁的婴幼儿工作方面也较幼师和育儿嫂有天然优势，她们往往具有某些行业的职业背景，学历和成熟度也普遍高于幼师、育儿嫂群体。相比多个家庭里妈妈辞职单独带小孩，社区里喜欢这项工作的妈妈经过训练后，在专业的场地，集中看护小孩，极大降低了社会成本。每天早上8点，父母从家里将婴幼儿送来，下午5点接回，日托也为在城区上班来不及接回孩子的家庭提供晚托服务。她们也同步提供父母面对孩子各种教养问题咨询，这种家园共育、富有人情味的照顾方案获得了家长的认同和支持，甚至接连有妈妈选择产假结束就把3个月大的婴儿送来中心照顾。这种日托虽然硬件和场地可能无法和资本主导的托育中心相媲美，但是教师的稳定性、专业度，还有独有的情感流动，是大的托育机构无法比拟的。

无论是环境设置、从业人员的专业度，三个妈妈都认为所创办的日托品质属于较高水准，但对照国家关于托育的许可标准，她们就只能选择沉默。因为从一开始她们就面临着现有场所属于住宅性质和不知如何获得办园资质的问题，因此随时面临被举报、取缔的恐惧与威胁。从运营第一天开始，便有物业公司的工作人员以社区不能进行经营活动为由提出警告，接着社区工作人员反复提醒“之前院子里也有一个幼儿园，都开了两年了，最后被取缔了”。同一街区的一名邻居也在一开始提出抗议，甚至威胁要去法院起诉业主。与此同时，一同参加培训且在北京城区创业的另一位妈妈甚至完全没有办法获得居委会同意而营业。基于被取缔的担忧，“三个妈妈日托”一方面没有在房屋正面挂牌，不公开宣传，一方面努力进行睦邻友好，要求家长尊重业主的权利，特别是在噪音、停车等问题上，不能扰民。她们说：“很担心失去这里，孩子没有地方可去。”特别在这一年的两个重大事件——“携程幼儿园虐童”与“红黄蓝幼儿园虐童”事件后，北京市开始严格排查社区日托，许多在城区社区经营这一事业的个人都不得不面临“整改”、“关闭”的结局。虽然上海市出台的《关于促进和加强本市 3 岁以下幼儿托育服务工作的指导意见》又让她们看到希望，但无论如何，没有资质，就如同没有身份，无法被保障永续经营的可能，也没有话语权。尽管帮助自己和社区一些家庭解决了孩子看护的问题，也帮助一些女性重新走上工作岗位，但是这个日托无法对外宣布自己的存在，也不能要求被看见。这个本质上由社区妈妈自主推动的社会托育服务，也被目前的政策法规所否定。

四、结论与建议

因为“母职”而在生育后陷入困境的并不只有这三位妈妈。因为传统社会文化的性别角色期待，将儿童照顾与教育视为女性职责，因此女性在工作场所要面对婚育带来的就业阻碍和性别歧视，家庭内又需主要承担照顾孩子的工作，忙乱、疲劳和焦虑是育龄职业女性常态。面对这种情况，越来越多女性选择延后婚育、不婚不育，产后暂时退出工作领域或被迫转为灵活就业的方式，来避免家庭与就业的冲突；在收入较高家庭里，很多女性从职场退出回到家庭做全职母亲，出现“主妇化”趋势。越来越多的女性（不得不）选择回归家庭，独自承担巨大的职业损失和婚姻风险。据调查，3 岁以下婴幼儿全职母亲中，32.9% 是由于孩子无人照料而被迫中断就业。全职母亲平均中断就业时间达 2 年以上，这部分全职母亲重新就业意愿相当强烈，75.5% 表示如果有足够的婴幼儿照护服务，将会重返职场。在未中断就业的婴幼儿母亲中，超过 47.8% 的人因照料孩子需要每月平均请假 1.7 天，她们期望 3 岁前子女能入托（占 36.0%）。[①]

2016 年 3 月 8 日，在就“实施全面两孩政策”相关问题答中外记者提问时，时任国家卫生计生委主任李斌表示：各地要推进 3 岁以下婴幼儿托育机构的建设，鼓励以社区为依托，兴办托儿所，也鼓励女职工集中的单位恢复托儿所，包括现在的幼儿园向下延伸，通过幼儿园来直办托儿所，支持女职工再就业。同年，《中共中央、国务院关于实施全面两孩政策改革完善计划生育服务管理的决定》出台，引导和鼓励社会力量举办普惠性托儿所和幼儿园等服务机构，加强 3 岁以下婴幼儿的托育服务。从这些政策中，可以看到未来一段时间，发展机构托育已成为中国解决儿童照顾问题的主要政策工具。虽然这些政策尚未有明确细则，北京城六区已经开始有资本进入 0—3 岁托育市场，在社区和写字楼开办连锁型日托。作为早教中心之外的一种新业态，有部分公司已经完成天使投资。此外，还有大量托育机构是由个体创办，他们或是看好这个市场，或是出于为人父母的需求，或是职业情怀，但由于缺乏政府监管和相关行业标准，机构专业度和服务水准良莠不齐。

这些机构发展普遍面临行业性制约。首先，托育中心不仅没有标准和规范，监管部门也不明确，即便连锁性大机构都是在工商局以教育咨询公司的名义获得营业执照。其次，北京禁止在社区从事经营性活动，所以除开在写字楼经营

① 王晖、刘鸿雁、邹艳辉、刘中一：《规划托育服务　促进生育政策与社会政策配套衔接》，《人口与计划生育》2018 年第 1 期。

的机构，其他机构都面临违法经营的指控。再次，由于托育服务的特殊性，需要消防、建筑、餐饮监管、疾控等多部门的许可，多部门各项证书申请耗时且费用不低，对社区小规模日托发展有极大限制。以餐饮为例，0—3 岁婴幼儿的饮食特殊，很难通过市场上的订餐满足，但“非法”在社区经营的托育机构取得食品卫生许可也十分困难。最后，缺乏行业指导和专业人才。相比 3—6 岁的幼儿教育工作，0—3 岁婴幼儿教养领域知识范围要求更广泛，除了教育学、心理学知识，教养人员还必须掌握与婴幼儿保育密切相关的医学、脑科学知识，必须了解 0—3 岁婴幼儿的发展特点和行为特点，具有高度的社会责任感。但我国尚未成立 0—3 岁婴幼儿教养工作的行业协会，从业人员没有行业标准的约束，国家也没有建立相关从业人员的职业标准，机构无论聘请持幼师资格证的老师还是保育员，当下都无法达到 0—3 岁早期教养工作的专业水准。

从政府要求大力发展普惠性托儿所和幼儿园等服务机构，鼓励单位恢复托儿所来看，对婴幼儿照顾品质的要求（无论是证照还是安全），执法的原则已经偏好财力雄厚的资本，而排除了有职业道德、有专业水准却无资金的个体。这在幼儿园领域导致的结果是资本重于专业，资方愿意花重金打造园区硬件，同时通过贬低老师的职业地位和报酬来降低成本，导致行业规制方案成为大资本通过教育逐利的工具。当前的场地要求、消防安保要求、餐饮要求都代表重大资本投资，缺乏资本的社区妈妈合作育儿的日托方案因此被排除。这样的规范一方面是对于儿童权益的保护，一方面则是因为简单可操作，便于科层管理，但忽略了资金少的小规模日托所解决的社区问题，以及由此带来的社区经济发展，还有温情的流动。可以说，现行的托育体系虽然受到法规的严格规范，却无法满足社区父母对于婴幼儿照顾的需求。城市发达地区尚可吸引大资本流入，设立大机构提供日托服务，以追求利润。但弱势阶层，父母无法购买高价服务，而为确保品质设下的高门槛规定，也使得想合作来照顾自己孩子的社区居民遭遇重重障碍，没有社会企业生存的空间。

通过前文对社区经济发展的评价指标，可以发现，案例中三个妈妈尝试创新托育服务的过程其实也是促进社区经济发展的过程，这一发展立足于整合社区现有资源来满足社区托育需求，为社区弱势人群提供服务，并增加边缘群体的工作机会和人力资本，因此这个企业可看作典型社会企业。在我国机构式托育资源日益紧张的局面短期内难以解决的前提下，类似本文案例的“三个妈妈日托”也广泛隐藏在城市多个社区中，这些日托的出现，加之发达国家通过社区经济发展或社会企业增加托育服务供给，丰富民众选择的过程，都说明政府与社会企业合作是解决 0—3 岁托育服务的有效途径。为了破除当下社会企业参与托育服务供给的障碍，促进我国社会托育服务发展，本文研究提出以下建议：

一是政府培育并推动相关社会企业发展。托育行业发展急需政府从国家层面出台清晰、规范、具有可操作性的指导政策，明确 0—3 岁婴幼儿早期教养的管理机构和监管责任。在这一过程中，政府应该注意公正性，特别是对于弱势群体的公正性，监管指标尽可能不要一刀切。考虑到托育服务的特点，应该培育相关社会企业并明确社会企业的合法身份，由于社会企业具有一定的使命感，它们是政府以社区为依托兴建日托点的重要伙伴，也是政府在农村等贫困地区发展公共托育服务的重要伙伴。

二是政府购买社会企业提供的托育服务。有条件的地方，可以将婴幼儿托育作为社区服务基础设施建设重要组成部分，明确将托育场地纳入新建小区规划，做到与其他建设设施同步规划。然后对社会企业在场地、资金上给予支持，甚至可以考虑社会企业提供托育服务，政府买单。通过购买服务，政府可以积极协助建立支持及补充促进各类托育服务机制，创新不同的公共托育模式，例如婴儿社区、游戏小组、妈妈俱乐部等，以最大限度满足不同家庭的不同需要，也激励社会企业挖掘社区资源，为家庭提供尽可能个性化的托育服务产品，促进社区经济发展。

三是培养专业化早期托育人员。根据目前家长的需求和世界上发达国家的经验，0—3 岁婴幼儿的托育已经不仅仅局限于以往单纯的保育和照看，还要涉及早期教育。因此，我国的早期教养领域也亟待发展适用于各种工作对象和场合的婴幼儿专业资格证书。比如针对家庭托育的家庭保育证书，针对机构的早教指导师证书等。此外，建立 0—3 岁早教人员专业发展与高等教育的衔接。通过制定 0—3 岁早教人员的资格认证标准，建立相应的培训制度和高等教育课程体系，可以强化早期教养人员的专业身份，以吸引更多有志者从事 0—3 岁婴幼儿早期教养工作。

四是构建完善的社区或居家托育服务供给的评估和监管体系。由于缺乏法律规范，也没有行业协会制约，也没有权威的婴幼儿早期教养机构的准入标准和级别等级，婴幼儿家长很难判断机构的质量，尤其是教师的资质以及托育服务的质量，严重影响了托育事业的健康有序发展，使得机构在环境布置上往往过于浪费，而对于不易察觉的教师保教质量相对忽视。鉴于此，我国政府应该从更宏观的角度考虑 0—3 岁婴幼儿托育服务，特别是借鉴国外的经验，构建完善的社区或居家托育服务供给的评估和监管体系，为 0—3 岁婴幼儿托育服务提供正确的导向，保证 0—3 岁托育服务的有序发展，也保证婴幼儿的安全与健康。

关于城乡女性退休意愿影响因素区别的研究

——基于江苏省镇江市的实证研究

曹鸣玉　魏　臻　江　蓓*

【导语】党的十八届三中全会提出，要研究制定渐进式延迟退休年龄政策。延迟退休政策的平稳推进和落实，需要充分考虑不同成长背景的职工在退休期望方面的差异。本文基于江苏省镇江市的实证研究，分析了来自不同城乡背景的女性在意愿退休年龄方面的差异，及其在受到家庭、收入等因素影响方面的不同，并在此基础上提出对策建议。

一、研究背景

关于劳动者退休意愿的研究一直是学界关注的焦点。而目前，随着越来越多的女性劳动力进入劳动力市场，她们的退休意愿正在获得更多关注。一般认为，女性在进行退休决定时，往往与男性具有不同的模式，她们考虑的因素也有所不同。

在经济和社会发展方面，以往我国主要采用“重城轻乡、重工轻农”的政策，城市现代化、不断进步的生产生活方式与农村不对称、相对滞后的生产和生活方式是产生中国城乡二元社会结构的重要根源。

事实上，由于女性的出生环境、家庭环境及其之后的社会化过程的不同，

---

* 曹鸣玉，北京师范大学社会发展与公共政策学院公共管理专业博士生，研究方向为社会管理；魏臻，爱丁堡大学社会与政治科学学院社会学专业博士生；江蓓，中国人民大学劳动人事学院社会保障专业硕士生。

女性的社会性别意识、自我认知和拥有的资源也会产生差异，而这种差异往往会影响到女性在劳动力市场上的选择，因此在其做出退休决定时，不同的女性可能受到不同因素的影响。[①]一直以来，中国都存在着二元分割的城乡体系，农村与城市之间存在着巨大差异，这种差异不仅体现在经济社会方面，也体现在文化传统与机会方面。所以，不同的社会背景和生活状态对女性退休意愿的影响因素也可能会有所不同。相关本土研究也表明，在中国农村成长起来的女性在性别意识、价值观念及思维习惯等方面，与在中国城市成长起来的女性相比均存在着差异。这种差异也会影响到女性的劳动与消费行为。[②]

已有研究较多关注了收入与家庭对女性职工期望退休年龄的影响，但研究多针对来自相似文化与地区背景的女性职工，对于女性出生和成长背景对其意愿退休年龄影响的研究相对较少。本研究通过数据分析的方式比较在城市与农村出生成长的女性职工在收入一退休年龄与家庭一退休年龄之间关系上的差别，以及农村迁移到城市较长一段时间的女性和出生并一直生长在城市的女性在意愿退休年龄上的差别，通过构建模型、量化分析，以期研究结果更具精确性。

---

① C.I, Bolzendahl, D.J.Myers, "Feminist Attitudes and Support for Gender Equality: Opinion Change in Women and Men, 1974-1998", *Social Forces*, 2004, 83(2). Antje Röder, "Explaining Religious Differences in Immigrants' Gender Role Attitudes: The Changing Impact of Origin Country and Individual Religiosity", *Ethnic and Racial Studies*, 2014, 37(14). V.M.Condon, C.J.Morgan, E.W.Miller, et al, "A Program to Enhance Recruitment and Retention of Disadvantaged and Ethnically Diverse Baccalaureate Nursing Students", *Journal of Transcultural Nursing*, 2013, 24(4). Eric Plutzer, "Work Life, Family Life, and Women's Support of Feminism", *American Sociological Review*, 1988, 53(4).

② 风笑天、肖洁：《中国女性性别角色意识的城乡差异研究》，《人文杂志》2014 年第 11 期。吴愈晓、黄超：《中国教育获得性别不平等的城乡差异研究 —— 基于 CGSS 2008 数据》，《国家行政学院学报》2015 年第 2 期。陈婷婷、叶文振：《中国出生性别比城乡差异的社会性别分析》，《妇女研究论丛》2011 年第 6 期。陈仲常、冉幕娟：《女性就业竞争力与出生人口性别比的城乡差异分析》，《南方人口》2006 年第 2 期。

二、理论框架

（一）传统劳动供给理论

目前构建的种种有关女性劳动参与理论主要探讨的是工作期女性的劳动问题，而非老年女性的劳动与退休问题。

当不涉及家庭时，传统的劳动供给理论一般是通过考虑收入一闲暇两者之间的关系，来研究收入对劳动参与的影响[①]，即当个人的预期收入或当前拥有的财产较少时，收入提供的效用较高，劳动者更有可能选择进入劳动力市场，用工作替代闲暇，产生替代效应；当个人预期收入或当前个人拥有的财产较多时，收入的提高导致对闲暇的需求增加，劳动者更趋向于用闲暇代替工作，产生收入效应。在劳动经济学里，能够给消费者带来相同满足程度或效用的所有闲暇和收入的组合点的轨迹称为无差异曲线；而在既定的工资率下，个人可能实现获得的收入与闲暇的所有组合称作预算约束线。理论上，当无差异曲线与预算约束线相切时，个人将实现效用最大化。个人对工作与闲暇的价值评价，本质上也是为了寻求理论上的切点，以选择最优的闲暇时间和劳动供给，满足自己效用最大化的愿望。

由于退休行为本身也是退出劳动力市场的一种形式，因此，劳动供给理论也有可能适用于退休行为。目前的一些关于退休决策的研究也在一定程度上证实了这一理论的适用性。然而，也有研究结果显示，传统的理论与研究忽略了家庭生产在劳动力供给的重要性，当女性进行退休决策时，个人在劳动力市场上的工资水平并非是主要影响因素。Coile and Levine（2007）研究发现，养老金的增加往往使得老年男性倾向于提前退休，但老年女性的退休行为并未受影响。[②] Cobb-Clark and Stillman（2009）的研究则表明在男性进行退休决定时，劳动力

---

① 参见伊兰伯格、史密斯：《现代劳动经济学》，潘功胜、刘昕译，中国人民大学出版社 2007 年版。

② C. Coile, P. B. Levine, "Labor Market Shocks and Retirement: Do Government Programs Matter?", *National Bureau of Economic Research*, 2007,91(10).

市场的改变及不稳定性促成了他们退休计划的改变，而对女性来说，个人及配偶的健康状况更有可能改变她们的退休计划。①

（二）家庭联合效用理论

现代大部分关于女性的劳动供给理论还是将女性置于家庭中进行考量，即当女性进行劳动决策时，主要是考虑家庭生产的需要（包括家务劳动和家庭的总收入等），而非个人在劳动力市场上的收入。有些关于退休决策的经验研究也表明，家庭对女性退出劳动力市场进行决策时起到十分重要的作用。②

在研究夫妻退休的联合效应时，Hurd Gustman and Steinmeier（1985）使用不同的模型估计夫妻双方的联合退休行为。研究发现，夫妻双方的闲暇存在同步效应，丈夫和妻子倾向于同时退出劳动力市场。当然，还有可能存在着“增加的工作效应”，即如果一方因健康不佳或其他原因退出劳动力市场，其配偶倾向于增加劳动供给时间来应对家庭收入水平的下降。③

此外，Smeaton and McKay（2003）等学者在研究中发现：独居或离异的女性更加注重财产收入的影响，而有完整家庭的女性在进行退休决策时，往往不太受到这一因素的影响。④

以上的研究大部分是基于西方国家的家庭观念而设置的，这些研究主要关注夫妻之间的联合效应。而在中国，由于传统文化的影响，社会成员的生活很大程度上离不开家庭保障，当老年人考虑晚年生活时，他们往往注重儿女的意见，并考虑照顾子女的下一代。⑤

---

① D.A .Cobb-Clark, S. Stillman, “The Retirement Expectations of Middle-Aged Australians” , *Economic Record*, 2009, 85(269).

② 陈仲常、冉幕娟：《女性就业竞争力与出生人口性别比的城乡差异分析》，《南方人口》2006 年第 2 期。

③ A. L. Gustman, T. L. Steinmeier, “The 1983 Social Security Reforms and Labor Supply Adjustments of Older Individuals in the Long Run”, *Journal of Labor Economics*, 1985, 3(2).

④ D. Smeaton, S. McKay, G. Britain, “Working after State Pension Age: Quantitative Analysis”, *Corporate Document Services,* 2003.

⑤ Z.Cong, M. Silverste, “Intergenerational Exchange Between Parents and Migrant and Nonmigrant Sons in Rural China”, *Journal of Marriage and Family*, 2011, 73(1).

因此，本研究从“大家庭”范畴来考虑问题，研究家庭责任和家庭生活满意度对女性退休意愿的影响，引入家庭赡养责任（照顾老人责任）和家庭照护责任（照顾小孩责任）等变量，评估家庭责任对女性退休决定的影响。

（三）文化距离理论

中国的社会格局和文化演变经历了从传统文化的单一体系到现代与传统文化并存的过程。而文化距离（cultural distance）这一概念的起源可追溯到20世纪70年代，指的是任何两个社会系统之间的差异量，可以指最细微或最本质的差异。这一概念最初用于跨国公司经营管理领域，指的是在不断的历史演变中形成的东道国和母国之间文化的差异。国内学者祝影（2003）首先把文化距离的理念引入到城乡发展的研究领域中，用来表达由于经济社会发展进程的不同而存在的城市与农村的文化之间的差异。[①]

一般说来，市场经济下文化距离使城乡经济发展水平有所差异，与同一地区城市相比，农村的商业相对萧条。而成长环境的文化距离则意味着教育资源的不平等，农村出生的女性接受教育的机会更少。此外，城市出生的女性拥有的社会资源也是农村出生的女性很难达到的。因此，无论在城市或农村工作，相较于在城市出生成长的女性，在农村出生成长的女性就业后的收入普遍相对较低一些。西方学者（Mincer，1962；Becker，1981）在研究中验证了西方家庭分工往往呈现为“男主外，女主内”的传统模式。[②]传统的中国农村社会对夫妻家务性别角色的分工期望更遵循了这一模式，日常家务劳动完全由女性承担。并且，农村女性的社会地位和自我意识受传统性别规范的影响，与同一地区的城市女性相比，对家庭的依赖性更强。

目前的相关研究大多都证明了中国同一地区的农村女性与城市女性在很多

---

① 祝影：《中国城乡经济发展差异的文化探析》，《探索》2003年第3期。

② Jacob Mincer, “Labor Force Participation of Married Women: A Study of Labor Supply”, in H.G.Lewis (ed.), *Aspects of Labor Economics*, Princeton University Press, 1962, pp. 63 - 105. Gary S. Becker, *A Treatise on the Family*, Harvard University Press, 1981.（贝克尔：《家庭经济分析》，彭松建译，华夏出版社1987年版）

方面具有差异性，但很少有针对迁居到城市地区的农村女性（这里主要指长期定居的女性，而非短期内进城务工的“流动人口”）在退休意愿方面与城市女性之间差异的研究。尽管我们可以认为这种差异是由于资源环境等差异引发的，但对于那些长期定居于城市，但在农村出生成长的女性而言，她们所拥有的资源可能已不再与城市当地居民产生较大差距。因此，如果这两类女性之间在退休意愿方面存在差异，这种差异更有可能是由社会化过程所引发的。“人的经济行为与其他行为一样，受到自身文化观念与文化心理驱使”[①]，因此，这些在农村出生成长并迁移到城市的女性，受根深蒂固的传统文化及思维影响，在进行劳动决策时，更有可能考虑家庭而非自身财产的影响。

三、数据与方法

（一）数据来源

本研究使用针对江苏省镇江市进行问卷调查搜集的数据，调查对象主要包括了镇江市 3 个企业的女性职工，年龄在 25 岁至 50 岁之间，调查的样本为 258 人。镇江市位于江苏省内，经济相对发达，人口老龄化和高龄化速度较快，地域间和城乡间的人口流动性也较高。

（二）研究设计

在国内外学者研究成果的基础上，结合指标数据选取的实际情况，本文主要选取收入情况和家庭情况来构建变量体系，运用多元线性回归方法研究，以期揭示影响职工退休意愿的原因。

因此，在分析模型中，以女性职工的期望退休年龄为因变量，期望退休年龄是一个连续变量，以女性职工的出生成长地为调节变量。在问卷中，通过直接询问“您 16 岁之前居住在农村还是城市的时间较长”，确定女性职工的出生

① 周尚意、孔翔：《文化与地方发展》，科学出版社 2000 年版，第 24 页。

成长地，以城市为 1，农村为 0；通过直接询问“您近十年来居住在农村还是城市的时间较长”，确定女性职工的现居住地。

自变量具体划分如下：

收入情况：包括女性职工目前的工资收入（X1）和退休后的预期养老金收入（X2）。

家庭情况：包括女性职工需要承担的家庭赡养责任（X3），通过询问女性家庭中目前是否有老人需要照顾，及未来是否会和老人居住在一起来确定。家庭照护责任（X4）则是通过女性家庭中是否有孩子，及女性职工是否会在孩子成年后继续与孩子居住在一起来确定。对家庭生活的满意程度（X5）通过“（1）不满意；（2）不太满意；（3）一般；（4）比较满意；（5）满意”五个层级划分。

四、实证分析

（一）描述性统计

本研究的样本中共有 165 人在城市出生成长，93 人主要在农村出生成长，所有样本过去十年内均在城市工作。样本的描述性特征如表 1 所示，通过对有效样本进行描述性统计分析，可从整体上把握此次研究样本的分布情况。表中所有数据均通过了 T 检验。

表 1　样本的描述性特征

	均值	标准差
年龄	39	6.12
期望退休年龄	56.5	6.41
目前工资收入	20066	17494
预期养老金收入	6826	14023
家庭赡养责任	0.3	0.37
家庭照护责任	0.6	0.41
家庭生活满意度	2.75	0.65

（二）样本回归结果及解释

运用统计分析软件 SPSS 进行实证分析，对于在农村与城市出生成长的女性职工整体样本进行分析，其样本的回归结果如表 2 所示：

表 2　整体样本回归结果

变量	模型 1	模型 2
常量	56.963	53.837
目前工资收入	2.011×10^{-5} +	1.184×10^{-7}
预期养老金收入	-3.172×10^{-5}	-1.541×10^{-5}
家庭赡养责任	3.932 *	2.946
家庭照护责任	-6.120 ***	-4.838 ***
家庭生活满意度	0.323	0.385
出生成长地		3.692 ***

注：+ $P<0.1$；* $P<0.05$；** $P<0.01$；*** $P<0.001$，下表同。

对于在农村与城市出生成长的女性职工分别研究，其样本的回归结果如表 3 所示：

表 3　城乡样本分别回归结果

变量	模型 3（城市）	模型 4（农村）
常量	59.072	52.766
目前工资收入	6.679×10^{-5} *	1.118×10^{-5} +
预期养老金收入	-4.956×10^{-5} +	-1.377×10^{-5}
家庭赡养责任	3.611	2.378
家庭照护责任	-6.790 **	3.736 *
家庭生活满意度	0.328	0.297

从表 2 中可以看出，模型 1 参考了 5 个变量——目前工资收入、预期养老

金收入、家庭赡养责任、家庭照护责任、家庭生活满意度，模型 2 引入“出生成长地”这一调节变量。整体分析在城市和农村出生成长的女性职工受不同变量影响的情况，可以看出，家庭照护责任对女性职工的退休意愿呈现显著影响，家庭照护责任越大，期望退休年龄越小。家庭赡养责任对女性职工的退休意愿可能也有一定影响，家庭赡养责任越大，期望退休年龄越大。目前工资收入情况对女性职工的退休决定具有一定影响，目前工资收入越多，期望退休年龄越大。

从表 3 中可以看出，通过分别分析在城市出生成长的女性职工和在农村出生成长的女性职工受 5 个变量的影响情况，形成模型 3 与模型 4。可以看出，对于出生成长在不同地区的女性职工而言，在城市出生成长的女性职工的期望退休年龄比在农村出生成长的女性职工更大。此外，模型显示，收入对在不同地区出生成长的女性职工的期望退休年龄的影响有显著不同，其对在城市出生成长的女性职工退休决定的影响比对农村出生成长的女性职工更大。模型还显示，家庭照护责任对在不同地区出生成长的女性职工的期望退休年龄的影响有显著不同，其对在城市出生成长的女性职工的影响比对在农村出生成长的女性职工更大。同时，城乡出生成长的女性的退休后收入对退休年龄的影响也可能会有一定差异。

研究表明，在城市和农村出生成长的女性职工在考虑退休年龄时，参考的因素具有差异；其退休期望一定程度上受到家庭照护责任、家庭赡养责任、目前工资收入和预期养老金收入的影响。在政策制定和落实的过程中，应该一定程度上考虑不同成长背景的职工在退休期望方面的差异，这有助于延迟退休政策的平稳推进和落实。

社会治理智能化及其北京朝阳区实践

朱　瑞*

【导语】党的十九大报告提出，要加强社会治理制度建设，提高社会治理社会化、法治化、智能化、专业化水平。大数据是提高社会治理智能化水平的关键技术要素，“智慧+”行动和网格化管理是现阶段我国社会治理智能化的主要表现形式。本文以北京市朝阳区为例，初步总结和分析了朝阳区依托“智慧+”行动和网格化管理，提升社会治理智能化水平的实践经验。

党的十九大报告在加强和创新社会治理领域，提出要建立“共建共治共享”的社会治理格局，并且提出了提高社会治理社会化、法治化、智能化、专业化水平的要求。习近平总书记也曾指出，“随着互联网特别是移动互联网发展，社会治理模式正在从单向管理转向双向互动，从线下转向线上线下融合，从单纯的政府监管向更加注重社会协同治理转变”①。从治理手段和方式上来看，社会治理智能化是社会治理在治理方式上的变革，信息技术手段的运用为公共服务的精准供给和公共事务的高效治理提供了新动能和新机遇。建设安全便捷的智能社会、发展便捷高效的智能服务、深化简政放权放管结合优化服务、推进行政体制改革转职能提效能、加快从“数字政府”到“智慧治理”转型升级等，社会治理智能化的提出为这些现实需要提供了重要抓手并指明了方向。

目前学界普遍认为，社会治理智能化是在网络化和网络平台基础上，将大

* 朱瑞，北京师范大学中国社会管理研究院/社会学院《社会治理》杂志社新媒体部主任、博士。主要研究方向为政府社会管理、社会治理智能化、期刊新媒体建设等。

① 习近平：《加快推进网络信息技术自主创新　朝着建设网络强国目标不懈努力》，http://www.xinhuanet.com/politics/2016-10/09/c_1119682204.htm，2016年10月9日。

数据、移动互联网、云计算、物联网、人工智能等现代技术与公共服务供给和社会治理深度融合，重构社会生产和社会组织的新型关联关系，实现社会治理现代化、精细化、精准化和高效化的内在驱动力和技术路径。在计算机信息技术领域，常常把“智能化”放在“人工智能”这个范畴中来讨论，认为“智能化”主要是指通过运用技术，模拟人的意识、思维，制造出以与人类智能相似的方式做出反应的智能机器。显然，在社会治理领域，“智能化”的含义被放大了，主要是指运用一些高科技技术进行社会治理，不仅包括制造出模拟人的思维意识的机器，也包括使用大数据、云计算等技术来实现对社会的治理。因此，笔者认为，在广义上的“社会治理智能化”基础上，在智能时代加速来临的今天，通过技术和观念进步以智能化推动社会治理现代化，就需要全面理解“社会治理智能化”及其与社会治理现代化的关系，以及提升社会治理智能化水平的关键技术要素，现阶段中国社会治理智能化的主要表现形式，在实践领域中，哪些做法或举措能够提升社会治理智能化水平等相关问题。

一、社会治理智能化是实现社会治理现代化的技术保障

全球治理委员会在《我们的全球伙伴关系》的研究报告中给出了“治理”的定义，认为“治理”是一个公共部门和私人部门共同协调合作、持续改进的过程。[①]2013年，党的十八届三中全会提出的全面深化改革的总目标，就是“完善和发展中国特色社会主义制度、推进国家治理体系和治理能力现代化”[②]。至此，我国政府提出构建国家治理体系和治理能力现代化的宏观战略要求。那么如何理解现代化、国家治理现代化、社会治理现代化、社会治理智能化以及它们之间的关系呢？

---

① The Commission on Global Governance (ed.), *Our Global Neighborhood*, Oxford University Press, 1995, p.23.

② 《中共中央关于全面深化改革若干重大问题的决定》，http://www.12371.cn/special/sbjszqh/，2013年11月9日。

从现代化理论来看，“现代化是一个多方面的变化过程，它涉及人类思想和活动的一切领域”[①]，包括政治、经济、文化、社会以及人自身的现代化。在我国，现代化的概念具有中国特色，从20世纪60年代提出的农业、工业、国防和科学技术的四个现代化发展至今，国家治理现代化可以被称为第五个“现代化”[②]。国家治理现代化包含两个方面，一个是国家治理体系现代化，另一个是国家治理能力现代化。国家治理体系现代化可以理解为厘清政府与社会的界限，明确政府的职能边界和市政范围，充分发挥社会组织、社会成员的力量以及充分发挥市场在资源配置中的力量，最终建立起“政府—市场—社会”多元治理体系。国家治理能力现代化主要是指政府制定、规范、执行各项事业的能力，这种能力表现为监督、规范与执行的民主化、法治化、科学化。从狭义上来看，社会治理的“社会”是相对于经济、文化、生态等领域而言的，是对社会领域的治理。国家治理不仅包含着对社会的治理，还应该包含对经济领域、文化领域、生态建设等方面的治理。因此社会治理内嵌于国家治理之中，国家治理包含社会治理的内容。相对于社会治理而言，国家治理指引和规范着社会治理，是社会治理的最终目标和价值追求。与国家治理现代化的内涵一致，社会治理现代化也应该包括社会治理体系和治理能力的现代化，这两个方面是一个相辅相成的有机整体。社会治理现代化的内涵非常丰富，从内容上来看，包括社会治理主体、方式、过程等各个方面的现代化。有学者把社会治理现代化理解为“使社会治理体系制度化、科学化、规范化、程序化、精细化”[③]。这个概念是从现代化的要义上来解释社会治理现代化的含义。

社会治理智能化兼具方式、内容和目标属性。结合前文关于社会治理智能化普遍意义上的解析，即认为社会治理智能化是运用大数据、云计算、物联网等技术实施社会治理，社会治理智能化是社会治理在治理手段和方式上的革新，

---

① 塞缪尔·亨廷顿：《变化社会中的政治秩序》，李盛平、杨玉生译，华夏出版社1988年版，第32页。

② 李景鹏：《关于推进国家治理体系和治理能力现代化——“四个现代化”之后的第五个“现代化》”，《天津社会科学》2014年第2期。

③ 徐猛：《社会治理现代化的科学内涵、价值取向及实现路径》，《学术探索》2014年第5期。

其目的就是实现社会治理现代化。从现代化理论上来看，方式上的现代化又是现代化的主要内容和组成部分，因此，社会治理智能化又可以理解为社会治理现代化的重要组成部分。本文主要侧重于前者，即社会治理智能化的方式和目标属性，认为社会治理智能化是运用高新技术，使社会治理在方式和手段上革新，以达到最终的社会治理现代化。

二、大数据是提升社会治理智能化水平的关键技术要素

通俗地来说，大数据技术就是海量数据的高效处理，大数据不仅仅是一项技术，它更是一个时代的标志，开启了一个用数据说话的时代。大数据、物联网等为代表的新一代信息技术正在成为社会前进的重要因子、国家竞争的关键要素以及时代发展的新兴资源。目前，大数据技术运用已经上升到国家战略层面，在社会治理领域也被广泛运用，主要体现在：政府主管部门的公共服务大数据化，为政府决策提供数据支撑的科学依据；政府逐步开放数据，鼓励社会创新开发各类“互联网+”应用软件，在城市环卫、交通、医疗、养老、公共安全、消防、教育等领域，加大各类数据传感器的配置以及互联网APP软件的开发应用，让民众通过网络或智能手机就能获得便捷的公共服务；在全面实现管理部门数字化、数据化、信息化的基础上，加强多部门信息资源整合共享，加大功能集成和业务集成，形成大数据公共信息平台建设，在为民服务、为企服务中打造“一口受理、一窗通办”或者“最多跑一次”的新型服务格局，等等。

与云计算、物联网、人工智能等其他技术因素相比，大数据技术之所以在社会治理领域被广泛运用，是由大数据技术本身的价值和特点所决定。首先，大数据能够发现问题，大数据技术通过分析海量数据中数据与数据间的关联性，可以挖掘出数据中隐藏的问题、发现事物背后的意义。其次，大数据能够预测事物发展趋势，大数据能够通过对行为数据、物理数据的挖掘与分析发现数据与事物间的关联关系，从而能发现事物发展的规律，准确预测事物的发展趋势。

最后，大数据能够带来创新，运用大数据技术将零散的看似毫无关系的数据进行整合、重组与分析，挖掘出其中的潜在价值，为实现数据创新开发带来了机遇。大数据的这三种价值，为协调社会矛盾、解决社会冲突、平衡群体利益等社会问题提供了解决路径。总之，大数据是实现社会治理智能化的主要技术因素。面对社会治理对象多元化、治理环境复杂化、治理内容多样化的现状，应用大数据能够提升社会治理的精准性、预见性和高效性，并最终提升社会治理智能化和现代化水平。

三、“智慧+”和“网格化管理”是提升社会治理智能化水平的重要举措

在国外，没有与“社会治理”完全对应的词语，“社会治理”是在中国的政治、社会和文化的环境下逐渐由“社会管理”演化而来。“社会治理”于党的十八届三中全会以后广为学界讨论，以此为起点，也开启了全国范围的社会治理实践探索，各地关于社会治理的探索百花齐放，异彩纷呈。大体而言，社会治理智能化实践主要表现为“智慧+”和“网格化管理”。首先，从治理主体和治理客体两个维度来分析“智慧+”这一主要表现形式。

（一）依托“智慧+”行动，提升社会治理智能化水平

从治理主体来看，社会治理智能化在经验领域主要表现为智慧政府。其中，智慧政府就是政府利用智能化的技术手段推进政府自身的行政管理改革和创新。智慧政府在全球发达国家的探索实践是比较广泛的，如美国的整体政府和互动政府，新加坡的一站式7×24不间断、100%覆盖的在线政府，韩国的“政府3.0”，迪拜的“智能迪拜”计划等。在我国，在政策引导层面，中央网络安全和信息化领导小组办公室、国家发展和改革委员会、工业和信息化部等主管部门发布了《信息化发展规划》《关于印发促进智慧城市健康发展的指导意见的通知》《关于加快实施信息惠民工程有关工作的通知》等文件，要求电子政务向

智慧化和服务化转变。在建设实践层面，中国已经有超过两百个城市提出智慧城市的建设发展计划，而智慧政府则是智慧城市建设的首要任务。北京、上海、南京等发达城市及广东、浙江等沿海地区，已经率先启动智慧政府的建设工作，并且取得了阶段性的成果。

从治理客体来看，社会治理智能化主要表现为智慧城市和智慧社区建设。智慧城市是城市发展的新理念与新模式。在实践探索中，天津打造的城市综合治理模式，可以作为城市智能管理的典范。又如，佛山市禅城区“智信城市”计划，用于探索“区块链政务应用”，可以作为县区社会治理智能化的实践模板来研究。智慧社区是智慧城市的重要组成部分，也是智慧城市的重要表现。智慧社区是充分利用信息技术实现信息获取、传输、处理和应用的智能化，从而建立现代化的社区服务和精细化的社区管理系统。在实践领域，智慧社区和智慧城市一样，在全国各大城市被广为建设，且范围广泛，模式多样。比较典型的案例如北京市智慧社区的建设。2012年北京市社会办、经信委、民政局共同印发了《关于在全市推进智慧社区建设的实施意见》（以下简称《实施意见》）和《北京市智慧社区指导标准（试行）》（以下简称《指导标准》），这是北京市智慧社区试点建设工作全面启动的标志。

（二）依托网格化管理，提升社会治理智能化水平

网格化管理就是利用地理信息系统、全球定位系统、遥感等技术把地理空间划分为若干个“格”，再依托WebGIS（网络地理信息系统）、空间数据库存储系统等智能化的手段把这些“格”联成“网”，使这些空间资源进行整合、共享和利用。实际上，智慧政府、智慧城市、智慧社区等很大程度上与网格管理联系密切，需要网格化管理体制和机制的支持，尤其是从治理客体角度表现出来的社会治理智能化形式，如城市治理、社区治理等，都离不开网格化管理这个基础工程的建设。以北京市的智慧城市治理为例，网格化管理是北京市进行城市管理的主要手段。在实施网格化管理的过程中，北京市把地理信息系统、全球定位系统、遥感、大数据等信息技术手段充分运用到城市管理之中，以提

升社会治理智能化的整体水平。通过这些技术手段运用，实现了整个治理格局的革新，包括推动了治理主体的多元化，提高了治理结构的整体性等。

四、依托网格化管理，提升社会治理智能化水平的朝阳经验

网格化管理是提升社会治理智能化水平的重要措施，北京市朝阳区在对城市和社会进行网格化管理的时候，注重信息技术手段的运用，同时重视治理方式上的创新，运用精细化、流程化、标准化等技术手段，提升城市和社会的智能化的整体水平。

（一）北京市朝阳区区域概况

朝阳区辖区面积470.8平方公里，截至2016年年末常住人口约395.5万人，2016年全年生产总值708.9亿元。该区共有24个街道办事处，239个社区；19个地区办事处（乡人民政府），157个社区，146个行政村。朝阳区的特点是区域类别多样，有国际化的街区，也有欠发达的城乡接合部。不仅人口数量多，而且人口结构复杂多样，本地人、外地人和世界各地外国人聚集在这里，这里也是跨国公司、非公有制单位、各类社会组织和社会团体等云集的地方。复杂的社会环境和复杂的人口结构，对社会治理提出了更高的挑战。另外，朝阳区是中国面向世界的窗口，它的城市面貌和社会状况代表了中国城区形象，为了与国际接轨，营造高品质的生活环境，就需要开展更加细致的管理和服务，而这些都对政府开展社会治理提出了精细化、精准化的要求。

（二）朝阳区依托网格化管理提升智能化水平的整体发展过程

朝阳区正式实施网格化管理起始于2005年，当时，建设部开始在全国范围内推广数字化城市管理模式，朝阳区被列入第一批数字化城市管理试点城市（城区）。以此为契机，广泛借鉴东城区经验，朝阳区建立了“网格”数字化城市管理系统，将全区划分为8070个网格，其中城区划分了4765个单元网格，

农村地区划分了3305个单元网格。同年11月朝阳区成立了城市管理监督指挥中心，12月网格化城市管理信息平台一期建设完成，开始对城市部件加强监督管理，初步实现了从案件发现到评估的流程运作。一年后，朝阳区将“96105”服务热线纳入“网格”管理，拓宽了民众诉求的渠道。

朝阳区2010年时被列入中央政法委、中央综治委选定的35个全国社会管理创新综合试点城市名单，要求探索创新社会服务管理机制。朝阳区把应急管理、城市管理、综治维稳、安全生产、社会事业、社会保障、社会服务、经济动态、法律司法、党建工作、网络社会等11个模块的社会事务全部纳入社会治理的运行体系，至此，朝阳区正式开始实施社会治理网格化。

近年来，在全模式基础上，进一步建设网格化二级闭环系统，该系统包含区、街乡、社区（村）三个层面，把事件相关人划分为责任主体、管理主体、执法主体和监督主体，依托社区、志愿者、行业协会等社会力量开展社会管理，以实现管理服务权力下放和多元主体参与的目标。2016年，朝阳区又建立了三级网络信息平台，即以微信公众平台为依托，利用“互联网+技术”建立社区微网格平台。这个平台使街道一级的管理工作重心进一步下沉，形成了发现问题、处置问题、核查反馈的闭环处理机制，实现社区、居民物业、社会组织的基层自治。整体来看，朝阳区从2005年开始城市管理领域的网格化建设，2010年把11项社会事务纳入网格化，形成了全模式，正式开始在社会治理领域实施网格化管理，并依托网格化管理，进一步提升社会治理智能化水平。

（三）朝阳区依托网格化管理提升智能化水平的主要做法和经验分析

朝阳区在进行依托网格化管理，提升社会治理智能化水平的过程中，善于创新治理方式，重视治理方式的技术性水平，笔者把朝阳区的治理方式总结为信息化、精细化、流程化、标准化四个方面。

信息化建设是提升智能化水平的主要环节和运行载体，信息化建设包括数据库建设、数据共享、大数据决策等；精细化管理不是管得越细越好或搞烦琐管理，而是要在城区空间管理和部件管理上细化，在社会事件的处理上细致入微，在治理责任承担上细化到人，包括细化区域、细化内容和细化责任；流程化管理是将工作任务细分为若干个环节和单元，把这些环节和单元连接起来，形成任务流程。然后对流程进行过程分析、环节简化、步骤整合以及进一步再优化和进一步规范化。流程化管理适用于对整个任务过程的分解和流程化，也适用于对一些单项任务的局部流程。标准是对需要协调统一的技术或其他事物所做的统一规定。标准化包含规范化，即把有效工作过程格式化，并用规章制度固化下来的标准就可以称之为规范化。

1. 信息化：提升智能化水平的关键环节

信息化建设是提升智能化水平的关键环节，也是实现精网格化管理的必要条件，没有信息技术和网络技术的支撑，也就无法保证机构之间的信息互通和资源共享。朝阳区的信息化建设基础设施比较完备，其信息化建设基础扎实主要做法包括四个步骤，即建立数据库、信息的采集、信息处理和信息发布。

资源信息库是信息化建设的第一步。朝阳城区把人口、土地、道路、建筑、事件、单位全部纳入社会服务监管范畴，建立了十大数字化综合数据库，摸清了人口、单位、房屋、综治维稳、社会保障等底数，掌握了辖区户籍人口、常住人口、流动人口、社会单位的基本情况。第二步是建立信息采集渠道。主要包括四大渠道，网格监督员、社区信息员、政府热线、电子探头。此外，监督指挥中心还通过微博上报、Google 影像比对、监督员调查等途径获取信息。第三步是进行信息处理。建立了一体化信息网络系统。朝阳区依托政府内网和移动通信技术，设计了一体化信息网络系统，包括区级信息平台、街乡信息分平台、社区信息终端三个层次。其中，区级信息平台负责统筹全区街乡和委办局的信息交换，实现信息综合利用与共享；街乡信息分平台属于中间层，它在区级平台与社区之间建立沟通联系；在社区设置信息终端，便于社区及时录入和更新人口、单位、房屋、综治维稳等基础性信息。同时，建立了政务信息资源共享交换平台、地理信息共享服务平台、数字化社会服务管理应用平台、数据协同更新与管理平台等四个信息处理平台。第四步是信息发布。通过电子显示屏、媒体、政府内网、社区管理网进行发布。从 2009 年开始，朝阳区进一步加大信息发布力度，在区委、区政府办公楼一层大厅设置电子显示屏，在社区也设立了电子屏幕，使居民近距离了解本社区社会治理精细化管理情况。

2. 精细化：提升智能化水平的基础工作

在网格化管理中，细化是最基本的一步，是实现其他方式的前提和基础，主要包括细化区域、细化内容和细化责任；在治理内容上，朝阳区把安全生产、社会服务、社会事业、社会保障等 11 个社会事务纳入治理范畴，将这 11 类内容进一步细化为 124 项二级目录，599 项三级目录，3576 项四级目录。这些模块和分类基本涵盖了社会管理和服务的各项工作内容。在治理区域上，对管理区域进行地理空间上的细分，划分出若干个单元网格。从行政层级上看，网格化管理分为全区、街乡、社区和基础网格四个层次，每个网格内设一到两名监督员负责网格管理。这样的定人定责定位的细化管理方式，缩小和固定了管理范围，提高了管理针对性和效果。

在社会事件细化上，朝阳区通过分析信息网络平台收集的信息和数据，推导出频发的或严重的社会问题，并对这些问题的起因、过程和后果进行梳理和解读，形成书面报告材料供相关职能部门参考，对于一些跨部门、跨区域的社会问题，联合相关主体，开展专项行动。以对未成年人服务为例，通过分析收集的数据，发现 2012 年 1 月至 2014 年 1 月两年的时间里，未成年人管理服务问题的总发案数为 2104 件，70% 的案件发生在农村地区，而且发案波动比较大，发生时间主要集中在 10 月、1 月和 4 月，仅 2012 年 10 月一个月时间发生近 250 件案件。针对案件高发的时间和地区，对原因进行详细分析，调动教委、学校、活动中心等相关部门力量给予预防和干预。

3. 流程化：提升智能化效率的保证

流程化的作用在于理清工作步骤，明确业务职责，减少因协调困难带来的低效，从而提升工作效率和质量。流程化包括整体作业流程化、对流程的优化和规范化等内容。流程化管理是把工作任务细分为前后相连的工作单元和环节，把这些单元和环节串联起来。首先是对组织工作任务的整体进行分解和流程化。朝阳区社会治理精细化的整体工作流程，是按照上报—立案—派遣—处置—

反馈—结案—评价七个步骤，形成闭环工作流程。通过网格监督员、社会公众（“96105”热线、短信和微博）、电子探头等渠道，向监督指挥中心报送各类社会服务管理信息。区级监督指挥中心收到网格监督员上报或热线呼叫中心转发的问题信息后，对信息进行核查立案，并移交至区指挥中心。街乡自行发现的问题，由街乡指挥分中心直接受理立案，并派遣处置。对属地无法处置的问题，报由区级平台受理立案。监督中心对问题信息进行核查立案，根据职能划分和管理权限，及时将案件任务批转至主责单位。对于需要区领导决策的重大问题或无法派遣的难点案件，及时报送至区政府办公室，由主管区领导协调、决策后再行派遣。如果区级中心确认是市属部件或市管事务发生问题，则上报市级指挥中心，由市级指挥中心协调市级部门进行处理。主责单位收到任务派遣后，根据部门职能分工，将案件派遣至相应单位。由该单位或联合相关部门按照规定时限和标准处理问题。现场处理完后，处置人将处理情况反馈给主责单位，主责单位再将处置情况反馈给监督中心。监督中心收到反馈的处置信息后，派遣监督员到现场核实案件处理情况，并将核查结果传回监督中心。对按照规定时间和标准完成的案件任务，作结案处理；对行政机构、专业部门和责任主体没有按规定时间和标准履行责任，致使任务不能在规定时间内结案的，及时反馈至主责单位，进行再次派遣，并启动追责程序。在整个运行过程中，信息平台自动统计结案率、回应效率等，数据以图表、趋势图、比例图等直观形式呈现，为考核和评价各部门绩效提供依据。

流程化管理是将工作任务细分为若干个环节和单元，把这些环节和单元连接起来，形成任务流程。然后对流程进行过程分析、环节简化、步骤整合以及进一步再优化和规范化。朝阳区的流程化工作在对整体作业分解为七个步骤的基础上，通过梳理出流程的关键环节和重要部分，对重点工作进行流程优化以及把各项工作流程规范起来。比如任务派遣是整个运行过程中的重要环节，朝阳区按照任务类别，制作了各类任务派遣流程图，如新增建筑问题（核实问题、界定问题环节）派遣流程、违法建设问题（查处问题环节）派遣流程、地下空间管理派遣流程等。朝阳区在规定流程的先后顺序后，又对责任人和完成时限进行了规范化限定。以“对各单位未按规定时限及时反馈调查处置结果”为例，朝阳Y城区把流程步骤规范起来，规定了执行的时限和责任单位，如果问题在5天内没有及时处理，监督中心就通过联席会办公室对该部门在全区范围内进行批评；如果在15天内还没有及时解决，就进行备案并在区委、区政府取消全年评优的资格；如果在一个月内（30天）还是没有解决，就直接提交给监察部门进行行政问责处理。

4. 标准化：规范智能化运行的方法

标准化管理首先要有标准可依，要求统一的规格、协调一致的流程、明确的质量和服务标准以及具体的数量时限标准。朝阳区把社会事件分为两类，一类是咨询服务类，一类是各种社会问题类。把这些事件进行分类编制，形成了受理各类咨询的标准化设计和处理各类社会问题的标准化管理。

在标准化设计和管理中，首先对各类问题进行编码和分类，分成大类名称及代码、小类名称及代码、细类名称等，规定了立案、结案标准，处置完成时限，根据案件紧急程度，又细化了处置完成时限。与区级层面依据法律法规指定派遣部门不同，为充分发挥街乡自治的积极性和主动性，派遣部门由街乡自行认领。为防止部门推诿，特别设置首位和次位，即第一和第二派遣部门以及转派职能部门等。

标准化管理的一个重要特征是规定任务时限。朝阳区规定社会问题类案件的执行、复查考核时限。以垃圾分类为例，分别设置“超时完成时限（系统自动结案时限）”、“监督员再次上报案件时限”、“监督员即时核查时限”、“监督员超时核查时限”、“座席员即时立案时限”、“座席员超时立案时限”、“派遣员即时派遣时限”、“派遣员超时派遣时限”等标准。另外是把各类标准按照业务内容并有针对性地固定下来，使之日常规范化。朝阳区先后编制了多版《社会服务管理监测评价标准》，另外还编制完善了专门适用于农村地区、奥运地区的《社会服务管理立案处置、结案标准》，针对专项管理活动制定了《朝阳区数字化安全生产隐患问题立案、处置、结案标准》《朝阳区数字化人口管理立案、处置、结案标准》《朝阳区数字化食品安全立案标准、结案标准及完成时间汇总表》《朝阳区数字化文化娱乐场所管理立案、处置、结案标准》《朝阳区数字化坐商无照经营管理立案、处置、结案标准》等。

总之，朝阳区依托网格化管理，提升社会治理智能化水平的主要做法是创新治理方式，重视治理方式的技术性水平，即在高度重视信息化建设的同时，细化治理内容、网格化区域、网格责任，对问题处置统一标准化，扎实建设信息系统平台，不仅把各项工作流程化，而且进一步优化和规范流程。朝阳区通过这样的机制安排，找准了提升社会治理智能化水平的关键环节，进行信息化建设；奠定了提升社会治理智能化水平的基础，进行细化管理；规范了社会治理智能化运行，开展标准化建设；提升了社会治理智能化的运行效率，进行流程化管理。

五、结语

本文初步解析了社会治理智能化的内涵，回答了社会治理智能化与社会治理现代化的关系，提升社会治理智能化水平的关键技术要素，现阶段中国社会治理智能化的主要表现形式以及提升社会治理智能化水平的举措等问题，并重点探讨了以网格化管理为依托，提升社会治理智能化水平的具体做法，结合经验领域中的实践探索，以北京市朝阳区为案例，初步总结和分析了朝阳区依托网格化管理，提升社会治理智能化水平的实践经验。本文对以上问题的回答和解释还是初步和浅显的，如何在实践中切实提升社会治理智能化水平这个大课题，还有待于进一步深入和细致地研究。

我国社会组织内部治理研究

吴长军*

【导语】党的十九大报告提出，要提高社会治理社会化、法治化、智能化、专业化水平。社会组织法治化建设是提升社会治理法治化水平的关键环节。本文分析了我国社会组织内部治理立法和政策体系建设的现状，剖析了社会组织内部治理法治化建设存在的主要问题，并在此基础上提出了进一步加强社会组织内部治理法治建设的政策建议。

改革开放40年来，我国社会组织法治建设取得长足进步与明显成就。当前在习近平新时代中国特色社会主义思想指导下，社会组织治理法治化、科学化、智能化建设进一步加快。党的十九大报告要求提高社会治理社会化、法治化、智能化、专业化水平；而社会组织治理法治化建设是社会治理法治化的重要一环。“放管服”改革背景下，简政放权、放管结合、优化服务是我国供给侧结构性改革的重要内容。社会组织治理体系建设要遵循“放管服”改革的基本原则与实施要求。党的十八大以来中央重要文件要求，完善社会组织内部治理结构，发挥社会组织在社会治理中的积极作用。党的十九大报告作出中国特色社会主义进入新时代的重大战略判断，开启了新时代中国特色社会主义法治新征程。社会治理建设同样进入新时代，而社会组织的治理结构建设问题至关重要。社会组织法人治理结构是指社会组织以章程为核心的权力机构、执行机构、监督机构之间的权利与义务配置制度性安排。我国社会组织体制机制改革，需

---

* 吴长军，北京物资学院法学院副院长、副教授，北京师范大学中国社会管理研究院博士后，中国商业法研究会副秘书长。研究方向为社会治理法治化、经济法学。

要特别重视社会组织与外部治理有机结合，依法治理与社会自治相配合，既要发挥良法功能，也要重视善治作用；既要发挥政府的作用，又要发挥社会组织主体的作用。[①]

一、社会组织内部治理立法与政策体系建设概况

改革开放40年来，我国不断加强宪法、法律、法规、政策体系建设，优化社会组织治理内外部法治环境，保障了社会组织内外部治理机构不断完善，促进了社会组织各项职能的有效发挥。

（一）宪法与法律

我国《宪法》第三十五条明确规定中国公民拥有自由结社权，为中国公民的结社活动以及社会组织设立与发展与社会组织内部治理机制建设提供了根本法依据。当前我国社会组织相关法律主要有《民法通则》《慈善法》《红十字会法》《工会法》《公益事业捐赠法》《律师法》《注册会计师法》《民办教育促进法》《境外非政府组织境内活动管理法》《民法总则》等。这些法律规定了行业协会、民办非企业单位、慈善组织等相关社会组织内外部治理规范。如《红十字会法》规定了中国红十字会的原则、组织、职责、标志、经费与财产、理事会、执委会和监事会相互制衡的内部治理结构等相关制度。上述社会组织相关法律为相关社会组织管理与运行提供了一定的法律保障。2017年3月15日第十二届全国人民代表大会第五次会议通过《民法总则》对非营利法人的概念、类型、法律地位、权利、义务、内部治理结构等进行了规范。

---

① 谢菊：《社会组织立法须处理好三个关系》，http://theory.people.com.cn/n/2014/1222/c40531-26254515.html，2018年1月10日。

（二）行政法规与部门规章

我国社会组织培育与监管的行政法规、部门规章主要有《社会团体登记管理条例》《社会团体设立专项基金管理机构暂行规定》《民办非企业单位登记管理暂行条例》《民办非企业单位登记暂行办法》《民办非企业单位年度检查办法》《介绍外国文教专家来华工作的境外组织资格认可办理规定》《中外合作办学条件实施办法》《基金会管理条例》《基金会年度检查办法》《基金会信息公布办法》《基金会名称管理规定》《基金会管理办法》《外国商会管理暂行规定》《取缔非法民间组织暂行办法》《卫生部业务主管境外基金会代表机构管理规定》《慈善捐赠物资免征进口税收暂行办法》《团体标准管理规定（试行）》《行业协会商会综合监管办法（试行）》等。这些行政法规、政府部门规章对社会组织的内部治理等方面予以规范，对社会组织的内外部治理机制建设与运行发挥了规范与促进功能。

（三）地方性法规与规章

地方人大立法机关出台一些地方性法规，地方人民政府制定出台了一些地方政府规章。北京出台《北京志愿者管理办法》《北京市社区管理办法》《北京市社区工作者管理办法》《社会工作者职业水平评价暂行规定》等。上海先后制定了一些社会组织地方法规、规章制度，主要包括《上海市社会组织直接登记管理若干规定》《上海市行业协会暂行办法》《上海市慈善基金会管理办法》《上海市红十字会立法条例》《上海市民间组织规范化建设评估办法（试行）》《上海社会组织失信行为记录标准（试行）》《上海市促进行业协会发展规定》《上海市募捐条例》《上海市华侨捐赠条例》等。云南省不断加大社会组织地方性法规、规章建设力度，先后出台了《云南省异地商会登记管理办法》《云南省境外非政府组织活动暂行规定》等地方政府规章。这些地方性法规、规章亦对社会组织内部治理进行了规范，为促进社会组织内部治理建设与发展提供法治保障。

（四）政策性与规范性文件

党的十九大报告明确提出，坚持全面依法治国，必须发展中国特色社会主义法治理论；对现阶段法治建设提出的基本任务是“深化依法治国实践”；要求加强社区治理体系建设，推动社会治理重心向基层下移，发挥社会组织作用，实现政府治理和社会调节、居民自治良性互动。党的十八大以来民主法治建设迈出重大步伐、全面依法治国取得显著成就，以习近平同志为核心的党中央作出《全面推进依法治国若干重大问题的决定》，把全面依法治国纳入“四个全面”战略布局。十八届三中全会重点提出要激发社会组织活力。十八届四中全会作出的《中共中央关于全面推进依法治国若干重大问题的决定》提出要加强社会组织立法。2016 年 8 月中共中央办公厅、国务院办公厅《关于改革社会组织管理制度促进社会组织健康有序发展的意见》要求健全社会组织法人治理结构。社会组织“放管服”改革不仅有利于调和国家与社会关系，更是实现政府转职能、提效能的一剂良方。[①]2017 年 1 月 16 日，《关于加强对环保社会组织引导发展和规范管理的指导意见》、2017 年 5 月 4 日民政部等九部委印发《关于社会智库健康发展的若干意见》，分别对环保社会组织与社会智库内部法人治理结构完善提出要求。2017 年 5 月中共中央办公厅、国务院办公厅印发《关于加强文化领域行业组织建设的指导意见》强调要建立健全行业组织法人治理结构。2017 年 10 月 18 日党的十九大报告强调要求发挥社会组织作用。

二、社会组织内部治理法治化建设的主要问题

改革开放以来，特别是党的十八大以来我国法律、法规、政策体制不断完

---

① 李健、荣幸：《“放管服”改革背景下我国社会组织发展的政策工具选择——基于 2004 至 2016 年省级政策文本的量化分析》，《国家行政学院学报》2017 年第 4 期。

善，社会组织自身建设不断加强，社会组织法人治理机制不断完善，社会组织章程建设日益健全，社会组织内部管理制度日趋规范，社会组织内部治理能力不断提升，更好地发挥了社会组织的宗旨与作用。党的十九大报告提出，打造共建共治共享的社会治理格局。但毋庸讳言，我国社会组织内部治理体制、机制、制度、运行等方面尚存在一些问题与不足，制约了社会组织内部治理水平提升，也严重影响了社会组织治理功能发挥。

（一）社会组织内部规范尚需健全

社会组织治理进入新时代，在“放管服”改革背景下，迫切要求放权、管理与服务有机结合。有些社会组织内部治理规范与制度尚需健全，基本内部规章制度没有按照示范文本执行，没有结合社会组织实际情况，缺乏针对性与操作性。一些社会组织内部人治色彩较浓，依法治理的水平不高。一些社会组织内部约束机制缺失，章程束之高阁，没有发挥社会组织内部约束与奖罚机制。少数公益慈善组织内部管理制度缺乏，组织内部人员为追逐私利违背组织章程与公益目标，造成系列慈善丑闻，严重影响了慈善社会组织公信力。

（二）社会组织民主管理尚需加强

习近平新时代中国特色社会主义思想中关于社会治理现代化的有关论述要求社会组织建立健全内部民主管理机制。目前，社会组织章程中都详细地规定了会员（代表）大会、董事会、理事会及其负责人（如会长、董事长、理事长、秘书长）职责权限，但在实践中有些社会组织章程规定的会员、代表、董事、理事形同虚设，并未正常发挥作用，社会组织的重大事项和日常事务大都由其负责人会长、董事长、理事长、秘书长个人决定，会员（代表）大会、董事会、理事会成为“橡皮图章”，社会组织民主管理缺失，民主治理机制“空转”，使会员、代表、董事、理事不能充分地发表意见，无法集思广益。有些社会组织的会员代表大会、理事会徒具形式，没有发挥其应有职能。例如一些行业协会的会员民主参与积极性不足，民主参与度不高。少数人专断决策管理，社会组织决策民主化水平尚需提升。一些社会组织负责人独断专行与“一言堂”现象还比较突出。民主监督制度不健全，容易导致社会组织负责人或高管人员把社会组织当成谋取私利的工具，背离了社会组织的宗旨与目标。例如，一些社会团体未能按照章程规定认真执行民主议事制度，破坏了民主办会的机制。社会组织须严格依照章程规定的职责权限和议事规则行事，对违反章程擅自决策的负责人追究其法律责任，实现集体决策，落实民主管理。

（三）社会组织运作机制效率尚需提升

社会组织运作机制效率尚需提升。在“放管服”改革背景下，政府要通过放权、管理、服务有机结合保障社会组织运行效率。目前，有些行业协会等社会组织行政化色彩依然较浓，一些社会组织往往需要政府项目、财政、税收等方面的扶持，在资源供给、人员派遣、管理体制等方面严重依赖政府，行政化管理模式比较明显，现代社会组织法人治理机制没有充分发挥作用。一些行业协会具有垄断地位，缺乏市场竞争压力，体制机制僵化，社会组织总体运作效率相对低下。当前我国政府正在实施行政机关与行业协会脱钩改革，目标就在于要对现有半官方社会组织进行改造，去行政化，把社会组织真正转变为社会自治组织，不断提升其运行效率，更好地实现其宗旨与目标。

（四）社会组织内部监督机制尚需完善

在习近平新时代中国特色社会主义思想指导下的社会治理领域，国家与政府通过简政放权赋予社会组织依法自治权利，但必须通过法律规制，要求社会组织完善内部监督机制。以行业协会为例，有些行业协会并未按照章程规定设置监事会，或者即使设立监事会或监事但没有发挥实际作用。社会组织内部机构的决策权、管理权、监督权科学配置与有效运行尚需加强。一些社会组织权力机构、执行机构和监督机构制衡与约束机制没有真正发挥作用。正如里贾纳·E.赫兹琳杰所言：“公众缺乏对非营利组织的信任不是由于管理问题，而是由于治理不善造成的。”[①]

三、新时代完善社会组织治理结构的法治对策

在习近平新时代中国特色社会主义思想指导下的社会治理领域，为更好地发挥其社会组织的职能与作用，要积极推进社会组织内部治理规范化、科学化、法治化建设，建立健全决策、执行、监督相关制衡的现代组织激励约束机制。

（一）加强社会组织治理立法体系建设

党的十九大报告对习近平新时代中国特色社会主义思想提出了“八个明确”。其中，“明确全面推进依法治国总目标是建设中国特色社会主义法治体系、建设社会主义法治国家”。“要发挥法治对社会治理的保障、服务和促进作用。牢固树立法治社会理念，坚持法治国家、法治政府与法治社会一体建设，善于用法治精神思考社会治理、用法治思维谋划社会治理、用法治方式破解社会治理难题，把社会治理的思想和行为全部纳入法治化轨道。”[②] 而在社会治理领域，我国社会组织法治化建设也进入新时代，应当更加重视发挥立法工作对社会组织法治化的保障作用，有利于为社会组织的持续健康协调发展营造良好的法治环境。法律制度建设不足一直是制约社会组织健康发展中制约因素。“坚持系统治理、依法治理、综合治理，努力实现社会治理由单一行政手段向多种手段综合并用转变。”[③] 作为一个经济行为的调节主体，行业协会并不是孤立存在的，它必然与其他社会主体发生这样或那样的关系，对于这些关系以及由此所引起的后果，需要法律清晰界定。社会组织要贯彻落实《民法总则》关于非营利法人权力机构、管理机构、监督机构设立与职责规范。我国社会组织基本

---

① 转引自李红艳：《非政府组织管理研究》，知识产权出版社 2010 年版，第 134 页。

② 魏礼群：《习近平社会治理思想研究》，《中国高校社会科学》2018 年第 4 期。

③ 魏礼群：《坚定走中国特色社会治理之路——改革开放 40 年社会治理变革的经验》，《中国经济报告》2018 年第 8 期。

法立法未取得关键突破，社会组织立法工作已不容再拖，社会组织基本法亟须加速推进。我国迫切需要加快社会组织立法进程，制定《社会组织法》基本法，明确界定社会组织的性质、职能、设立条件、组织机构、决策程序、管理体制、相关主体权利与义务配置、法律责任等主要问题，完善社会组织监管与培育的主要内容，增强法律的针对性与可操作性，将社会组织运行纳入法制化管理轨道。

（二）完善社会组织治理机制的制度框架

按照治理结构理论学说，一般认为社会组织治理结构的基本框架主要包括社会组织目标、社会组织内部法理结构、社会组织外部监督机制。“放管服”改革背景下，在不断优化政府监管的同时，也要重视社会组织自治，实行决策、执行、监督机构相互配合相互制约机制。树立新的管理理念，改变原有的政府与社会组织之间的强制性关系。社会组织治理需要建章立制。以社会团体为例，社会组织应当建立决策制度、执行制度、监督制度、财务管理制度、印章与文件管理制度、重大活动备案报告制度、信息披露制度、分支（代表）机构管理制度、法定代表人述职制度等制度体系。2016年12月《福建省社会组织内部管理制度范本》要求加强内部规章制度建设。2016年6月13日，上海市民政局、上海市社会团体管理局、上海市财政局、上海市审计局发出的《关于加强本市社会组织内部治理工作的若干意见》要求，加强内部治理机制建设，完善民主管理机制；加强资产财务管理，严格执行财经纪律；加强信息公开制度，严格执法监督检查等方面，对社会组织内部治理机制建设予以规范。社会组织应当根据法律法规与章程的规定，结合实际情况与自身需要，按照权责明确、互相制约、运转协调的原则，建立决策、执行、监督机构。实践中，2017年12月27日质检总局、国家标准委、民政部联合印发了《团体标准管理规定（试行）》，对规范社会组织标准化、规范化建设提供了规范保障。2016年4月天津市市场和质量监督管理委员会发布《天津市社会组织法人治理结构准则》。社会组织应当严格遵守章程示范标准，根据本社会组织实际制定完善的社会组织章程，作为社会组织运行的内部规范。社会组织的决策、执行、监督机构应该明确各自的职责，互相制约、相互协调，共同致力于实现与完成社会组织的目的与任务。针对社会组织权力机构虚设、民主管理缺失、监督机制不完整等弊端，应该建立科学、合理和高效的内部治理结构，构建一个合理分工与有效制衡的组织机制。当前特别是要树立新的管理理念，改变原有的政府与社会组织之间单纯的强制性关系，建立管理与服务结合、规范与促进并重的外部治理机制。

（三）完善社会组织权力机构治理机制

社会组织法治建设进入新时代后，迫切需要增强权力机构的行为能力，切实发挥社会组织权力机构对重大事项的决策权。这就要健全内部治理结构，建立和完善理事会机制。我们必须坚持政会分开、企业自主办会的原则，减少政府对协会的干预，应坚持按照规范的社会组织治理要求，健全监事会等机构的设置，要发挥会员在会员制社会组织治理过程中的作用。只有确认会员的选举权和被选举权，会员自治才能得到落实。我们要保障提议权和建议权。会员依法有权提议召集临时会员大会，提出议案，对社会团体的组织、规则、活动和事务发表意见、提出批评与建议。要保障表决权，会员有权在会员大会或者会员代表大会上表达自己的意见；要保障监督权，会员有权对社会团体的任何组织机构和管理人员进行监督，对被监督者未适当履行职责的行为提出批评，并提议更换或罢免有违法或严重失职行为的管理人员。会员在章程中约定其他义务，是会员自律的一种方式，表明会员自愿受这些义务约束。

新时代社会组织治理法治化要求，进一步健全会员大会等权力机构在社会组织治理过程的决策作用。以社会团体为例，会员大会是社会组织最高权力机构。社会团体的一切重大问题都由会员大会决议。但会员大会不执行日常业务，会员大会以召开会议的方式行使权力。会员代表由会员选举产生，其数量和选举的程序均应当遵循章程的明确规定。执行或处理社会团体或理事会的日常事务和其他会员大会或会员代表大会赋予的事务。会员大会或者会员代表大会有权选举、罢免理事、常务理事、监事和法定代表人。社会团体分立、合并、解散的决议由会员大会或者会员代表大会决定。社会团体章程对社会团体最重要事项予以规定。以民办非企业单位为例，其最高权力机构是单位举办者，依照民政部《民办非企业单位（法人）章程示范文本》第七条规定，举办者享有出资人的重大决策权利。就民办非企业单位理事会而言，为更好地实施管理，民办非企业单位可以设立理事会，具体职责由其章程规定。民办非企业单位设立理事会，对解决民办非企业单位内部制度建设不规范，解决民主决策、信息通报、财务规范制度不成熟等问题具有积极意义。最后，要完善权力机构的议事程序，由社会组织章程明确规定议事日程与议事规则，确保内部治理机构的有效运行。①

（四）完善社会组织执行机构的执行机制

社会组织法理进入新时代后，迫切要求进一步加强与完善社会组织执行机构对社会组织的活动实施日常领导，对社会组织最高权力机构负责。例如，《俄罗斯非营利组织法》第三十条规定了非营利组织的执行机关，可以是会议制机关或一长制机关；对非营利组织的活动实施日常领导，并对非营利组织的最高管理机关报告工作。②社会团体的理事会、民办非企业单位的负责人、基金会的负责人依法履行执行机构的职责。以社团为例，社会团体理事会拥有执行机构的基本职责。制定社会团体内部管理制度是理事会执行具体事务的要求。执行机构要下设秘书处，考虑到秘书处工作的常态性和专业性，应把秘书处工作视为职业性的机构，进入社会招聘，使秘书处成员成为职业经理人员，按照市场优胜劣汰原则进行人才流动。民办非企业单位的法定代表人或负责人履行执行机构的职责。民办非企业单位的法定代表人由理事长或实际负责人担任，符合法定代表人的内在要求，但是民办非企业单位的决策机构与执行机构并没有完

① 国务院发展研究中心社会发展研究部课题组：《社会组织建设：现实、挑战与前景》，中国发展出版社 2011 年版，第 58 页。

② 参见金锦萍等：《外国非营利组织法译汇（二）》，社会科学文献出版社 2010 年版，第 210 页。

全分离。基金会的法定代表人或理事长、副理事长和秘书长实际上承担着执行机构的工作。[①]一些基金会的决策机构与执行机构职责划分不清，执行机构弱化或虚化，是基金会组织结构的弊端。基金会的组织结构的立法应明确与强化执行机构的各项规定。

（五）完善社会组织监督机构的内部监督机制

社会组织法理进入新时代，社会组织应当依法健全内部监督机制，加强自我管理，提高治理能力。监督机构履行下列职责：对社会组织负责人和其他管理人员履行职责行为进行监督，对违反法律法规、章程的组织负责人和其他管理人员向决策机构提出处理建议；监督执行机构履行权力机构决策；提议召开临时权力机构会议；检查社会组织财务会计制度执行情况。决策机构与执行机构组成人员不得兼任监事。为了保证社会团体正常有序运行和正常业务的开展，权力的有效制约与监督是社会团体健康运行的必要条件。监事会有权监督社会团体理事会的财务执行情况，查阅账簿和其他会计资料的真实性、合法性。监事会有权要求执行社会团体事务的理事等管理人员报告业务情况。监督理事会的财务执行情况，有权要求执行民办非企业单位事务的理事等管理人员报告业务情况。

（六）完善社会组织外部治理机制

推进国家治理现代化实质上就是推进国家治理法治化。[②]在习近平新时代中国特色社会主义思想指导下的社会治理领域，政府职能部门应当坚持简政放权，社会组织治理机制改革，要持续推进去行政化改革；同时要实行放管结合。"大数据时代法治政府建设面临着治理模式的转型，即从既往的自上而下管控模式向多元合作的共治模式转变。"[③]充分发挥第三方机构、媒体、社会群众的力

---

① 徐家良：《社会团体导论》，中国社会出版社 2011 年版，第 155 页。

② 张文显：《新思想引领法治新征程——习近平新时代中国特色社会主义思想对依法治国和法治建设的指导意义》，《法学研究》2017 年第 6 期。

③ 康兰平：《大数据时代法治政府建设的逻辑演进与治理转型——兼论改革开放 40 年法治政府建设的经验与启示》，《人文杂志》2018 年第 8 期。

量，构建综合监管体系并切实提升政策工具的实施效果是社会组织监管管理政策的改进方向。[①] 社会组织内部治理机制的健全与发挥功能，必须辅以完善的外部治理机制或者说是外部综合监管机制。

首先，创新监督检查和评估手段，依法对社会组织内部治理建设情况加强监督检查，对内部治理混乱的社会组织依法进行查处，责令限期整改。政府部门监管是社会组织外部治理的重要机制，具体应当包括政府准入监管、年度检查、审计、综合监管等监管方式。政府职能部门对社会组织的监管要放松准入控制，加强事中事后监管，重视过程性监管、系统监管、信用监管等监管机制建设。政府职能部门应加强对社会组织负责人的管理。民政部门要通过检查、评估等手段依法监督社会组织负责人、资金、活动、信息公开、章程履行等情况，建立社会组织“异常名录”和“黑名单”，加强与有关部门的协调联动，将社会组织的实际表现情况与社会组织享受税收优惠、承接政府转移职能和购买服务等挂钩。健全社会组织退出机制。对严重违反国家有关法律法规的社会组织，要依法吊销其登记证书；对弄虚作假骗取登记的社会组织，依法撤销登记；对未经许可擅自以社会组织名义开展活动的非法社会组织，依法予以取缔。完善社会组织清算、注销制度，确保社会组织资产不被侵占、私分或者挪用。其次，应当依法加强对社会组织的社会监督。基于社会组织的公益性，要加强对社会组织的日常工作信息监督，建立健全信息公开披露和报告制度。最后，要加强社会组织利益相关者监督。利益相关者共同治理理论认为，法律政策要保障社会组织各利益主体具有依法参与组织治理的权利与机会，切实发挥捐赠人、受益人、社区等利益相关者对组织运作规范化的监督功能，实现社会组织的公益宗旨与目标。

综上所述，在习近平新时代中国特色社会主义思想指导下的社会治理领域，我国社会组织治理法治化建设也进入新时代。值此改革开放 40 周年之际，为更

---

① 李健、荣幸：《“放管服”改革背景下我国社会组织发展的政策工具选择——基于 2004 至 2016 年省级政策文本的量化分析》，《国家行政学院学报》2017 年第 4 期。

好地发挥社会组织的功能，必须提高社会组织内部治理法治化、规范化、科学化水平。在“放管服”改革背景下，社会组织需要健全社会组织内部治理结构，完善法人治理结构，有利于更好地发挥其社会组织的职能与作用。我国要进一步推进社会组织内部治理法治化建设，完善内部法人治理机制，完善社会组织权力机构，健全内部执行机制，完善社会组织监督机制，建立健全内部制度体系，完善内部规章，最终建立健全综合系统的社会组织监管机制。

论新时代的社会治理观

陈　鹏*

【导语】改革开放40年以来，中国社会治理取得重大进展，逐步开辟和走出了一条中国特色社会主义社会治理之路。本文认为，“四个治理”（系统治理、依法治理、源头治理、综合治理）的提出，是我国从传统社会管理向现代社会治理发生深刻转变的重要理论成果，构成和确立了一种具有改革方法论意义上的新时代社会治理观，具有重要的理论和现实意义。

改革开放40年以来，中国社会发生深刻变革，社会建设和社会事业蓬勃发展，城乡社会面貌日新月异，人民生活水平显著提高，整个社会的生机活力竞相迸发。特别是党的十八大以来，随着社会主要矛盾的变化，中国特色社会主义进入新时代，中国社会治理取得重大进展，逐步开辟和走出了一条中国特色社会主义社会治理之路。2013年，党的十八届三中全会提出“创新社会治理体制”的重大战略安排，从而实现了从“社会管理”到“社会治理”的历史新飞跃，体现了党和国家执政理念和治国方略的重大创新。2014年3月5日，习近平总书记在《推进中国上海自由贸易试验区建设　加强和创新特大城市社会治理》的重要讲话中指出：“治理和管理一字之差，体现的是系统治理、依法治理、源头治理、综合治理。”[①] 这一深刻论断是对改革开放40年以来中国共产党社会建设和社会治理改革创新经验的理论升华和智慧结晶，充分彰显和体现了

---

* 陈鹏，北京师范大学中国社会管理研究院/社会学院副教授。研究方向为社会建设与社会治理。本研究获国家社科基金项目“社会治理创新的地方实践及经验研究”（15CSH012）资助。

① 《习近平在参加上海代表团审议时强调 推进中国上海自由贸易试验区建设　加强和创新特大城市社会治理》，《人民日报》2014年3月6日。

一种科学的"社会治理观"，并成为新时代保障改善民生、创新社会治理的基本遵循。

一、系统治理论

所谓"系统治理"是指把社会看成一个有机整体，既关注社会内部各个主体，也关注各个主体之间的关联，从整体、全局、宏观上把握社会各个系统的治理。[①] 这种治理观强调了社会治理的系统性和嵌入性特征，表明社会治理并不是一个自足、自洽的单体系统，而必须与其他系统进行紧密关联、密切互动。党的十八届三中全会《中共中央关于全面深化改革若干重大问题的决定》（以下简称《决定》）强调："坚持系统治理，加强党委领导，发挥政府主导作用，鼓励和支持社会各方面参与，实现政府治理和社会自我调节、居民自治良性互动。"[②] 这一论述具有非常丰富的内涵和要求，并表明系统治理具有如下关键环节：

一是主体关系结构的系统化。坚持系统治理的过程，实质上就是一个使得党委、政府、社会组织、公众等多元主体发生系统关联、促进角色归位、实现治理合力的过程。包括四个关键要点：党委领导，就是要强化党对社会治理的领导权，特别是发挥总揽全局、协调各方的领导核心作用；政府负责，就是要强化政府的社会治理职能，明确相应的财政投入和支撑，更好地保障民生福祉；社会协同，关键是要发挥以工、青、妇为代表的群团组织的桥梁纽带作用；公众参与，就是要充分调动每个公众参与社会治理的积极性和主动性。由此，系统治理有助于推进和实现多元主体的整体合力效应。不同主体在社会治理格局中的地位和角色的结构化、制度化、系统化，则是现代社会治理的内在要求，也是社会治理走向成熟的重要标志。

二是政社关系结构的系统化。政社关系是一个动态调整和变化的过程，也

---

① 王立标：《改进社会治理方式 提高社会治理水平》，《中国社会报》2014 年 5 月 26 日。

② 《中共中央关于全面深化改革若干重大问题的决定》，《人民日报》2013 年 11 月 16 日。

是社会治理改革创新的核心枢纽。在系统治理的不同主体中，实际上主要可以分为“国家”（党政）一个维度，“社会”一个维度，而两者之间的互动关系及其结构化则是系统治理的一个核心要旨。这就意味着坚持系统治理，一方面党委和政府要从“管理”向“治理”转变，更好地履行和发挥社会治理职能和作用；另一方面社会自身，特别是各类社会组织，要逐步构建和形成自我治理机制，实现社会自我调节、自我规范和自我服务，形成良好的基层社会自治传统。由此，政社之间逐步构造和生成一个良好的合作治理格局，这也是现代社会治理的题中应有之义，也是社会治理走向良性发展轨道的重要表征。

三是治理方式手段的系统化。社会治理的系统化，不仅包括主体结构关系，而且包括方式手段体系。从性质上来看，“系统治理”绝不是一个空洞、机械的抽象系统，而是蕴含着各种治理方式和手段的复杂而丰富的结构体系。从治理方式手段而言，坚持系统治理，就要求社会治理充分运用经济、行政、法律、道德、舆论、心理、情感、技术、民俗等多种资源手段，最大限度地融会贯通社会治理诸种要素，最大限度地释放积极有效的社会治理效能。这就要求具备一种总体性、整体性的治理思维，实现治理主体与治理手段的系统匹配和组合，从而达成社会之善治。从这个意义上讲，社会治理方式手段从“单一”向“复合”的转变是其实现系统化的一个重要标志，也是应对现代社会复杂性、风险性的必然要求。

此外，值得注意的是，系统治理的提出，最为集中地反映了社会治理生态复杂性的现实及其挑战，即信息化强化了社会主体的多样化、强关联和互动性，使得全局性、系统性和复杂性成为社会治理生态的基本特征。[①] 这就要求我们在社会治理创新实践中，更加重视社会治理的生态培育和养护，更加重视社会治理的多元系统互动关联，更加重视深刻把握系统治理的运行机制及其规律特质。

---

① 樊瑛、狄增如：《创新社会治理的系统思维》，《系统科学学报》2017 年第 1 期。

二、依法治理论

所谓“依法治理”是指在社会治理过程中，既要坚持做到“有法可依、有法必依、执法必严、违法必究”，又要切实做到“科学立法、严格执法、公正司法、全民守法”。这种治理观强调了社会治理的法治性，明确了社会治理的根本依据和精神底蕴所在。这就意味着坚持依法治理，就要实现治理取向从“强制命令、行政管控”向“民主协商、法治保障”转变，实现真正的法律之治、制度之治、规则之治，这也是构建现代法治社会的必然要求。党的十八届三中全会《中共中央关于全面推进依法治国若干重大问题的决定》强调：“坚持依法治理，加强法治保障，运用法治思维和法治方式化解社会矛盾。”[①]党的十八届四中全会《决定》强调：“推进多层次多领域依法治理。”[②]这些论述深刻阐明了依法治理的丰富内涵和具体要求，主要包括如下关键环节：

一是用法治精神引领社会治理。随着市场经济的发展，人民群众的利益意识不断增强，民主法治意识不断提高，整个社会对法治的期待、推崇和要求也越来越高。这就要求社会治理全面贯彻法治精神，并使得法治精神成为社会治理的灵感之泉、动力之源。法治精神之于每个民众而言，就需要形成自觉学法、守法、用法、护法的良好社会氛围[③]，形成自觉维护法律尊严、崇尚法律权威的强大社会定力，使得法治成为引领社会治理改革创新的灵魂指针。法治精神的孕育和形成，是一个长期而又艰巨的过程，既需要个体滋养，又需要社会营造，进而逐步演化和升华为一种全社会的风习。

二是用法治思维谋划社会治理。“法治思维”是相对于“人治思维”而言，所谓的“法治”就是通过法律法规、政策制度实现自我治理，其本质是规则之

---

① 《中共中央关于全面深化改革若干重大问题的决定》，《人民日报》2013 年 11 月 16 日。

② 《中共中央关于全面推进依法治国若干重大问题的决定》，《人民日报》2014 年 10 月 29 日。

③ 徐汉明、邵登辉：《打造共建共治共享社会治理格局的“东方模式”》，《公安学刊》2018 年第 4 期。

治。“法治思维”在运行过程中面临的最大难题和问题是容易受到权力意志的侵蚀和破坏。在法治思维的理念烛照下，社会治理应坚持公平性、透明性、平等性。在法治思维的现实实践中，针对各类社会问题、社会矛盾、社会纠纷，就应该首先将其纳入法治轨道来予以解决，通过法治实现定纷止争、秩序达成。值得注意的是，法治思维的养成，并不是一蹴而就、一劳永逸的，而是需要在不断的社会治理法治实践中经久磨砺而成，一旦形成和确立，就会产生和维系强大的牵引惯性力量。

三是用法治方式破解社会治理难题。“法治方式”是相对于行政方式、经济方式而言，并形成和构造了一个有法可依、有法必依、执法必严、违法必究的完整的权力运行系统。在中国特色社会主义进入新时代之后，这“十六字方针”进一步发展为“科学立法、严格执法、公正司法、全面守法”新十六字方针。这是依法治国方略的进一步深化和升华。首先是科学立法，要求建立健全社会治理领域的政策法规，确保制定和出台“良法”、“善法”，不能出现法律的真空和缺位；其次是严格执法，要求在法律面前人人平等，不存在任何特权，这也是法律贵在落实和执行之要义所在；然后是公正司法，要求事关人民群众的每一个案件都应该体现公平正义并让人民切实感受到公平正义，这也是守护公平正义的最后一道防线，不可不坚守；最后是全民守法，要求“法制”和“法治”紧密融通，使之成为一种全民尊崇和信仰，成为一个时代、一个社会、一个国家最大的民情基础。

简言之，坚持依法治理，就是要通过法治的方式进行社会治理，把社会治理纳入法治化轨道。值得注意的是，并不能简单地将依法治理看作一种途径和手段，其根本宗旨和目标是致力于建立法治社会和确立法治秩序，并要切实警惕法律工具主义的扩张，弘扬法律的“人本精神”，强化依法治理的人文关怀。[①] 在这个意义上，依法治理是工具性与价值性、科学性与人本性的相互结合和综合统一，“法”作为一个灵魂要素贯通于社会治理全领域、全环节、全过

---

① 马长山：《法律的“人本精神”与依法治理》，《法制与社会发展》2004 年第 4 期。

程，成为社会治理实践的本质表达和精神呈现。

三、源头治理论

所谓“源头治理”是指从源头上预防和减少社会矛盾，实现治理环节的前移，变“被动应对”为“主动施策”。这种治理观强调了社会治理的源头性和前置性，并深刻揭示了“不同社会治理方式的优先次序、轻重缓急、标本关系”[①]。某种意义上，源头治理观的提出，是社会治理理论发展的一个重要突破。党的十八届三中全会《决定》指出：“坚持源头治理，标本兼治、重在治本，以网格化管理、社会化服务为方向，健全基层综合服务管理平台，及时反映和协调人民群众各方面各层次利益诉求。”[②] 这一论述深刻阐述了源头治理的丰富内涵和具体要求。主要包括如下关键环节：

一是标本兼治、重在治本。社会治理的目标，既要实现“有序”，又要激发“活力”。“治标”和“治本”是社会治理的两种目标取向，两者共同统一于社会治理的实践过程。“治标”，着眼于从表面上应急、应对和应处相关社会问题，暂时起到表面上的和谐稳定；“治本”，着眼于从根本上解决问题，祛除本源性症结，进而实现社会问题的病根的化解。从现实情况来看，“治标”和“治本”背后的关系，在社会治理问题上实质上就是“维稳”与“维权”之间的关系。这就要求正确认识和处理“维权”与“维稳”之间的辩证统一关系，努力做到在维护和增进民众权益的基础上实现维护和促进社会稳定的目标。

二是重心下移、固本强基。社会治理的重点在基层，难点也在基层，活力更在基层。这就表明社会治理必须实现治理重心和治理单元的下移，高度重视基层基础在社会治理体系中的重要地位。现代社会是一个多线程、多环节的复

① 郑杭生、邵占鹏：《牢牢把握“四个治理”原则》，《人民日报》2014 年 3 月 2 日。

② 《中共中央关于全面深化改革若干重大问题的决定》，《人民日报》2013 年 11 月 16 日。

杂社会，每一个线头、每一个环节都牵连着社会的和谐、稳定和平安。加强源头治理，就需要坚持把矛盾、冲突、纠纷、问题化解在基层，解决在萌芽状态。可以说，“抓早抓小、就地解决”是社会治理取得成功的一条重要经验，比较典型的案例就是“枫桥经验”①。同时，坚持源头治理，需要有效运用现代信息技术，提高社会治理的智能化水平，进而不断增强和提升社会治理的精准性和预测性。这就使得网格化管理成为现阶段社会治理的一个重要发展方向。

三是民生为基、服务为先。社会治理的本源在民生，本质是服务。这就意味着坚持源头治理，必须始终把维护人民群众合法权益放在首位。人民群众的核心利益就在于民生福祉，这既是社会治理的出发点也是落脚点。目前，中国社会矛盾的基本根源是民生问题。② 这就要求高度重视保障和改善民生，不断提高保障改善民生水平，从源头上、根本上实现社会善治。从这个角度而言，坚持源头治理，关键在于改善民生福祉，维护制度层面的社会公正，实现全民共建共治共享。③ 而要有效保障和改善民生，就必须坚持服务在先，在服务中实施治理、在治理中体现服务，通过强化服务提高治理实效，从而使得人民群众普遍都有获得感，从源头上预防和减少影响社会和谐稳定的问题产生。

从现阶段中国社会发展来看，社会治理具有四大“源头性问题”值得高度重视：社会结构紧张，人际关系解体，社会认同缺乏，社会诚信匮乏。④ 针对这些问题的根治和处理，或将需要一个较为缓慢且持续、坚韧而深彻、耐心而又细心的社会构造过程，并将最终关涉到源头治理的成效及其限度。从这个意义上来讲，坚持源头治理，要求社会治理必须回归社会本位，尊重社会的本源性机理。

---

① 吴锦良：《“枫桥经验”演进与基层治理创新》，《浙江社会科学》2010 年第 7 期。

② 吴忠民：《中国目前社会矛盾的基本根源是民生问题》，《学习时报》2013 年 10 月 28 日。

③ 郑杭生：《注重源头治理，促进社会管理科学化》，《学习时报》2011 年 3 月 28 日。

④ 景天魁：《源头治理 —— 社会治理有效性的基础和前提》，《北京工业大学学报》（社会科学版）2014 年第 3 期。

四、综合治理论

所谓“综合治理”是指多元治理主体通过充分调动多方力量、综合运用多种手段，有效解决社会问题、实现社会秩序的过程。这种治理观强调了社会治理的多元复杂性，特别是在协调和处理社会利益关系方面。从概念起源上来看，综合治理实际上是一项具有鲜明中国特色的社会治安方略和模式。[①] 党的十八届三中全会《决定》要求：“坚持综合治理，强化道德约束，规范社会行为，调节利益关系，协调社会关系，解决社会问题。”[②] 这一论述表明综合治理具有如下关键环节：

一是运用多种主体力量。坚持综合治理，意味着需要整合社会多方面的力量，共同参与社会治理。综合治理中的多种社会力量，既包括党委、政府，又包括社会组织、普通民众，他们都是社会治理的主体性力量。在社会治理格局体系中，这些多元主体之间是平等协商、合作团结的相互关系，并以战略伙伴的姿态共同应对和处理社会公共事务。特别是在面对社会矛盾和社会问题时，群团组织、行业协会商会等枢纽型社会组织的积极参与往往具有重要的中介旋转作用，能够有效缓解政府与民众之间的紧张与冲突，及时提供各种社会服务、有效满足民众社会需求。

二是采用多种方式手段。坚持综合治理，就意味着社会治理的方式手段需要实现从“单一手段”向“多种手段”并用转变。这就要求综合运用“行政管理、经济调节、法律法规、道德约束、舆论引导、心理疏导”[③] 等多种手段，通过协商、协同、协调、合作、团结、互助等多种方法，法治、德治、技治、自治、共治等多种策略来改进社会治理方式、提升社会治理效果。值得注意的是，

---

① 华乃强：《社会治安综合治理概念源头考》，《公安研究》2009 年第 10 期。

② 《中共中央关于全面深化改革若干重大问题的决定》，《人民日报》2013 年 11 月 16 日。

③ 严励：《综合治理是具有中国社会主义特色的社会治安治理模式》，《青少年犯罪问题》2011 年第 3 期。

在综合治理中，对道德约束的强调，是有着深刻的社会时代背景的，这也表明了社会治理的内在约束机制的重要性和紧迫性。

三是着力解决社会问题。随着中国经济社会的不断发展和进步，综合治理的内容和范畴日益丰富，但其核心内涵和要素并没有发生根本性变化。从历史演变来看，综合治理的提出，首要针对的就是社会治安问题，特别是要严厉打击违法犯罪活动。而要有效解决社会治安问题，就要着力化解社会矛盾。就此而言，社会矛盾和社会治安是综合治理在现阶段的主要对象。而“综合治理”作为党领导基层群众在平安建设中创造的一项宝贵经验，同样适用于更大范围的社会治理。[①] 当前和今后一个时期，随着社会治安概念内涵的不断丰富和拓展，推进平安中国建设仍将是开展和实施综合治理的主要方式。

质言之，坚持综合治理，归根究底，就是要最大限度、最大范围调动社会各方面力量、各种方法手段、各种资源平台，充分发挥各种积极力量、积极要素参与、支持和介入社会治理的全过程、全领域、全环节，进而实现社会公共利益和社会总体利益的最大优化。从这个角度而言，坚持综合治理，就是要实现社会整体利益的最大公约数。针对平安中国建设而言，坚持和开展综合治理，意义重大，影响深远，既是我国的长期优势，也是重要特色；既要继承发扬传统，又要保持与时俱进。这可能也是中国社会治理能够形成和确立自身经验模式的重要制度源泉所在。

五、社会治理观

党的十九大报告提出：“加强社会治理制度建设，打造共建共治共享的社会治理格局。”[②] 站在新的历史方位和历史起点，新时代社会治理改革创新任务依然艰巨繁重。其中，制度建设既是根基又是根本，共建共治共享既是路径又是

① 龚维斌：《创新社会治理体制要坚持“四个治理”》，《中国国情国力》2010 年第 4 期。

② 习近平：《决胜全面建成小康社会　夺取新时代中国特色社会主义伟大胜利》，《人民日报》2017 年 10 月 28 日。

目标，进而形塑和构造社会治理新格局。而“系统治理、依法治理、源头治理、综合治理”作为一个结构体系的系统提出，是我国从传统社会管理向现代社会治理发生深刻转变的重要理论成果，也构成了新时代中国社会治理的“四个支柱”，形成和确立了一种具有改革方法论意义上的社会治理观。“四个治理”之间，既相互补充，又相互区别，共同构成一个有机联系的治理整体。这一新型社会治理观的形成和提出，具有重要的理论和现实意义。主要体现在如下三个方面：

一是拓展了经典马克思主义社会革命思想的新语境。以马克思、恩格斯为代表的经典作家对社会革命问题进行了富有时代特色、历史底蕴、实践力度的深刻探讨和分析，为共产主义和社会主义革命、建设、改革作出了重要理论思想指导。不过，值得注意的是，经典作家对社会革命问题的探索，虽然也涉及诸如教育、社会保障、劳动就业等方面，但其核心概念范畴主要落在阶级斗争、阶级意识、阶级革命等，其本质是一种社会结构主张。而社会治理概念，特别是“四个治理”的提出，则代表了一种不同于阶级斗争的概念范畴和实践语境，即强调社会建设和社会治理能够孕育和生发出一种新型的社会体制。通过社会体制的改革创新，不断完善和发展中国特色社会主义制度。从这个意义上而言，社会治理改革创新的提出，进一步丰富和拓展了马克思主义社会革命的新的内涵。

二是丰富了中国特色社会主义社会建设理论的新内涵。改革开放 40 年以来，中国共产党对社会建设和社会治理问题进行了长期不懈的努力和探索。直到 2004 年党的十六届四中全会首次提出，加强社会建设和管理，创新基层社会管理体制。由此，“社会建设”和“社会管理”作为一个专门概念，才进入党的重要文献，由此确立其政治权威性，进而逐步建立和形成了中国特色社会建设理论。作为社会建设的重要方面，“社会管理”又经过近十年的理论探索和实践反思，直至 2013 年党的十八届三中全会，进一步发展和升级为“社会治理”，并将其基本内涵和精神集中具化为“四个治理”。可以说，从“社会建设”到“社会管理”再到“社会治理”及其“四个治理”系统，这是对中国特色社会建设理论体系的重要推进和发展。

三是开辟了推进中国特色社会主义现代化的新征程。实现社会主义现代化，是改革开放40年以来中国社会治理变革的一条核心主线和历史使命。相较于20世纪60年代我国提出的“四个现代化”（工业现代化、农业现代化、国防现代化、科学技术现代化）而言，“国家治理现代化”的提出，也被称之为“第五个现代化”，这代表和反映了一种新型的现代化主张，指明和展现了中华民族走向伟大复兴、实现“中国梦”的前进方向和道路选择。而作为国家治理现代化的重要组成部分，社会治理现代化的提出，既是对改革开放40年来中国社会领域改革发展经验的高度凝练和总结，也是对新时代直至21世纪中叶中国社会治理变革理想图景的重要描绘和引领。可以说，“四个治理”的提出，集中代表了一种现代社会治理观，也是推进社会治理现代化所需要秉持的重要原则。从这个意义上讲，社会治理及其“四个治理”开辟和拓展了中国走向社会主义现代化的新视野、新征程和新境界。

后　记

波澜壮阔的改革开放实践，带来翻天覆地的历史性变化。改革开放40年书写了一个东方大国崛起的壮丽篇章。《中国改革与发展热点问题研究（2019）》一书以习近平新时代中国特色社会主义思想为指导，贯彻落实党的十九大和十九届一中、二中、三中全会精神，对我国经济社会发展进程中与改革开放40年密切相关的一些热点、难点问题进行了专题探索，特别是对2018年反映经济社会发展的年度重大问题进行深度研究。

自2013年以来，“中国改革与发展热点问题研究”系列连续出版了六年，能够坚持六年且逐渐形成学术品牌，产生较大社会影响，殊属不易。

感谢中国行政体制改革研究会的资助。作为国内知名智库，以推动中国行政体制改革为己任，多年来支持和资助“中国改革与发展热点问题研究”的系列成果，体现了其不凡的智库眼光和情怀。

感谢商务印书馆的大力支持。正是因为他们严谨、负责的工作态度和精良的专业水平，本书才得以在极有限的时间内如期面世。

《中国改革与发展热点问题研究（2019）》得以顺利出版，既是集体智慧的结晶，更是集体协作的产物。刘青松、陈鹏作为课题主持人，负责统筹全书的编撰工作。冯俏彬、蒲实、何奎、吴长军等在全书的编撰过程中给予重要指导和支持。李娣、安森东、朱瑞、孙金阳负责四个专栏的编务工作，张会杰、刘磊、黄海燕、李振锋担任执行编辑。刘磊承担了重要的组织联络工作。正是由于编撰团队对全书各个环节严格把关，从而较好地保证了全书的质量和水平。在此，一并致以诚挚谢意！

这本书出版之际，恰逢我国改革开放40周年，在此谨向伟大的中国改革开放致以崇高敬意！愿本书的出版，能够为全面深化改革开放提供一些参考和借鉴。由于水平有限，写作时间较紧，书中不妥之处，欢迎读者批评指正。

编者

2018 年 10 月